KB068987

한국어판

중국 산업스파이

: 기술 획득과 국방 현대화

William C. Hannas, James Mulvenon
and Anna B. Puglisi 지음

송봉규 옮김

Chinese Industrial Espionage

Technology acquisition
and military modernization

박영사

이 책은 2016년도 한세대학교 교내학술연구비 지원에 의하여 출판되었음.

CHINESE INDUSTRIAL ESPIONAGE

Technology acquisition and military modernization

William C. Hannas, James Mulvenon and Anna B. Puglisi

ASIAN SECURITY STUDIES

ROUTLEDGE

CHINESE INDUSTRIAL ESPIONAGE
TECHNOLOGY ACQUISITION AND MILITARY MODERNIZATION
中国の
産業スパイ網
世界の先進技術や軍事技術は
こうして漁られている
ウィリアム・C・ハンナス
ジェームズ・マルヴィノン
アンナ・B・プイージ
玉置悟［訳］

책 소개

이 책은 외국 기술을 획득하기 위해 중국 정부가 취한 대내외 활동을 최초로 총체적으로 설명한 책이다.

1차 자료[조사자가 문제해결을 위해 직접 수집한 자료로 보통 많은 비용과 시간이 소비되며, 수집 방법으로는 우편, 전화, 인터뷰 등의 방법이 있다, 옮긴이]에 근거하여 세심한 조사를 통해 쓰인 이 책은 다른 국가들의 성과물을 통해 기술적으로 번창하고자 하는 중국의 활동을 적나라하게 드러낸다. 수십 년 동안 중국은 상상할 수 있는 모든 수단을 동원하여 외국의 기술을 발견 · 획득해서 무기와 경쟁적 가치가 있는 상품으로 전환하는 정교한 체제를 가동해왔다. 원래의 주인에게 아무런 보상도 하지 않고 말이다. 최근 미국 국가보안국[National Security Agency]의 책임자는 이를 "역사상 최대의 부[Wealth]의 이전"이라 하였다.

2명의 뛰어난 정부 분석가와 중국 사이버 네트워크 전문가에 의해 쓰인 이 책은 중국의 기술이전과정을 철저하고 자세하게 묘사하며, 다른 자료에서는 찾아볼 수 없는 깊이를 제공한다. 이전에는 연구되지 않았던 중국어 자료들을 활용하여 이 책의 저자들은 경제적 스파이활동, 은밀한 기술이전, 사이버공간을 이용한 기술유출 등에 대한 중국 정부의 정책적 지원과 이러한 활동이 미국의 미래에 미칠 수 있는 영향을 분석하기에 앞서, 역사적인 맥락에서 상황을 살펴보며 이 책을 시작한다.

이 책은 중국의 정치체제, 아시아 보안[Security] 연구, 미국 방위, 미국의 외교 정책과 기업활동[IR]을 연구하는 학생들이 더욱 재미있게 볼 수 있을 것이다.

윌리엄 C. 해너스 William C. Hannas는 시카고 대학에서 중국어를 전공하여 문과석사 학위(MA)를 받았으며, 펜실베이나 대학에서 아시아 언어에 대한 박사학위를 취득하였다. 해너스는 미국 해군과 합동특수작전사령부Joint Special Operations Command, JSOC에서 복무하였고, 조지타운 대학교에서 교육을 받았으며, 미국 연방정부에 소속된 조직에서 고위간부직을 맡고 있다. 또한 해너스는 아시아 철자의 딜레마Asia's Orthographic Dilemma, 1997와 아시아의 철자법이라는 장애물이 어떻게 창조성을 제한하는지에 관한 글The Writing on the Wall: How Asian Orthography Curbs Creativity, 2003의 저자이기도 하다.

제임스 멀베넌 James Mulvenon은 방위군회사Defense Group, Inc. 정보부의 부부장이자 방위군회사에 소속된 정보연구분석센터의 책임자이다. 중국어학자가 되기 위한 교육을 받은 멜베넌은 중국의 사이버 문제에 관한 선두적인 전문가이며, 중국 군사, 공산당과 군의 관계, C4ISR군 작전을 효율적으로 수행하기 위하여 C4I에 감시와 정찰을 유기적으로 결합한 용어로 지휘, 통제, 통신, 컴퓨터, 정보, 감시 및 정찰을 의미한다, 옮긴이, 핵무기에 관한 정책과 조직 등의 다양한 주제로 글을 썼다. 멀베넌은 캘리포니아대학교 로스앤젤레스캠퍼스에서 정치학 박사학위를 받았으며, 용병Soldiers of Fortune, 2000이라는 책을 출간하였다.

애너 B. 푸글리시 Anna B. Puglisi는 사회문제학 석사학위와 환경과학 석사학위를 취득하였으며, 연구와 기술인프라 분야에서 근무하였다. 지금은 미국 연방정부에 소속된 조직에서 고위 분석가로 근무하고 있다. 푸글리시는 프린스턴의 베이징중국어학교에서 공부하였으며, 중국 난카이대학교 경제학과에 방문학자로 중국의 과학기술 정책, 인프라 개발, 대학 개혁 등에 관하여 연구하였다.

옮긴이

송봉규Song Bong Gyu는 동국대학교 대학원 경찰행정학과에서 박사학위를 취득하였고, 2014년부터 한세대학교 산업보안학과 교수로 재직중이다. 송봉규 교수는 대학에서 범죄학 분야를 강의하고 있으며, 주요 연구분야는 조직범죄, 기업범죄, 디지털범죄, 범죄물리학, 기술범죄학 등이다.

목 차

감사의 글

어떤 누구도 다른 사람들의 지원과 조언이 없다면 이런 프로젝트를 착수할 수 없다. 우리는 개인적으로 이 책을 발간하는 데 지원해주고 도움을 주신 다음의 사람들에게 감사한다.

중국의 문화, 삶 그리고 언어를 수십 년 동안 공유해주고 다른 수단으로는 이해가 불가능한 세계를 가르쳐 준 많은 중국 친구들에게 감사한다. 외국인들에게 열린 자세를 갖기 위한 중국인 친구들의 용기와 너그러움에 감사한다. 언젠가 이들도 우리가 느낀 자유로움을 즐길 것이다.

중요한 조언을 해 준 우리의 멘토 밥[Bob S], 학문과 진실성을 가르쳐준 빅터[Voctor M], 새로운 방법으로 생각하게 격려해준 제니스[Janice H]에게 감사한다. 이 분들의 가르침, 격려, 지원으로 우리는 전문가로 성장하였다.

이 책에서 다루는 핵심적인 논쟁의 자료와 심도깊은 토론을 해준 피터[Peter M]와 마테[Matt B]에게 감사한다. 최일선에서 중국 산업스파이에 대응하고 있는 FBI 친구들, 특히 피터[Pete M], 찰스[Charles L], 탐[Tom B], 숀[Sean K], 벤[Ben E], 데이브[Dave B], 엘리[Eli C], 마이크[Mike D], 테드[Ted E], 크리스틴[Christine G], 로라[Laura D], 마이크[Mike M]에게 감사한다. 마이크[Mike D], 페기[Peggy C], 랜디[Randy B], 존[John S], 스티브[Steve H], 로저[Roger U], 나이젤[Nigel I], 벤[Ben B], 프레드[Fred N]와 아직도 전투에 참여하고 있어 이름을 밝힐 수 없는 많은 전현직 군인들에게 감사한다.

가장 중요한 우리의 배우자, 제니퍼[Jennifer], 메리[Mary], 돈[Don]에게 집필 작업과 책에 반영하기 위한 여행기간 동안 인내와 사랑에 감사한다. 마지막으로 우리의 딸들, 티파니Tiffany, 케이티Kate, 엘리Ellie, 시에나Siena에게 감사한다. 이 책은 보다 안전한 미래를 우리 딸들에게 물려주기 위한 작은 도전이다.

옮긴이의 글

「중국 산업스파이」는 2012년 미국에서 발간되었으며, 이미 일본에서는 2016년에 번역서가 발간되었다. 수십 년 동안 중국은 우리나라를 비롯한 세계의 첨단 기술을 획득하기 위해 모든 방법을 동원하여 활동하고 있다. 이 책은 중국으로 기술유출이 심각한 우리에게 중국 정부의 활동을 자세하게 설명해 준다. 이 책을 통해 경제적 스파이활동, 은밀한 기술이전, 사이버공간을 이용한 기술유출 등과 더불어 중국 스파이활동에 대한 역사적 철학도 이해할 수 있다.

이 책은 중국으로부터 국가의 자산을 보호하고 손실을 방지해야 하는 산업통상자원부, 국방부, 중소기업벤처부, 국가정보원, 특허청, 경찰청, 방위사업청, 한국산업기술보호협회 등 관련 정부부처와 공공기관, 과학기술을 개발하고 상품화하는 기업과 부설 연구소 관계자, 과학기술 정보를 수집하는 기관들, 다양한 영역에서 보안Security을 연구하는 학생들이 더욱 흥미롭게 볼 수 있을 것이다.

개인적으로 산업보안 연구를 위해 2016년에 번역을 시작하였지만, 중국어를 영어로 번역한 글로, 원문 출처가 영어와 중국어가 산재되어 있어 어려움을 겪었다. 하지만 한국외국어대 유동겸 학생, 동국대학교 이인상 석사, 중국 칭화대학교 최윤주 박사의 도움으로 어렵게 번역을 마치게 되었다. 능력이 부족함에도 불구하고 번역하기에 버거운 책을 선택하여 매달린 이유는 2014년 국내 최초, 아마 세계 최초로 학부과정에 산업보안

학과를 신설한 한세대학교 교수로서 학문적 발전에 보탬이 되고자 하는 마음 때문이다. 이에 한세대학교 산업보안학과 학과장인 조용순 교수님과 이영일 교수님이 물심양면으로 지원을 아끼지 않았다. 저자들처럼 이 책의 번역은 보다 안전한 미래를 우리 딸들에게 물려주기 위한 작은 도전이다.

들어가며

이 책은 제3세계 국가Third world country가 경제적으로 때로는 아마 전략적으로 우위를 선점하기 위해 세계 최고의 기술을 어떻게 활용하였는지에 관해 다룬다.

내전에 의해 분열된 중국, 핵무기를 미친 듯이 만들어내고 있던 소련Soviet Union, 지구상의 가장 강력한 경제대국으로 군림하던 미국, 이러한 모습이 나타났던 1970년에 누군가가 40년 내에 소련은 사라질 것이며, 미국은 빚과 끊임없는 경기침체에 시달리게 될 것이고 중국은 세계의 경제대국이 될 것이라고 말했다고 생각해보자.

또한 그는 다음과 같은 주장도 했다고 생각해보자:

중국은

- 300억 달러의 대미 흑자를 가지게 될 것이다.
- 1조 달러 이상의 미국 재무부 채권을 보유하게 될 것이다.
- 연간 미국보다 백만 대의 차를 더 생산하게 될 것이다.
- 미국 내 컴퓨터 판매에서 미국을 앞지르게 될 것이다.

더욱이 중국은 점점 더 기술적인 정교함을 갖춘 제품을 미국에 수출하는 반면, 미국은 말 그대로 폐품과 쓰레기를 중국에 수출하게 될 것이다.

그리고 그는 이 책에서 대부분 언급한 것처럼 중국 기술이전조직들technology transfer apparatus이 비공식적인 경로로 외국의 독점적인 성과물을 흡수하는 것을 통해 중국은 기초과학에 대한 최소한의 투자를 통해 역할전환을 성취할 것이다. 반면 세계가 가만히 서서 아무것도 하지 않는 동안 말이라고 말했다고 생각해보라.

이 이야기가 소설이라면 심지어 공상과학소설로서도 발간되지 못했을 것이다.

10년 전이라면 우리 스스로도 이를 믿지 않았을 것이다. 대부분의 미국인들처럼 우리는 중국의 경제적인 진보를, 그리고 이러한 진보가 서양의 선행기술에 부분적으로 의존한다는 불평을 인지하고 있었다. 그래서 문제가 될 게 있을까? 지금은 세계화된 21세기이다. 우리는 제품을 특허화하고 중국인들은 그러한 제품을 생산하고 로열티를 지불하며 세상은 돌아간다. 음악 산업으로 하여금 불법 복제되는 CD에 대해서나 신경 쓰게 하면 그만인 것이다.

그런데 문제는 중국이 로열티를 지불하지 않았고, 지금도 지불하지 않고 있다는 것이다. "불법 복제" 문제는 피상적인 것에 지나지 않는다. 실제로 위조에 대한 우리의 과도한 집착이 우리로 하여금 중국으로부터 오는 실제적인 위협, 즉 외국에서 개발된 첨단기술을 원래의 소유자에 대한 보상 없이 입수하여 실제적인 제품에 적용시키는 중국의 능력에 주의를 기울이지 못하도록 만들었다고 할 수 있다.

이는 우리를 문제의 핵심으로 데려간다. 중국은 자국민들의 생산 능력의 공로를 마땅히 인정하고 있지만, 다른 국가의 기술에 대한 값싸고 제한 없는 접근이 없었다면 중국은 이러한 변화를 일궈내지 못했을 것이다.

지금 우리는 "사업 경쟁력을 위한 정보수집"이나 자국의 연구를 비공식적인 기술 획득으로 보완하는 다른 국가들의 습관에 대해 이야기하고 있는 것이 아니다. 우리가 여기서 이야기하는 것은 외국의 기술을 발견하고 상상할 수 있는 모든 수단을 통해 이를 습득하여 무기와 경쟁력 있는 상품으로 전환하는 정교하고 포괄적인 시스템이다. 세계 어디에서도 이와 같은 것을 찾아볼 수 없다.[1] 이 시스템은 거대하고 13억이라는 인구를 갖춘 국가에 걸맞으며 중국 자신의 과학기술기업들이 초라해 보일 정도의 규모로 작동한다. 이 시스템은 비밀스럽게 감추어져 있지 않다. 이 프로젝트는 정책 문서에 제시되어 있으며, 매체에서 논의되고, 일반기능이 자유롭게 검사될 수 있는 회의에 의해 시행된다. 전통적인 첩보활동도 역할을 수행하기는 하지만 상대적으로 중요하지 않다.

중국 밖에서는 이를 거의 인지하지 못한다. 모든 곳에서 중국의 성장을 연대기적으로 기록하지만 이러한 성장을 중국이 외국의 기술과 재능을 도용하는 것과 연관시키는 연구는 거의 없다. 서양에서 중국의 성장을 추적하는 데 주의를 기울인다는 점과 우리가 이 책에서 묘사하는 관행들에 중국이 자원을 아낌없이 투자한다는 점을 고려하면 이는 기이한 사실이다. 우리의 주장이 전개될 때 독자들이 주장의 논리를 집어낼 수 있을 것이라 믿는다.

이 책은 "유용한 것을 수입하고 중국의 본질을 지키려는체용 体用 ti-yong"

---

1 매년 미국 방첩부US National Counterintelligence Executive, NCIX가 의회에 제출하는 공개보고서에서 외국의 이름을 서술하기 시작한 2000년 이후, 중국이 가장 높게 랭크되었으며, 중국은 자신에게만 할당된 사안을 받게 된 유일한 국가이다. 미국 방첩부가 하나는 중국에 관해, 그리고 다른 하나는 나머지 국가들에 관해 해마다 2개의 보고서를 작성할 것을 고려해왔다는 것은 왜곡된 이야기이다(National Counterintelligence Executive, Foreign Economic and Industrial Espionage, www.ncix.gov/publications/reports).

19세기의 시도부터 1949년 이후 소련과의 협력에 이르기까지 기술을 획득하려는 중국의 초기 노력에 대해 검토하며 시작한다. 제2장에서는 거대하고 거의 알려져 있지 않은 중국의 오픈소스 수집네트워크를 설명한다반어적으로 이는 보기 드문 중국의 진정한 혁신 중 하나이다. 제3장에서는 중국 내 외국의 연구개발 현상, 특히 지금은 어디에서나 찾아볼 수 있는 다국적 기업 연구소의 성장에 대해 논의한다.

중국 기술PRC technology조직들에 관한 제4장과 중미지지단체Sino-American advocacy groups에 관한 제5장은 상호보완적으로 잘 조직된 전체 시스템을 2등분하여 묘사한다. 후자는 많은 사람들의 정곡을 찌르기 때문에 이 책에서 가장 사랑받지 못할 장일 것이다. 하지만 우리는 사실을 있는 그대로, 이에 관련된 사람들이 설명한 대로 제시한다. 제6장은 미국 내의 중국인 학생들, 특히 중국인 학생들이 대학원 자연과학 프로그램에서 수행하는 핵심적인 역할에 초점을 맞추고 간주 수출deemed exports, 수출은 일반적으로 물건에 관련된 것이지만 정보나 기술은 국경을 물리적으로 넘지 않고도 국가에서 국가로 수출될 수 있다. 예컨대 미국 내에서 미국에 있는 다른 국가의 인사에게 정보나 기술을 넘겨준다면 이를 수출로 간주(deem)한다. 옮긴이과 방첩counter-intelligence에 대한 잠재적인 영향을 평가한다.

제7장은 기술이전 메커니즘의 설립과 진화를 좌우하는 중국의 정책 문서 원본을 분석하여 이 공식적인 기록이 스스로 말하도록 할 것이다. 기밀을 훔치는 것과 비공식적인 기술이전 사이에는 가는 선이 존재하며, 중국은 후자를 끝까지한계까지 추구한다. 제8장과 제9장에서 우리는 중국이 은밀한 조달과 사이버공간을 통해 그러한 한계를 어디에서 넘어서는지를 보여줄 것이다.

제10장은 이 책의 중요 부분에서 탐구되지 않은 기술이전 메커니즘에 대해 논의하고, 중국이 발전을 위해 이러한 은밀한 방식을 채택한 이유를 제시한다. 결론에서는 미국과 다른 국가들이 스스로를 보호하기 위해 택

할 수 있는 정책을 제안한다.

우리 저자들은 방첩에 대한 전문지식을 가지고 있지 않다. 우리의 배경은 과학, 민간부문 연구, 외국의 과학기술에 대한 흔한 학구적인 관심이다. 우리가 이런 길에 들어서게 된 것은 중국의 과학 그 자체의 성격 때문이다. 우리가 만약 새로운 것을 추가하게 된다면 중국의 토착어를 읽을 수 있는 능력에서 나오는 것이지, 우리에게만 특별히 허가된 접근권한에서 나오는 것이 아니다. 우리는 이러한 특권적인 접근을 의도적으로 피하였다.

그렇기는 하지만 우리는 진공 속에 살고 있지 않다. 우리 저자들은 법률 집행, 방위, 첩보, 상업의 전문가들이 미국의 지적재산권을 보호하기 위한 자원의 부족으로 좌절감을 느낀다는 것을 날카롭게 인지하고 있다. 그러한 위협이 정부의 모든 수준에서 환영받지 못하며, 정부는 혼자서 이를 감당하지 못하기 때문이다. 그런 이유로 이 책은 2가지의 목적을 지니고 있다:

1. 중국의 기술이전 문제를 다루기 위한 수단이 제공될 수 있도록 이 문제의 중대함을 정책입안자들에게 환기시킨다.
2. 전국가적으로 이 위협에 대한 전반적인 인식을 확산시킨다. 만약 기술의 소유주가 자신의 기술을 보호하기 위해 스스로 행동하지 않으면 어떤 공식적인 개입도 무의미하기 때문이다.

한 가지를 통지하자면, 우리가 이 문제의 규모를 꾸며내서 볼 이득이 하나도 없다는 것이다. 신뢰성을 유지하고 책임 있는 사람들을 멀어지게 만드는 것을 피하기 위해 문제를 ***경시***하는 것이 우리의 성향이다. 하지만 진실은 이렇다. 세계로부터 첨단기술을 훔쳐내려는 중국 프로그램들은 지나칠 정도이며, 이에 대한 증거는 너무 압도적이어서 이를 완전하게 묘사하면 중국이 내비치는 똑같은 피해망상을 내비치는 것처럼 보일 것이다.

주의할 것이 있는데 분개는 좀처럼 해결로 이어지지 않는다는 것이다. "절도"에 대해 중국을 비난하는 것은 별효과가 없을 것이다. 이와 같은 이유로 우리는 세계 곳곳의 중국인들에게 부당함을 만회하기 위해 가능한 모든 수단을 써서 외국의 기술을 이전한 "책임"을 지우는 중국 매체의 많은 성명서들을 읽어 왔다. 우리는 양측의 사람들이 좀 더 멋진 접근법을 채택하는 것을 선호한다.

우리의 주제와 이 주제가 만들어내는 감정을 고려하면 우리는 우리와 연관되거나 연관되어 온 사람들 혹은 조직들과 이 책 사이의 연결고리를 부인할 수밖에 없다. 이 연구는 독립적인 사랑의 작업이며 우리의 과거와 현재의 사업자들의 태도와 정의를 필연적으로 반영해야만 하는 것은 아니다.

01

서양 기술에 의존하는 중국의 역사

> 21세기 과학과 기술에서 선두에 서지 못한다면, 국가의 경제 활동과 국제적 지위를 유지하기는 어려울 것이다.
>
> 첸쉐썬*Qian Xuesen* 錢學森 [1]

과거 기술적인 진보에도 불구하고, 정치적인 대변동과 외세의 간섭, 내전, 형편없는 정책을 겪으면서, 근대 중국은[2] 기술적인 역량을 되찾는 데 고전을 면치 못하였다. 청나라 후기에서 제1차 국공내전1927년 이후 중국 국민당과 중국 공산당 사이에 일어난 2차례의 내전을 말한다. 그중 1927년에 시작하여 1937년에 끝난 내전을 제1차 국공내전이라 한다. 옮긴이의 초기까지, 중국의 지도자들은 "서양으로부터 배우기" 위해, 기술을 수입하고 전도유망한 학생들을 해외로 보내기 시작하였다.[3] 이 학생들 중 많은 이들이 중국으로 돌아와 국가의 발전과 개혁을 이

---

1 첸쉐썬(1911-2009)은 의화단 배상 기금Boxer Indemnity Fund의 지원을 받아 미국에서 유학했다. 후에 그는 매카시 시대에 스파이로 의심받고 중국으로 돌려보내져, 미사일 개발 프로그램의 핵심 인물이 되었다. 그의 생애를 상세히 보고 싶다면 [I. Chang, Thread of the Silkworm, New York: Basic Books, 1995]을 참조.

2 근대 중국은 1909년부터 중국을 말한다. J. D. Spence, The Search for Modern China, New York: Norton, 1999, pp. 225-226.

3 1800년대부터 중화인민공화국의 설립까지의 중국과 미국의 교육적인 교류를 전반적으로

끌었고, 특히 후반부에 유학을 떠나 돌아온 학생들 중 다수는 핵 개발, 우주산업, 미사일 개발에서 중대한 역할을 맡았다.[4] 1878년에 ***장즈동***Zhang Zhidong, 张之洞이 쓴 권학편Quan Xue Pian, 勸學篇, "Exhortation to Study", 이 책은 청소년들에게 서구의 과학기술에 대한 공부를 권하였으며, 동시에 민권론의 위험성을 경고하여 고대의 윤리와 도덕을 정신적 지주로 삼을 것을 역설하였다. 캉유웨이(康有爲) 등이 이끄는 개혁 운동에 대항하여 청왕조의 전제정치를 옹호하는 데 그 목적이 있었다. 옮긴이에 나와 있듯이, 초기의 양상을 가장 잘 나타내주는 개념은 ***체용***Ti-yong 體用이다. 체용은 "중국의 ***본질***을 지키는 동시에, 서양의 ***실용***적인 기술을 취한다"는 것이다. 1800년대 후반 이후로 많은 것이 바뀌었지만, 쓸 만한 기술을 서양으로부터 배워와 중국을 강화시킨다는 이 원리는 청나라 시대부터 적용되었을 뿐만 아니라, 중국의 2006-2020 국가중장기과학기술발전계획中长期科技发展规划, Medium and Long Term Plan for S&T Development, MLP과 이 책이 기본적으로 말하고자 하는 많은 내용에서 나타나듯이, 오늘날까지도 계승되고 있다.

비록 명시되어 있지는 않지만, 중화인민공화국People's Republic of China의 설립자들은 ***체용***體用의 개념을 거부하지 않았다. 예컨대, 1949년 이후 중국의 발전은 전적으로 소련Soviet의 원조, 학자들, 계획에 의존했다. 이 기간에 생겨난 과학기술 인프라에 대한 개혁은 중국이 소련과 얼마나 가까운 관계였는지를 보여주었으며, 자금의 중앙 집중, 중앙집권화된 학교, 5개년 계획 등과 같은 특징이 나타났다. 이후 1950년대 후반과 1960년대 초 소련의 "배신으로" 인해 외국의 지원이 필요했던 기존 기술발전 방식

살펴보고 싶다면 [D. M. Lampton, A Relationship Restored, Washington, DC: National Academies Press, 1986, pp. 16-20]을 참조.

4 "Returned Students and HEP Research in China", Institute of High Energy Physics, October 10, 2002, www.ihep.ac.cn/english/r.s.&hep/index.htm. 고에너지물리학연구소Institute for High Energy Physics에 따르면, 중국의 소립자물리학의 발전과 유학생들은 불가분한 관계이다.

에 많은 변화가 생겨났다. 자신들의 형편없는 정책이 가져온 격변에도 불구하고, 베이징Beijing의 많은 이들은 기술 발전의 차질을 소련의 탓으로 돌렸다. 하지만 이러한 격변조차도 문화대혁명(1966-1976)Cultural Revolution, 文化大革命: 1966년부터 1976년까지 마오쩌둥이 주도한 극단적 사회주의 운동. 옮긴이만큼 중국의 발전사에 엄청난 영향을 미치지는 못했는데, 문화대혁명은 핵 개발, 미사일 개발과 같은 일부 군사 프로그램만을 남겨두고, 과학기술science and technology 개발을 중단시켰다. 실속 없이 거창하기만 한 마오쩌둥Mao Zedong의 "고군분투struggles"는 대학들의 문을 닫아버렸고, 중국의 기술이 큰 혼란에 빠진 가운데 서양의 최신 기술과 경쟁하도록 만들어버렸다. 문화대혁명을 "잃어버린 시절lost decade"이라고 표현하는 것처럼,[5] 오늘날 중국이 대학 체제를 재정립하거나, 서양에서 훈련받은 인재들을 데려와 과학 인프라를 재구축할 때도 이 기간의 영향력은 지금까지도 느껴지고 있다.

이번 장에서는 중국의 기술이전관행에 대한 논의에 앞서 중국의 역사적인 상황을 먼저 살펴보기로 한다. 역사적인 상황에서 항상 변치 않았던 것은 중국의 전략적인 비전에서 외국 기술이 항상 중요했다는 것이다. 이러한 전략은 대부분 외국에서 기술, 지식, 영업권을 습득한 학생들과 학자들에 의해 시행되었는데, 획득한 기술을 가지고 중국으로 "돌아와" 중국의 대학, 회사, 방위산업을 미국과 직접적으로 경쟁할 수 있을 수준으로 만들어버렸다.

---

5 학자들은 이 기간을 잃어버린 시절이라고 부른다. 이 시기 동안 중국의 모든 세대는 교육의 기회를 박탈당했고, 그로 인한 영향력이 현재 중국 학문의 벤치의 힘bench strength: 핵심 인력을 대체할 만한 역량과 자질을 갖춘 잠재적 후보군, 옮긴이에까지 미치고 있다.

중국의 "자강Self-strengthening, 自強", 서양으로 손을 뻗다[6]

아편전쟁Opium Wars(1842, 1860)에서 기술적으로 우위에 있는 서양에게 패배하고, 더욱 심각하게 서구 열강으로부터 한 수 배워온 일본에게 패한 뒤(1895), 중국은 세계 공동체의 일원이 되기 위해서가 아니라, 더 심한 굴욕을 피하기 위해 서양과 교류하는 조심스러운 길에 오르게 된다.[7] 이 교류는 과학을 통해 중국을 "구하는" 것을 추구하는 것이 특징이다. 기존의 중국 시험제도가 문학적이고 고전적인 방식에 집중되어 있었기 때문에 학생들이 현대 과학기술을 배울 수 있는 장소도, 장려책도 없었다. 학생들이 과학을 접할 수 있었던 장소는 외국인 선교사들이 중국에 대대적으로 설립한 학교였다. 선교사 학교는 제국주의의 선봉으로서 박해를 당하면서도 교육에 대한 중국의 태도를 바꾸는 데 매우 중대한 역할을 하였다.[8]

이 시기에 기존 시험제도의 실효성에 대한 의문이 제기되었고 현대 과학의 발전을 저해하고 있는지에 대한 여부가 논의되었다. 결국 1905년 전통적인 시험제도는 폐지되었다. 하지만, "서양" 과학에 대한 장려와 교육 개혁이 계속되는 동안에도 자국 문화의 우월성에 대한 뿌리 깊은 믿음은 여전히 남아있었고, 이로 인해 과학과 문화는 분리되었다.[9] 전통적인

---

6 이번 내용에서는 1800년대 후반부터 현재까지의 중국의 역사를 간단히 살펴본다. 여기서 우리는 중국이 직업 응용이 가능한 분야에서 군방과 기술적인 발전이 서양에 뒤처지던 시절에 초점을 맞출 것이다. 위에 언급된 자강自强의 기간은 1860년부터 1900년까지다.

7 Edwin Pak-wah Leung, "China's Decision to Send Students to the West", Asian Profile 16(1998), pp. 391-400, p. 392, pp. 399-400.

8 이 시기의 공학교육에 대한 추가적인 정보가 필요하다면, [Junqiu Wang and Nathan McNeill and Sensen Li, "Growing Pains: Chinese Engineering Education in the late Qing Dynasty", 2010 ASEE Annual Conference and Expo.]을 참조.

9 이렇게 언급한 이유는 오늘날 미국에서 중국인 유학생들이 어떻게 여겨지는지, 혹은 중국의 국수주의와 자민족 중심주의를 환기시키기 위함이 아니라, 당시 중국에서의 우려와 의

중국 사회를 지탱하기 위해 서양의 과학기술을 이용하여 "현대화로의 절반의 도약"을 가능케 한 중국 지도부를 저명한 중국사학자인 존 페어뱅크John Fairbank는 시대의 지도부라고 묘사하는데, 이는 아마도 최상의 표현일 것이다.[10] 심지어 오늘날에도 이러한 사상을 중화인민공화국PRC 과학기술정책 문헌에서 찾아볼 수 있다.

이러한 이원론적인 접근방식은 장즈동Zhang Zhidong이 ***체용***體用, 간체 体用의 관점에서 채택한 것이다. 체용體用은 청나라Qing Dynasty(1644-1912) 말기의 개혁기에 틀이 잡힌 개념이다. 체용體用에서 체體는 "본질"을 뜻하고, 용用은 "실용"을 뜻한다. 여기서 중국 자강自强의 방식을 알 수 있는데, 중국이 사회의 "본질"을 지킴과 동시에 중국의 사회 인프라와 경제의 발전을 위해 서양으로부터 배워온 것을 "응용"하여 사용한다는 것이다.[11] 원래 의도한 바는 아니겠지만, 오늘날 중국의 언론에서는 종종 자국에 수용된 외국의 제도, 기술, 또는 아이디어를 중국 문자를 담아 "중국적 특성의 무엇中国特色某某"이라고 묘사하는데, 이는 문화적 분리의 핵심 개념이 유지되고 있음을 보여준다.

기존 중국 시험제도에 대한 논란의 또 다른 결과물은 중국인 유학단Chinese Educational Mission이다. 중국은 1872년 유학단을 조직하여 12세에서 15세 사이의 학생 120명을 미국으로 보냈다.[12] 중국 학생들은 대학에 들어가기 전에 영어를 배워야했기 때문에 미국 현지의 가정에 보내졌고, 몇몇은 사립학교에 들어가게 되었다. 중국 유학생들의 "임무"는 서양의 과학과 공학을 배우는 것이었다. 중국 유학생의 몇 명 정도는 웨스트 포인

혹을 강조하기 위함이다.

10 John King Fairbank, The United States and China, 4th edn, Cambridge, MA: Harvard University Press, 1983, pp. 173-176.

11 Spence, The Search for Modern China, pp. 225-226.

12 The New York Times, "The Chinese Educational Mission", August 18, 1873.

트West Point에 있는 미육군사관학교US Military Academy에 입학하여, 지식과 기술을 배운 뒤 중국으로 돌아와 전수해 주기를 희망하였다.[13] 1881년 중국인 배척법Chinese Exclusion Act의 통과를 포함해 중국과 미국에서의 상황 변화로 인해[14] 청나라 정부는 유학 프로그램을 중단하였고, 많은 학생들은 졸업을 하지 못한 채 중국으로 돌아오게 되었다. 일부 주장에 따르면, 중국 정부의 프로그램 중단은 외국으로 보내진 학생들이 "중국 문화와 유대를 잃어버리고 완전히 서구화될 것"을 걱정했기 때문이라고 한다.[15]

학생들이 유학기간동안 중요한 지식을 습득했음에도 불구하고, 고위 관직에서 배제되었고, 충성심마저 의심받게 되었다.[16] 이를 통해 초기 귀환한 유학단원들이 자신들을 기피한다며 불만을 제기한 후기 귀환 학생들의 운명도 예측되었다. 하지만 전문성은 결국 빛을 발하기 시작했고, 유학단에 포함되었던 많은 전문가들이 중국의 발전에 기여하기 시작했다. 칭화Qinghua대학교와 톈진Tianjin대학교의 초대 총장들, 중화민국의 초대 수상, 17명의 해군장교가 여기 포함된다. 유학단 그룹에서 13명은 외교 관련 직위를 맡았고, 14명은 철도계의 최고 기술자 혹은 최고 담당자가 되었다.[17]

---

13 Jin Baicheng, "Early Educational Mission", China Daily, April 22, 2004, www.chinadaily.com.cn/english/doc/2004-04/22/content_325340.htm.

14 T. K. Chu, "150 Years of Chinese Students in America", Harvard China Review, Spring 2004, pp. 7-26.

15 Jin, "Early Educational Mission".

16 Stacy Bieler, Patriots or Traitor? A History of American-Educated Chinese Students, Armonk, NY: ME Sharpe, 2004, p. 12.

17 Thomas E. LaFargue, China's First Hunger: Education Mission Students in the United States, 1872-1881, Pullman: Washington State University Press, pp. 77-78, pp. 107-108.

과도기에 서양의 지원으로 얻은 혜택

이 책에서는 청나라 왕조Qing Dynasty의 몰락(1912)부터 군벌 시대warlord era(1916-1927), 제1차 국공내전Republican era(1927-1937), 항일전쟁war with Japan(1937-1945)을 거쳐 1949년 중화인민공화국People's Republic의 설립에 이르기까지를 과도기로 보고자 한다. 우리는 각 시대의 차이점이 존재하며, 그 시대만의 격변이 있었음을 인정하지만, 이러한 과도기 동안 학문 활동은 외국 지식에 대한 탐구와 서양 기술에 대한 접근이 지속적으로 진행되었다.

중국인 유학단 파견이 종료된 지 30년 정도 뒤인 1909년, 의화단 배상 프로그램Boxer Indemnity Program에 의해 장학금 지원을 받는 중국의 두 번째 유학 세대가 미국에 도착했다(표 1.1).[18] 경쟁 국가들이 중국에 독점적으로 영향을 미치는 것을 막기 위해 미국은 문호개방정책America's Open Door Policy을 펼쳤고, 이는 프로젝트의 초석이 되었다. 의회는 중국이 의화단운동義和團運動으로 미국에게 빚진 1,200만 달러를 중국인 교육을 위해 재가하였다.[19] 이 돈은 특히, 외국으로 나간 중국인 유학생들 교육과 칭화학당清华学堂, 나중에 칭화대학으로 개명됨, 기술선도기관 설립을 위해 배정되었다.[20] 협정의

---

18 Bieler, Patriots or Traitors?

19 서양에 "Boxer Rebellion"이라고 알려진 중국의 "의화단운동"은 중국 내의 외국인들에 대한 대중적인 반발 운동이었으며, 임시적으로 청나라 정부의 지원을 받았다. 이러한 반란은 1900년 6월에 베이징의 공사관 지역이 외국의 군대에 포위당함으로써 끝이 났고, 2개월이 지난 뒤에야 8개국의 군대에게서 해방되었으며, 나중에 의화단 배상Boxer Indemnity이라고 알려진 벌금이 중국에 부과되었다.

의화단사건은 경자사변 등으로도 불린다. 19세기말 중국에서 일어난 서양 배척운동으로 서양에 있는 중국인과 중국에 있는 포교사 및 중국기독교도를 중심으로 진행된 대규모 군중 폭력 운동이다.(http://baike.baidu.com/view/14971.htm)

20 "History of Tsinghua", University of Tsinghua, 2001, www.tsinghua.edu.cn/publish/

내용은 다음의 자료에 나타나듯 이상하게도 자치권과 공정성, 호혜성에 관심을 두는 현재의 중미 교섭과 닮아있다:

> 마지막 협정에서 감면에 대한 언급은 없었다. 미국은 위압적인 태도를 보이지 않았고, 중국 역시 복종하지 않았다.[21]

당시의 난제는 프로젝트를 통해 무엇을 성취할 것인가를 넘어서 미국은 중국인 학생들이 기독교 문화를 흡수하길 원했고, 반면 중국은 미국의 노하우를 얻길 원하는 상황에서 갈등이 발생하였다.[22] 이 논쟁은 T. K. 추T. K. Chu에 의해 다음과 같이 묘사된다:

> 미국으로 학생들을 유학 보내는 문화적인 이유는 자국의 제도화된 유교를 보호하기 위함이다. 강력한 전함과 대포를 만들 수 있는 기술적인 노하우를 얻어 중국은 자신들의 문화적 전통에 대한 침략과 잠식을 막을 수 있다.

만약 "기독교"를 "민주화"로 바꾸기만 하면 현재 논쟁이 되고 있는 미국에서의 중국 학생들의 중요성과 유용성에 대한 담론이 되는데, 과학기술S&T 공동연구에 대한 적극적인 지지자들은 중국인 학자들이 미국에 거주하면 민주적 · 개방적으로 변하여 결국 미국의 정책을 지지하게 될 것이라고 생각하여 보다 확고한 공동 연구가 필요함을 주장한다. 마찬가지로, 누군가는 과거와 같이 오늘날 중국은 실용적인 관점을 취하여 서양에서의 교육을 통해 필요한 것은 얻기 위한 수단으로 보고 있으며 여전히

---

then/ 5779/index.html.

21 Chu, "150 years of Chinese Students in America".

22 Ibid.

표 1.1 중국인 유학단 또는 의화단 배상프로그램에 참여했던 학생들의 성과

이름	프로그램	유학 장소	공적
첸쉐썬钱学森 (Qian Xuesen)[23]	Boxer	CalTech, MIT	중국 로켓 프로그램의 아버지, 오픈소스 데이터 마이닝의 초기 지지자
탕궈안唐国安 (Tang Guo'an)[24]	CEM	Philips Exeter and Yale	칭화대학의 초대 총장
차이샤오지蔡绍基 (Cai Shaoji)[25]	CEM	Yale	톈진대학의 초대 총장
탕사오이唐绍仪 (Tang Shaoyi)[26]	CEM	Yale	산둥대학의 초대 총장, 중화민국(1912-1949)의 각료
장팅푸蒋廷黻 (Jiang Tingfu)[27]	Boxer	Columbia	칭화역사부서의 책임자, 외교관
천헝저陈衡哲 (Chen Hengzhe)[28]	Boxer	Vassar and University of Chicago	베이징대학
궈빙원郭秉文 (Guo Bingwen)[29]	Boxer	Wooster/Columbia	난징대학

* 중국 미사일 개발 프로그램의 핵심 인물이었던 첸쉐썬Qian Xuesen에 대해 상세히 알아보고 싶다면 다음을 참조하라. Chang, *Thread of the Silkworm*, 1995.

정치적인 개혁으로 인해 추가되는 불필요한 부산물에 대해 초조함을 느끼고 있다와 같이 주장할 수 있다.

중국은 외국에서 공부한 학생들과 학자들뿐만 아니라, 자국의 빈사 상태의 대학체계의 재정비를 도와주러 온 외국인들로부터도 혜택을 얻어,

23 중국 미사일 개발 프로그램의 핵심 인물이었던 첸쉐썬Qian Xuesen에 대해 상세히 알아보고 싶다면 Chang, Thread of the Silkworm 참조.

24 Jin, "Early Educational Mission".

25 Ibid.

26 Ibid.

27 Bieler, Patriots or Traitors?

28 Ibid.

29 Ibid.

마침내 중국은 스스로 자국의 학생들을 교육시킬 수 있게 되었다. 1800년대 후반 1895년 톈진Tianjin대학교, 1896년 상하이Shanghai Jiaotong대학교, 1897년 저장Shanghai Jiaotong대학교, 1898년 베이징Peking(Beijing)대학교 등 중국의 현대 대학들이 중국에서 자체적으로 설립되기는 하였지만,[30] 국제적으로 선두에 있는 미국 대학들과의 교류가 중국 현대 교육과정의 뼈대를 만드는 데 일조하였다. 특히, 두 종류의 관계가 서양의 학자들과 서양에서 훈련받은 학자들이 중국 대학의 발전에 얼마나 기여했는지를 잘 보여준다.

하나는 컬럼비아대학과의 관계, 특히 1913년 베이징대학에서 명예 학위를 받은 폴 먼로Paul Monroe와의 관계이다. 먼로는 중국의 현대 교육과정의 발전에 기여했으며, 중국 교육의 지도자가 된 궈빙원郭秉文, 타오싱즈陶行知, 천허친陈鹤琴, 쟝멍린蒋梦麟, 쟝보링张伯苓을 포함한 몇몇 학생들과 함께 일했다.[31] 두 번째는 위에 언급되었던 의화단 배상기금에 의해 설립된 칭화대학의 역사와 관계되어 있다. 칭화대학의 교수진들은 미국으로부터 모집되었으며, 칭화대학 학생들은 "중국의 전통문화와 서양의 지식" 모두를 배웠다.[32] 칭화대학은 지금도 최고의 외국 학장과 교수를 임용하고, 서양으로부터 영감을 받은 변화들을 교육과정과 프로그램에 포함시킴으로써 전통을 유지하고 있다.[33]

---

30 "Tsinghua University", China Education Center Ltd., 2012, www.chinaeducenter.com/en/university/tsinghua.php. "Beijing University", China Internet Information Center, 2012, www.china.org.cn/english/features/beijing/31059.htm. "Introduction to Zhejiang University", Zhejiang University, 2012, www.zju.edu.cn/english/redir.php?catalog_id=235. "Shanghai Jiao Tong University", China Education Center Ltd., 2012, www.chinaeducenter.com/en/university/ sjtu.php. 참조

31 Bieler, Patriots or Traitors?

32 Ping Kuang and Ian Marshall, "Internationalisation of Chinese Higher Education: Application of Knowledge Management to Analysis of Tsinghua University", Journal of Knowledge Management Practice 11, no. 1, March 2010.

33 칭화대학의 개혁에 대한 정보를 더 많이 보고 싶다면 "Welcome to Tsinghua University",

오늘날과 마찬가지로 미국은 중국 학생들의 유일한 목적지가 아니었다. 많은 학생들은 유럽에서 공부를 했고, 중국으로 돌아와 크나큰 기여를 했다. 독일에서 공부했던 베이징 대학의 총장 차이위안페이蔡元培, 프랑스에서 유학하고 온 핵 개발에 가담한 몇몇 고위 전문가들, 그리고 덩샤오핑鄧小平, 저우언라이周恩來와 같은 중국 공산당의 초기 간부들이 대표적인 인물로 들 수 있다.

중국인 유학단의 파견이 끝나고 의화단 배상프로그램이 시작되기 전까지 중국 학생들이 선호하는 유학 목적지는 주로 일본이었기에 미국으로 유학 가는 학생들은 거의 없었다. 1896년 첫 번째 유학생 그룹은 일본에 도착했고,[34] 1900년대 초반 그 숫자는 급격하게 늘어났다. 1906년에 일본에 있는 중국 학생의 수는 거의 12,000명 정도였을 것으로 추정된다.[35] 베이징 대학의 왕샤오추王晓秋, Wang Xiaochu는 이 시기를 다음과 같이 5가지로 세분화한다.[36]

1. 1896-1911 일본에서의 공부가 시작됨
2. 1912-1930 일본에 있던 중국학생들이 정치적인 감각을 개발
3. 1931-1945 중일간의 전쟁으로 인한 고난의 시절

Tsinghua University, www.at0086.com/TsinghuaU/. Li Yuhong and Yin Qi, "Tsinghua's Foreign Academic Connection", China Daily, April 16, 2011, www.chinadaily.com.cn/opinion/2011-04/16/content_12336800.htm. Hao Xin and Dennis Normile, "Gunning for the Ivy League", Science 319, no. 5860, January 11, 2008. Kuang and Marshall, "Internationalisation of Chinese Higher Education" 참조.

34 Linqing Yao, "The Chinese Overseas Students: An Overview of the Flows Change", Australian Population Society Biennial Conference, September 2004, www.apa.org.au/upload/2004-6C_ Yao.pdf.

35 Chu, "150 years of Chinese Students in America".

36 Wang Xiaochu, "Retrospect and Revelation of the 110-year History of Chinese Returned Students in Japan", April 2004, Chinese National Knowledge Infrastructure, SUN: XZSB.0.2006-04-00.

4. 1946-1976 중국에서 일본으로 유학가는 인구 감소

5. 1977-현재 회복, 만조滿潮

여기서는 일본에서 공부했을 뿐만 아니라, 일본의 지배 기간1895-1945 동안 자국에서 일본의 제도 아래 교육 받은 수많은 대만인들이 제외되었다. 일본에서 유학하였던 학생들 중 많은 이들이 군사 관련 주제로 공부를 하였기 때문에 초기 일본에서 중국으로 돌아온 많은 중국학자들은 중국의 군사 현대화에 중대한 영향을 끼쳤다고 본다.[37] 일본에서 유학하였던 유명한 중국 간부에는 쑨원孙文, 루쉰鲁迅, 저우언라이周恩来 등이 있다.

중화인민공화국의 설립 — 소련과 가까워지다

1949년 중화인민공화국PRC의 설립이 중국의 과학기술 발전 정책에 극적인 변화를 수반한 것처럼 보이는 시기에여러 면에서 실제로 그러했다, 베이징은 기술적인 능력을 키우기 위해 계속해서 외국으로 시선을 주시했다. 마오쩌둥Mao Zedong이 소련과 가깝게 지내는 "일변도정책一边倒, lean to one side, 외교 문제에서 공평한 관계를 가지지 아니하고 어느 한쪽으로 치우치는 정책. 옮긴이"의 일부로서,[38] 중국은 중앙집권적인 혹은 "소련Soviet" 과학기술 인프라를 구축했

---

37 Yang Dongming and Ji Changhe, "Talking about the Students Studying in Japan and China's Modernization", January 2001, Chinese National Knowledge Infrastructure, ISSN:1006-1975.0. 2005-01-016. WANG Jian-hua, "On the Relation between Japan and Modernization of Military Education in Late Qing Dynasty", May 2004, Chinese National Knowledge Institute, CNKI:SUN:AFSX.0.2004-05-009.

38 "Formulation of Foreign Policy of New China on the Eve of its Birth", Ministry of Public Affairs of the People's Republic of China, November 17, 2000, www.fmprc.gov.cn/eng/ziliao/3602/3604/ t18057.htm.

다.[39] 이 정책은 중국과학원中国科学院, Chinese Academy of Sciences, CAS과 이와 연계된 연구기관들의 연구에 중점을 두고, 대학에서의 연구를 경시했다.[40] 이 정책의 목적은 연구기관에서의 개발이 산업을 거쳐 결과적으로 경제와 군방 분야에도 흘러갈 수 있도록 통로를 구축하는 것이었다.[41] 응용과학은 기초과학보다 중시되었고, 이는 중국이 현대적 대학들을 설립하며 보낸 첫 반세기 동안 이룩한 진보를 저해했다.[42] 1950년대 초반부터 구체적이고 유형화된 상품들 즉, 중공업이 중요시 여겨지면서 지난 시절 새로운 발상의 수혜자였던 비전문가들이 여러 기관과 선진 대학들의 고위 직책을 부여받았다.

새로운 기관과 산업을 세우고 가동하기 위해 중국으로 온 소련의 과학자들과 기술자들로부터 중국은 막대한 혜택을 보았다. 여기에는 핵무기에 대한 전략적인 프로그램이 포함된다.[43] 지난 수십 년처럼 중국은 해외로 학생들을 보냈는데, 소련으로 보내진 중국인 학생 수는 전례가 없을 정도로 엄청났다. 약 38,000명 정도의 중국인이 훈련과 연수를 위해 소련으로 보내졌다.[44] 대부분은 주요 산업의 기술자들이었지만 학생, 선생들, 학자들도 있었다. 여기에는 후진타오胡锦涛 전 주석, 장쩌민江澤民 전 주석,

---

39 Richard P. Suttmeier, Research and Revolution: Science Policy and Societal Change in China, Lexington, MA: Lexington Books, 1974.

40 중국과학원은 1949년에 설립되었다. Chinese Academy of Sciences, October 25, 2012, www.cas.ac.cn/. 참조.

41 Richard P. Suttmeier, "New Directions in Chinese Science and Technology", in John Major, ed., China Briefing, Boulder, CO: Westview Press, 1986, pp. 91-102.

42 여기서 언급되는 현대 대학이란 탄탄한 교육과 연구 환경을 제공하는 대학을 말한다. 이는 소비에트 체제와는 많이 다르다고 할 수 있다.

43 John Lewis and Litai Xue, China Builds the Bomb, Palo Alto, CA: Stanford University Press, 1988.

44 "A Country Study: China", The Library of Congress Studies, August 24, 2012, http://lcweb2.loc.gov/frd/cs/cntoc.html.

리펑李鵬 전 총리 등이 포함된다.

중국의 첫 5개년 계획first Five-year Plan(1953-1957)은 소련의 원조에 크게 의존하였으며, 광업, 발전發電, 그 외의 중공업에 관한 156개의 주요 산업 프로젝트가 소련의 지원을 받았다.[45] 이러한 변화는 중국과 소련 협력의 절정기에 11,000명의 소련 과학기술자들이 중국에서 일을 했기에 가능했다. 대다수 소련 과학기술자들은 철강업과 같은 중공업에 종사하였다.[46] 과학기술 분야 협력을 위한 중소공동위원회Joint Sino-Soviet Commission for Co-operation in Science and Technology가 설립되었으며, 위원회는 1954년부터 1963년까지 운영되면서 100개가 넘는 주요 과학 프로젝트를 수행하였다. 중국은 과학적 기반에 있어 소련에 너무 의존한 나머지 1954년 중국과학원CAS에서 계획한 12개년 개발안의 초안이 소련과학원Soviet Academy of Sciences에 보내져 검토를 받을 정도였다.

아마도 소련의 지원 중 가장 중요한 부분은 핵무기 사업이었을 것이다. 1956년 9월 과학기술발전을 위한 12개년 계획의 일부로 원자력산업 지원에 대한 중소협약이 모스크바에서 체결되었다.[47] 이 협약으로 소련은 중국에게 기술자, 계획, 교육, 그리고 핵무기 사업을 이행하는 데 필요한 우라늄 농축시설과 기반시설을 지원했다. 소련의 지원과 더불어 핵무기 관련 프로그램에 참여했던 2명의 핵심 과학자 쳰싼치앙钱三强과 양청종杨承宗은 프랑스에서 교육을 받았는데, 이들의 경험은 초기 핵무기 개발과정에서 견인차적인 역할을 하였다. 중국과학기술위원회China's Science and Technology Commission의 책임자이자 초기 핵무기 관련 프로그램을 운영한 니예롱쩐聂荣臻은 혁명 전에 벨기에에서 교육을 받았던 인물이다. 니예롱쩐

---

45 Ibid.

46 Ibid.

47 Lewis and Xue, China Builds the Bomb, p. 51.

은 유도탄, 항공기, 중국의 무기 생산을 지원할 수 있는 기술적 데이터를 포함하여 소련이 또 다른 군사 관련 프로토타입prototypes을 제공할 것이라 믿었다.[48]

소련의 배신과 문화대혁명Cultural Revolution, 文化大革命

1960년 가을까지 소련은 중국에 있던 자국의 모든 전문가들과 고문들을 불러들이면서, 중국의 발전에 필요한 노하우와 기술을 회수해갔다. 중화인민공화국의 첫 10년 동안 이룩된 진전은 소련의 철수와 그 이후 누적된 중국의 처참한 정책으로 인해 중단되었다. 1958년부터 마오쩌둥은 "대약진운동大跃进, Great Leap For word"을 추진하게 되는데, 이는 발전을 가속화하기 위하여 무게중심을 전문가보다 "공산주의red"에 두는 동화 같은 계획이었다.[49] 이런 기이한 계획 속에서 중국은 3년 안에 강철 생산에서 영국을 뛰어넘길 열망했다. 2년 뒤 이 "실험"은 세계 역사상 가장 터무니없음을 언급할 필요도 없이 예상대로 끝나게 된다.

아마도 중국의 신출내기 과학기술 산업에 가장 악영향을 미친 정책은 "두 다리로 걷기walking on tow legs, 两条腿走路, 서로 다른 두 가지 방법으로 한 가지 일을 하거나 두 가지 일을 동시에 진행함을 비유하는 중국의 관용구. 옮긴이"로,[50] 농업과 산업을 동시에 발전시키고자 한 마오쩌둥의 계획으로, 사실상 중공업을 제외한 모든 것을 경시하는 정책이었다. 당연한 결과로 누구나 과학을 할 수 있다는 생각이 만연하게 되었다. 소련이 제공한 청사진blueprints과 프로토타입prototypes을

---

48 Ibid.

49 Mao Zedong, "On the People's Democratic Dictatorship 30 June 1949", Mao Zedong xuanji (Selected Works of Mao Zedong), Beijing: The People's Press, 1965.

50 Lewis and Xue, China Builds the Bomb, p. 51.

무자격의 노동자들이 "개선"하도록 장려되었으며, 이는 때때로 러시아의 기술자들의 눈앞에서 일어나기도 했다. 이러한 문제는 특히 중형항공기와 엔진과 같은 해외에서 교육받은 중국 인력이 부족한 곳에서 지속적으로 나타났지만, 미사일과 핵무기 개발과 같은 경험이 풍부한 국내 전문가들이 많은 곳에서는 빈번하지 않았다.[51]

마오쩌둥은 다시 "문화대혁명文化大革命, Great Cultural Revolution, 1966-1976"을 일으켰고, 이는 중국을 정치적 혼란에 빠뜨렸으며, 핵심 전략 프로그램을 지원 및 관리하는 데 악영향을 미쳤다. 문화대혁명으로 인해 1949년 이후 단속적斷續的, 끊어졌다 이어졌다 하는이지만 아직 시작단계를 벗어나지 못하고 있던 인프라, 기반시설은 파괴되었다.[52] 대학들은 문을 닫거나 무력분쟁의 현장이 되었다. 전문가를 포함해 서양에서의 경험이 있는 사람들은 누구든지 하방운동下放運動, 중국에서 당원이나 공무원의 관료화를 방지하기 위하여 이들을 일정한 기간 동안 농촌이나 공장에 보내서 노동에 종사하게 한 운동. 옮긴이에 동원되었고, 모든 세대의 중국인들은 교육적 기회를 박탈당하거나 연기되었다.[53] 또한 중국은 해외에 나가 있는 학자들을 불러들였으며 1978년까지 학생들을 해외로 보내지 않았다.

칭화대학에서의 사건을 살펴보는 것만으로도 문화대혁명이 중국의 과학기술 발전에 얼마나 파괴적인 영향을 초래했는지를 이해하기 충분하다. 의화단 배상 기금에 의해 설립된 칭화대학은 1960년대 후반까지 높은 수준의 교육을 위한 성공적인 장소로 성장했다. 칭화대학의 교수진은

---

51 Ibid.

52 Charles P. Ridley, China's Scientific Policies: Implications for International Cooperation, Washington, DC: American Enterprise Institute, October 1976.

53 Xin Meng and R. G. Gregory, "The Impact of Interrupted Education on Subsequent Educational Attainment: A Cost of the Chinese Cultural Revolution, Economic and Cultural Change", Economic Development and Cultural Change 50, no. 4, July 2002, pp. 935-959 and "Front Matter", The China Quarterly 95, 1983, pp. f1-f6.

대부분 외국에서 교육을 받았으며 최고의 학생들만이 칭화대학에 진학할 수 있었다. 이와 대조적으로 문화대혁명 초기에 완전히 문을 닫은 칭화대학은 1970년에 다시 문을 열었을 당시 "노동자, 농민, 군인"을 학생으로 입학시키게 했다.[54] 이 학생들은 정규교육을 거의 받지 못한 채 정치적으로 연결된 세력의 추천으로 칭화대학에 입학했다.[55] 학문이 중시되지 않았기에 학업적인 성취는 이루어질 수 없었다. 이와 같은 어리석은 일들이 중국 전역의 대학에서 일어났다.[56]

베이징Beijing에서 주장하는 바에 의하면, 부분적으로는 마오쩌둥과 소련의 정치 지도자 니키타 흐루시초프Nikita Khrushchev 사이의 긴장에 의해 소련이 철수했으며, 이로 인해 34개의 주요 계약과 257개의 기술 프로젝트가 취소되었다. 이러한 소련의 "배신betrayal"이 중국의 발전에 장애가 된 것은 의심할 여지가 없지만, 중국의 형편없는 정책이 미친 영향 또한 간과될 수 없다.

문화대혁명 이후의 재개발 작업

> 학생들을 외국으로 보내는 것은 중국에게 있어서 문화 교류의 문제가 아니다. 목표는 중국을 강대국으로 만드는 것이다. 이는 해외로 나간 학생들이 직면해야 할 사실이다.
>
> 치앤닝钱宁[57]

---

54 He Chongling, Qinghua Daxue jiushi nian(Qinghua University ninety years), Beijing: Tsinghua University Press, 2001.

55 Ibid.

56 "History of Tsinghua", University of Tsinghua.

57 钱宁치앤닝(Qian Ning), 留学美国미국유학(Studying in America), Nanjing: Jiangsu Wenyi Chubanshe, 1996.

문화대혁명 이전 중국의 지속적인 목표는 서양의 노하우를 수입하는 것이었기에, 문화대혁명이 초래한 파멸은 무슨 수를 써서라도 기술을 얻어야 할 필요성을 더욱 강화시켰다. 문화대혁명 이후 시기에는 마오쩌둥이 지지했던 비전문가들을 중시하는 정책과도 결별하였다. "전문가보다 공산주의를 우선시하는 정책"이 실효를 거두지 못했다는 사실은 1979년 베트남과의 전쟁에서 당한 굴욕적인 패배로 인해 뼈에 사무칠 정도로 명확해졌다. 이 패배는 중국의 절박한 상황을 지도부에게 보여주는 분수령이 되었다. 중국은 연구소나 대학과 같은 기관을 다시 세우는 것뿐만 아니라 인적자본의 진가 역시 알아보기 시작했다. 1978년부터 중국은 계급과 직함을 회복하고 전문적인 사회를 다시 세우며, 기술적 성취를 인정하려고 노력했다.[58] 미국 과학 고문US science advisor과의 초기 교섭에는 마오쩌둥 시대 이후 처음으로 중국이 자국의 학생들을 미국으로 보내는 요청이 포함되어 있었다.[59]

4대 현대화 정책四个现代化, Four Modernizations이 제안되고 약 15년 뒤인 1978년이 되어서야 전국인민대표대회National People's Congress, 중국 최고의 권력기관. 옮긴이에 의해 채택되었다. 이 개혁안은 농업, 산업, 과학기술, 국방에 대한 투자를 통해 21세기까지 중국을 세계적인 강대국으로 만드는 것을 목표로 하였다. 비록 그 영향력이 애매하기는 하였지만 이 개혁안은 중국과 소련의 협력시절의 중공업에 무게중심을 두는 자본집약적 방식을 넘어서 새로운 전문가들이 폭넓은 진보를 이룩할 수 있도록 하는 최초의 개발방안이었다고 할 수 있다. 중국은 재건에 있어 두 가지 이점을 가지고 있었다. 첫 번째로 기존의 계획이나 인프라가 없었기에 그러한 것의 방해를 받지

---

58 Leo A. Orleans, ed., Science in Contemporary China, Palo Alto, CA: Stanford University Press, 1980, p. 39.

59 Chu, "150 years of Chinese Students in America".

않고 신기술을 이용하여 성장을 위한 새로운 토대를 구축할 수 있었다. 두 번째는 1950년대 미국에 대항하기 위해 소련의 지원에 의존했던 중국이, 격변하는 시대 상황 속에서 미국과의 기술적 연계와 교육적 교류를 재개함으로써 미국의 냉전에 대한 염려로부터 혜택을 볼 수 있는 위치에 있었다는 점이다.

마오쩌둥 시대 이후 외국의 노하우는 중국이 뛰어난 국방시스템과 산업을 이룩하고 미래를 위한 능력을 구축할 수 있는 촉매제로 여겨졌다. 문화대혁명 이후 외국으로 유학 가는 첫 번째 세대들은 이러한 접근 방식을 반영하는 경향이 있었다. 심지어 이 유학 세대들은 미국의 고문들보다 나이가 많았지만 어려운 기술과 자연과학을 공부하는 데 열중했다.

중국의 과학기술 수용은 863프로그램이라고 알려진 국가고기술연구발전계획国家高技术研究发展计划, National High-Tech R&D Program을 채택함으로써 확고해졌다.[60] 덩샤오핑邓小平의 지지로 1986년에 시행된 이 프로그램은 "새로운 세계적 도전과 경쟁"에 합류할 수 있도록 설계되었다.[61] 스푸트니크 발사Sputnik moment, 1957년 소련은 세계 최초로 스푸트니크라는 인공위성을 발사했으며 이는 미국에게 위기의식을 불러일으켰다. 외국의 기술적, 과학적 발전의 성과물이 미국에게 위기의식을 심어주게 될 때 비유적으로 이러한 표현이 사용된다. 옮긴이의 순간을 신기술혁명으로 묘사한 863프로그램은 생물학, 우주비행, 정보기술IT, 레이저, 자동화, 에너지, 신소재, 해양학에 초점을 맞췄다.[62] 이 모든 분야가 중국이 세계 수준의 능력을 갖추는 데

---

60 863계획은 중국의 고등기술 개발을 가속화하기 위하여 4명의 중국 과학자들(왕다헝王大珩, 왕간창王淦昌, 양가지杨嘉墀, 천팡원陳芳允)이 공동으로 제안한 것이다. "National High-tech R&D Program(863 Program)", Ministry of Science and Technology of the People's Republic of China, www.most. gov.cn/eng/programmes1/200610/t20061009_36225.htm.

61 www.863.gov.cn/.

62 Evan Osnos, "Green Giant: Beijing's Crash Program for Clean Energy", The New Yorker, December 21, 2009, www.newyorker.com/reporting/2009/12/21/091221fa_fact_osnos.

있어서 핵심적인 요소라 할 수 있다. 정부의 역할은 계속해서 거시적인 통제와 지원을 하는 것이다.[63] 863프로그램에서 특정 프로젝트들은 전문가위원회에 의해 결정되었는데, 이 전문가들은 우선순위를 결정하기 위해 세계의 연구개발에 눈을 돌렸다. 하지만 일반적으로 중국의 연구 결과가 더 많이 적용되었다. 중국 과학기술부Ministry of Science and Technology, MOST에 의해 시작된 이 프로그램은 국가의 과학기술 관련 기업의 모든 분야에 영향을 미쳤으며, 국방프로젝트와 긴밀하게 연계되었다. 2001년 863프로그램으로 이룩한 성과를 축하하기 위한 기념식이 과학기술부MOST와 군사기술시스템의 개발에 종사하는 중국인민해방군 총장비부中国人民解放军总装备部, PLA General Armaments Department에 의해 공동으로 개최되었다.[64] 같은 해인 2001년 863프로그램은 ***외국의 전문가들의 도움으로*** 재평가되었으며, 국제 시장에서 중국 경쟁력에 도움을 줄 수 있도록 확장되었다.

중국은 과학기술 인프라의 여러 다른 측면들을 향상시키기 위한 또 다른 프로그램들을 진행시키고 있었다. 중앙 정부로부터 통제를 받은 이 프로그램들에는 첨단기술의 상품화를 위한 횃불프로그램火炬计划, Torch Program, 기초연구를 위한 973프로그램국가중점기초연구발전계획, 国家重点基础研究发展规划, 농업, 에너지, 정보, 자원환경, 인구보건, 재료 등 6개 분야의 원천기술을 발전시키겠다는 중국 정부의 프로젝트. 옮긴이, 대학 개혁을 위한 985프로그램国家985重点建设项目, 중국 교육부가 '21세기로 나아가는 교육진흥계획'을 실시하기 위해 베이징 대학, 칭화 대학 등 중점대학을 선정하여 세계적인 대학으로 키워내기 위한 프로젝트. 옮긴이과 211프로그램国家211工程项目, 중국정부가 1990년대 착수한 100여 개 중점대학의 체계화를 통한 국가고등교육 발전 시책으로 과거 다양한 국가기관의 관할 하에 있었던 대학을 합병

---

63 "National Programs for Science and Technology", Chinese Government's Official Web Portal, 2012, www.gov.cn/english/2006-02/09/content_184156.htm.

64 Du Minghua, "863 Hi-Tech Program Blueprinting China's Future," January 1, 2001, www.edu.cn/achivement_1509/20060323/t20060323_4403.shtml.

등을 통하여 중국 교육부 관할로 이관시키면서 약 100개의 고등교육기관을 선정하여 중점 지원하는 정책. 옮긴이

이 책 제7장에서 자세히 설명되고 있는 서양에서 교육과 훈련받은 학자들을 중국으로 "끌어들이기" 위한 셀 수 없이 많은 프로그램들이 포함된다. 이러한 프로그램들은 중국과 세계 사이에 존재하는 주요 격차를 좁혀 나가기 위해 외국과의 공동 연구와 외국의 기술에 눈을 돌리고 있으며, 서양에서 훈련받은 전문가들의 지원을 받기 위해 손길을 뻗는다. 서양에서 훈련받은 전문가들은 중국으로 돌아와서 중국을 지원하거나 "현지에서" 중국을 지원한다.[65]

중국의 ***2006-2020 국가중장기과학기술발전계획*** *China's Medium and long term plan for S&T development, 2006–2020*을 살펴보면 과거와 미래가 어떻게 융화되었는지를 잘 알 수 있다. 이 계획의 발전 전략은 여전히 서양으로부터 귀환자들과 외국과의 공동연구에 의존하고 있다.[66] 또한 세계적인 회사들의 연구소R&D laboratories를 이용하는 새로운 역학을 제시한다. 중국에 설립된 세계적인 연구소들을 통해 중국은 필요한 기술을 획득하여 발전해 나아갈 수 있다. 이에 대해서는 제3장에서 자세히 설명하였다. 2006-2020 과학기술개발중장기계획은 이전의 계획들보다 중국이 1970년대 후반 문호 개방이후 얼마나 발전해 나아갔는가를 증명하며, 발전을 꾀한

---

65 Chinese government policy documents at www.china.org.cn/english/scitech/34496.htm, www.most.cn/eng/ and Cao Cong, Richard Suttmeier, and Denis Fred Simon, "China's 15-Year Science and Technology Plan," *Physics Today* 59, no. 12, December 2006, pp. 38-43.

66 "New Policies to be Issued to Lure Overseas Students Home," *People's Daily*, July 29, 2000; "China Allotted 200 Million Yuan for Students Returned from Overseas," *People's Daily*, January 22, 2002, http://english.people.com.cn/200201/22/eng20020122_89125.shtml. The funds have gone to 4,000 students who returned to China permanently and 3,000 who came back on a short-term basis, 中国留学人材信息网--回国脂南중국유학인재정보사이트 - 귀국지침(Chinese Study Abroad Talent Information Network-Return to China Guide), www.chinatalents.gov.cn/hgzn/index02.htm.

특정한 영역뿐만 아니라 얼마나 제대로 된 과학적 절차를 밟아왔는지를 보여준다.[67]

중국의 과학기술 개발에 있어서 우리가 아직 논의하지 않은 한 가지 측면은 중국이 외국 기술에 대한 접근 능력과 외국 기술을 소화 · 흡수하는 능력 사이에 차이를 가지고 있다는 것이다. 이는 중국과 소련의 협력 기간을 살펴보면 쉽게 이해할 수 있는 부분이다. 중화인민공화국 초창기 중국은 기술적 수준이 매우 낮아 소련으로부터 획득한 모든 것을 제대로 소화 · 흡수할 수 없었기 때문에 프로젝트를 진행함에 있어서 소련 전문가들이 이끌어주어야 했다. 하지만 오늘날, 서양 저널에 실리는 특허와 출판물 등의 과학적 지표들을 살펴보면,[68] 중국이 지난 30년간의 노력을 통해 많은 분야에서 결실을 맺었다는 것과여기에는 과학에 대한 감식력 그 자체도 포함이 된다, 외국으로부터 얻은 기술과 노하우가 성장할 수 있는 비옥한 토지가 마련되었다는 것이 명확해진다.

체용體用의 유산은 지금도 느껴지고 있다

기술 개발에 대한 중국의 접근법은 전략적이며 실용적이다. 초기의 중국이 가지고 있던 자급자족이라는 철학은 전략적 목표를 달성하기 위한 외국 기술에 대한 훨씬 더 폭넓은 수용으로 진화하였다. 토착적 구축이라는 기존의 원칙을 벗어나지 않고서 말이다. 이러한 양분적인 접근법, 즉 중국만의 독특한 방식을 계속해서 찾는 동시에 서양의 기술을 추구하는

---

67 Cao et al., "China's 15-y Science and Technology Plan."

68 James McGregor, "China's Drive for Indigenous Innovation: A Web of Industrial Policies," Washington, DC: US Chamber of Commerce, July 2010.

이러한 접근법은 서양의 학자들과 정책 입안자들에게 당혹감을 안겨주었다. 왜냐하면 우리 서양인들은 대개 문제를 혁신인가, 습득인가, 창조인가 복사인가와 같이 흑백논리의 관점에서 생각하기 때문이다. 중국 과학기술의 발전이 경쟁력에 미치는 영향을 제대로 이해하기 위해서는 중국 과학기술의 발전 양상에 대한 보다 정확한 관점을 지닐 필요가 있다.

중국 과학기술 개발의 초기와 그 이후의 몇 십 년을 살펴보면 중국은 그 당시의 전략적 목표가 무엇이든 간에 필요한 모든 수단을 동원하여 성취하고자 하였다. 결국에 가서는 자급자족을 일궈낼 시스템을 구축하는 것 또한, 게을리 하지 않으면서 말이다. 주어진 시간에 필요한 것을 얻어낼 수 있는 독특한 길을 걸어온 중국의 모습은 네이던 시빈Nathan Sivin, 席文, Xiwen이라 불림의 마오쩌둥 시대 이후의 과학에서 잘 나타나 있다. 네이던 시빈은 "중국은 다른 국가들의 기대보다는 자신들의 우선 사항을 반영하는 교육 및 과학 관련 정책들을 1949년 이후 단속적으로 만들어 냈다"고 말하였다.[69] 중국이 서양의 기술에 완전히 의존하고 있다고 단순화하는 것이나 중국이 공정하며 공유할 줄 아는 국가로 "성숙"하였다고 보는 더욱 위험한 관점은 중국에 대한 복합적인 접근법이 서양에 가하는 위협을 왜곡하는 것이다.

청왕조Qing era 초기부터 제1차 국공내전의 후반기를 거쳐 오늘날에 이르기까지 중국 발전에 있어서 중심 사상이 되어 온 한 가지 특징은 중국의 "따라잡기"를 정부가 적극적으로 지원한다는 것이다. 정부는 외국과의 교류를 통해 중국이 이득을 볼 수 있도록 하며, 외국과의 교류는 국가의 목표를 성취하기 위해 이용할 수 있도록 설정한다. 중국 학생들은 분

---

69 Nathan Sivin, "Science in China's Past," *Science in Contemporary China*, ed. Leo Orleans, Palo Alto, CA: Stanford University Press, 1980.

명한 목적을 가지고 외국으로 유학을 가며, 유학생들의 사업과 과학기술 공동연구는 중국이 "이기는" 전략적 목표에 맞는 제로섬게임zero-sum game이다. 베이징의 이러한 노력이 항상 성공을 거두는 것은 아니다. 특히 몇십 년 동안 이어진 정치적 혼란기에 중국은 많은 실패를 경험하였다. 하지만 앞으로 이어질 이 책의 내용들을 보면 알겠지만, 중국 정부는 혁신과 기술의 "씨앗"을 얻기 위해 필요한 다양한 수단以多种方式을 활용할 정치적 의지와 계획을 가지고 있다. 외국을 따라잡고 결국에는 선두에 서기 위한 수단으로서 말이다.

이후 이 책에서 우리는 중국의 발전적 수준, 국제적 지위, 접근 가능한 잠재성을 살펴보며 외국의 기술을 얻기 위해 중국이 수행하는 활동의 여러 측면들과 시간에 따라 각각의 측면들이 어떻게 진화하였는지를 알아볼 것이다. 오늘날 중국이 취하는 접근 방식은 전통적인 접근법과 크게 다르지 않으며, 단지 유용하게 활용하는 공구세트 안에 들어있는 공구의 수만 바뀌었을 뿐이다. 중국의 접근 방법은 전체론적holistic이며 종합적이다. 중국은 유학생, 사업, 해외의 조직을 이용하는데 이는 복잡한 네트워크의 일부이다. 이러한 기술이전 네트워크는 국제 규범에 잘 융화되는 것처럼 보이지만, 이는 피상적인 관찰일 뿐이다. 좀 더 자세히 들여다보면 이러한 네트워크의 실질적인 목적이 베일에 싸인 국제적 과학 공동체에 대한 접근 및 기술 획득임을 알 수 있다. 먼저 이러한 네트워크에서 가장 알려지지 않은 요소들 중 하나인 오픈소스open-source에 대해 살펴볼 것이다.

02

오픈소스를 이용하는 중국

1950년대 중화인민공화국 정부가 수립되었을 때 중국의 현대화는 소련의 원조, 해외의 학자들, 외국의 과학 문헌이라는 3개의 버팀목에 크게 의존하였다. 요즈음 중국에서는 비중국적 요인non-Chinese elements의 중요성을 경시하고 중국이 자체적으로 이룩한 성과를 강조하는 경향이 있다. 아무도 초기 소련의 원조를 부정하지는 않지만, 1950년대 후반 소련으로부터의 지원이 중단됨으로써 강제적으로 중국이 과학적 진보를 구축하는 데 있어서 독립적인 길을 걷게 되었다고 보는 것이 일반적이다.[1] 러시아에게 배신당하고, 세계의 기술에 대한 자유로운 접근을 거부당한 중국은 창조적 재능이라는 자신들의 유산에 의존할 수밖에 없었다.

여기서 문제는 이 '자체적'이라는 말을 어떻게 이해해야 하는가이다. 제1장에서 보았듯이, 중국의 실험실과 기술 프로그램을 운영하던 과학자들은 바로 해외에서 유학했던 사람들이었다. 비록 어떤 의미에서는 중국

---

1 John Lewis and Litai Xue, *China Builds the Bomb*, Palo Alto, CA: Stanford University Press, 1988, pp.223-224.

의 것일지라도, 유학생들이 "가져온" 지식은 전적으로 외국의 것이었다. 중국은 혁신을 활성화하고 연구개발 시간을 단축하기 위해 공개적으로 사용할 수 있는 외국의 정보에 의존하였으며, 지금도 여전히 의존하고 있는데, 이러한 점 또한 간과된다. 과학은 선행기술과 함께 시작하는 것이 일반적인데, 중국에서는 과학기술 개발을 촉진하기 위한 외국의 오픈소스에 대한 체계적인 이용이 문자 그대로 정보학情报学, Qingbaoxue, information/intelligence science으로 승격되었다.

이번 제2장에서는 중국의 오픈소스 이용체제의 발전과정을 추적한다. 이번 장은 총 5개의 영역으로 구성되어 있다. 첫 번째 영역에서는 중화인민공화국 초기의 기관들과 관행을 검토하였다. 두 번째 영역에서는 2명의 네트워크 설계자가 쓴 보기 드문 책을 통해서이는 다시는 없을 폭로라고 생각된다, 중국 정보네트워크의 내적 작용을 면밀히 살펴보았다. 세 번째 영역에서는 현 시스템의 구조와 현 체제의 중심적 조직인 중국과학기술정보연구소中国科学技术情报研究所中, Institute of Scientific and Technical Information of China, ISTIC를 살펴보았다. 네 번째 영역에서는 베이징문헌서비스부北京文献服务处, Beijing Document Service, BDS, 중국국방과학기술정보센터中国国防科技信息中心, China Defense S&T Information Center, CDSTIC, 특허문헌관专利文献馆, Patent Documentation Library, 국가표준도서관国家标准馆, National Library of Standards 등과 같은 오픈소스에 관련된 또 다른 주요 기관들을 자세히 살펴보았다. 이 장의 마지막 영역에서는 중국의 오픈소스 활용에 도움을 주는 몇몇의 보조적인 기관들을 살펴보았다.

국가적 과학기술 오픈소스체계의 구축

중국의 외국 과학기술 활용 전문가들은 국가의 오픈소스"정보"체제 national open-source "intelligence/information" system가 1956년부터 출현한 것으로 본다.[2] 1956년 8월 중화인민공화국 국무원国务院, State Council, 중국 최고의 국가행정기관. 옮긴이은 '1956-1967 과학기술 개발을 위한 장기계획1956-1967 Long-term Plan for the Development of Science and Technology'을 공포했다. 이 계획의 제57조는 다음과 같다.

> 과학기술 정보업무의 책임은 가장 최신의 성과와 중요한 과학기술적 분야의 모든 종류에서 국내외 과학의 추세를 보고하는 것이다. 이는 과학적, 기술적, 경제적 그리고 고등교육 부서들이 현대 과학과 기술적 성과의 흡수를 이용하는 데 필요한 정보와 자료에 시기적절한 접근을 가능하게 하기 위해서이다. 또한 시간과 인력을 줄이고, 중복 업무를 피하며, 중국에서의 과학기술의 발전을 증진시키기 위함이다.[3]

이 계획에 따라 같은 해1956년 중국의 군수산업을 지원하기 위해 중국과학원CAS 산하 과학정보연구소科学情报研究所, Scientific Information Institute와 과학기

---

2 Guan Jialin(关家麟관쟈린) and Zhang Chao(张超장챠오), "我国科技信息事业发展的回顾与展望우리나라(중국) 과학기술정보사업발전에 대한 회고와 전망"(Review and Outlook for Scientific and Technological Information Undertaking of China"), 情报科学정보과학(*Qingbao Kexue*), 25, no. 1, January 2007, p. 2; Chen Zeqian(陈则谦천저치엔) and Bai Xianyang(白献阳바이시엔양), "我国科技信息事业发展的轨迹우리나라(중국) 과학기술정보사업발전의 궤적"("The Locus of Development for China's S&T Information Enterprise"), 现代情报현대정보(*Xiandai Qingbao*), December 2007, p. 12.

3 "1956-1967年科学技术发展远景规划1956-1967년 과학기술발전 전망 계획"("1956-1967 Long-term Plan for the Development of Science and Technology"). www.cdstm.cn/?action-viewnews-itemid-14784-page-1.

술정보소들科技情报所 S&T information offices이 설립되었다.[4] 1957년 후반까지 과학정보연구소는 외국의 과학기술 정보를 어떻게 중국의 구체적인 필요에 맞출 것인지 연구하였다. 1958년 과학정보연구소는 중국과학기술정보연구소ISTIC로 재편성되었으며, 이는 "국가적으로 최초이자 중심적인 요소"이며,[5] 외국의 과학기술 자료를 수집하고 처리·분배하기 위한 중국의 가장 중요한 시설이다.[6]

또한 1958년 중국과학기술정보대학中国科学技术情报大学, Chinese University of Science and Technology Information이 설립되었는데, 이 대학은 세계에서 유래를 찾아볼 수 없는 과학기술 정보, 번역, 도서관학과를 개설하였다. 중국과학기술정보연구소ISTIC처럼 중국과학기술정보대학은 외국 자료에 집중하였다.[7] 또한 그 해1958년 제1회 "국가과학기술정보업무회의"가 개최되었다. 회의 참가자들은 중국의 과학기술 오픈소스체제의 목적과 방법을 규정한 5개의 문서들을 발표하였다. 이 문서들은 어떻게 과학기술 정보업무를 강화하는지에 대한 설명, 원리 및 기술의 목록, 국가적 과학기술 정보 네트워크를 위한 구조에 대한 제안, 보안 규칙, 그리고 "정보업무 종사자들"을 위한 훈련 요구상항들을 포함하고 있다.[8]

---

4 Guan and Zhang, "Review and Outlook for Scientific and Technological Information Undertaking of China."

5 Miao Qihao, "Technologial and Industrial Intelligence in China: Development, Transition and Perspectives." In Prescott and Gibbons, eds., *Global Perspectives on Competitive Intelligence*, Alexandria, VA: Society of Competitive Intelligence Professionals, 1993.

6 1992년 중국과학기술정보연구소의 중국어 명칭은 中国科学技术情报研究所중국과학기술정보연구소에서 中国科学技术信息研究所중국과학기술정보연구소로 다시 바뀌었다. 情报와 信息를 한국어로 번역하면 둘 다 '정보'인데, 이 둘의 차이점에 대해서는 제2장의 후반부에서 논하기로 한다.

7 Guan and Zhang, "Review and Outlook for Scientific and Technological Information Undertaking of China." 1959년 이 대학은 중국과학기술대학中国科学技术大学, University of Science and Technology of China의 한 학과가 되었다.

8 Ibid.

외국 정보의 이용을 합리적인 발걸음으로 옮겨놓으려는 이러한 계획적인 시도는 "대약진운동Great Leap Forward, 1958-1960" 동안 국가에 엄습했던 혼란과는 대조된다. 1959년 농민들이 자신의 농기구들을 뒷마당 용광로에서 녹이고 있는 동안 과학기술부MOST의 전신이었던 국가과학기술위원회国家科学技术委员会, State Science and Technology Commission, SSTC는 과학기술 "정보업무"를 전국적으로 조직화하기 위해 과학기술정보국科技情报局, S&T Information Office을 창설하였다. 그해 12월 영어로 된 정기 간행물을 찾는 방법에 주력하는 저널과 함께 최초의 전문적 과학기술 정보 학술지가 발간되었다.[9] 중국과학기술정보연구소ISTIC는 외국의 과학기술 관련 문서들을 번역하기 위해 중국 군사적 연구개발구역의 심장부에 충칭Chongqing 지사를 설립하여 1966년까지 수십만 개의 성과물을 내게 된다.[10]

한편, 1961년 개최된 제2회 국가과학기술정보업무회의에서 "국가 과학기술 문서 등록 및 검색"에 대한 지침이 발표되었다. 이 지침에는 외국 과학기술 문서, 외국 과학기술 번역, 그리고 외국으로 나갔던 인사들이 가져온 외국 과학기술 자료에 대한 세 가지 규정을 포함하고 있다. 1963년 개최된 세 번째 회의에서는 1972년도까지 10년간의 목표를 설정하였다. 이 회의에서 국무원의 기술 관련 부서들에 소속된 과학기술 정보조직의 책임이 규정되었고, 성省, province과 지방 단위의 정보조직을 위한 규칙들이 제시되었다.

1960년대 중반까지 대부분의 부처ministry, 국가위원회, 성省, 직할시直轄市, municipality, 대기업, 연구소, 대학은 자신들만의 과학기술 정보조직을 구축하였는데 이 조직들은 지역적으로, 심지어는 국가적인 경계를 넘나드

---

9 학술지의 명칭은 과학기술정보업무강의科技情报工作讲义, Instructional Materials on S&T Information Work였다.

10 Guan and Zhang, "Review and Outlook for Scientific and Technological Information Undertaking of China."

는 네트워크로 연결되어 있었다. 이는 중국의 기술적인 발전을 지원하기 위한 아주 정교한 과학기술 정보시스템이자 서비스 네트워크였다. 이 시스템이 시작된 지 10년 후인 1966년까지, 11,000개의 서로 다른 외국의 과학기술 관련 정기 간행물, 50만 개의 외국의 연구 보고서, 정부 출판물, 회의의사록, 학술논문, 약 20개의 국가로부터 가져온 500만 개 이상의 해외 특허, 40개의 국가로부터 가져온 20만 개 이상의 표준, 수십만 개의 외국 상품 표본을 수집하여 일반 시스템 사용자들이 이용할 수 있도록 만들었다. 또한 이 시스템은 50개 이상의 국가들과 연결된 과학기술 문서 연결망을 구축하게 된다.[11]

이 시스템의 진화에 대해 연구했던 천져치엔[陈则谦, Chen Zeqian]과 바이시엔양[白献阳, Bai Xianyang]에 따르면, 초기 중국의 과학기술 정보시스템이 가지고 있던 목표는 "과학 연구 수행, 복제[仿制], 상품 생산을 위한 중국의 능력을 키우기" 위하여 당시 외국의 발전 현황을 "가늠하는 것"이었다. 그들의 말에 따르면 이 네트워크의 목표는 "철저하고, 정확하고 시기적절하게" 외국 과학기술의 추세와 발전을 반영하기 위한 것이었다. "정보공작[情報工作, information work, 외국과 자국의 정보를 조직적으로 이용하는 것을 의미하는 중국의 용어]"은 "철저하게 국제적인 과학기술 발전을 이해하기 위한 주요 과정"이었다.[12]

이 "정보공작"은 처음에는 외국의 출판물을 찾아 중국어로 번역하는 것으로 제한되어 있었지만, 위에도 언급되어 있듯이 불필요할 정도로 많은 중복된 자료들을 가진 종단연결시스템[end-to-end system]으로 빠르게 발전하였다. 중국과학기술정보연구소[ISTIC]의 상하이 지사 전 책임자였던 먀오치하오[Miao Qihao]의 말에 따르면:

---

11 Ibid.

12 Chen and Bai, "The Locus of Development for China's S&T Information Enterprise."

> 중국의 ***정보***情报, *qingbao* 시스템이 가지는 독특한 특징은 초창기부터 정보 기능intelligence function을 관례적인 정보수집활동information activity과 결합시켰다는 것이다.[13]

다시 말해서 이 시스템은 과학기술 정보수집 자체에 목적이 있었던 것이 아니라, 주로 방위산업에 도움이 되는 특정한 종류의 정보수집에 관심이 있었던 것이다. 이러한 정보는 피드백 순환회로feedback loops와 평가척도에 의해 등급화되었다. 1960년대 초까지 이 시스템은 중국의 핵무기 연구, 위성 발사, 군사 발전 등에 활용되는 메인프레임 컴퓨터에 결정적인 지원을 제공하였다.[14]

1966년부터 1975년까지 ***정보***시스템 작용에 대한 자료는 매우 부족하였다. 이에 대해 논평하는 중국인들은 이른바 문화대혁명의 기간 동안 일어난 진보가 보잘 것 없다고 한탄한다.[15] 이 기간동안 국가과학기술정보업무회의National S&T Information Work Meetings는 1975년까지 열리지 않고 12년의 공백기를 갖게 된다. 또한 1977년이 되어서야 국가과학기술위원회State Science and Technology Commission, SSTC가 과학기술 정보시스템의 책임을 새롭게 규정한 과학기술개발안을 내놓음으로써 사업이 다시 제 궤도에 오르게 된다.[16]

이 개발안은 과학기술 자료의 획득과 분배를 위해 선진 기술을 이용할

---

13 Miao Qihao, 1993, p. 51.

14 Guan and Zhang, "Review and Outlook for Scientific and Technological Information Undertaking of China" and Chen and Bai, "The Locus of Development for China's S&T Information Enterprise."

15 Guan and Zhang, "Review and Outlook for Scientific and Technological Information Undertaking of China."

16 1978-1985 年全国科学技术发展规划1978-1985년 전국과학기술발전계획(Regulations on National S&T Development 1978-1985). State Science and Technology Commission, 1977.

것을 지시함으로써 과거의 관습으로부터 벗어나, 중국이 외국 기술을 더 잘 활용하기 위해 외국의 기술을 이용하는 순환의 고리를 완성하게 된다. 그 다음해인 1978년 중국은 다음과 같은 3가지 중대한 발전을 이룩하게 된다.

1. 중국과학기술정보학회中国科学技术情报学会, China Society for Scientific and Technical Information, 과학기술 정보 업무 종사자들의 전문 집단으로 1964년에 설립되었으며, 문화대혁명의 기간 활동을 중단했다. 옮긴이가 처음으로 회의를 개최하였다. 이 학회는 "모든 장소로부터 외국 과학기술 정보 자료를 광범위하게 수집하는 것"으로 책임을 규정하였다. 모든 단계의 부서 구성원들은 외국 과학기술 자료 수집을 재개하게 된다.[17]
2. 국가과학기술정보연구소ISTIC는 "과학기술정보科技情报"로 첫 번째 대학원생들을 등록했으며, 베이징대학과 우한Wuhan대학 등 최고 수준의 대학들도 뒤따르게 된다. 중국의 경우 비록 주제가 과학기술에만 한정되어 있었고 외국의 자료에만 집중하며, 중국 이외의 국가에서 이와 비슷한 것으로 "도서관학library science", 혹은 좀 더 범위를 확대하면 "정보계량학scientometrics"이라 할 수 있다. 결국 외국 과학문헌을 이용하기 위한 전공 학위이다.
3. 외국의 군사 과학기술 정보를 제공하는 데 있어서 핵심적인 역할을 하는 베이징문헌서비스부가 국방과학기술공업위원회国防科学技术工业委员会, Commission for Science, Technology and Industry for National Defense, COSTIND의 과학기술정보연구소科技情报研究所, S&T Intelligence Bureau와 베이징과학

17 Guan and Zhang, "Review and Outlook for Scientific and Technological Information Undertaking of China."

기술협회北京市科技协会, Beijing Science and Technology Association에 의해 설립되었다.

또 다른 중요한 이정표는 제5회 국가과학기술정보업무회의다. 이 회의에서 정보 업무를 경제 건설, 과학기술 개발 등과 긴밀하게 연결하고 신규의 정보 자료를 "광범위하게 개발广辟"하도록 하는 방안이 결정되었다. 천Chen과 바이Bai는 이 새로운 시기에 대해 다음과 같이 언급하였다. "통합된 연구 및 정책 지원"이 가능했던 시기 중 하나로 훌륭한 정보 "가공력"을 갖추고 있었으며, 국가의 핵심적인 프로젝트와 특정한 기술이 조직적으로 긴밀히 연결되었다. 또한 연구 및 생산을 하는 데 있어서 지장을 주는 "복잡한" 문제를 해결하는 것에 주안점을 두었다.[18] 이 시점에 중국의 오픈소스 시스템은 모든 분야에 있어서 특정한 사용자customer가 요구하는 구체적인 기술을 목표로 하는 정보종합네트워크all-source intelligence network의 구성 요소가 되었다.

1982년 중국과학기술정보학회는 첫 번째 정치세미나를 개최하여 학회의 기능을 국가의 정책 지침을 지방행정관들에게 전달하고 정책을 잘 준수하고 있는지를 감독하는 "대중조직mass organization, 대중조직은 개인 단위로 분산된 불만이나 욕구를 정치적, 경제적 혹은 문화적으로 통합하여 효과적인 운동으로 이끄는 것을 목적으로 한다. 옮긴이"으로서의 역할에 대한 권고안을 발표하였다. 또한 2년 후 제6회 국가과학기술정보업무회의가 개최되어 컴퓨터 검색, 문서 색인화, 포맷 표준화, 전문적인 훈련 등을 위한 지침을 제정하였다. 국가과학기술위원회SSTC는 국가적인 감독 · 관리를 위하여 당시에는 폐지되었던 과학기술정보국S&T Information Office을 다시 설립하였다. 중국과학기술정보연구소ISTIC는 사용자

---

18 Chen and Bai, "The Locus of Development for China's S&T Information Enterprise."

를 위한 특정한 방향성을 지닌 탐색 서비스를 시작으로 기술 관련 프로그램들을 지원하였으며, 최초의 데이터베이스와 자동 초록 컴파일러 automatic abstract compilers가 가동되기 시작하였다.[19]

1985년까지 전국적으로 412개의 주요 과학기술정보연구소 S&T intelligence institute가 있었으며, 여기에는 국무원의 기술 관련 부서에 소속된 35개의 연구소, 성省과 직할시直轄市에 소속된 33개의 연구소, 그리고 25,000명 이상의 사람들을 고용한 344개의 지방 연구소가 포함된다.[20] 중국과학기술정보연구소ISTIC 상하이 지부 책임자 먀오치하오Miao Qihao는 앞에서 언급된 규모에서 회사, 연구실과 같은 약 3,000개의 일선의 "기초 조직"을 추가하였다. 여기서 근무하였던 60,000명의 직원들은 1985년까지 자료 가공특정한 요구에 응하여 자료를 조사, 수집, 선별, 종합, 재가공, 데이터 마이닝, 벤치마킹, 역공학reverse engineering, 완성된 제품을 상세하게 분석하여 그 기본적인 설계 내용을 추적하는 것. 옮긴이 등의 작업에 전적으로 종사하였다.[21]

과학기술 정보업무와 관련된 일선 조직들이 급증함에 따라 관리·감독을 하는 조직들은 네트워크를 재조직하게 된다. 1989년 1월에 발표된 과학위원회Science Commission의 공고에 의하면:

---

19 Guan and Zhang, "Review and Outlook for Scientific and Technological Information Undertaking of China." 저자들의 주장에 따르면, 1980년대 초부터 1990년대 중반까지 64개의 국가적 수준의 부서와 위원회, 27개의 성省과 자치구自治區에 의해 운영되었던 1,038개의 데이터베이스 중 절반이 과학기술 정보 데이터베이스였다고 한다.

20 Chen Jiugeng, "Actual Strength of S&T Information Service System in China," *China Information Review*, no. 10, 2006, pp. 17-22.

21 Qihao Miao, 1993, pp. 49-53. 외국문헌 검색에 의한 기술 프로젝트를 지도하기 위한 많은 수의 신과학기술정보검색센터科技査新咨询中心, S&T novelty searching centers가 중국 전역에 걸쳐 존재하였다하지만 이 수를 명확하게 가늠하기는 힘들다.. 다음을 참조하라. Guan and Zhang, "Review and Outlook for Scientific and Technological Information Undertaking of China."

> 지금까지 중국 과학기술정보시스템은 중국의 경제와 과학기술 발전에 중대한 역할을 하게 된 막대한 양의 과학기술 문헌들을 소유하게 되었다. 하지만 여전히 충분하지 않으며 많은 문제들이 남아있었다. 우리는 문헌 자료를 지원하는 효과적인 시스템을 만들 수 없었다. 통합된 조직은 부족하며 자료의 분배는 비합리적이다. 중국의 일부 지역은 자료가 중복되거나 충분히 활용하지 못하는 조직들이 넘쳐나는 반면, 일부 지역은 자료가 부족하였다. 우리가 가진 자료의 내용은 적절히 보고되지 않았으며, 색인이 불완전하고 국가적 · 지역적으로 제대로 등록되지 않고 있다. 자료의 처리와 보관은 대부분 수작업에 의해 이루어지고 있다. 문헌 데이터베이스의 수는 제한되어 있으며, 네트워크상에서 서로 다른 시스템 사이의 작업이 합리적으로 분배될 수 없었다. 우리는 문헌을 획득하기 위해 충분한 시간을 투자하고 있지 않다.[22]

위원회는 세 가지 요구사항을 발표하였다. 각 구성요소들이 가지는 고유한 성질과 책임을 고려한 종합적인 해결책이 명확화되어야 하고, 서로 상호보완할 수 있도록 되어야 한다. 주요 조직들의 수평적인 통합이 이루어져야 한다; 또한 전국적인 시스템 구축을 위해 국가, 전문화된 일선 부서들, 지역을 포함한 다양한 단위의 조직들이 고려되어야 한다.

구체적으로 5개의 "주요 국가 단위의 조직들"은 다음과 같다 중국어 명칭은 1989년 문서에 나타나 있다.

1. ***중국과학기술정보연구소***中国科技情报所, *Institute of Scientific and Technical Information of China*는 "국가의 종합적인 과학기술정보센터로 주로 공학기술, 경영과학, 첨단기술에 관련된 문헌을 수집하고 보관

22 Paraphrase of SSTC document "关于调整和加强全国科技情报系统文献工作的意见 전국 과학기술 정보 시스템 문헌화 증강과 조정에 대한 의견"("Opinions on Restructuring and Strengthening National S&T Information System Document Work"), January 1989.

한다."[23]

2. ***중국과학원 문헌정보센터***中国科学院文献情报中心, *Chinese Academy of Sciences National Science Library*는 "국가의 자연과학정보센터로 주로 수학, 물리학, 화학, 천문학, 지리학, 생물학, 융합학문, 첨단기술에 관련된 문헌을 수집하고 보관한다."

3. ***국방과학기술공업위원회 과학기술정보연구소***国防科学技术工业委员会科技情报研究所, *COSTIND S&T Intelligence Bureau*는 "국가의 군사과학기술정보센터로 주로 군사기술, 공학, 무기, 장비에 관련된 문헌을 수집하고 보관한다."[24]

4. ***중국특허국 문헌관***中国专利局文献馆, *China Patent Office Documentation Library*는 "국가의 특허문헌센터로 특허 패턴매뉴얼, 특허공고, 특허분류지표와 같은 문헌들을 수집하고 보관한다."[25]

5. ***국가기술감독국 표준정보센터***国家技术监督局标准情报中心, *State Bureau of Technical Supervision Standards Information Center*는 "국가의 표준문헌센터로 국제 표준, 지역 표준, 국가 표준, 특정 산업을 위한 표준, 기업 표준에 관련된 문헌을 수집하고 보관한다."[26]

---

23 확장된 중국어 명칭은 中国科学技术情报研究所중국과학기술정보연구소이다. 중국과학기술정보연구소의 현재 중국어 명칭은 中国科学技术信息研究所중국과학기술정보연구소이다. 영어 명칭은 바뀌지 않았다.

24 과학기술정보연구소S&T Intelligence Bureau가 현재의 중국국방과학기술정보센터中国国防科技信息中心이다. COSTIND는 "Commission on Science and Technology Industry for National Defense"의 약어이다. 공고의 아랫부분에서 과학위원회는 이 조직에게 미군기술정보국의 문헌Armed Services Technical Information Agency Document, AD과 미국항공우주국NASA의 문헌을 다루도록 하였다.

25 현재 특허문헌관专利文献馆, Patent Documentation Library과 중국특허정보센터中国专利信息中心, China Patent Information Center로 불린다. 이 둘은 국가지적재산권국国家知识产权局, State Intellectual Property에 부속되어 있다.

26 현재 중국표준화연구원 국가표준도서관中国标准化研究院国家标准馆, China National Institute of Standardization, National Library of Standards으로 불린다.

위와 같은 국가단위의 1급一级 조직들에게는 "외국의 자기테이프 서비스로 획득한 외국어로 된 원본 문헌의 기본적인 수집, 분석, 분배 등"과 같은 업무가 부여된다. 2급二级 조직들은 2개의 단위로 구분되어 있다. (1) 하나는 국무원 기술 관련 부서 및 위원회에 소속된 과학기술정보센터들로 자신들의 전문 분야에 밀접하게 관련된 문헌들을 수집하고 보관한다. (2) 다른 하나는 성省과 직할시直辖市, 지방 도시와 현縣에 소속된 지역 수준의 과학기술정보 조직들이다. 이들의 문헌 수집범위는 각자의 경제 및 과학기술 계획에 의해 결정된다.[27]

2000년 6월 국무원이 국가과학기술도서문헌센터国家科技图书文献中心, National Science and Technology Library를 설립하면서 두 번째 대대적인 개편이 일어났다.[28] 국가과학기술도서문헌센터는 "과학기술정보 서비스를 제공하는 가상의 조직"으로 중국과학기술정보연구소ISTIC와 중국과학원 문헌정보센터NSL, 그리고 또 다른 3개의 기술 관련 도서관을 포괄한다. 국무원이 이 센터를 설립함으로써 마침내 중국의 오픈소스 정보시스템은 기본적으로 도서관에 기반을 두는 시스템으로 변모하게 되었다. 그리고 이 시스템의 현대화와 전문화 핵심 그룹들은 다음을 제안하였다.[29]

---

27 "关于调整和加强全国科技情报系统文献工作的意见전국 과학기술 정보 시스템 문헌화 증강과 조정에 대한 의견"("Opinions on Restructuring and Strengthening National S&T Information System Document Work"), January 1989. Huo and Wang's description of the three levels and their respective functions matches the SSTC prescription. See Hua Zhongwen and Wang Zongxiao, *Sources and Methods of Obtaining National Defense Science and Technology Intelligence*, Beijing: Kexue Jishu Wenxuan Publishing Company, 1991.

28 www.nstl.gov.cn/index.html.

29 Xia Chengyu(夏承禹샤청위), "科技情报部门领导在新形势下的角色새로운 상황에서 과학기술정보부문 지도자들의 역할"("A New Role for Leaders of S&T Information Departments under the New Circumstances"), in 科技进步与对策과학기술진보와 대책(Science & Technology Progress and Policy), 2001. 1, pp. 104-105. Guan and Zhang also date the third (modern) phase of the system's development from 2001. See Guan and Zhang, "Review and Outlook for Scientific and Technological Information Undertaking of China."

- 출판과 번역이라는 전통적인 업무에 "정보 종합 분석情报信息综合分析", 소프트웨어 연구, 시의 적절한 서비스, 일반 사용자와의 면담에 대한 강조 등이 추가되었다.
- 중국은 "외국어, 문자, 음성, 영상, 표, 자료의 수집 · 전달 · 관리"하기 위한 새로운 방법을 찾기 시작했다.
- 원래 "정보부대情报队伍"에 들어가기 위한 요건은 "한 분야에서 뛰어난 기술一技之长" 실력이었다. 예를 들면 특정 기술에 해박하거나 한 가지 언어에 능통한 것처럼 말이다. 하지만 이는 더 이상 충분치 않게 되었다. 현대 오픈소스 관련 종사들은 정보기술IT을 다루는 능력, 경영에 대한 상식, 학문적인 배경을 갖추어야 한다.
- 또한 오픈소스 관련 종사자들은 정보가공intelligence process에 있어서 중대한 역할을 할 것을 요청받았으며, 당과 정부를 위한 싱크탱크思想库가 되어 최고 지도자들에게 정보를 제공하고 정책입안과정에서出谋划策 직접적인 참여를 한다.
- 또한 "안전의식安全意识"이 중요한 요소가 되었다.

비록 연구소와 직원들의 수가 감소하였지만, 이는 자동화의 확대, 특히 웹에 기반을 둔 서비스의 영향이었다. 오픈소스 그 자체의 역할은 계속해서 증가하였다. 과학부Science Ministry의 통계에 따르면, 2005년까지 353개의 과학기술정보연구소에서 15,782명이 근무하였는데, 이 수치는 1995년 433개의 연구소에서 20,000명의 직원 수에 비해 감소한 것이었다.[30] 이러한 명백한 감소에도 불구하고, 연구개발에 참여하는 직원과 연

30 MOST statistics cited by Chen, "Actual Strength of S&T Information Service System in China." Chen states the figures do not include institutes within the Aviation Industry Corp, China State Shipbuilding Crop, China National Nuclear Crop, China North

구소의 수와 비교하면 수치는 상대적으로 ***증가하였다***. 1997년 100개 연구개발기관에서 과학기술정보연구소의 수가 8.36개였다면, 2005년 100개 연구개발기관에서 과학기술정보연구소의 수는 11.95개로 증가하였다. 또한 1997년 100명의 연구개발 종사자 중 과학기술정보 종사자의 수는 3.14명이었지만, 2005년 과학기술정보 종사자의 수는 5.62명으로 증가하였다.[31]

예산도 동일하다. 중국과학기술정보연구소ISTIC의 천지우껑陈久庚, Chen Jiugeng에 따르면, 1997년부터 2005년까지 과학기술정보연구소S&T information institutes 연간 예산의 증가가 국가 연구개발 예산 증가보다 높게 나타났다.[32] 이와 같은 투자가 과학적 "혁신형 국가创新型国家"가 되고자 하는 중국의 국가적 목표를 지원한다는 것은 이해하기 힘든 일이다. "혁신적으로" 외국의 혁신을 개작한다는 제한적 의미를 배제한다면 말이다.

2005년 천Chen은 353개의 연구소들이 보관하고 있던 수집물에 대한 현황을 제시하였다(표 2.1). 이 자료를 보면 오픈소스 수집활동의 규모가 어느 정도인지를 실감할 수 있다.

통계적으로 2005년 353개의 연구소들이 사용하는 과학기술정보를 관리・분배하는 데 사용되는 네트워크의 수는 50,534개였으며, 이 네트워크는 2,700만 명의 "가입자들用户"에게 서비스를 제공하였다. 외국의 과학기술 자료를 바로 획득하기 위해 연구소를 통해 ***해외*** 네트워크에 접근하였던 중국인의 수는 100만 명을 넘었다.[33]

Industries Group Corp, and other companies working on sensitive projects not suitable for public disclosure.

31 Ibid.

32 Ibid.

33 Ibid.

표 2.1 중국과학기술정보연구소 보관자료

외국 회의기록문서	1,200,000
외국 과학기술 보고서	1,800,000
외국 정기간행물	270,000
마이크로필름 자료	9,800,000
시각-청각 자료	330,000
데이터베이스의 주제 및 초록	4,722,000,000
데이터베이스의 원문	644,000,000

이러한 수치들이 인상적이긴 하지만 중국 ***정보***시스템이 주로 도서관을 기반으로 한다는 사실을 생각해보면 그리 놀라운 일은 아니다. 아니면 이렇게 거대한 시스템을 관리하기 위한 유일한 방법이 도서관에 기반을 두는 것이기 때문에 중국 정보시스템이 도서관에 기반을 두는 것일까? 그렇다고 해도 중국 정보시스템과 도서관 사이에는 차이점이 있다. 중국의 시스템을 "도서관"과 구분지어 주는 핵심적인 사실은 일반적으로 다음과 같다. (1) 중국 정보시스템은 정부를 위해 일하는 정보 전문가들에 의해 운영된다. (2) 운영은 일반 사용자들과의 협력으로 이루어진다. (3) 외국 자료에 의존하여 쉽게 연구개발을 하고자 한다. 천Chen과 바이Bai에 의하면,

> 50년 이상의 발전과정을 통해 중국 과학기술 정보산업의 범위와 규모는 끊임없이 확장되었다. 과학기술 정보산업은 기술적 돌파구, 경영, 정책결정을 위한 해결책을 제공하면서 모든 단계의 경영자와 지도자가 지대한 관심을 가지는 종합적이고 진취적이며 전략적인 핵심 사안의 선택과 연구에 대해 지원하고 있다.[34]

34 Chen and Bai, "The Locus of Development for China's S&T Information Enterprise."

중국의 과학기술 혁신은 오픈소스를 통해 추적한 외국의 발전적 성과물에 의해 이루어진다. 기술적 문제에 대한 해결책은 선행기술의 지식 기반에서 가져오며, 이로 인해 중국의 자원은 자유롭게 상업화와 생산에 활용될 수 있다. “얼리 어답터early adopte”처럼 혁신에 접근하는 이러한 방식이 중국만의 유일한 방식이라고는 할 수 없지만, 중국 시스템이 특별한 것은 시스템의 규모와 연구개발 산업 전반에 시스템이 뿌리 깊게 파고들어 있다는 점 때문이다. 이어질 내용에서 중국 정보시스템이 실제로 어떻게 운영되는지 자세히 살펴볼 것이다.

중국 “스파이 안내서Spy Guide”의 관점

국가과학기술위원회SSTC가 중국의 오픈소스 정보시스템을 현재의 형태로 재조직한 지 2년 뒤인 1991년, 시스템의 목표, 방법론, 대상에 대해 설명이 된 주목할 만한 책이 발간되었다. 책 제목은 「*국방과학기술정보원 및 기술취득*国防科技情报源及获取技术, *Source and Methods of Obtaining National Defense Science and Technology Intelligence*」으로 외국의 군사 관련 오픈소스에 대한 중국의 수집활동을 포괄적으로 설명하고 있다. 너무도 포괄적이어서 책을 “중국 스파이 안내서”라고 불린다.[35] 이 책은 오직 오픈소스라는 하나의 정보원을 다루기 때문에, 스파이 안내서라는 별칭은 좀 과한 면이 없지

---

35 Bruce Gilley, “China's Spy Guide: A Chinese Espionage Manual Details the Means by Which Beijing Gathers Technology and Weapons Secrets from the United States,” *Far Eastern Economic Review*, December 23, 1999, p. 14. See also Huo and Wang, *Sources and Methods of Obtaining National Defense Science and Technology Intelligence*. 미국 정부에 의한 번역본이 2000년에 완성되고 원저자들에 의해 확인되어 다음의 링크로 올라왔다. www.fas.org/irp/world/china/docs/sources.html.

않아 있지만, 오픈소스를 중화인민공화국PRC 스파이의 한 요소로 묘사하고 있는 것은 적절하다.

이 책의 **소스**와 ***방법***은 저자인 훠쫑원霍忠文, Huo Zhongwen과 왕종샤오王宗孝, Wang Zongxiao가 중국 국방과학기술정보센터中国国防科技信息中心, China Defense Science and Technology Information Center, CDSTIC의 졸업 과정 중에 편찬한 자료를 기반으로 한다. 중국국방과학기술정보센터CDSTIC는 1989년 대대적인 개편 과정에서 생겨난 5개의 국가적 오픈소스 정보조직들 중 하나이다. 비록 이 두 명의 저자들은 인정하지 않지만, 저자들은 시스템의 전반적인 발전과정에서 핵심적인 역할을 한 것으로 보인다. 1991년에 출판된 이 책에 나타난 많은 권고사항은 대대적인 개편의 바탕이 되었던 1989년 문헌들과 유사하다. 만약 책 준비 기간과 출판하기까지의 시간을 고려한다면, 361쪽에 달하는 분량의 원고가 국가과학기술위원회SSTC의 칙령edict보다 먼저 나온 것이라고 볼 수 있다. 두 저자의 말대로 국방과학기술에 관련된 문헌 자료의 종합적이고 합리적인 작업은 훠쫑원과 왕종샤오의 본가라고 할 수 있는 국방과학기술공업위원회 과학기술정보연구소에 의해 1986년부터 시작되었으며, 이후 "각자의 정보 조직들"이 참여하게 된다.[36]

이러한 책이 어떻게 세상 밖으로 나오게 되었을까? 먼저, 이것이 서양에서 보이는 것만큼 중국 본토에서는 이례적인 일이 아니었기 때문일 수 있다. 책이 출판된 지 10년이 지난 뒤에야 부르스 길리Bruce Gilley는 이 책에 관심을 가지게 되었는데, 그때에도 이 주제에 대한 중국어 자료를 구할 수 있었다. 책의 저자인 훠쫑원과 왕종샤오는 "중국 동료들이 쓴 문헌

---

36 Huo and Wang, *Sources and Methods of Obtaining National Defense Science and Technology Intelligence*, p. 32. All citations refer to pagination in the translation.

과 책"의 덕을 보았음을 인정하였는데, 저자들이 참고하였던 문헌들 중에는 좋은 견본들이 있다.[37] 따라서 유일한 진짜 비밀은 서양 국가들이 이를 알아차리지 못하였다는 데에 있다. 또 다른 책이 출판될 수 있었던 이유는 출판업자들이 책의 내용을 전혀 특이한 것으로 생각하지 않았기 때문일 수 있다. 과학기술 발전을 위해 외국 자료의 활용은 중국 전체에 만연해 있었기 때문에 아무도 책의 주제가 다시 유행할 것이라 예상하지 못했다.

훠[Huo]와 왕[Wang]은 책을 시작하며 이용할 수 있는 많은 양의 과학기술 정보의 수집 및 관리 방식을 바꾸어야 한다고 주장한다. 낡은 운용 방식으로는 외국 자료의 폭발적인 증가세를 따라잡을 수 없다고 본 것이다. 이러한 낡은 관행은 다음과 같다. (1) 자료를 수집하여 사용자가 이용하기를 기다린다. (2) 수집된 정보의 양을 통해 수준을 평가한다. (3) 오직 글로 표현된 문헌에만 초점을 맞춘다. (4) 수집된 자료를 독립적으로 취급한다. (5) 단지 외국어를 안다는 이유만으로 직원을 고용한다. (6) 계획 없이 진행한다.[38]

두 저자는 다음과 같은 새로운 패러다임을 제시하였다. (1) 목표가 설정된 수집, (2) 사용자 피드백에 근거한 평가척도, (3) 모든 종류의 자료를 수집하고, 데이터베이스 형태로 이용할 수 있도록 가공, (4) 수집된 자료를 체제 이론에 기초한 과학으로 접근, (5) 사용자의 요구에 대응할 수 있는 정보기술을 다루는 능력을 갖춘 직원을 고용, (6) 먼저 계획하고 진행한다.[39]

저자들에게 있어서 정보는 "과학"이었다. 저자들은 책의 대부분에서 이론적인 근거를 실용적 권고의 전주곡으로서 설명하고 있다.[40] 정보의

---

37 Ibid., p. 5.

38 Ibid., p. 7.

39 Ibid., p. 8.

40 저자들이 주제를 과학적으로 다루기 위해 하는 노력은 때때로 따분하기 그지없다. 예를 들면, 이 책에는 다음과 같은 문장이 실려 있다. "정보소비자연구란 정보를 소비하는 사람들

기반이라고 할 수 있는 수집 활동은 단순한 업무가 아니라, 모든 요소들 사이에 지속적인 소통이 이루어져야 하는 복잡한 사회활동이다. 무엇을 ***활용***할 수 있는가에 근거해서 강조한 것은 항상 사용자 요구에 맞추고, 이 요구들을 이해할 수 있도록 사용자를 도와주는 것이다. 중국에서 수집자의 역할 중 하나는 수집할 수 있는 것들 중에서 활용할 수 있는 것이 현실적으로 무엇인지를 사용자에게 알려주는 것이다.[41]

그래서 중국은 무엇을 수집하는 것일까? 저자들은 다음과 같은 요약을 제공한다:

> 과학기술 관련 정기 간행물, 회의록, 과학기술 보고서, 정부 출판물, 학위 논문, 과학기술 관련 서적, 표준, 상품의 견본, 특허 문헌, 그 외의 신문, 기술 관련 공문서, 그림 자료 등 기타 자료.

일반적으로 오픈소스라고 할 수 없으며, 주로 정부의 은밀한 작전으로 취득한 구술 정보는 시기의 적절성과 정확성을 갖추고 있기 때문에, 저자들은 이를 귀하게 여긴다. 또한 구술 정보는 글로 작성된 기록들보다 최신의 흐름을 잘 반영한다. 연구소에서 실험이 시행된 지 2년 뒤가 아니라 당장 얻을 수 있다.[42] 또한 구술 정보는 수집도 용이하다:

에 대한 연구를 말한다." 이와 같은 자세로, 저자들은 매슬로우의 욕구단계설Maslow's hierarchy of needs로 시작하여 브래드퍼드의 등급분포법칙Bradford's Law of Grade Distribution과 지프의 최소노력원칙Zipf's 'Least Effort' Principle에 대한 언급으로 끝을 내며 인간의 욕구에 대해 설명한다.

41 "소비자의 정보요구에 대한 연구는 정보 수집의 기본이며, 수집학의 핵심 연구 분야 중 하나이다. 소비자 요구가 없으면 수집의 의미가 사라진다. … 소비자 요구에 대한 연구에서 발생하는 어려움은 소비자들이 진짜 필요로 하는 것을 이전하는 데 있어서 능숙하지 못하다는 데 있다." Ibid., p. 14.

42 Ibid., p. 68.

우선 특정한 주제에 대한 강의를 듣거나 토론 중에 있는 토론자들의 대화로부터 정보를 획득할 수 있다. 또는 동일한 주제를 공부하고 있는 동료로부터 정보를 획득할 수도 있다. 이렇게 정보를 획득하는 것은 정보를 원하는 사람의 요구에 분명히 더 적합하며, 수백 또는 수천 개로 흩뿌려진 문헌들에서 관련된 부분들을 취합하여 찾아내는 것보다 훨씬 더 편리하다.

그리고 대화할 때의 피드백은 즉각적으로 이루어지므로, 이해하지 못한 것이 있으면 물어보고 명확하게 알 수 있으며, 새로운 정보의 실마리를 발견하면 추적할 수 있다.[43]

저자들은 외국 자료를 어떻게 획득했는지에 따라 분류하였다. 스캐닝 종류, 추적 종류, 감시 종류, 주제에 따른 수집, 분류가 결정된 수집, 정교한 검색 이론의 측면에서 자료에 대한 접근법을 설명한다. 수집의 효과성은 다음과 같은 "확률값"에 의해 평가된다.[44]

사용자가 명시한 시간 안에 필요한 정보를 수집할 확률, 사용자가 명시한 기간 내에 수집될 수 있는 필요한 정보의 양에 대한 수학적 기댓값, 필요한 정보를 수집하는 데 필요한 시간에 대한 수학적 기댓값 등

저자들은 매체의 종류, 가공 수준, 내용물의 기술적 성격, 적용 분야, 전송 수단, 사용자의 요구, 시간제한, 기대 수준정보의 예측 가능성, 출처가 "내부중국"인지 "외부외국"인지, 특수화된 것인지 종합화된 것인지, 조직화된 것인지 분산된 것인지, 압축의 정도, 내용물의 정확성, 조금이라도 정보가 존재할 확률 등에 근거한 수집분류체계를 제시하였다.[45] 모든 자료는

43 Ibid., p. 69.
44 Ibid., p. 19.
45 Ibid., pp. 42-44.

분류표가 붙여진 채로 보관되었다. 자료 출처에 대한 가치는 신뢰성, 적합성, 적시성, 유효성, 비용, 해독의 용이성 등을 고려하는 색인 계획에 근거하여 평가되었다. 이러한 평가를 수치화하기 위해 많은 공식들이 제시되었다.[46]

이 책의 제6장은 여러 가지 정보의 전달 수단들과 수집 이후 어떻게 처리하는가에 대해 살펴볼 것이다. 예컨대, 연재, 집중화, 전화, 쌍방, 공동 등의 정보 전달 수단들은 정보를 수집자로부터 사용자에게 전달하는 데 있어서 각각의 장점과 단점을 갖고 있다. 시간, 용량, 간섭에 대한 민감성, 안정성 등과 같은 여타 다른 특성들 또한 논의될 것이다.

과학기술 자료의 기술적 특성, 사용자의 수준 높은 요구사항, "과학적" 수집의 엄격성 등으로 인해 규정된 수집정책에 의해 지속적으로 일할 오픈소스 전문가들이 모인 전문가 집단의 필요성이 대두되었다. 저자들의 설명에 의하면, 오픈소스 종사자들은 중국 전역에 걸쳐 약 4,000개의 정보 조직들에서 근무하였다.[47] 앞서 소개되었던 1980년대 중반에 존재하였던 412개의 주요 과학기술정보연구소, 3,000개의 기초 기관, 밝혀지지 않은 수의 새로운 과학기술검색센터들 등 중국과학기술정보연구소ISTIC의 수치와 대략적으로 맞아떨어진다.

훠Huo와 왕Wang은 자신들의 논제를 명확히 하기 위해 실제로 사용했던 출처를 사례로 제시하였다. 훠Huo와 왕Wang은 록히드Lockheed Corporation, 미국의 항공기 제조사. 옮긴이의 온라인 배포시스템인 "대화 데이터베이스Dialog database"에 경의를 표하였다.[48] 또한 미국 기술정보서비스국National Technical Information Service, NTIS이 판매하는 미군기술정보국 문헌Armed Services Technical

---

46 Ibid., pp. 57-58.
47 Ibid., p. 24.
48 Ibid., p. 72.

Information Agency Document, AD reports에 대해서도 설명하였다. 미군의 표준은 매우 중요하게 여겨졌다.

> 미국표준협회American National Standards Institute는 정보를 책과 필름이라는 두 가지의 형태로 판매하는 반면, 미해군출판센터US Naval Printing and Publishing Center는 오직 책의 형태로만 판매한다. 또한 미국 세계공학문헌회사Global Engineering Documents는 사용자의 특정한 요구에 따라 군 표준 관련 자료의 일부분이나 여러 부분을 책으로 출판할 수 있는 반면, 미국정보가공회사US Information Processing Service Corp.는 카세트 필름의 형태로 판매한다.[49]

중국의 오픈소스 수집가들에게는 외국 자료의 출처 및 출판 일정, 특히 기밀자료 취급 해제 계획을 면밀히 조사하는 "정보 공개 시기"에 대해 면밀히 조사하라는 명령이 내려졌다. 이러한 사례 중 하나는 미국에서 출판된 *핵무기 자료 안내서Nuclear Weapons Data Handbook*와 관련되어 있다:

> 1984년 1월 제1권이 출판되었다. 출판물이 제3권으로 예정되었음에도 1987년 4월 제2권을 출판하기 위해 발간 계획이 수정되었다. 이 시리즈를 읽기 위해 혈안이 되어있는 과학기술 인사들이 있다.[50]

"사용자 요구에 응답하는 시간"에서 우리는 다음과 같은 글을 발견하였다:

> 예를 들어, 당신이 이미 공개된 미국 의회의 출판물을 구입하길 원한다고 하자. 중국국립출판물수출입회사China National Publications Import and Export

---

49 Ibid., p. 75.
50 Ibid.

Corporation와 같은 정보출처를 통해 구입한다면 출판물을 받는 데 1년 정도가 소요된다. 외국 기관과 같은 정보출처를 통해 출판물을 구입한다면 일반적으로 약 2-3개월이 지난 뒤 출판물을 획득할 수 있다. 하지만 특정한 문헌회사의 고속 수집법을 이용한다면 일반적으로 2-3주 내에 자료를 구할 수 있다.[51]

"국방정보출처National defense intelligence sources의 특징"을 설명하면서 저자들은 미국항공우주국National Aeronautics and Space Administration, NASA, 랜드연구소Research and Development Corporation, RAND, 기술정보서비스국NTIS으로부터 가져온 예를 들며, 자료가 기밀로 분류되는 경우가 많음을 설명하였다. 하지만:

> 속담에 있듯이, 바람을 완전하게 막아주는 벽은 없으며, 마찬가지로 완전한 기밀 유지 또한 불가능하다. 정보의 형태가 유형이든 무형이든, 정보가 드러나는 수많은 상황이 계속해서 발생할 것이다. 여기저기서 공개된 방대한 자료를 수집하고 차근차근 축적함으로써, 기밀 정보의 윤곽을 드러내는 것이 가능하다. 특히 서양의 국가들의 경우가 그렇다.[52]

때때로 수집가들은 신중하지 못한 기밀 해제 결정으로 행운을 맞이하기도 한다. 예를 들면, 수소폭탄thermonuclear weapons에 관한 미국 에너지부United States Department of Energy, DOE의 보고서가 해제된 것도 조심성의 부족 때문이었다. 훠Huo와 왕Wang은 이에 대한 심정을 "진귀한 보물을 발견한 것 같았다"[53]와 같이 표현하였다. 저자들은 미국이 저지른 또 다른 실수를 언급하며, 미국이 일터에서 축배를 들 수 있도록 허락했다고 묘사하였다.

---

51 Ibid., p. 78.

52 Ibid., p. 81.

53 Ibid.

1971년부터 1976년까지 미국 에너지부[DOE]는 방대한 양의 기밀 자료를 해제하기 위해 검토하였다. 총 280만 개의 자료가 대상이었으며, 이 중 150만 개의 자료가 기밀 해제되었다. 로스 앨러모스 국립연구소[Los Alamos National Laboratory, 미국 에너지부에 소속된 국립연구기관으로 최초의 핵폭탄 제조 프로젝트인 맨해튼 프로젝트를 진행하였다. 옮긴이]에서 총 388,000개의 문헌을 33일 동안 검토하였는데, 이는 1명의 검토자가 하루에 약 1,000개의 문헌을 검토한 것으로 1분에 약 2개의 문헌을 검토해야 했음을 의미한다. 이러한 놀라운 검토 분량과 속도로 인해 결국 수많은 실수가 발생하였다. 약 5%의 문헌 즉, 약 19,400개의 문헌이 실수로 기밀 해제되었다. 그리고 이 중에는 수소폭탄에 관한 최고급 기밀 문헌이 적어도 8개 포함되어 있었다. 이는 결국 외부의 방문자가 자유롭게 열람할 수 있는 오픈소스가 되어 버렸다.[54]

저자들은 다음과 같이 결론지었다:

이 사건은 완전한 기밀 유지는 없는 것이며, 기밀 정보출처의 발견에 우연적인 요소가 개입될 수 있음을 보여준다. 이러한 우연성을 필연성으로 바꾸기 위해서는 몇몇 분야를 정기적으로, 그리고 끊임없이 감시할 필요가 있다.[55]

여러 국가들이 자국의 오픈소스에 대한 참고서를 발간하는데, 중국 정보조직 공무원들은 이를 자료를 빠르게 식별하기 위한 수단으로 활용한다. 오픈소스에 대한 이와 같은 지침들이 중국에서 취합되어 편찬되었다. 중국과학기술정보연구소[ISTIC]는 「*외국 과학기술 관련 문헌 및 자료에 대한 탐색*[*Searching Foreign Science and Technology Documents and Materials*]」이라는 책을 출간하였으며,[56] 양샨지[Yang Shanji]와 양징란[Yang Jingran]은 「*화학 관련 문*

54 Ibid., p. 82.

55 Ibid.

56 Cited in ibid., p. 85.

헌에 대한 기초 지식 *Basic Knowledge About Chemical Literature*」이라는 책을 1981년에 출간하였는데 이 책을 살펴보기로 하자:

> 이 책은 외국에서 흔히 찾아볼 수 있는 화학 및 화학공학 관련 문헌을 소개하는 데 중점을 두고 있다. 문헌에는 정기 간행물, 회의의사록, 과학기술보고서, 특허, 초록, 개요, 서적, 사전, 막대한 분량의 참고서가 포함되었다. 이 책은 총 12장으로 구성되어 있으며 목차는 다음과 같다. (1) 개요, (2) 정기 간행물 중요한 정보출처, (3) 문헌 검색 도구, (4) 미국 화학 관련 초록에 대한 색인의 범위 및 적용, (5) 개요, 수집, 과학기술 보고서, 학위논문, (6) 특허 및 특허 검색, (7) 사전, 안내서, 물리학 도표와 스펙트럼 데이터, (8) 유기화학 관련 참고서, (9) 무기 분석, 화학공학과 재료 참고작업, (10) 과학기술 관련 문헌 검색서비스, (11) 화학 정보 검색의 발달 추세, (12) 책과 자료.[57]

"전형적인 국방정보출처와 자료"라는 이름의 부분에서 훠 Huo 와 왕 Wang 은 몇몇의 미국 정보출처를 소개하였다. 의회 출판물, 특히 위원회가 발간한 국가 방위 및 예산에 관련된 출판물이 자세하게 분석되어 있다. 저자들은 이러한 정보출처에서 다음과 같은 것들을 알 수 있다고 한다.

- 세계정세에 대한 미군의 관점 및 평가.
- 미국의 다양한 종류의 전략 무기, 재래식 무기, C^3I 지휘(command), 통제(control), 통신(communication), 정보(intelligence)의 머리글자의 약어. 옮긴이 의 발전을 도모하는 목적과 이유, 무기 및 장비에 대한 미국의 연구개발 계획.
- 무기와 장비 개발에 대한 미국의 투자 현황.

---

57 Ibid., p. 85.

• 과학적 연구, 실험, 미국 무기 및 장비에 대한 평가 현황.[58]

또한 저자들은 미국 의회 정보서비스를 활용하였다. 저자들은 이를 통해 "의회 정보서비스를 통해 독자들은 자신이 필요로 하는 모든 종류의 의회 출판물과 통계적 자료를 스스로 찾아낼 수 있다"라고 밝혔다. 특히 "미군 기술정보국 보고서AD reports"에 대해서도 언급하였는데, 이를 정확히 "미국 국방부US Department of Defense, DOD에 의해 재정적인 지원을 받는 연구 프로젝트에 관한 과학연구보고서이다"라고 설명하였다.[59] 다음을 보도록 하자.

> 미군 기술정보국 보고서AD reports는 항공, 우주기술, 미사일 유도기술, 핵기술, 군수품, 군사학, 전기 및 전자공학, 통신 연구 등 국방 과학기술에 관련된 모든 영역을 다룬다. 따라서 미군 기술정보국 보고서는AD reports는 국방 과학기술 관련 업무에 관한 주요 정보출처라 할 수 있다.[60]

훠Huo와 왕Wang은 미군 기술정보국 보고서AD reports의 기밀 해제 절차, 문헌 번호 부여에 대한 개요, 문헌의 생산 및 배급을 담당하는 미국 조직들의 역사, 보고서 배급 일정에 대해 상세히 기술하였다. 중국 국방과학기술정보센터CDSTIC 외에도, 중국과학기술정보연구소ISTIC의 주요 지사인 상하이 지사와 쓰촨성 지사, 베이징문헌서비스부BDS와 같은 조직들도 이에 대한 완전한 정보를 구축해 놓고 있다.[61]

또한 저자들은 수집가들이 기술정보서비스국NTIS에 대해 알아야 할 모

---

58 Ibid., pp. 88-89.
59 Ibid., pp. 90-91.
60 Ibid., p. 93.
61 Ibid., p. 95.

든 것을 설명하고 있다. 기술정보서비스국이 어떤 자료를 누구로부터 구하여 어떤 포맷으로 만드는지와 이 조직의 구조 및 고객층에 대해 서술하고 있다.[62] 미국 항공우주국NASA이 발행하는 보고서에 대해서는 8쪽에 걸쳐 상세하게 설명하였으며, 미국항공우주학회American Institute of Aeronautics and Astronautics, AIAA에 대해서는 5쪽을 할당하였다. 미국 에너지부DOE가 발행하는 보고서에 대해서도 5쪽에 걸쳐 설명하였는데, 이 보고서의 가치를 저자들은 다음과 같이 묘사하였다.

> 미국 에너지부DOE의 보고서 중에는 핵에너지 연구에 관한 보고서들과 이중용도 품목dual-use items, 민간용으로 제조 · 개발되었지만 군사용으로도 사용할 수 있는 품목. 옮긴이에 관한 방대한 분량의 보고서들이 있다. 예를 들면, 보고서는 다양한 종류의 원자로선박에서 이용되는 원자로를 포함하여, 우주에서 사용되는 원자력 발전시스템nuclear power systems, 핵무기 연구, 개발, 실험 및 생산, 레이저와 핵의 융합 기술, 동위원소 분리 기술, 핵물질의 생산 및 통제, 핵물질의 안전에 관한 사안, 인적보안에 관한 사안, 기밀정보의 보안에 관한 사안, 수출 통제에 관한 사안, 핵무기 통제에 관한 사안, 원자력 발전소 등을 다룬다. 이와 같은 내용을 다루는 미국 에너지부 보고서들은 여러 국가의 국방 과학기술 관련 종사자들로부터 지대한 관심을 받고 있다. 이는 엄청난 가치를 지닌 정보출처라 할 수 있다.[63]

저자들은 13쪽에 걸쳐 미국의 군사표준을 어떻게 활용해야 하는지를 중화인민공화국의 수집가들에게 설명하는데, 이를 살펴보면:

> 자신만의 표준을 만들고 싶을 때 미국의 군사표준을 참고해 볼 수 있다.

---

62 Ibid., pp. 98-99.
63 Ibid., pp. 108-118.

> 이를 참고하면, 미군 산업생산의 기술 수준 및 발전 추세를 이해할 수 있을 것이다. 이러한 참조를 통해 개인의 연구 및 설계 수준을 향상시킬 수 있으며, 기업은 더욱 빠르게 기술적으로 혁신할 수 있다. 또한 차세대 상품으로의 혁신을 가속화할 수 있고, 운용 및 경영을 향상시킬 수 있으며, 외국과의 무역과 수출을 확장할 수 있다. 그리고 경제적 효과성을 증진시킬 수 있다.[64]

저자들은 미국과 영국[Britain]에서 군사적으로 응용되고 있는 오픈소스 목록을 검토하였다. 목록에는 정부와 민간 지식집단의 출판물, 전문 서적, 정기 간행물, 회의록 등이 포함된다. 회의록의 경우, 종류, 포맷, 출판 조직, 정보의 가치, 수집 및 활용을 하는 데 있어서의 문제점 등에 따라 자세히 기술하였다.[65] 과학기술 관련 정기 간행물에 관한 내용을 살펴보면:

> 하나의 정보출처로서 과학기술 관련 정기 간행물은 정보 연구자들뿐만 아니라 일반적인 과학기술 인사들에게 있어서도 첫 번째 선택지라고 할 수 있다. 과학기술 인사들과 정보업무 종사자들은 각각 과학기술 정보의 60%, 80%를 정기 간행물에서 획득하는 것으로 추정된다.[66]

저자들에 따르면, 1985년 중국 국방과학기술정보센터[CDSTIC]는 외국어로 된 1,022개 정기 간행물을 구독하였다. 상위 56개 외국 저널[얼마나 사용되는가라는 기준에 의해 추려진] 중 약 45개의 저널이 미국과 영국의 저널이었다. 또한 상위 60개 외국 저널[중국에게 얼마나 가치 있는가라는 기준에 의해 추려진] 중 53개 저널

---

64 Ibid., p. 120.
65 Ibid., p. 147.
66 Ibid., p. 182.

이 미국과 영국의 저널이었다.[67]

훠[Huo]와 왕[Wang]은 중국 국방과학기술정보센터[CDSTIC]가 1980년대에 이러한 모든 정보를 가공하기 위해 사용한 "IBM[International Business Machines Corporation]에 기반을 둔 전략정보데이터베이스시스템"에 대해서도 설명하였는데, 이를 살펴보면:

> 전략정보데이터베이스시스템은 중국 국방과학기술자료센터[China National Defense S&T Data Center]의 정보 연구자들이 무기 관련 시설의 발전에 대한 전략적 연구를 하는 데 있어서 필요한 사항과 정보 수집가들이 전략 정보를 개발하는 데 있어서 필요한 사항을 모두 만족시킬 수 있도록 설계되었다. 이의 목적은 정보 연구자들이 자신이 연구하는 주제에 필요한 정보를 가능한 한 빨리 습득할 수 있도록 하는 것이며, 또한 정보 수집가들이 외국의 전략 정보 재원의 상황, 독특한 특징 및 출판 규칙을 공부하고 이해하며 터득하는 것을 지원하는 것이다.[68]

외국의 "조직 명칭, 주소, 케이블 및 전화번호, 변천사 및 발전사, 임무의 성격, 두드러지는 특징, 리더십 조직, 재정 상황, 주요 활동, 출판 및 데이터베이스" 등에 관한 정보를 담고 있는 하위데이터베이스가 존재한다. 외국인들을 포함한 하위데이터베이스를 살펴보면:

> 외국 인사들에 대한 정보를 담고 있는 하위데이터베이스에는 외국 인사들의 성과 이름, 성별, 이력, 직장과 집의 주소, 직업, 업적, 저술, 주요 활동 범위, 최근의 업무 상황, 중국 방문 여부와 같은 정보들이 포함되어 있다. 하위데이터베이스에서 사람 이름을 검색하면 그 사람에 대한 모든

---

67 Ibid., pp. 184-185.
68 Ibid., p. 221.

> 정보를 열람 및 출력할 수 있으며, 또한 특별한 주제의 분류 번호를 찾아 그 주제에 대해 데이터베이스의 모든 자료도 열람 및 출력할 수 있다. 그리고 특별한 활동에 종사하는 모든 인사들의 정황도 살펴볼 수 있다.[69]

그래서 중국의 오픈소스 수집가들은 중국인민공화국 정보요원들에게 외국 기술에 대한 정보를 제공할 뿐만 아니라, 외국의 조직 및 인사에 대한 정보도 제공하는 것이다.

훠Huo와 왕Wang은 우리가 이 책에서 주장하고자 하는 논지와 관련된 몇 가지 주장을 하였다. 이들의 언급은 중국의 오픈소스 정보시스템이 도서관시스템에 기반을 둔 것이라는 우리의 관찰이 틀리지 않았음을 보여준다. 저자들은 다음과 같이 말하였다. "정보업무는 도서관학의 부산물이다. 정보업무는 도서관학으로부터 막대한 도움을 받았다. 색인 및 발췌와 같은 방식들은 도서관학의 토대였기 때문에 우리가 이를 사용할 때에도 크나큰 성공을 거둘 수 있었던 것이다."[70]

또한 저자들은 중국 연구자들이 자신의 프로젝트를 수행하기 전에 먼저 외국의 프로젝트를 검토해야 함에 대해 우회적인 방식으로 언급하였다. 외국의 정보를 이용하는 데 있어서 발생하는 "장애물"에 대한 구절에서 저자들은 중국에서 복사, 벤치마킹, 역공학이 과학을 추구하는 옳은 길임을 믿지 않는 사람들이 있다고 언급하였다:

> 원칙적으로 과학기술의 진보와 발전은 중국의 경제 활력을 성취하기 위한 진정한 열망이다. 실제로는 이러한 생각이 사회 전반적으로 받아들여지지 않고 있다. 우리 사회에 정보업무가 중국의 경제 건설에 단지 "보조

---

69 Ibid., p. 224.
70 Ibid., p. 228.

적인" 역할과 기능을 할 뿐이라고 생각하는 중요한 직무와 직책을 맡은 인사들이 많은 것 같다.[71]

다시 말해 중국에는 자신의 연구에 전념하는 과학자들이 있다는 뜻이며, 우리는 이러한 과학자들 중 많은 이들이 결국 이민을 갔을 것이라 생각한다. 이후의 장chapter들을 살펴보면 알겠지만, 이들이 해외로 나갔다고 해서 중국을 돕지 않는다는 얘기는 아니다.

저자들은 ***정보*** *qingbao*의 의미와 "information"과 "intelligence"의 차이점을두 가지 모두 우리말로 번역하면 정보가 된다 몇 쪽에 걸쳐 복잡하게 설명하고 난 뒤, 마지막으로 다음과 같은 악의 없는 시인을 하였다. "우리가 말하는 정보information와 외국 정보기관에서 말하는 정보 업무intelligence work 사이에는 유사점이 있다."[72]

용어의 미묘한 차이에 대해서는 이번 장chapter의 끝부분에서 논하기로 한다. 한편, 30년 전의 중국 오픈소스 정보시스템의 단면을 아주 자세히 들여다볼 수 있게 해준 훠Huo와 왕Wang에게 감사의 말을 전하지 않을 수가 없다. 그들은 자국의 체제가 불완전하다며 불평을 하였지만, 이들이 보여준 오픈소스 정보시스템은 당시와 지금의 국제적인 규모의 모델로서 오픈소스를 어떻게 이용해야 하는가를 여실히 보여준다고 할 수 있다. 이제부터 우리는 이러한 중국 오픈소스 정보시스템이 오늘날 어떻게 구성되어 있는지를 살펴볼 것이다.

---

71 Ibid., p. 53.

72 Ibid., p. 230.

중국 과학기술정보연구소ISTIC와 오픈소스의 구조

외국 과학을 이용하기 위한 중국의 조직은 복잡하며 장황하여, 50년은 족히 쓸 수 있을 것처럼 보이기도 한다. 국가의 규모, 과학기술을 개발하는 데 있어서 모방이 훌륭한 역할을 한다는 점, 관료주의 내에 팽배한 무력감으로 인해 조직의 확장은 피할 수 없었다. 이러한 중국 조직의 "디자인"에는 감탄할 만한 논리가 있다.

오늘날 중국에는 5가지 수준의 "과학기술 정보조직들S&T information organizations"이 존재한다. (1) 12개 정도의 국가적 조직들세는 방법에 따라 수가 달라진다, (2) 89개의 기술 관련 부서, 국무원의 위원회, (3) 성省 및 직할시直轄市 수준의 303개의 과학기술 정보조직, (4) 회사에 소속된 약 3,600개의 정보사무소들"기본 구성원", (5) 과학기술 정보교환을 위한 약 400개의 전국적인 웹사이트 등이다. 웹사이트의 수는 계속해서 증가하는 중이지만 이러한 수치들은 20년 동안 대략적으로 유사하다.

이러한 조직들은 유형에 따라 분류하는 방법도 있다:

(1) 전문적인 과학기술 정보관리조직.
(2) 종합적이며 전문화된 과학기술 정보기업.
(3) 전문화된 지역적 과학기술 정보네트워크.
(4) 국가의 과학기술 정보조직, 단체의 과학기술 정보조직, 사적으로 운영되는 과학기술 정보조직에 덧붙여 중요한 과학기술 정보활동에 종사하는 문헌센터, 과학기술 도서관, 정보[관리] 전공을 가르치는 대학과 훈련센터, 또한 국가, 단체와 민간이 운영하는 과학기술 정보조직.
(5) 부업으로 정보[수집]에 종사하는 사람, 은퇴한 과학기술 인사, 번역가

와 같이 정보활동에 종사하는 사회기반 자원들, (1)-(4)는 "국가 과학기술 정보시스템"의 주요 구성 요소이며, (5)는 보조적인 자원.[73]

조직 체계를 어떻게 분류하든, 오늘날 중국에는 외국의 과학기술 정보를 수집 · 분석하고 국가, 군대, 기업 등 소비자에게 이를 전달하는 조직과 인원들이 엄청나게 많다. 이번 장[chapter]의 남은 부분에서 다음과 같은 국가적 조직들에 대해 살펴볼 것이다:

1. 국가과학기술도서문헌센터[国家科技图书文献中心, National Science and Technology Library, NSTL]: 2000년에 설립된 가상의 조직으로 중국과학기술정보연구소[ISTIC]를 포함한 4개의 주요 "도서관"을 포괄한다.
2. 중국국방과학기술정보센터[中国国防科技信息中心, China Defense Science and Technology Information Center, CDSTIC]: 훠[Huo]와 왕[Wang]이 소속된 조직으로 베이징문헌서비스부[BDS]가 이 조직에 소속된다.
3. 특허문헌관[专利文献馆, Patent Documentation Library]과 이의 부속조직인 중국특허정보센터[中国专利信息中心, China Patent Information Center.]
4. 중국표준화연구원[中国标准化研究院, China National Institute of Standardization, CNIS]에 소속된 국가표준도서관[国家标准馆, National Library of Standards.]

국가과학기술도서문헌센터[NSTL]는 기초과학, 공학, 농업, 의료를 담당하는 다음과 같은 4개 부서가 있다.

---

73 "国家科学技术情报发展政策국가과학기술정보발전정책"("National Science and Technology Information Development Policy"), State Science and Technology Commission, January 1992. Accessed at: www.srstc.gov.cn.

1. 중국과학원 문헌정보센터[中国科学院文献情报中心, Chinese Academy of Sciences' National Science Library]

2. 국가공학기술(디지털)도서관[国家工程技术(数字)图书馆), National Engineering and Technology Library, NETL]: 이 조직은 국가과학기술도서문헌센터[NSTL]처럼 가상의 조직이다.

3. 중국농업과학원 도서관[中国农业科学院图书馆, Library of the Chinese Academy of Agricultural Science]

4. 중국의학과학원 도서관[中国医学科学院图书馆, Library of the Chinese Academy of Medical Sciences]

중국표준화연구원[CNIS]과 중국계량과학연구원[中国计量科学研究院, National Institute of Metrology]은 국가과학기술도서문헌센터[NSTL] 웹사이트에 공동 후원자로 인정받았지만 이 두 기관은 기능적으로 독립적이므로 여기서도 따로 분류한다.

좀 더 자세히 살펴보면, 국가공학기술디지털도서관[NETL]은 다음의 주요 4개 조직들로 이루어져 있다.

1. 중국과학기술정보연구소[中国科学技术信息研究所, Institute of Scientific and Technical Information of China, ISTIC]

2. 기계공업정보연구원[机械工业信息研究院, China Machine Industry Information Institute]

3. 금속공업정보표준연구원[冶金工业信息标准研究院, China Metallurgical Information and Standardization Research Institute]

4. 중국화공정보센터[中国化工信息中心, China National Chemical Information Center]

이러한 연구소들은 〈그림 2.1〉에 도식화되어 있으며, 이번 장[chapter]의 마지막에 논의될 몇몇 보조적 조직들은 생략하였다.

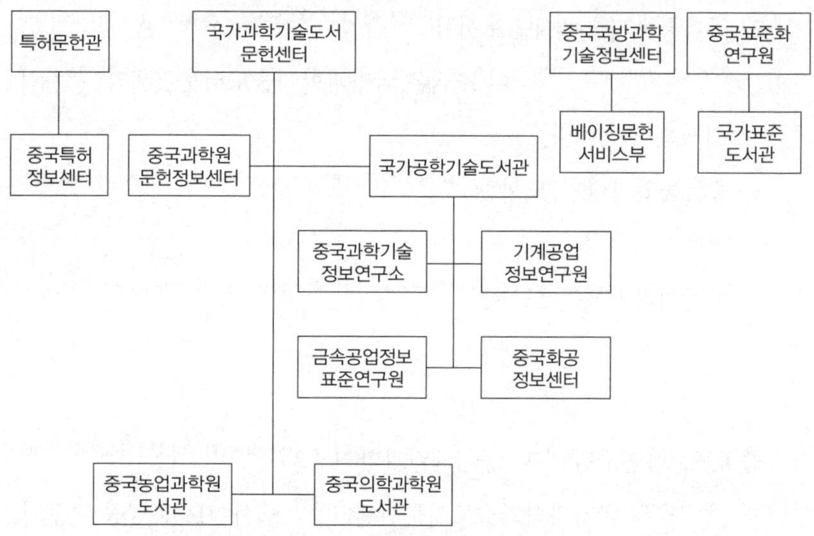

〈그림 2.1〉 중국의 외국 과학기술 오픈소스 정보[OSINT, Open Source INTelligence] 조직

국가적인 최고 상위의 4개 주요 조직 중의 하나인 국가과학기술도서문헌센터[NSTL]는 2000년 6월 국무원에 의해 "과학기술 문헌 정보 및 재원을 위한 중국의 권위 있는 보관소이자 서비스센터"로서 설립되었다.[74] 가상의 조직이기 때문에 국가과학기술도서문헌센터는 자체적으로 어떠한 자료도 소유하고 있지 않다. 이 센터의 목적은 부속된 도서관들을 지휘하고 조직화하는 것이다. 국가과학기술도서문헌센터[NSTL]의 주요 책임은 다음과 같다:

전반적인 계획 및 조직화를 시행한다. 보다 통합된 방식으로 외국과 국

74 "Home Page," National Science and Technology Library, www.nstl.gov.cn/index.html.

내의 문헌 및 정보 자원을 수집한다. 정보 가공의 표준 및 기준을 고안한다. 과학기술 문헌 데이터베이스를 구축한다. 현대 네트워크 기술을 활용한다. 다양한 수준의 서비스를 제공한다. 공동 창작과 과학기술 문헌 및 정보 자원의 공유를 활성화한다. 과학기술 문서와 정보자료의 개발과 디지털적 활용을 심도 있게 조직한다. 마지막으로 중국과 세계 사이의 협력과 교류를 확장한다.[75]

국가과학기술도서문헌센터NSTL에 소속된 도서관들은 국가과학기술도서문헌센터 고문단이 제시한 지침에 따라 각자 각각의 작업을 감독한다. 고문단은 과학자, 오픈소스 전문가, 도서관 대표로 구성되어 있다. 실질적인 지도자들은 과학기술부MOST 소속이다.[76]

또한 국가과학기술도서문헌센터NSTL는 "인터넷에 기반을 둔 국가과학기술정보서비스시스템National Internet-based Science and Technology Information Service System, NISS"이라고 불리는 종합적인 분배네트워크를 운영하기도 한다. 이 시스템으로 인해 일반 대중들은 언제라도 국가과학기술도서문헌센터에 소속된 도서관들이 보유한 모든 자료를 열람할 수 있다. 2004년 당시 이 시스템의 온라인 검색서비스는 약 2,600백만 개의 자료를 열람할 수 있도록 구축되었다. 이 자료에는 490만 개의 외국 저널, 180만 개의 외국 과학기술 회의록, 약 90만 개의 외국 논문, 보고서와 표준, 1,100만 개의 외국 특허 등이 포함되었다. 구독자들은 "전 세계의 중요한 과학기술 웹사이트"에 대한 안내를 지원받는다.[77]

수직적인 계급 체계를 넘어서 국가과학기술도서문헌센터는 중국국방

---

75 Ibid.

76 Liansheng Meng and Yan Quan Liu, "The Present and Future of China's National Science and Technology Library: A New Paradigm of Sci-tech Information Resource Sharing," *New Library World* 106, no. 7 (2005), 343-351.

77 Ibid.

과학기술정보센터CDSTIC, 특허 및 표준 관련 도서관들 등 중국 시스템 내의 수평적인 조직들과의 자원공유협약을 맺는다. 이는 지정된 시스템 외의 중국의 주요 도서관들과 함께하는데, 여기에는 중국국가도서관National Library of China, 중국고등교육문헌보장체계中国高等教育文献保障体系, China Academic Library and Information System, CALIS,[78] 이전의 상하이 도서관과 상하이과학기술정보연구소上海科学技术情报研究所, Shanghai S&T Information Institute가 합쳐진 것으로 지난 20년에 걸쳐 조직 간의 통합된 많은 과학기술 정보조직들 중 하나인 상하이 도서관Shanghai Library이 포함되어 있다.[79]

〈그림 2.1〉에서도 볼 수 있듯이, 국가과학기술도서문헌센터NSTL 부속 도서관은 국가과학도서관,National Science Library, NSL 국가공학기술디지털도서관,NETL 중국 농업과학원도서관과 의학과학원도서관이다. 중국 농업과학도서관과 의학과학도서관은 우리가 지금 논의해야 할 대상이 아니며, 국가과학도서관과 국가공학기술디지털도서관은 현재의 논의에서 아주 중심적인 조직들이라고 할 수 있다.

중국과학원도서관 혹은 중국과학원문헌정보센터中国科学院文献情报中心, CAS Document Information Center로도 알려진 국가과학도서관NSL은 중국과학원이 임명한 이사회에 의해 운영된다.[80] 이 도서관의 본관은 베이징에 있으며 상하이, 우한, 란저우, 청두에 분관을 둔다.[81] 또한 국가과학도서관은 중국

78 중국고등교육문헌보장체계CALIC는 모든 학문에 대한 책임을 맡는 교육부Ministry of Education에 의해 후원을 받는다. 이 체계는 7개의 지역에 센터를 두고 있으며, 또한 동북지구 국방문헌정보 서비스센터东北地区国防文献信息服务中心, Northeast Regional National Defense Document Information Service Center를 둔다. 1998년에 설립된 이 체계는 디지털 네트워크를 통한 공유와 공동 획득을 활성화한다. 여기에는 약 500개의 도서관이 참여한다(www.calis.edu.cn/calisnew).

79 Chen, "Actual Strength of S&T Information Service System in China."

80 중국과학원 문헌정보센터中国科学院文献情报中心, CAS Document Information Center는 1985년부터 2006년까지 쓰이던 명칭이다.

81 시간에 따른 조직명의 변화를 알아보는 것은 상당히 까다로운 일이다. 중국과학원 도서관 란저우 분관中国科学院图书馆兰州分馆, LCAS Lanzhou Library이라는 이름으로 1955년에 설립된 란저우

전역에 걸친 연구소에 120개의 문헌정보사무소를 두고 있으며, 소규모의 수집물은 공장, 학교, 출판사에 귀속된다. 또한 약 24개의 전문화된 정보 네트워크를 보유하고 있다.[82]

국가과학도서관[NSL]은 스스로를 국가과학기술도서문헌센터[NSTL]의 "핵심 도서관", "자연과학 및 첨단기술 문헌을 위한 국가적으로 비축된 도서관"으로 여긴다.[83] 이 도서관이 보유한 자료의 약 70%는 수학, 물리학, 화학, 천문학, 지질학, 생물학, 전자공학, 컴퓨터, 반도체, 핵에너지에 관한 것이다.[84] 천지우껑[Chen Jiugeng]은 2006년 연구에서 국가과학도서관[NSL] 본관과 분관들을 중국의 "기초과학 정보자원시스템"이라 칭하였으며, 이 도서관이 630만 개의 서적, 2,180만 개의 정기 간행물, 자연과학, 기초과학, 새로운 첨단기술 등에 관련된 1,340만 개의 "다른 종류의 문헌들"을 가지고 있다고 보았다.[85] 국가과학도서관[NSL]이 주장하는 바에 의하면:

분관은 1957년에 중국과학원 서북분원 도서관[中国科学院西北分院图书馆, CAS Northwest Branch Library]이라는 명칭으로 변경되었으며, 1959년 중국과학원 란저우 분관 도서관[中国科学院兰州分院图书馆, CAS Lanzhou Branch Library]이라는 명칭으로 변경되었다. 문화대혁명이 진행되는 동안 이 조직은 중국과학원 간쑤성 도서관[中国科学院甘肃省图书馆, CAS Gansu Provincial Library]으로 불리게 된다. 1973년 중국과학원 란저우 도서관[中国科学院兰州图书馆, CAS Lanzhou Library]이라는 명칭으로 개정된 이 조직은 1987년 중국과학원 란저우 문헌정보센터[中国科学院兰州文献情报中心, CAS Lanzhou Documentation and Information Center]로 재지정되었으며, 이때에도 중국과학원 란저우 도서관이라는 명칭을 계속해서 사용하였다. 1997년 중국과학원 자원환경과학 정보센터[中国科学院资源环境科学信息中心, CAS Scientific Information Center for Resources and Environment]가 된 이 조직은 이때까지도 중국과학원 란저우 도서관이라는 이름을 유지하였다. 오늘날 이 조직의 웹사이트[www.llas.ac.cn]는 다음과 같은 3가지의 조직명을 내걸고 있다. 중국과학원 국가과학도서관 란저우 분관[中国科学院国家科学图书馆兰州分馆], 중국과학원 자원환경과학 정보센터, 간쑤성 과학기술 도서관[甘肃省科技图书馆] 등이다.

82 www.hudong.com/wiki/中国科学院文献情报中心[중국과학원 문헌정보센터] and Chen, "Actual Strength of S&T Information Service System in China."

83 www.las.ac.cn.

84 www.hudong.com/wiki/中国科学院文献情报中心[중국과학원 문헌정보센터].

85 Chen, "Actual Strength of S&T Information Service System in China."

국가과학도서관은 약 1,150만 개의 자료를 보유하고 있다. 최근 몇 년간 30개 이상의 데이터베이스를 획득 · 개발하였으며, 이러한 데이터베이스들은 과학기술 및 의학에 관련된 5,000개 이상의 외국 저널, 1,1000개의 중국 저널, 8만 개의 외국 논문, 18만 개의 전자책, 점점 증가하는 회의록과 참고서를 포함하고 있다. 중국의 24개 도시에 있는 89개의 중국과학원연구소를 통해 이 데이터베이스에 접근할 수 있다. 국가과학도서관NSL은 도서관 간의 대출서비스를 제공한다. 대출네트워크는 모든 중국과학원 연구소, 국가과학기술도서문헌센터NSTL, 주요 대학도서관에 연결되어 있으며, 2만 개 이상의 외국 저널에 수록된 문헌을 이틀 안에 배달해준다.[86]

국가과학도서관NSL 분관들은 지역적 요구에 응한다. 중국의 핵무기 산업과의 가까운 관계로 유명한 란저우Lan zhou 분관은 지역의 연구소들을 위해 수준 높은 연구를 수행하며 "특별한 문헌정보"를 수집한다. 또한 란저우 분관은 연간 5만 명이 방문하고 있으며, 소유한 170만 개의 문헌을 이용하여 1년에 10만 개 이상의 문의를 처리한다. 란저우 분관의 전공에는 화학, 화학공학, 핵 과학, 응용수학, 컴퓨터과학 등이 포함된다. 란저우 분관은 요구만 있으면 명시되지 않은 "전략정보연구战略情报研究, strategic information research"를 수행하기도 한다.[87]

국가과학기술도서문헌센터NSTL에서 공학을 담당하는 것이 국가과학도서관NSL이라면 국가공학기술디지털도서관National Engineering and Technology Library, NETL은 중국기계공업정보연구원China Machine Industry Information Institute[88], 중국금속공업정보표준연구원China Metallurgical Information and Standardization Research

---

86 www.las.ac.cn.

87 Ibid.

88 www.gmachineinfo.com.

Institute, [89] 중국화공정보센터China National Chemical Information Center, [90] 중국과학기술정보연구소ISTIC 내의 공학 관련 부서들의 상부조직이라 할 수 있다. 천Chen은 2006년 국가공학기술디지털도서관NETL이 외국어로 된 7,000종 이상의 정기 간행물을 보유하고 있으며, 약 200만 개의 중국 국내외 문헌에 대한 온라인 접근을 제공한다고 보았다.[91]

국가공학기술디지털도서관NETL이 보유한 자료는 전자공학, 자동화, 컴퓨터와 네트워크, 재료과학, 환경과학, 항공우주산업, 생물공학, 에너지, 운송, 건축, 수리학, 그 외의 일반적인 공학 분야에 관한 것이다. 국가공학기술디지털도서관은 보유하고 있는 500만 개의 서적에 매년 약 4,200개 정도의 외국어로 된 과학기술 정기 간행물을 추가한다. 도서관이 수집하는 정기 간행물은 전 세계의 핵심적인 공학기술 관련 저널들을 모두 포함한 것이다. 또한 이 도서관은 100,000개 이상의 외국의 회의록과 114,000개의 학위논문을 보유하고 있으며, 대략 200만 개 정도의 미국 정부의 과학기술 보고서를 소유하고 있는데, 이 수치는 매년 20,000개씩 증가하고 있다.[92]

이런 사실은 우리가 중국과학기술정보연구소ISTIC에 관심을 갖도록 만든다. 이번 장chapter의 초반부에 언급했듯이, 중국과학기술정보연구소는 1958년에 설립되어, 중국의 과학기술 개발에 직접적인 영향을 주는 분야의 해외기술정보를 수집하고 분배하기 위한 중국 최고의 조직으로 성장하였다. 국가공학기술디지털도서관NETL 시스템의 일부이자 중국의 국가적 과학기술 정보인프라의 구성요소인 중국과학기술정보연구소는 국가

---

89 www.cmisi.com.cn.

90 www.cncic.gov.cn.

91 Chen, "Actual Strength of S&T Information Service System in China."

92 www.istic.ac.cn.

공학기술디지털도서관의 가장 거대한 부속 도서관이다. 중국과학기술정보연구소는 국가공학기술디지털도서관보다 수십 년 앞서 등장하였으며, 발전을 책임진다. 이들의 관계는 중국과학기술정보연구소 웹사이트를 살펴보면 알 수 있다. 웹사이트에는 국가공학기술디지털도서관NETL 조직명이 중국과학기술정보연구소ISTIC의 로고 ***아래***에 적혀 있다.[93]

사실 중국과학기술정보연구소ISTIC는 스스로를 "국가 전체를 위한 과학기술 정보 관련 분야의 관리 및 서비스 제공을 위한 중심"과 "실질적 선도자, 중국의 국가적 과학기술 정보시스템을 위한 모델"이라 보고 있다.[94] 현재 중국과학기술정보연구소는 7개의 직무 부서와 6개의 "공익" 부서에 850명의 직원을 두고 있으며, 디지털로 된 과학기술 문헌을 제공하는 완팡데이터Wanfangdata 등을 포함한 3개 기업을 소유하고 있다. 중국과학기술정보연구소는 사업적으로 정부의 정책 입안을 지원하는 자료에 대한 연구와 분석, 과학기술 정보서비스, 새로운 기술과 서비스 플랫폼의 연구 · 개발 · 보급, "과학기술 정보분야의 인재 육성, 매체출판서비스 등의 분야에 관여한다.[95] 구체적으로 중국과학기술정보연구소는:

> 문헌, 번역물, 참고서, 보고서, 연구서 등을 포함한 국내외의 과학기술 출판물을 처리하고 이에 대해 보고한다. 중국의 수요와 상황에 부합하는 국내외 문헌데이터베이스를 구축한다. 경제와 과학기술에 대한 중국의 국가적 사안에 관련된 국내외의 과학기술 자료를 연구 · 분석한다. 국내외 과학기술 분야의 성과와 추세를 보고한다. 정책입안을 담당하는 [정부] 부서들을 위해 전략정보서비스를 제공한다. 국가의 많은 주요 과학연구 프로그램을 위한 전문화된 정보서비스를 계획적으로 제공한다. 정

---

93 중국에서는 보통 상의어를 위나 왼쪽에, 하의어를 아래쪽이나 오른쪽에 적는다.

94 www.istic.ac.cn.

95 Ibid.

보과학, 정책, 경영, 서비스, 방법 및 조사 등에 대해 연구한다. 과학기술 정보업무의 국제적 협력과 교류를 증진시킨다.[96]

중국과학기술정보연구소ISTIC의 "서비스센터"는 "검색"과 "특별 서비스" 분야로 나뉜다. 검색분야는 전문, 초록, 목록 및 웹 자료를 검색하기 위한 온라인 시설이다. 웹자료는 프린트, 비디오 및 오디오, 웹 매체, 예를 들어, ISI Derwent Innovations Index, ProQuest Science Journals, LexisNexis "다른" 종류의 웹 매체, 예컨대 Lawrence Erlbaum Online Journals CDs 등과 같은 5종류의 매체로 자료를 제공한다. 프린터 매체로 제공되는 것에는 "서양의 언어로 된 회의록과 정기 간행물, 외국어로 된 과학기술 보고서, 중국어로 된 회의록, 중국어 논문 데이터베이스"가 포함된다. 웹 매체와 CD로는 110개의 정보출처에 접근할 수 있는데, 오직 3개의 정보출처만이 중국 것이며, 당연히 나머지 107개는 외국 것이다.[97] 중국과학기술정보연구소ISTIC의 "특별서비스"는 아래와 같다:

> 등록된 의뢰인들을 위해 조직의 내부와 외부馆外에서 원본 문헌을 획득하여 전달한다. 사용자를 위해 만들어진 연구프로그램의 과학기술적 내용이 독창적인지 검증한다. 과학기술적 성과를 평가하여 특허 신청을 한다. 중앙 정당, 정부, 군사적 지도조직, 국가 핵심실험실, 일반 사용자에게 조언하며 문헌연구서비스를 제공한다. 중국과 외국의 검색엔진을 통해 공개적으로 열람할 수 있는 문헌과 저작물의 기록된 내용과 인용문을 확인한다. 국내외의 도서관과 정보조직의 검색을 대행하고 대신하여 자료를 대출한다. 그 밖의 개인적인 서비스를 제공한다.[98]

---

96 www.chinabaike.com.
97 www.istic.ac.cn.
98 Ibid.

중국과학기술정보연구소[ISTIC]는 중국 국내 고객들에게 과학기술 자료를 수집하여 제공할 뿐만 아니라, "종합적 정책 지향적 전략연구"를 통해 국가의 과학기술 프로젝트를 적극적으로 지원한다. 이러한 전략연구는 세계 과학기술 분야의 최신 성과와 추세에 대한 연구로 정부의 선도적인 부서들을 위한 것이다.[99] 다음은 중국과학기술정보연구소 책임자 허더팡[He Defang]이 산업무역 학술지인 *중국신시다오바오*[*Zhongguo Xinxi Daobao*, 중국정보가이드]를 위해 쓴 축하문에서 가져온 예이다.

> 허[He]에 따르면, 중국과학기술정보연구소[ISTIC]는 3년에 걸쳐 영어, 프랑스어, 일본어, 독일어, 러시아어로 된 자기부상열차 관련 문헌을 수집하여 베이징설계국[Beijing design bureau]에 제공하였다. 수집한 문헌들부터 "연구개발에서 발생하는 많은 핵심적인 문제들에 대한 해결안을 찾고" 실험에 소요되는 시간을 줄일 수 있었다. 이 결정은 (외국의) 진실로부터 진리를 찾는 방식을 통해 내려졌다. 외국 자원들을 사용하면서 중국 연구자들은 비용을 40-50%까지 줄였으며, 시간은 60-70%까지 단축할 수 있었다. 중국과학기술정보연구소 덕분에 중국은 "거인의 어깨 위에 올라" 혁신에 수반되는 위험을 줄일 수 있었다. 허[He]가 계속 말하길, 세계 과학기술의 동향에 대한 연구를 통해 중국은 추구해봤자 아무런 "소득도 없는" 연구 분야와 유망한 연구 분야를 구분하고 경쟁자의 기술과 특허 전략을 거머쥘 수 있었다.[100]

중국과학기술정보연구소[ISTIC] 충칭 지사[Chongqing branch]는 1960년 중국 첨단군수산업의 중심지에 설립되었다. 중국 위키[wiki]에 따르면 충칭 지사는 다음과 같은 업무를 수행한다. (1) 중국 남서부에 이익이 되는 새롭고

---

99 www.chinabaike.com.

100 He Defang, "As for Indigenous Innovation, Information Should Go Ahead of Rest," *China Information Review*, no. 10, 2006, pp. 12-13.

실용적인 기술에 대한 자료를 수집한다. (2) 과학기술 정보가 수록된 정기 간행물을 편집 · 번역 · 출판한다. (3) 에너지, 컴퓨터, 정보기술에 관련된 문헌 및 이전의 소련과 동부 유럽 국가들의 과학기술 개발에 관련된 사실을 위한 데이터베이스를 구축한다. (4) 남서부에서 외국 과학기술 정기간행물에 대한 색인을 편찬한다. (5) 검색서비스를 제공한다. (6) 국가에 의해 배정된 연구를 수행한다. (7) 정보 상담을 하고 일정한 주제에 대한 서비스를 제공한다. (8) 정보 업무를 위한 교육을 준비한다.[101]

충칭 지사는 310,000개의 서적, 외국어로 된 15,000개의 과학기술저널, 약 700만 개의 특허 기록, 190,000개의 표준 관련 문헌, 64,000개의 상품 사용설명서, 28,000개의 기술설명서를 소유하고 있다.[102] 상업적 기업인 완팡데이터Wanfangdata 운영을 시작한 중국과학기술정보연구소에 따르면, 충칭 지사는 이전의 데이터베이스연구센터Database Research Center를 상업적인 목적으로 디지털 과학기술서비스를 제공하는 충칭웨이푸자문회사重庆维普资讯, CQVIP로 변화시켰다.[103] 중국의 모든 성省과 주요 도시들에는 중국과학기술정보연구소의 이전 명칭科技情报研究所, 과학기술정보연구소 혹은 새 명칭科技信息研究所, 과학기술정보연구소의 접미사를 자조직의 이름에 차용하는 이른바 짝퉁 중국과학기술정보연구소들이 존재한다. 이러한 구조는 중국만의 독특한 것으로 어디에서도 이와 비슷한 것을 찾아볼 수 없다.

---

101 *www.budong.com/wiki/*中国科学技术信息研究중국과학기술정보연구.

102 Ibid.

103 www.cqvip.com.

과학기술 정보를 제공하는 또 다른 최고 조직들top-tier

국가과학기술도서문헌센터NSTL 시스템 이외에 3개의 주요 조직이 중국이 외국 과학기술 정보에 대한 접근을 지원한다. 중국국방과학기술정보센터中国国防科技信息中心, CDSTIC, 특허문헌관专利文献馆, Patent Documentation Library, 국가표준도서관国家标准馆, National Library of Standards, NLS으로 모두 각자의 분야에서 중요한 역할을 수행한다.

이전에 국방과학기술공업위원회国防科学技术工业委员会, COSTIND 과학기술정보연구소科技情报研究所, S&T Intelligence Bureau라 불리던 중국국방과학기술정보센터CDSTIC는 외국의 국방과학기술정보에 주력하였다. 훠Huo와 왕Wang 덕분에 이 조직의 역할에 대해 알 수 있었지만, 군사기술정보조직이기에 공개적으로 접근할 수 있는 정보는 희박하다.[104] 중국국방과학기술정보센터의 기능 및 다른 과학기술 조직과의 관계는 1984년 "국방과학기술정보업무에 대한 규정Regulations on National Defense Science and Technology Information Work" 이라는 문헌에서 윤곽이 드러났다:

> 국방과학기술정보업무시스템은 다음과 같은 요소로 구성된다. (1) 국방과학기술공업위원회COSTIND, (2) 전자산업부Ministry of Electronics Industry, 중국국가조선회사China State Shipbuilding Corporation 등을 포함한 방위산업부, (3) 중국 인민해방군의 총참모부总参谋部 및 총후근부总后勤部, (4) 각 군사조직의 관련 부서들, (5) 중앙 정부에 직속되어 있는 성省, 자치구自治區,

104 2008년 국방과학기술공업위원회COSTIND는 국가국방과학기술공업국国家国防科技工业局, State Administration for Science, Technology and Industry for National Defense이 되었으며, 새롭게 형성된 산업정보기술부Ministry of Industry and Information Technology의 일부가 되었다.

> 직할시直轄市의 국방과학기술공업사무소들 내에서 과학기술정보업무를 맡는 조직들, (6) 국방과학기술정보업무를 수행하는 각 단계별 전문 조직들, (7) 지역 단위의 국방과학기술정보서비스센터, (8) 국방과학기술정보네트워크.[105]

모든 단계의 군사과학기술정보조직들이 급증한 것이 눈에 띈다. 문헌에서는 중국국방과학기술정보센터의 전신이었던 국방과학기술공업위원회COSTIND 과학기술정보연구소를 네트워크의 중심 기관으로 본다.

> 국방과학기술공업위원회COSTIND 과학기술정보연구소는 국방과학기술정보를 위한 통합센터이다. 각각의 방위산업부 과학기술정보국은 이 시스템 내의 과학기술정보센터라고 할 수 있다. 과학기술정보사무소들은 중국인민해방군 총참모부 및 총후근부의 관련 부서와 국局에 직속되어 있다. 각 군사조직들은 점차 시스템 내의 과학기술정보센터로 발전해야 한다.[106]

제9조에는 국방과학기술센터들의 의무가 명시되어 있다.

> 각각의 국방과학기술정보센터들은 다음의 의무를 가진다. (1) 시스템이 필요로 하는 국내외의 과학기술 자료를 수집·체계화하고 사용할 수 있도록 만든다. (2) 시스템 내의 과학기술 정보보고서를 관리하고 과학기술 정보교환을 조직한다. (3) 분석 업무를 수행하고 정책 입안, 과학 연구, 제작을 위해 정보를 제공한다. (4) 보고서를 작성한다. (5) 과학기술정보에 관한 이론, 방법론, 현대화된 기법의 적용을 연구한다. (6) 시스템

---

105 国防科学技术情报工作条例국방과학기술정보업무조례(*Regulations on National Defense Science and Technology Information Work*), PRC State Council, July 1984.

106 Ibid., Article 8.

내의 조직들을 지도한다.[107]

다른 분야에서는 국방과학기술정보업무의 중요성을 강조한다.

> 과학기술 자료수집은 국방과학기술정보기업을 위한 기반이 된다. 각 부서는 오디오 및 비디오 자료, 전문가 학술대회로부터 취득한 자료를 포함한 국내외 국방과학기술정보자료들을 적극적이고 체계적으로, 그리고 우선순위에 따라 수집·활용해야 한다. 통합된 색인 시스템과 함께 자료의 과학적 관리도 필요하다. 기관들 간의 자료 공유를 통해 중복을 피해야 한다.[108]

외국의 저작권 소유자들은 이러한 조언이 얼마나 훌륭한 것인지를 틀림없이 알아볼 것이다. 또 눈에 띄는 조항은 국방과학기술정보기관들이 "휴가 중이거나 은퇴"한 관련 교육 전문가들을 초대하여 과학기술정보업무에 참여하도록 하기 위한 요건[제24조]과 국방과학기술에 배정되는 예산을 매년 증가시키기 위한 요건[제26조]이다.

중국국방과학기술정보센터[CDSTIC]에 대한 최신 정보출처에 따르면, 이들은 여전히 정보자원 구축, 과학기술 정보의 개발 및 이용, 정보 관리, 과학기술 정보분야 종사자 교육, 정보조직 통합, 무기 및 장비 현대화에 대한 정책 상담, 과학기술 정보 보호와 같은 업무를 수행하고 있다. 중국국방과학기술정보센터 도서관이 보유한 3,800만 개의 문서와 대략 80개 정도의 데이터베이스를 이용하여 중국의 핵무기, 탄도미사일, 원자폭탄과 수소폭탄 및 인공위성 프로그램[两弹一星], 국방슈퍼컴퓨터[*Yinhe* (Galaxy) military supercomputer], 863계획을 지원하였다. 이 데이터베이스에는 미국, 일

107 Ibid., Article 9.
108 Ibid., Article 13.

본, 러시아, 영국의 출판물, 군사 보고서 및 표준으로부터 수집한 4테라바이트terabytes 이상의 자료가 보관되어 있다.[109]

베이징과학기술협회北京科技协会의 협조로 1978년에 설립된 베이징문헌서비스부北京文献服务处, Beijing Document Service, BDS는 중국국방과학기술정보센터CDSTIC와 긴밀하게 연계된 기관이다. 중국국방과학기술정보센터는 베이징문헌서비스부 예산의 대부분을 제공해주며 이 조직의 최대 이용자이기도 하다. 베이징문헌서비스부는 자신들만의 자료를 보유하고 있을 뿐만 아니라 중국국방과학기술정보센터 중국공학기술정보네트워크China Engineering and Technology Information Network, CETIN를 위한 서비스센터이자 네트워크 관리자이다. 중국공학기술정보네트워크CETIN에서는 외국 국방기술정보에 대한 거의 모든 자료를 구할 수 있다.

예를 들어, 중국공학기술정보네트워크CETIN는 표준, 실험 결과, 외국의대개 미국의 군사 장비의 유지 사안에 대한 상세한 정보를 제공하는 "외국의 상품 품질 및 안전 정보 사이트国外质量与可靠性信息网"로 접속할 수 있는 링크를 제공한다.[110] 또 다른 링크는 "외국군 공학장비外军工程装备"라는 사이트로 연결되며,[111] 3번째로 분류된 "C^3I"란을 통해 "전자대항전电子对抗"이라는 사이트로 접속할 수 있다.[112] 사용자는 전체 글을 검색을 하거나 지뢰탐지, 위장, 연결장치 등과 같은 특정한 군사 기술을 살펴볼 수 있다.

중국공학기술정보네트워크CETIN는 흥미로운 외국의 군사 기술을 정기적으로 소개한다. 2010년 1월 11일 이 사이트는 노스럽 그러먼Northrop Grumman Corporation, 미국의 항공우주 관련 방위산업체. 옮긴이의 대전자대응장비인 AN/

---

109 home.cetin.net.cn, accessed May 2006 and January 2010.

110 home.cetin.net.cn/storage/cetin2/QRMS/index.htm.

111 home.cetin.net.cn/storage/cetin2/xw/indexgcb/indexgcb.htm.

112 home.cetin.net.cn/storage/cetin2/xw/xxz/xxz.htm.

ALQ-162를 소개하였다. 사이트는 또 다른 미국의 대전자대응장비 몇몇에 대해서도 아주 자세하게 설명하였다. "미국 국가 미사일방어시스템 분석과 풀이[美国国家导弹防御系统图解]를 그림으로 설명"하였으며, 전파탐지기 및 전파탐지기 대항책, 레이저 무기, 컴퓨터 전쟁, 네트워크를 중심으로 하는 전쟁, 스텔스기술과 대스텔스기술, 인공위성 위치측정 시스템과 같은 41개의 "전문영역"으로 이어지는 링크를 웹페이지의 측면에 게시하였다. 이 모든 것은 중국어로 되어 있었으며 모두 외국의, 특히 미국의 시스템에 초점을 맞췄다.

현존하는 외국의 장비에 대한 정보만큼이나 중국의 기술 설계자들에게 중요한 것은 외국의 특허로부터 얻는 통찰이다. 비록 중국은 1985년까지 자국의 특허법을 제정하지 않았지만, 이미 약 30년 전부터 외국의 특허를 부지런히 활용하고 있었다. 실제로 50년 동안의 특허 관련 작업을 축하하는 2005년 기사에 따르면, 중국의 과학기술 종사자들은 "과학연구는 외국 특허 문헌의 지원이 있어야 한다[科研工作离不开外国专利文献的支持]"라든가, "특허 문헌은 과학기술을 위한 보물창고이다[专利文献是科学技术的宝库]"와 같은 철학을 일찍부터 받아들이고 있었다.[113]

이러한 사실을 알아본 중국과학원 국가과학도서관[NSL]은 1956년 특허팀[专利组, Patents Section]을 신설하고, 중국의 과학기술 종사자들이 이용할 수 있도록 외국의 특허 문헌을 수집하기 시작하였다. 1965년 중국과학기술정보연구소[ISTIC]는 특허관[专利馆, Patents Library]을 설치하게 된다. 특허관은 국가과학도서관[NSL] 특허팀이 보유하고 있던 자료를 인수하였으며 "외국 특허 문헌 수집의 범위를 끊임없이 확장하기 시작하여 특허 문헌을 중국 과

113 Wu Xuanzhou(吴泉洲[우췐저우, 원문에는 저자가 Wu Xuanzhou이지만, Wu Quanzhou가 맞는 표기로 생각됨. 옮긴이]), "50 Years of Patent Documents"("专利文献50年[특허문헌50년]"), in *Zhongguo Faming yu Zhuanli*, April 2005, qkzz.net/Announce/Announce.asp?BoardID=13200&ID=120156.

학기술 정보의 주요 원천으로 바꾸기 시작"하였다. 당시 중국 전역에서 출연했던 과학기술정보소들科技情报所, S&T information offices 또한 외국의 특허 문헌을 수집하였으며 이를 지역의 고객들이 이용할 수 있도록 하였다.[114]

1980년 중국특허국中国专利局, China Patents Office이 설립되었는데, 이 조직은 바로 다음 해 중국과학기술정보연구소ISTIC 특허관을 인수하여 특허관의 이름을 특허문헌관专利文献馆, Patent Documentation Library으로 개정하였다. 1998년 중국특허국이 국가지적재산권국国家知识产权局, State Intellectual Property Office, SIPO으로 재탄생하고 난 뒤 특허관은 특허문헌관이라는 명칭을 계속 유지하였으며, 현재는 중국에서 가장 거대하며 완성된 특허 문헌 및 정보를 위한 보관소이자 서비스센터가 되었다.

특허관은 "다양한 측면, 다양한 수준, 다양한 경로"의 특허 문헌 및 정보서비스를 제공하며, 수집, 읽기, 상담, 검색, 훈련 등이 포함된다. 고객들은 접대실에서 업무를 보기 시작하는데, 그들은 이곳에서 등록, 사서와의 상담, 검색 시설의 이용 방법에 대해 배울 수 있다. 특허검색실에는 고객들이 무료로 이용할 수 있는 70대의 컴퓨터가 마련되어 있다. 고객들의 절반 정도는 특허관이 보유한 자료를 검색하며 나머지 절반은 국제특허데이터베이스를 이용한다. 특허관 서고에는 28개국으로부터 수집한 특허명세서가 3,760개의 서가에 보관되어 있다. 특허관은 배송서비스를 제공하기도 하는데 여기에는 개인적으로 전달되거나 우편, 전화, 팩스, 이메일, 온라인을 통해 전달되는 특허 복사, 검색, 분석 서비스가 포함된다.[115] 게다가 국가지적재산권국SIPO은 중국 전역에 걸쳐 47개의 지방특허정보센터를 운영한다.

---

114 Ibid.

115 www.sipo.gov.cn/sipo2008/wxfw/.../t20080416_381338.html.

다음 글에도 제시했듯이, 이런 엄청난 분량의 자료들을 보관한 공간을 마련하는 것은 상당히 골치 아픈 문제였다:

> 특허관 직원들은 중국에 도착한 엄청난 분량의 외국 특허명세서 화물一车车을 쉴 틈 없이 관리해왔다. 직원들에게 있어서 가장 큰 골칫거리는 이러한 자료를 보관할 장소를 찾는 것이다. 오늘날 종이로 된 문헌들의 상당수가 CD와 컴퓨터로 대체되었다. 고객들의 수가 증가하긴 하였지만, 대부분의 사람들은 특허관의 서비스를 원격으로 이용한다. 도서관 직원들은 문헌을 찾고 복사하는 시간이 단축되었고, 고객들이 특허를 분석하고, 동향을 파악하고, 특허료 지불을 피할 수 있는 방법을 찾을 수 있도록 돕는 데예컨대, 다른 나라에서는 제품의 특허가 어떻게 취급되는지를 조사함으로써 더 많은 시간을 소비한다.[116]

자료의 분량에 대한 문제로 특허관 내에 자동화업무부自动化工作部, Automated Work Division가 설치되었으며, 1993년 특허관과는 별개의 조직인 중국특허정보센터中国专利信息中心, China Patent Information Center가 설립되었다. 새롭게 설립된 이 센터는 특허관과 마찬가지로 국가지적재산권국SIPO의 부속기관으로 다음과 같은 업무를 담당하고 있다. (1) 국가지적재산권국의 자동화시스템을 구축한다. (2) 가공, 분배, 검색을 하고 특허와 여타 지적재산권 정보에 대한 상담서비스를 제공한다. (3) "특허 기술을 전시 · 중재 · 개발 · 시행 · 이용하고 특허화된 상품의 시험 생산을 조직한다." (4) 정보공학 및 관련 서비스 등이다. 중국특허정보센터는 검색 및 상담, 번역 및 정보 가공을 위한 사무실들을 두고 있다.[117] 약 140명의 기술 관련 직원들이 항시 대기 중이다.[118]

---

116 Wu "50 Years of Patent Documents."

117 www.cnpat.com.cn.

118 www.sipo.gov.cn/sipo_English/news/official/200904/t20090417/453529.html.

특허가 중국의 과학기술 지도자들에게 외국의 기술에 대한 중대한 통찰을 안겨 주듯이, 외국의 기술표준 역시 발전을 위한 지름길을 제공한다. 1963년에 설립된 국가표준도서관国家标准馆, National Library of Standards, NLS은 외국의 기술표준을 수집하고 중국 자국의 기술표준 개발을 지원한다. 국가표준도서관이 설립되기 전에 이 기능은 중국과학기술정보연구소ISTIC 표준관Library of Standards이 수행하였다. 1978년 표준관은 새로 설립된 국가표준국国家标准局, Office of National Standards 표준화종합연구소标准化综合研究所, Institute for Standardization and Integration에 부속되었으며, 1989년 국가기술감독국国家技术监督局, State Bureau of Technical Supervision 표준정보센터标准情报中心, Standards Information Center에 부속되게 된다. 1999년 도서관의 기능이 중국표준연구센터中国标准研究中心, China Center for Standards Research로 이동하게 되며, 중국표준연구센터는 2003년 국가표준도서관NLS의 모체인 중국표준화연구원中国标准化研究院, China National Institute of Standardization, CNIS으로 재탄생하게 된다.[119]

국가표준도서관NLS은 "통합적 관리, 감독, 표준화 업무의 전반적인 조직화"를 시행하기 위해 2001년에 설립된 중국표준화관리위원회国家标准化管理委员会, Standardization Administration of China, SAC의 연구를 지원한다.[120] 국가표준도서관의 모체인 중국표준화연구원CNIS은 결국 국가품질감독검사검역총국国家质量监督检验检疫总局, General Administration of Quality Supervision, Inspection and Quarantine of the PRC에 부속된다. 중국표준화연구원은 아래에 나타낸 바와 같이 외국 표준연구에 대한 전반적인 통제를 한다:

---

119 Chronologyreconstructedfrominformationpostedtobaike.baidu.com/view/2473995.html and *www.zjj315.gov.cn/b25.asp*. 국가표준도서관NLS은 국가표준문헌센터国家标准文献中心, National Standards Document Center로 불리기도 한다.

120 www.sac.gov.cn.

> 중국표준화연구원의 책무는 믿을 만한 표준정보서비스를 제공해야 할 뿐만 아니라 ***종합적이고 핵심적인 표준을 연구 및 개발을 하는 것이며, 경제와 사회가 발전하는 과정에 전적으로 전략적이며***, 종합적인 표준화 연구를 수행하는 것이다.[121]

반면 중국표준화관리위원회[SAC]는 국제표준 공동체에 대한 중국의 공식적인 얼굴이라고 할 수 있으며 주요 업무는 다음과 같다:

> 국제표준화기구[International Organization for Standardization, ISO], 국제전기표준회의[International Electrotechnical Commission, IEC], 그 밖의 국제적·지역적 표준화 기관들에서 중국을 대표한다. 국제표준화기구와 국제전기표준회의를 위한 중국국가위원회[Chinese National Committee]의 활동을 조직한다. 국내 및 지역의 산업부서가 표준화에 관련된 국제적·지역적 활동에 참여하도록 조직화한다. 표준화에 대한 국제협력조약을 승인·시행하고 표준화를 위한 국제적 협력과 교류 프로젝트를 검토·승인·시행한다.[122]

국내외 기술표준에 대한 정보는 중국표준네트워크[中国标准服务网, China Standards Service Network]에 의해 제공되었다. 이 네트워크는 국가표준도서관[NLS]과 국가표준문헌공유서비스플랫폼[国家标准文献共享服务平台, National Standards Document Sharing Service Platform]이 공동으로 소유한다.[123] "국가표준문헌공유서비스플랫폼"은 표준화에 대한 정보를 수집·수정·출판하고 표준화연구를 촉진하고, 표준화 문헌에 대한 전문배달서비스를 제공하고, 상담, 교육, 번역과 같은 여타 온라인 서비스를 수행하기 위해 중국표준화연구

---

121 www.cnis.gov.cn. 기울인 부분은 외국의 자료를 수집하는 것을 완곡하게 표현한 것이다.
122 www.sac.gov.cn에 올라온 정보를 이해하기 쉽게 바꾸어 쓴 것이다.
123 www.cei.gov.cn/homepage/gov/zgbzqbzx.htm.

원CNIS이 구축한 것이다. 이곳에서 약 130만 개의 출판물을 이용할 수 있다.[124]

또 다른 조직들 역시 외국의 표준을 사용하기 위해 가담한다. "계량논단计量论坛, measurement forum"이라는 사이트[125]에 올라온 안내문에는 특정한 종류의 표준에 대한 정보를 제공하는 사무소들의 명칭과 연락처가 나와 있다. 대부분의 사무소들은 조선, 항공 산업 등 기술 관련 부서에 소속되어 있다. ***"미국의 국가적 군사표준"을 다루는 전자공학부***Ministry of Electronics ***제4표준화연구소***Fourth Institute for Standardization가 기술 관련 부서에 포함된다.[126]

또한 중국계량과학연구원中国计量科学研究院, China's National Institute of Metrology, NIM은 외국의 표준을 면밀히 검토한다. 중국계량과학연구원NIM은 중국표준화연구원CNIS처럼 국가품질감독검사검역총국에 소속된 조직이다. 국가의 발전에 대한 외국 기술표준의 가치는 중국계량과학연구원에 의해 인정받는다:

> 중국계량과학연구원NIM은 국가 표준의 동등성과 국제단위계System of international units, SI를 확실히 하기 위해 국제 및 지역의 핵심과 추가적 비교에 적극적으로 참여하며, 나라에 국제적 교류와 경제의 세계화와의 연계를 위한 중요한 기술적 기반을 제공한다.[127]

중국계량과학연구원NIM은 과제에 따른 외국 설명서를 만들기 위해 사

---

124 www.cssn.net.cn.

125 www.gfjl.org.

126 *www.gfjl.org/thread-14428-1-1.html*. 전하는 바에 따르면, 이 정보는 2007년 11월 19일에 올라왔으며, 2010년 1월에도 열람할 수 있었다.

127 www.nim.ac.cn.

용된 도구와 절차를 확실히 하기 위해 최고의 표준들을 만들었으며, 이는 "중국" 상품이 국제적으로 시장성을 갖게 하기 위해서이다. 2009년 연구원의 새로운 목적은 세계 공동연구를 위해 "엘리트" 과학자들을 모으고 "국가적 전략을 제공하는 것"이다.[128] 중국에서 외국 전문가들은 외국 기술이 완전히 복제될 수 있도록 설계과정을 돕는 것이다.

오픈소스 정보의 전문화

중국의 외국 오픈소스 과학기술정보 이용은 과학발전을 가속화하는데 도움 되는 열정적이고, 체계적인 노력이다. 오픈소스 과학기술정보를 사용가능한 정보로 바꾸는 것을 서양의 서비스를 활용함으로써 외국의 위협을 계산하는 것뿐만 아니라, 자국의 연구비용을 줄이고 위험을 감소시키는 것을 추구하였다. 규모 이외의 또 다른 중국의 오픈소스 이용의 특별한 특징은 스캐닝 기술문헌부터 특허, 분해공학상품의 샘플을 분석하는 것, 과학기술 회의에서 회의록을 획득하는 것까지, 정보를 수집하는 장소의 다양성이다. 어느 하나도 간과되지 않았다.

정보순환체제에서 "오픈소스"는 비용을 지불하고 얻거나, 법을 위반하지 않은 무료의 정보[information]라는 의미를 함축하고 있다. 그러나 공개적으로 ***살펴***볼 수 있는 외국기술 프로그램을 필요로 하는 것과 기관이 개인의 발전을 위한 토대로서 은밀히 외국 연구개발 ***모델***을 필요로 하는 것 사이에는 큰 차이가 있다. 오픈소스 수집을 위해 중국은 다른 어느 나라보다 투자를 많이 할 뿐만 아니라, 분석, 소비자와 상호작용, 그리고 수집

---

128 Ibid.

자에게 피드백을 주는 "백-앤드back-end, 클라이언트와는 직접 대면하지는 않으나, Front-End 프로그램과 연동하여 기술적인 기능을 하는 프로그램을 말한다. 옮긴이" 구성은 혁신보다 적용에 의존하는 과정에 적합한 나라로서 큰 부분을 차지한다.

중화인민공화국과 다른 나라 사이에서 오픈소스 정보의 역할에 관한 수준 있는 구분은 중국 과학기술 오픈소스 지도부의 전문성에서도 명확히 나타난다. 서양의 서비스는 일반적으로 오픈소스를 가난한 사람들이 다루는 "은밀하거나 기술적 진짜" 정보로 간주하는 반면, 중국에서 오픈소스OSINT 조직은 일선 현장의 산업 기관으로부터 옮겨온,[129] 최고의 경력을 갖고 있는 전문가들을 직원으로 두고 있다. 우리는 오픈소스 정보가 이러한 수준의 지원을 누리는 다른 나라는 없다는 것에 관해서 간접적으로 알 수 있다.

위에서 언급했듯이 오픈소스 과학기술 직원들을 위한 전문적인 기관이었던 중국과학기술정보학회中国科学技术情报学会, China Society for Scientific and Technical Information, CSSTI가 1964년 오픈소스 과학기술 이용을 증진시키기 위해 "학술적 비영리 기관"으로서 출범하였다.[130] 중국의 모든 국가과학기술정보기관들은 법인 회원이었다. 중국과학기술정보학회CSSTI는 중국의 모든 지역과 주요 도시로 퍼져나갔으며, 기술과 다른 교육들을 대표하는 11개의 분과위원회가 있다.[131]

과학기술정보학회CSSTI 업무는 오픈소스 정보연구를 증진시키고 컨설팅과 "자국의 다양한 정보요구에 맞는" 서비스를 제공하는 것이다. 또한 과학기술정보네트워크의 중심부와 지역단위 기관 사이, 조직과 구성원들 사이의 연결을 강화시키며, 과학기술 정보에 있어 뛰어난 개인의 성과

---

129 OSINT (Open Source INTelligence).

130 edu.istic.ac.cn.

131 Ibid.

를 발표하는 것이다. 본질적으로 중국의 과학기술정보 종사자들을 위한 "집"을 구축하는 것이다.[132] 오픈소스 과학기술 스파이활동 지식[Tradecraft,] 은 매년 열리는 회의와 정기 간행물인 *정보학보*[*情报学报, Journal of the China Society for Scientific and Technical Information*]와 *중국정보지침*[*中国信息导报, China Information Review*]등을 통해 공유되었다.

조직적으로 과학기술정보학회[CSSTI]는 중국과학기술협회[中国科学技术协会, China Association for Science and Technology, CAST]에 소속된 조직으로서, 외국 과학기술 획득에 주요 역할을 하는 NGO 단체라고 자칭하고 있다[제5장을 참고하라]. 과학기술정보학회[CSSTI] 본부는 베이징의 중국과학기술정보연구소[ISTIC] 빌딩이 위치한 푸싱 도로[Fuxing Road] 15에 있다. 과학부[science ministry] 소속의 당원이 의장으로 선출되지만, 국가과학기술도서문헌센터[NSTL] 책임자에 의해 운영된다. 이사회 구성원은 중국과학기술정보연구소[ISTIC], 중국과학기술정보연구소[ISTIC]의 준 독립기관인 상하이 지부, 국가과학기술도서문헌센터[NSTL], 기계정보연구원[机械信息研究院, the Academy of Machine Information, AMI], 중국인민공화국 총장비부[总装备部, General Armament Department, GAD] 내의 전자정보부[电子信息部, Department of Electronic Information, DEI] 등의 대표들이다.[133]

또한 과학기술정보학회[SCCTI]는 11개 경쟁정보분회[竞争情报分会] 중 하나인 중국경쟁정보연구회[中国竞争情报研究会, Society of Competitive Intelligence of China, SCIC]를 관리하였다. 중국경쟁정보연구회[SCIC]는 "중국의 20,000명 이상의 정보 연구와 컨설팅 인사들" 중에서 400개의 법인과 800명 이상의 개인회원이 소속되어 있다.[134] 전 세계적인 "경쟁 정보[Competitive Intelligence]" 조직은 일반적으로 사업적인 경쟁에 주력한다. 중국에서 중국경쟁정보연구회가 강

---

132 www.cssti.org.cn (defunct as of November 21, 2009).

133 Ibid.

134 www.scic.org.cn.

조한 것은 과학기술 조직이다. 중국에서 중국경쟁정보연구회에 소속된 2개 과학기술 조직인 과학기술정보학회[CSSTI]와 중국과학기술협회[CAST]가 강조하는 것은 과학기술 정보이다.

1995년 설립된 후 중국경쟁정보연구회[SCIC] 이론들과 경쟁적인 정보의 실행에 대해 연구하고, 기술을 실용화하였으며, 컨설팅서비스를 제공하였다. 또한 중국경쟁정보연구회는 기업들이 경쟁력을 갖추고, 다른 전문가들에게 협조하고 정보를 교환하도록 지원하였다.[135] 중국경쟁정보연구회는 매년 회의와 연수를 개최하였으며, 자체적인 저널 발간과 ***경쟁정보***[竞争情报, *Competitive Intelligence*]를 소유하고 있다. 중국 내부의 교류를 넘어서, 중국경쟁정보연구회는 미국경쟁정보전문가단[America's Society of Competitive Intelligence Professionals]과 함께 협력과 교류를 통해 장기간의 파트너 관계를 설립해왔다.[136]

이제 우리는 이번 장에서 언급된 단어들의 어원 연구와 함께 중국 오픈소스 "information/intelligence[정보, gingbao, 情报]"에 대해 결론지으려 한다. 이 단어들은 번역가에게뿐만 아니라 번역에서 다른 함축적인 의미를 깨달은 중국인에게 문제가 있게 느껴진다. "information"은 중의적이거나 긍정적인 연상이 되는 반면, "intelligence"는 "부정적인 비밀과 의문에 가득 찬 이미지"로 느껴진다. 우리는 한 단어의 사용이나 번역에서 다른 용어를 사용함으로써 독자들의 인식에 충격을 주지 않게 할 것이며, 이는 어디에나 가능한 중국의 영어 사용법, 특히 명명법[nomenclature]에 의존할 것이다.

정보[*gingbao*, 情报]의 문제점은 이것이다. 중국의 용어가 다양한 영어 단어를 포함할 뿐만 아니라 중국어 그 자체의 사용도 일정하지가 않

135 Ibid.

136 Ibid.

다. 이것은 단지 다의성의 문제가 아니다. 예를 들면, 영어에서 정보 "intelligence"는 중국어를 위해 구별된 의미로 사용하는데 문제되지 않는다. ***정보*** gingbao, 情报의 ***개념***은 "intelligence"와 " information"을 모두 포함하는 광의의 개념이다. 만약 당신이 미묘한 감정적 차이가 아닌 기본적인 개념에 관심이 있다면 intelligence와 information에 큰 차이는 없으며, 특인 비전문가에게는 차이가 없다.

결과적으로 ***정보*** 情报 단어의 사용은 중국 정보기관에서 수십년 동안 변화되어 왔다. 베이징과학기술대학Beijing Science and Technology University의 교수 청지시Cheng Jixi에 따르면, 지금까지 언급한 기관들과 같이 1950년대 중반 중국은 "외국 과학기술 자료를 수집, 번역, 연구하는 시스템"을 구축하였다.

시스템의 명칭이 필요하여 중국은 러시아 단어 "information"과 중국어 "***情报***"를 번역하였다. 情报qingbao, 정보는 중국에서 스파이를 포함한 비밀스러운 수집에서부터 특정 사례에 대한 누군가의 특정한 지식을 살펴본 복잡하지 않은 오픈소스에 이르기까지 모든 분야를 묘사한 단어이다.[137] 그러나 1970년까지 중국은 information이라는 영어 단어를 "***信息*** *xinxi,* 정보"라고 번역하여 사용하였다. 그래서 "information"은 결국 중국에서 교환 가능한 두 단어로 사용되었다.

몇몇의 중국 오픈소스 종사자들은 ***情报*** *qingbao,* 정보를 "가공되거나 만들어진 정보"라는 의미인 ***信息*** *xinxi,* 정보의 부분집합으로 보고, ***情报*** *qingbao,* 정보가 "intelligence"를 위해 독자적으로 사용되어야 된다고 믿는다.[138] 휘

---

137 Cheng Jixi(成冀西청지시), "关于情报改信息的再思考정보[情报]를 정보[信息]로 바꾸는 것에 대한 재고" ("Rethinking the Change of 'Qingbao' to 'Xinxi'") in 大学图书情报学刊대학도서정보학간 (*Journal of Academic Library and Information Science*), 1998. 2.

138 Ibid.

[Huo]와 왕[Wang]은 이러한 구분을 받아들였고, 결국 규범이 되었다. 흥미롭게도 어떻게 서양 서비스가 오늘날 이 두 용어를 위협하는지도 매우 유사하다. 훠[Huo]와 왕[Wang]의 말에 따르면:

> information이 intelligence를 위한 주요한 출처이고 기본적인 방향을 제시함에도 불구하고 intelligence가 절대 information이 아니라고 생각하는 많은 사람들이 있다. 일반적으로 information에서 intelligence를 추출하기 위해서는 촉매작용과 가공과정을 거쳐야 한다.[139]

더욱 정확히 말하면:

> information은 지식을 자료의 형태 또는 상징으로 표현하는 것이다. intelligence는 information에서 추출된 것으로 특정한 문제를 해결하기 위해 필요한 지식이다.[140]

이처럼, "***information***[xinxi, 信息]"은 오픈소스 수집을 목표로 하고 "***intelligence***[qingbao, 情报]"는 ***information***의 결과물이다:

> 광범위한 현대 과학기술 정보[intelligence] 기구의 수집 업무에서 우선 과제는 정보 출처로서 제공하는 정보[information]를 수집하는 것, 그리고 정보[intelligence] 분석과 통합 업무를 위해 가공되지 않은 지식을 제공하는 것이다.[141]

---

139 Huo and Wang, *Sources and Methods of Obtaining National Defense Science and Technology Intelligence*, p. 10.

140 Ibid.

141 Ibid., p. 12.

최근 중국과학기술정보연구소[中国科学技术情报研究所, Institute of Scientific and Technical Information of China, ISTIC]의 천지우껑[Chen Jiugeng]은 훠[Huo]와 왕[Wang]의 구분에 동의했지만 중요한 차이를 덧붙였다:

> "***intelligence***[qingbao, 情报]"는 "***information***[xinxi, 信息]"의 특별한 등급으로 국가의 안보, 사회 안전성, 기업경쟁과 관련 있는 비밀 유지에 사용된다. "***intelligence***[qingbao, 情报]"는 "원본의[源]" 및 "가공의[加工]" "information[xinxi, 信息]"을 모두를 포함한다. 또한 가공된 information은 누군가의 목표와 의도된 사용에 따른 "intelligence"가 반드시 될 필요는 없다.[142]

그것은 누가 무엇을 위해 사용하는가에 따라 "information"이 "intelligence"가 된다. 또 다른 정보[information/intelligence] 단어 선택을 결정짓는 요소는 1992년 국가과학기술위원회[State Science and Technology Commission, SSTC]의 결정으로 인한 심리적 영향이다. 조직들의 본질은 같은데도 불구하고, 중국과학기술정보연구소[Institute of Scientific and Technical Information of China, ISTIC]와 다른 과학기술 기관들의 이름을 "intelligence[qingbao, 情报]"에서 "information[xinxi, 信息]"으로 바꿨다. 천[Chen]에 의하면:

> 특히, 대만, 홍콩, 해외 중국인들 등 일반 대중이 갖고 있는 민감성과 의심을 제거하는 것이다. 공개적으로 공유되고 사용되었던 과학기술 정보[information]의 오랜 관행에서 발생하는 민감성과 의심을 제거하면, "과학기술 정보[intelligence]"는 지식 확대, 기술 교체, 외국 협력 등이 신속하게 처리되도록 도와줄 것이다.

---

142 Chen Jiugeng(陈久庚천지우껑), "关于情报和信息정보[情报]와 정보[信息]에 관하여" in 情报杂志정보잡지 (*Journal of Intelligence*) 19.1, January 2000.

이 미묘한 차이는 중요하다. 중국의 외국 지지자들은 단순히 "정보 information"를 중화인민공화국과 공유하거나 또는 국가의 "정보intelligence" 노력을 지지하는가는 중요한 사안이다. 비슷하게, 중국에 연구 실험실이 있는 외국 회사들이 "협력"을 하거나 입장에 따라 자신들의 나라에 이익이 되기 위해 "넘겨줄" 것인가에 관한 문제도 그렇다. 다음 장에서는 중국에서 외국 최첨단 투자에 관한 주제와 거래 파트너에 미치는 영향에 대해 알아볼 것이다.

03

기술무역

이번 장에서는 중국에서 외국의 연구개발R&D 현상을 분석하고, 이 현상이 중국의 외국 기술이전에 미치는 영향을 가늠해 볼 것이다. 이에 대한 주요 논쟁은 다음과 같다:

1. 중국 경제는 해외 기술을 조립하는 수출가공 경제에서 자체적으로 혁신을 창출하는 세계화된 경제로 근본적으로 변화하고 있다.
2. 지난 10년간 중국 내 외국의 연구개발 실험실(연구소) 수가 급증하고 있다.
3. 중국 내 외국 연구개발 실험실의 증가에는 다음과 같은 이유들이 있다. (1) 연구개발 실험실의 설립을 장려하는 정부의 법과 규정, (2) 중국처럼 상대적으로 저렴한 인력을 포함한 세계 도처의 재원과 전문지식을 이용하고 혁신 주기를 세계화하려는 다국적 기업의 열망, (3) 상품을 중국의 특색에 맞추어 중국시장에 침투하려는 다국적 기업.
4. 외국의 기술, 노하우, 전문지식을 이전할 수 있기 때문에 중국 내 외국 연구개발 실험실의 존재는 자국의 국가보안 문제를 야기할 수 있다.

수출가공 구역에서 세계적인 경제로의 근본적인 변화

1978년에 시작된 개혁 이후 중국 경제 성장은 역사상 가장 빠르고 거대한 국부國富 축적 사례 중 하나라고 할 수 있다. 하지만 개혁이 40년째에 접어든 지금 베이징은 수출 지향적이었던 중국 경제를 소비 기반으로 한 성장이 가능하도록 근본적인 변화를 시도하고 있다. 이는 중국 소비자 기반의 풍족함이 무르익었음을 보여주며 무게중심을 해외의 다국적 기업으로부터 중국 기업으로 옮기고자 하는 갈망을 반영한다. 아우어스발트Auerswald와 브랜스콤Branscomb은 이러한 갈망의 원인을 다음과 같이 명확히 설명하고 있다:

> 발명부터 혁신, 경제적 붕괴를 거쳐 성장에 이르기까지 모든 과정에서 성공을 겪지 못한다면, 연구에서는 세계적으로 선두에 설 수 있을지 몰라도 최후의 경제적 수익은 다른 이들에게 돌아갈 것이다.[1]

이러한 변화를 이뤄내기 위한 핵심 요건은 기초와 응용 연구개발 등 모든 영역에서 혁신의 기반을 만들어 내는 것이다. 1999년부터 2011년까지 지난 10년간 베이징 정부는 연구개발에 대한 예산을 국내총생산GDP의 0.6%에서 1.6%로 급격하게 늘렸다.[2] 중국 정부가 2015년까지 공개적으로 정한 목표인 국내총생산의 2%에 도달하기 힘들 것임에도 불구하고 중

---

1 Philip E. Auerswald and Lewis Branscomb, "Research and Innovation in a Networked World," *Technology in Society* 30, 2008, pp. 339-347, p. 339.

2 Battelle, *2012 Funding Forecast*, December 2011, www.battelle.org/aboutus/rd/2012.pdf. Sylvia Schwaag Serger, "Research and Innovation as a Forward-Looking Policy Response to the Crisis? The Case of Asia," Presentation, June 26, 2009. Evan Thorpe, "Bringing R&D to China," *China Business Review* 35, no. 2, March to April 2008.

국은 미래 목표를 2020년까지 국내 총생산의 2.5%로 수정하였다.[3]

겉으로 보이는 지출뿐만 아니라 중국은 연구개발 비용의 분배 방식과 국가의 연구개발 조직의 구조 또한 크게 변화시켰다. 리우Liu와 룬딘Lundin의 다음 글에도 나타났듯이,

> 현재 전체 연구개발의 약 2/3가 기업들에 의해 실행되고 있는데, 이는 30%보다도 적었던 1990년대 초의 수치와 비교된다. 이는 지난 20년간 연구소가 지배하던 혁신 체제에서 기업 중심으로 하는 혁신 체제로의 인상적인 구조적 전환이 있었음을 보여준다. 이러한 변화는 연구소의 개편, 고등교육 분야의 확장, 기업 혁신력의 강화로 인한 것이다. 시장 기능이 응용연구를 장려하고 사업 부문에서 연구개발 결과물이 빠르게 상업화될 수 있도록 자극하면서도, 장기적인 정부의 지원을 통해 연구소 및 고등교육 부문에서 기초적 전략적 연구개발 능력을 구축하도록 하는 혁신 체제를 설립하고자 했던 갈망이 이러한 체계적인 변화의 밑바탕이 되었다.[4]

또한 중국은 연구개발 조직들의 인력을 보강하기 위해 많은 수의 연구원을 양성하고 있으며, 지난 10년간 중국 연구원 수는 일본을 앞섰으며, 세계에서 미국 다음으로 많은 2위를 차지하였다.[5]

그러나 베이징 정부는 시대에 뒤떨어진 자신들의 노력이 세계 경제에

---

3 Thorpe, "Bringing R&D to China."

4 Xielin Liu and Nannan Lundin, "The National Innovation System of China in Transition: From Plan-Based to Market-Driven System," In *The New Asian Innovation Dynamics*, ed. Govindan Parayil and Anthony P. D'Costa, New York: Palgrave Macmillan, 2009. Sylvia Schwaag Serger, "Research and Innovation as a Forward-Looking Policy Response to the crisis? The Case of Asia," Presentation, June 26, 2009.

5 Organisation for Economic Co-operation and Development, *OECD Reviews of Innovation Policy: China*, p. 23.

자주적으로 경쟁하기 위해 요구되는 수준의 혁신을 만들기에는 충분하지 않다고 결론 내렸다. 첫째로, 연구개발에 대한 지출 수준이 여전히 미국과 일본보다 훨씬 낮다. 미국과 일본의 연구개발 비용은 2011년 각각 국내총생산의 2.8%, 3.5%를 차지하였다.[6] 기초연구에 대한 투자가 2006년 전체 연구 지출의 6%[7]에서 2009년 4.7%[8]로 떨어졌는데, 이는 2009년 미국의 19%[9], 2008년 일본의 13.7%[10]와 비교된다. 중국의 연구개발에 대한 전체 지출 비용을 살펴보면 기초연구에 270억 위안3억9800만 달러, 응용연구에 730억 위안107억 달러, 실험연구에 4억 위안706억 달러을 투자하였다.[11] 하지만 문제는 단순히 돈이 아니라 국가 혁신 체제의 심각한 구조적 장애이다. 서저Serger와 비트만Widman은 적어도 7개의 중대한 문제점이 있다고 한다. (1) 기초연구에 대한 적은 투자, (2) 첨단기술 부문에 대한 적은 투자, (3) 서비스 부문이 충분히 개발되지 않음, (4) 지적재산권에 대한 보호가 충분치 않음, (5) 혁신을 금전적으로 지원하기 위한 금융 및 자본 부문이 충분히 개발되지 않음, (6) 고등교육의 심각한 부패, (7) 소프트 사이언스 hard and soft sciences, 인간과 사회 현상을 포함한 폭넓은 대상을 연구하여 현대 사회의 복잡한 문제를 해결하려는 종합적 과학 기술, 옮긴이에 비해 자연과학에 과도하게 초점을 맞춤, 그리고 자연과학과 소프트 사이언스 사이의 교류가 부족함[12] 등이다. 하지만 가

---

6 Battelle, *2012 Global Funding Forecast*.

7 2006 numbers from OECD, OECD *Reviews of Innovation Policy: China*.

8 2009 numbers found in Hao Xin, "China Hopes to Boost Basic Research as Overall R&D Spending Soars," *Science Insider*, November 24, 2010, http://news.sciencemag.org/scienceinsider/2010/11/china-hopes-to-boost-basic-research.html.

9 www.nsf.gov/statistics/seind12/c4/c4h.htm.

10 www.nsftokyo.org/rm10-02.pdf.

11 NSF China Office, "S&T Highlights: December 2010, January 2011," www.nsfbeijing.cn/download/China_S&T_Highlight_Dec2010_Jan2011.pdf.

12 Sylvia Schwaag Serger and Eric Widman, *Competition from China: Opportunities and Challenges for Sweden*, Stockholm: Swedish Institute for Growth Policy Studies, 2005.

장 큰 문제점은 아마도 중국 국가경제가 여전히 외국의 기술, 전문지식, 노하우에 과도하게 의존하고 있다는 사실이다. 실제로 케이트 월쉬Kate Walsh에 따르면, 중국 과학기술 개혁의 밑바탕이 되는 주제는 "중국이 계속해서 외국의 기술과 연구개발 투자를 필요로 하지만 이러한 투입input을 잘 활용해야 하는데, 그렇지 못할 경우 성과를 만들어낼 수 있는 자체적 혁신력을 가지고도 외국에게 착취당하게 된다는 것이다."[13] 결과적으로 2009년 중국 첨단기술 수출의 83%는 외국 회사의 제품이었다.[14]

중국이 역사적으로 외국에 대한 의존에 반감을 갖고 있음에도 불구하고, 주로 다국적 기업의 역할로 인해 연구개발이 갈수록 세계화되고 있는 환경 속에서 중국의 혁신 전략이 시행되고 있음을 알아야 한다.[15] UN 보고서에 의하면,

> 외국의 연구개발 활동이 증가한 것은 세계 경제 판도에 근본적인 변화가 생기고 있음을 보여준다. 이러한 판도의 변화에서 지식의 창출과 이용, 심지어 이동성까지 모두 점차 세계화되고 있다. 또한 개발도상국은 기업의 연구개발 활동과 고도로 숙련된 노동자와 같은 지식자원을 얻기 위해 적극적으로 경쟁하고 있다.[16]

---

13 Kathleen Walsh, "China R&D: A High-Tech Field of Dreams," in Yifei Sun, Maximilian von Zedtwitz, and Denis Fred Simon, eds, *Global R&D in China*, London: Routledge, 2009, pp. 14-15.

14 http://r-center.grips.ac.jp/gallery/docs/11-05.pdf.

15 Rajneesh Narula and Antonello Zanfe, "Globalizaion of Innovation: The Role of Multinational Enterprises," in Jan Fagerberg, David C. Mowery, and Richard R, Nelson, eds, *The Oxford Handbook of Innovation*, New York: Oxford University Press, 2005.

16 United Nations Conference on Trade and Development, World Investment Report, 2005: *Transnational Corporations and the Internationalization of R&D, 2005*, www.unctad.org/Templates/webflyer.asp?docid=6087&intItemID=1397&lang=1&mode=downloads.

예컨대 2004년 이후, 미국 기반의 다국적 기업들이 고용한 연구개발 종사자 성장의 약 75%는 외국에서 일어났다.[17] 중국 상무부Chinese Ministry of Commerce에 따르면, 중국에서 외국 기업들은 연구개발에 대한 총 지출 중 중대 규모의 제조업에 대한 지분을 2002년 19.7%에서 2008년 27.2%로 늘렸으며, 전체 발명특허의 29%를 보유하였다.[18] 외국 기업들의 중국 연구개발 분야에서의 상대적인 우세에도 불구하고, 다국적 기업들이 많은 양의 기술을 제공하지 않고 있다는 강력한 증거가 존재한다. 비트만Widman과 서저Serger는 자료를 통해 "국내 기업이 외국인직접투자기업보다 2배 높은 연구개발 집약도를 보여주는데, 이는 외국인직접투자기업이 매우 신중하게 연구개발 업무를 수행하고 있으며 많은 연구개발 활동이 여전히 중국보다는 외국에서 수행되고 있음을 보여준다"와 같은 결론을 내렸다.[19] 또한 "국내 기업들이 연구개발 투입을 신속하게 강화하고 있기는 하지만, 중국 내 외국인직접투자기업들은 여전히 여러 질적인 측면에서 중국 기업들을 능가하고 있다. 일반적으로 경제적 실적이라는 측면, 특히 연구개발 결과물output이라는 측면에서 보아도 그러하다."

물론 개혁 초기 중국의 관심사는 가능한 많은 외국의 기술과 노하우를 중국으로 끌어오는 것이었다. 베이징의 입장에서 연구개발을 지향하는 외국인 직접투자를 추구하는 데에는 적어도 4가지의 이유가 있다. (1) 지

---

17 James R. Hagerty, "US Loses High-Tech Jobs as R&D Shifts Towards Asia," *The Wall Street Journal*, January 18, http://online.wsj.com/article/SB10001424052970204468004577167003809336394.html?mod=googlenews_wsj, citing a report by the National Science Board, a policymaking arm of the National Science Foundation.

18 Jianmin Jin, "Foreign Companies Accelerating R&D Activity in China," Fujitsu Research Institute, May 13, 2010, http://jp.fujitsu.com/group/fri/en/column/message/2010/2010-05-13.html.

19 Nannan Lundin and Sylvia Schwaag Serger, "Globalization of R&D and China: Empirical Observation and Policy Implications," IFN Working Paper No. 710, Stockholm: Research Institute of Industrial Economics, 2007, p. 6.

식의 창출, 축적, 보급에 대한 국내 참여도를 높이기 위해, (2) 국내 기술력을 증진시키기 위해, (3) 외국의 기술을 취득하기 위해, (4) 자국의 산업 발전에 도움을 주는 교육적 토대를 구축하고 외국 기업과 경쟁하는 자국 산업에 의한 혁신에 박차를 가하기 위해서 등이다. 경제협력개발기구[OECD]는 발전 단계를 다음과 같이 간결하게 설명한다:

> 첫 번째 단계로서 과학기술 산업단지, 대학 과학단지, 기술창업보육센터가 산업과 과학 간의 교류를 장려하기 위한 새로운 인프라로서 횃불 프로그램[Torch Program]이 시작되었으며, 공공연구조직들[Public Research Organizations, PROs]로부터 발생한 효과들이 격차를 줄이기 시작하였다. 두 번째 단계로서 2001년 세계무역기구[WTO]에 가입 등 1990년대부터 지속적인 국제적 개방, 지적재산권에 대한 보호 등 기업의 관리 방식과 혁신을 위한 주요한 구조적 환경에 대한 개선, 대학과 공공연구부문에 대한 추가적인 개편과 같은 요소들의 종합적인 효과로 인해 초기 체제의 성숙이 가속화되었다. 세 번째 단계로서 21세기로 넘어오면서 특별구역에 대한 실험적인 국가 정책, 지방 당국이 지원하는 아래로부터의 계획, 위로부터의 체계적인 개혁과 같은 요소들의 조합으로 구축 단계에 있는 국가혁신시스템[NIS]으로 생각될 만한 시스템이 중국 경제에 탄생하게 된다.[20]

연구개발 분야에서의 외국의 우세가 중국 경제 발전의 초기 단계에서는 도움이 되었을지 몰라도, 현재 정부의 계획과 공식성명을 보면 베이징은 더 이상 이러한 상황에 만족하지 않고 있음을 알 수 있다. 중국의 혁신에 대한 경제협력개발기구[OECD] 2006년 연구는 베이징의 비용-편익에 대한 상황을 잘 나타낸다:

---

20 OECD, *OECD Reviews of Innovation Policy: China*.

외국인직접투자FDI 프로젝트와 외국인투자기업의 활동은 중국이 선진 기술, 경영관리 관행, 다양한 종류의 기술에 더욱 잘 접근할 수 있도록 도움을 주었다. 즉, 외국인 투자기업은 중국이 기술을 수입할 수 있도록 해주는 주요 통로로서의 역할을 한 것이다. 동시에 외국인 투자기업은 분업화된 제조 업무를 중국에서 수행했지만 기술적 혁신과 상품 디자인은 중국 내부에서 거의 하지 않았다. 핵심 기술은 대부분 합작투자에 참여한 외국 기업이나 외국 기업의 본사에 의해 통제받는다. 일반적으로 외국인 투자기업은 국내 기업보다 연구개발 집약도가 낮다. 이런 상황이 중국에만 한정되는 것은 아니다. 결국 이러한 사실들은 중국으로의 기술이전과 기술이전으로 중국 경제가 얻는 이득이 결국 중국의 기대에 미치지 못했음을 보여준다. 현재의 전문화 방식, 중국 기업들의 부족한 흡수능력, 충분히 보호되지 못하는 지적재산권과 같은 구조적 결점들이 중국경제가 기술이전으로부터 얻을 수 있는 파생 효과를 제한하였을지도 모른다.[21]

결과적으로 중국 정부는 지난 10년 동안 특히 "자주적인 혁신"에 초점을 맞춘,[22] "과학, 기술, 혁신을 통해 국가 활성화 전략"에 착수하였다.[23] 1995년 이후에 나온 일련의 주요 정책 문헌들은 자체적 혁신을 위한 토대의 구축을 추구하였다.[24]

그러면서도 정부는 외국의 "지식 자원"에 대한 추구도 소홀히 하지 않았다. 정부는 중국 학생들이 외국에 나가 교육을 받고 여러 가지 경험을 쌓을 수 있도록 하고, 다시 중국으로 이끌어 들이는 장려책을 실시하였으

21 Ibid.

22 "China Vows to Become Nation of Innovation," *People's Daily Online*, November 25, 2005.

23 Serger, "Research and Innovation."

24 Strategy for National Reinvigorating through S&T and Education (1995), Strategy for Sustainable Development (1996), Strategy for National Reinvigorating through Talents (2002). Serger, "Reseach and Innovation."

며,[25] 중국 기업이 합병과 인수에 참여하여 해외 연구개발과 설계 실험실을 통해 지식에 접근하도록 장려하였다.[26] 특히 지금까지 중국은 정보기술IT, 전자공학, 재료공학, 나노기술, 생명과학의 국제적인 중심지들을 파악해왔다.[27] 이러한 종류의 첨단기술산업 연구개발 지출은 2003년 222억 위안에서 2008년 655억 위안으로, 5년 만에 3배 상승하여 24.1%라는 연평균 성장률을 보여주었다. 전자공학과 전기통신은 2008년 전체 첨단기술 연구 지출의 61.5%를 차지하였다.[28] 이러한 전략에 의한 초기의 성과는 상호검토형 국제과학저널peer-reviewed international science journals에서 중국인 저자 연구가 1994년 13위에서 1998년 2위로 올라선 데에서 찾아볼 수 있다. 심지어 2013년에는 미국을 앞지를 태세를 취했다.[29] 또한 특허출원은 2010년에서 2011년까지 33.4% 상승이라는 눈에 띄는 변화가 나타났다.[30] 중국 국내 발명특허는 342,466개로 전체 특허의 50.1%를, 외국인 소유의 발명특허는 341,697개로 전체 특허의 49.9%를 차지하게 되어, 2011년 처음으로 국내 발명특허의 수가 외국인 소유의 발명특허 수를 추월하게 된다.[31] 이러한 인상적인 수치적 변화에도 불구하고, 중국 첨단기술산업의 연구개발 집약도는 선진국보다 한참 뒤떨어진다. 2008년 첨단기술산업의 전체 산업생산액에 대한 연구비 지출 비율은 고작 1.15%

---

25 Serger, "Research and Innovation."

26 OECD, *OECD Reviews of Innovation Policy: China*.

27 Serger and Widman, *Competition from China*.

28 United Nations Education, Scientific, and Cultural Organization, *UNESCO Science Report 2010: The Current Status of Science Around the World*, http://unesdoc.unesco.org/images/0018/001899/189958e.pdf.

29 http://royalsociety.org/uploadedFiles/Royal_Society_Content/Policy/publications/2011/4294976134.pdf.

30 www.thefiscaltimes.com/Articles/2012/03/05/China-Leads-Global-Patent-Growth.aspx#page1.

31 http://ip.people.com.cn/GB/152255/16803234.html.

였다. 2008년 경제협력개발기구OECD 구조적 분석통계on Structural Analysis Statistics, STAN와 ANBERDAnalytical Business Enterprise Research and Development 2009에 따르면, 2006년 미국 16.41%, 영국 11.04%, 일본 10.64%, 독일 8.34%, 한국 5.98% 등 여러 국가의 비율들보다 훨씬 낮게 나타났다.

보다 최근에, 중국 정부는 "자주적 혁신"을 위한 전략적 정책 지원에 착수하였다. 2006년 이후, 제임스 맥그리거James McGregor와 다른 이들은 "중국 정책과 계획은 외국 기술을 도용하고, 살짝 수정해서 세계 시장에 나올 만한 자주적 혁신을 창출하기 위해 중국의 시장력을 이용하는 동시에 보조금과 특혜 정책을 통해 '국가를 대표할 만한' 강대한 기업들을 만들어내는 것을 목표로 하고 있음"을 강조해왔다.[32] 2006년에 발표한 *2006-2020 국가 중장기 과학기술 발전계획Mid-to Long Range S&T Plan, MLP*과 여타 정책 문헌들을 이번 장의 후반부에서 자세히 살펴볼 것인데, 이러한 중국 정부 문헌들은 외국 연구개발 실험실의 유입을 장려함으로써 발생하는 잠재적인 가치를 명백히 강조하고 있다. 특히나 이를 자주적 혁신을 촉진하기 위한 기술이전의 발판으로 보고 있다. 앞으로 우리는 이러한 연구개발 실험실의 증가를 추적하고, 중국이 연구개발 실험실의 설립을 장려하기 위해 사용하는 제도적 · 정책적 수단을 분석할 것이며, 중국으로 외국 연구개발 실험실이 진출함으로써 초래될 수 있는 국가 보안에 대한 잠재적인 영향을 평가해 볼 것이다.

---

32 James McGregor, "Time to Rethink US-China Trade Relations," *Washington Post*, May 19, 2010. See also James McGregor, "China's Drive for 'Indigenous Innovation': A Web of Industrial Policies," Washington, DC: US Chamber of Commerce, July 2010, www.uschamber.com/sites/default/files/reports/100728chinareport_0.pdf.

외국 연구개발 실험실의 증가

중국의 경제 개혁에 있어서 최근의 가장 놀라운 현상 중 하나는 외국의 연구개발 실험실이 급증했다는 것이다. 1980년대와 1990년대 외국 기업들은 생산과 무역에만 매진하였다. 이에 비해 연구개발은 소홀히 진행되었는데, 상품 개발과 지역 시장에 적용하기 위한 연구개발만이 이뤄졌다.[33] 하지만 1990년대 후반 이후 중국이 세계적인 작업장이 되면서 중국 내 다국적 기업의 연구개발 실험실 수가 급격하게 증가하였다.[34] 비록 현재까지도 대부분의 실험실들이 순수한 연구개발보다는 기술의 응용에 집중하고 있지만 말이다.[35] 2000년 중국에 오직 30개의 연구개발 실험실이 있던 것으로 추정되었지만,[36] 정부의 공식적인 통계에 따르면 연구개발 실험실 수는 2004년 6월까지 600개로 증가하였고,[37] 2006년에는 750개,[38] 2007년에는 1,160개, 2010년 3월에는 1,200개로 증가하였다.[39] 2009

---

33 Lundin and Serger, "Globalization of R&D and China."

34 Quan Xiaohong, "MNCs Rush to Set Up R&D Labs in China: What is the Nature?" National University of Singapore, East Asia Insitute. EAI Background Brief, No. 332, 2007.

35 "Multinationals Speed Up R&D Center Establishment in China," *Xinhua*, February 12, 2006.

36 Quan, "MNCs Rush to Set Up R&D Labs in China."

37 Ibid.

38 Ibid.

39 "China Home to 1,200 Forign R&D Centers," *People's Daily*, March 16, 2010. 이보다 더 예전의 수치들을 보려면 다음을 참조하라. Evan Thorpe, "Bringing R&D to China," *China Business Review*, March to April 2008. 이러한 수치들이 왜곡될 수 있는 이유에는 다음과 같은 것들이 있다. (1) 연구개발은 전략적이고 민감한 사항이기 때문에, 이러한 것들이 항상 공개되지는 않는다. (2) 외국에 의해 시행되는 몇몇의 연구개발은 문헌상에만 존재할 뿐 실존하지 않는다. (3) 요구사항을 충족하기 위해, 연구개발이 아닌 몇몇의 활동들이 연구개발로 잘못 분류된다. (4) 외국의 연구소가 공식적인 과학기술 통계 자료에서 누락되는 경우가 있다. 다음을 참조하라. Oliver Gassman and Zheng Han, "Motivations

년이 끝나갈 즈음에 이러한 실험실들 중 465개의 연구개발센터가 상무부Ministry of Commerce의 승인을 받아 독립적인 법적실체legal entities가 되었다. 이러한 연구개발센터들은 128억 달러에 달하는 출자총액으로 74억 달러의 자산을 등록하였다.[40]

포춘지Fortune가 선정한 100대 기업부터 더 작은 규모의 기업들에 이르기까지 중국에 들어온 다양한 다국적 기업들은 잘 알려진 연구개발 실험실을 중국에 진출시켰다. 중국에 연구개발센터를 둔 유명한 다국적 기업들에는 Microsoft, IBM, Motorola, Siemens, Nortel, General Electric, General Motors, Volkswagen, Honda 등이 있다.[41] 이러한 연구개발센터들이 수행하는 연구개발은 중국 경제의 다양한 분야에 고루 퍼져있지 않고, 특정 분야에 집중되어 있다:

> 다국적 기업에 의해 설립된 연구개발 조직들은 정보통신기술ICT 관련 산업에 과도하게 집중하고 있다. 소프트웨어, 전기통신, 반도체, 그 외의 정보기술 관련 제품이 여기에 포함된다. 하지만 자동차 산업뿐만 아니라 장비와 부품, 생명공학, 의약품 분야 또한 외국 기업들의 연구개발에 대한 투자가 상당히 많이 이루어지고 있다.[42]

이처럼 외국 연구개발센터가 집중적으로 연구개발을 수행하는 분야에는 전자 및 전기통신 장비 제조, 운송 장비 제조, 의약품 생산, 화학공업

---

and Barriers of Foreign R&D Activities in China," *R&D Management* 34, no. 4 September 2004, pp. 423-437. Quan Xiaohong, "MNC R&D Labs in China," Stanford Projects on Regions of Innovation and Entrepreneurship, Presentation, November 29, 2005. Lundin and Serger, "Globalization of R&D and China," p. 6.

40 "China Home to 1,200 Foreign R&D Centers," *People's Daily*.

41 "Multinationals Speed Up R&D Center Establishment in China," *Xinhua*.

42 OECD, *OECD Reviews of Innovation Policy: China*, p. 32.

과 같은 것들이 있다.[43]

이러한 연구개발센터들이 소수의 도시들에 밀집되어 있다는 것은 결코 놀라운 사실이 아니다. 베이징, 상하이, 광둥, 선전, 톈진 등이 포함된다.[44] ABB, Agilent Technologies, Alcatel-Lucent, DoCoMo, Ericsson, France Telecom, Fujitsu, Google, Hewlett Packard, IBM, Infineon, Intel, Matsushita/Panasonic, Microsoft, Motorola, NEC, Nokia, Nortel, Novo Nordisk, Novozymes, P&G, Ricoh, Samsung, Siemens, Sony Ericsson 등과 같은 기업들 부설 연구개발 실험실이 베이징에 위치하고 있다. 또한 Alcated Lucent, AMD, Astra Zeneca, Ciba Spec. Chemicals, Cisco Systems, Coca Cola, Dell, Dupont, Electrolux, Eli Lily, Ericsson, General Electric, General Motors, GSK, Hewlett Packard, Honey well, Intel, Microsoft, Motorola, Omron, Philips, Ricoh, Roche, Rohm and Haas, Samsung, Siemens, Sony, Toray, Unilever과 같은 기업들 부설 연구개발 실험실이 상하이에 위치하고 있다.[45]

왜 베이징, 상하이 등 이런 도시들이 선택되었을까? 먼저, 도시에 거주하는 많은 외국인 인구와 도시에 위치한 많은 외국 기업들을 고려하면, 이 도시들은 외국인들에게 편안한 장소라는 점을 생각해 볼 수 있다. 실제로, 몇몇 분석가들은 연구개발센터들이 이 도시들에 과도하게 밀집되어 있어 2등급이나 3등급 규모의 도시들에서의 혁신 창출을 억제한다고 주장하며 비판의 목소리를 높여 왔다. 사용 가능한 중국인 노동 인구라는 측면에서 보면, 이러한 도시들은 비슷한 인구통계학적 특성과 사회경제

---

43 "Multinationals Speed Up R&D Center Establishment in China."

44 "China Home to 1,200 Foreign R&D Centers," *People's Daily*, March 16, 2010. See also OECD, *OECD Reviews of Innovation Policy: China*, p. 32. "Multinationals Speed Up R&D Center Establishment in China."

45 Serger, "Research and Innovation."

적 특성을 가지고 있다. 예컨대, 다른 도시들에 비해 이 도시들은 상대적으로 부유하고, 교육 수준은 평균보다 높으며, 진보된 통신 인프라를 가지고 있고, 주요 대학들이 있다. 한마디로 혁신을 촉진하기 위한 최상의 환경이라는 것이다.

외국 기업이 중국에 연구개발 사업을 설립하는 방법에는 최소한 3가지 일반적인 방법이 있다. 첫 번째, 완전히 독립적인 연구개발 실험실을 세우는 것이다. 중국 경제 개혁의 초기에 외국인 단독소유기업Wholly Foreign-Owned Enterprise, WFOE은 선택사항이 될 수 없었으나, 2001년 12월 11일 베이징이 세계무역기구WTO에 가입하면서 이제는 가능하게 되었다.[46] 외국인 단독소유첨단기업을 설립하기 위해서는 적어도 10만 위안에서 50만 위안 사이의 초기 자본금이 필요하지만, 외국인 단독소유기업 자체가 중국의 동업자들에게 지적재산을 공개할 필요가 없기 때문에 지적재산과 핵심기술을 보호하기 위해서는 외국인 단독소유기업을 설립하는 것이 최선이라 할 수 있다. 두 번째, 합작투자 방식으로 이미 존재하는 중국 기업의 지사 내에 연구개발 부서를 만드는 것이다. 세 번째로 중국의 대학이나 연구기관과 협동하여 연구개발을 진행하는 방식이 있다.[47] 두 번째와 세 번째 방식에서는 소유권에 대한 지분, 이전된 기술과 장비의 세련도, 양측 기술 전문가의 참여, 대학원생의 역할, 기업이 중국의 통제 하에 다시 놓이기 전까지의 시간 합의, 기술 응용으로부터 파생되는 수익금의 분

---

46 Walsh, "China R&D: A High-Tech Field of Dream," p. 14. 중국의 세계무역기구 가입에 대해 자세히 알고 싶다면 다음을 참조하라. www.wto.int/english/thewho_e/countries_e/china_e.htm. 외국인 단독소유기업WFOE의 일반적인 정의는 다음에 나와 있다. http://en.wikipedia.org/wiki/Wholly_Foreign-Owned_Enterprise. 외국인 단독소유기업을 설립하는 방법에 대해 자세히 알고 싶다면 다음을 참조하라. www. pathtochina.com/reg_wfoe.htm.

47 Maximilian von Zedtwitz, "Managing Foreign R&D Labs in China," *R&D Management* 34, No. 4, 2004, pp. 439-452.

배와 같은 세부적인 사항들이 문제를 야기할 수 있다.

외국 연구개발 실험실이 급증한 이유

표면적으로 외국 기업들이 중국에서 연구개발을 하기 위해서는 분명히 많은 방해요소와 진입장벽이 있다. 2006년 경제협력개발기구OECD 연구에서 최소 8개의 장애요인이 작성되었는데, 사실은 이보다 더 많을 것이다. (1) 설비과잉 및 "불확실한" 소비자층특히 자동차 산업에서, (2) 자격을 갖추고 풍부한 경험을 가진 전문가의 부족특히 자동차 및 생물의학 산업에서, (3) 부실한 제도적 인프라예컨대, 중국에서는 지적재산권이 제대로 보호받지 못하는 것으로 유명함, (4) 중국 법률제도의 불확실한 객관성과 공정성, (5) 중국 기업 간의 극심한 경쟁, (6) 높은 직원 이직률특히 민간 부문에서 심함, (7) 단순히 "겉치레"를 위한 연구개발 시설들을 세우는 것이 더 이상 효과가 없다는 것에 대한 자각, (8) 몇몇 특혜정책의 폐지[48] 등이다. 추가적으로 적어도 3개의 진입장벽이 더 있다. 첫째로, 설비과잉자동차 산업 또는 경쟁통신 산업 때문에 규모의 경제economies of scale, 생산요소 투입량의 증대에 따른 생산비절약 또는 수익향상의 이익. 옮긴이를 성취하기에는 새로운 상품의 양이 부족한 경우가 많다. 둘째로, 특정 분야에서 자격을 갖추고 풍부한 경험을 가진 지역 전문가들이 부족하다. 셋째로, 기술 및 연구개발에 있어서 외국 기업과 중국 기업 사이에 격차가 존재하여 외국 기업이 단기적으로 "고급 시장"을 점령할 수 있는 기회이지만, 중국 기업과의 장기적인 전략적 동업은 여전히 제한되어 있다.

이렇게 많은 장애물이 존재하는데도 외국 기업이 중국에서 연구개발

---

48 OECD, *OECD Reviews of Innovation Policy: China*, p. 34.

을 수행하는 이유는 무엇일까?

여기에는 3가지 맞물리는 이유가 있다. (1) 연구소의 설립을 장려하는 정부의 법과 규정, (2) 중국의 인력처럼 상대적으로 저렴한 인력을 포함한 세계 도처의 재원과 전문지식을 이용하고 혁신 주기를 세계화하려는 다국적 기업의 열망, (3) 상품을 중국 지역 시장의 특색에 맞추어 중국 시장에 침투하려는 다국적 기업의 열망[49] 등이다.

첫 번째 이유(끌어당기기) : 연구개발 실험실 설립을 장려하는 정부의 법과 규정

30년 동안의 급격한 경제적 성장을 이룬 베이징은, 외국의 혁신을 가공하여 수출하는 것에서 자주적 혁신으로 중국 경제의 무게중심을 옮기도록 하는 장기적 산업 계획을 시행하고 있다. 부분적으로 이 계획은 중국의 현 경제 구조가 외국 기술에 대한 의존으로 제한되고 있다는 믿음에 의한 것이다. 류옌둥Liu Yandong 국무위원이 중국 내부의 청중들에게 말한 바에 의하면:

> 다수의 시장이 외국 기업의 통제 하에 있다. 대부분의 핵심기술은 수입에 의존하고 있으며, 기술을 통제하고 봉쇄 전략을 사용하는 선진국이 우리를 압박함에 따라 상황은 극도로 심각하다. 우리가 이 문제를 해결하지 못한다면 우리는 영원히 다른 이들의 통제를 받게 될 것이다.[50]

부분적으로 중국의 자주적 혁신 계획의 성공은 외국의 기업과 연구센

49 Ibid., p. 34; Lundin and Serger, "Globalization of R&D and China," p. 6.
50 이는 다음에 인용되어 있다. McGregor, "China's Drive for 'Indigenous Innovation'," p. 17.

터로부터 기술을 이전하는 것에 그 기반을 둔다. 이러한 기술이전이 가능한 것은 중국 시장에 접근하기 위한 기업들의 경쟁 덕분이다. 지금까지 중국 정부는 외국 기업이 중국에서 연구개발을 수행하는 것을 적극적으로 장려해왔다. 정부는 이를, 외국의 노하우를 수입하여 완벽하게 내재화함으로써 국내 기술을 개선시킬 하나의 방법으로 본다.[51] 이 계획은 2006년 60%였던 중국의 외국 기술에 대한 종합적인 의존 수치를 2015년까지 30%로 떨어뜨릴 것을 포함한다.

정부조직들

국가적인 수준에서 중국 정부는 수많은 조정기구inter-agency coordination groups, 부처, 산업정책위원회가 외국 과학기술의 발견, 수집, 이용에 대한 책임을 공유하도록 한다. 최근까지 원자바오Wen Jiabao 총리가 이끈 과학기술교육지도그룹인the Leading Group on Science, Technology and Education 최상층부를 살펴보면, 이는 당과 정부조직 모두에 걸쳐 있는 정치국politburo, 공산당 최고의 정책 결정 기관, 옮긴이 수준의 영구적인 조정기구coordination mechanism라 할 수 있다. 2003년 이 조직의 중간단계부터 국가 중장기 과학기술 발전계획을 위한 소규모 지도그룹领导小组, 중국 정치 체제에서 발견되는 특수한 기구로서 조직의 공직자들이 모여 사회문제의 해결을 주요 목적으로 한다, 옮긴이이 만들어졌고, 결국 이 조직에 의해 ***국가중장기과학기술발전계획*** *National Medium to Long–Term Science and Technology Development, MLP* ***개요***가 만들어졌다. 이 계획MLP에 대해서는 아래에서 자세히 설명하기로 한다. 국무원의 과학기술교육지도그룹은 최고 수준의 정

---

51 OECD, *OECD Reviews of Innovation Policy: China*, p. 34.

부 조정기구이며, 전략적인 사안을 다루기 위해 1년에 2번에서 4번 소집된다. 국가발전개혁위원회National Development and Reform Commission, NDRC[52], 중국과학원CAS, 중국공정원Chinese Academy of Engineering, CAE, 산업정보기술부Ministry of Industry and Information Technology, MIIT[53], 농업부Ministry of Agriculture, MOA와 같은 분야별 정부부처들, 국가자연과학기금위원회国家自然科学基金委员会, Natural Science Foundation of China, NSFC[54] 등 많은 장관급 기관들이 과학기술 정책과 혁신 정책을 설계하고 시행하는 데 직접적인 역할을 한다. 또 다른 많은 장관급 조직들, 특히 재정부Ministry of Finance, MOF, 국가개발은행China Development Bank 등 다양한 국영은행들, 중국수출입은행Export-Import Bank of China, 상무부Ministry of Commerce, MOC 등은 과학기술 혁신 정책 및 이행에 대한 자금 지원에 중요한 역할을 한다. 인사부Ministry of Personnel, MOP, 교육부Ministry of Education, MOE, 국가지적재산권국SIPO과 같은 조직들은 중국으로 귀환하는 과학자 끌어들이기와 같은 인적자본 관련 사안에서 중대한 역할을 한다.[55] 이러한 조직들에 속한 몇몇 핵심적인 부서들을 나열하자면 다음과 같다:

- ***과학기술부 신첨단기술개발산업화부*** *Ministry of Science and Technology's Department of High and New Technology Development and Industrialization*[56]: 관련 분야의 신첨단기술 개발과 산업화를 위한 계획과 정책을 만든다. 국가첨

---

52 국가발전개혁위원회NDRC는 거시적인 정책을 계획하는 실세조직이다. 다음을 참조하라. McGregor, "China's Drive for 'Indigenous Innovation'," p. 11.

53 산업정보기술부MIIT는 특히 전기통신, 소프트웨어, 인터넷, 전자공학과 같은 분야에 대하여 높은 수준의 산업 정책을 만들고 시행할 책임을 지닌다.

54 맥그리거McGregor는 국가자연과학기금위원회NSFC를 중국 체제 안에서 상호심사형 기초 및 응용 연구에 가장 집중하는 조직이라 묘사한다. 다음을 참조하라. McGregor, "China's Drive for 'Indigenous Innovation'," p. 11.

55 OECD, *OECD Reviews of Innovation Policy: China*, p. 49.

56 www.most.gov.cn/zzjg/jgsz/jgszgxjsfzycyhs/index.htm.

단기술연구개발프로그램, 국가핵심기술연구개발프로그램, 여타 과학기술 프로그램의 시행을 조직한다. 국가적 수준의 첨단산업개발구역 건설을 지도한다. 첨단기술의 산업화를 위한 기술서비스체제 구축을 촉진한다. 기술시장의 발전을 촉진하기 위한 정책을 고안한다. 이 부서에는 총무계획부, 에너지수송부, 정보우주부, 선진제조자동화부, 자재부, 산업개발부와 같은 부서들에 소속되어 있다.

- ***과학기술부 기초연구부*** *Ministry of Science and Technology's Department of Basic Research*[57]: 국가의 기초연구에 대한 계획과 정책을 만든다. 기초연구 프로젝트에 관한 국가프로그램과 핵심과학연구프로그램의 시행을 조직한다. 핵심과학연구프로젝트의 구축을 위한 계획을 설계한다. 국가연구소, 국가핵심연구소, 국가과학현장관측기반의 건설을 조직한다. 과학기술 연구를 위한 인프라를 활성화한다. 이 부서에는 총무기초연구부, 기초행정부, 주요프로젝트관리부와 같은 부서들이 소속되어 있다.
- ***과학기술부 개발계획부*** *Ministry of Science and Technology's Department of Development Planning*[58]: 과학기술 개발에 대한 청사진과 연간 계획의 설계를 조직한다. 국가적 과학기술 프로그램에 대한 자금 배정에 관한 의견을 제시한다. 이러한 프로그램의 시행을 조직화한다. 관련 단체와 함께 국가의 과학기술적 발판과 주요 혁신 기반의 건설에 대해 조언한다. 지역의 과학기술 발전을 촉진한다. 과학기술 통계 자료뿐만 아니라 과학기술 프로젝트 및 성과평가를 관리한다. 이 부서에는 총무계획부, 계획조정부, 첨단기술연구개발부, 핵심기술연구개발

57 www.most.gov.cn/zzjg/jgsz/jgszjcyjs/index.htm.
58 www.most.gov.cn/zzjg/jgsz/jgszfzjhs/index.htm.

부, 시설인프라부, 지역기술발전부, 평가통계부와 같은 부서들이 소속되어 있다.

- ***과학기술부 정책규정개혁부*** *Ministry of Science and Technology's Department of Policy, Regulations and Reform* ***(혁신시스템 구축을 위한 사무소*** *Office for Building Innovation System* ***)***[59]: 과학기술을 통해 지방의 발전을 강화할 계획과 정책의 초안을 작성한다. 관련 분야에서 첨단기술연구개발계획, 과학기술지원계획, 정책인도적과학기술계획의 시행을 조직한다. 지역의 과학기술 진보를 촉진한다. 핵심적인 과학기술적 성과의 적용과 입증을 지도한다. 농업과학단지의 발전을 이끈다. 이 부서에는 총무정책연구부, 규정지적재산권부, 제도개혁부[과학기술인사관리부], 과학기술원조부와 같은 부서들이 소속되어 있다.
- ***국가발전개혁위원회 고등기술산업화부*** *National Development and Reform Commission's High-Tech Industrialization Department*[60]: "관련된 국제적 협력과 교류를 조직하고 조정한다."
- ***산업정보부 과학기술부*** *Ministry of Industry and Information's Science and Technology Department*: "생체의약품, 신소재, 항공술, 항공우주, 정보기술을 포함한 첨단산업을 위한 규정, 정책 및 표준을 조직 · 고안 · 시행한다."[61]
- ***대외무역상업부 기계전자첨단산업부*** *Ministry of Foreign Trade and Commerce's Mechanical, Electronic, and High-Tech Industry Department*: "기계, 전자공학, 첨단기술에 관련된 대외무역 및 기업과의 협동을 조직하고 활성화한다."[62]

---

59 www.most.gov.cn/zzjg/jgsz/jgszzcfgytzggs/index.htm.

60 http://gjss.ndrc.gov.cn/.

61 http://kjs.miit.gov.cn/.

62 http://cys.mofcom.gov.cn/aarticle/gywm/200203/20020300003730.html.

산업 계획, 정책, 규정

"중국은 다국적 기업들이 중국 내에 연구개발센터를 설치하도록 장려한다."

– 2006년 초에 개최된 국가과학기술회의에서
후진타오*Hu Jintao* 주석[63]

1970년대 후반 이후 중국 정부조직들은 공동으로 연구개발 실험실 설립을 통해 기술이전을 장려하는 계획, 규정, 정책을 발표해왔다. 이러한 계획들 중에서 가장 중요하고 원대한 계획은 과학기술부가 2006년에 발표한 ***2006-2020 국가중장기 과학기술발전계획****MLP*이다. 이 계획MLP은 스스로를 "중국의 화려한 르네상스"를 가져올 "과학기술 개발의 위대한 청사진"으로 묘사한다. 2006-2020 국가중장기과학기술발전계획MLP은 "중국의 현재 성장 모델을 더욱 지속가능한 모델로 옮기려는 중국 정부의 노력 일환으로, 혁신이 미래의 경제적 성장을 이끄는 것을 목표로 하며, 자주적 혁신력 구축을 강조한다."[64] 이 계획의 무엇보다 중요한 목적은 중국을 2020년까지 "혁신 지향 사회"로 만드는 것이며, 보다 오랜 기간에 걸쳐 중국을 세계의 "선진 혁신 경제국" 중 하나로 만드는 것이다. 이 계획은 무엇보다 자주적 혁신력을 증진시킬 필요성을 강조한다.[65] 특히 2006-2020 발전계획에는 다음과 같은 3가지 전략적 목표가 있다. (1) 자주적 혁신력을 키워 혁신을 기반으로 하는 국가를 건설한다. (2) 기업을

---

63 "Multinationals Speed Up R&D Center Establishment in China," *Xinhua*.

64 OECD, *OECD Reviews of Innovation Policy: China*, p. 46.

65 Ibid.

중심으로 하는 기술혁신체제를 조성하고 중국 기업들의 자주적 혁신력을 강화한다. (3) 기술개발 및 기초연구의 전략적 목표분야에서 획기적인 발전을 이룩한다.[66] 중국 지도부는 이러한 목표가 성취된다면 중국이 다시는 외국의 기술에 의존하게 되지 않을 것이라 믿는다. 2009년 원자바오Wen Jiabao 총리가 "자주적 혁신"을 위한 규정을 발표하면서 다음과 같이 말했듯이 말이다. "오직 과학기술 힘의 이용을 통해서만 아무도 우리를 막을 수 없도록 하는 무한한 힘을 가질 수 있다."

이러한 목적을 달성하기 위해 2006-2020 발전계획MLP은 중대한 구조적 문제점을 극복해야 한다. 경제협력개발기구OECD는 중국이 다음과 같은 변화를 겪어야 한다고 평가했다.

> 조직화되지 않은 단편적인 방식의 과학기술 정책에서 조직적이며 종합적인 방식의 정책으로의 변화. 연구개발의 촉진에 목표를 둔 정책에서 혁신에 친화적인 구조를 만들기 위한 정책으로의 변화. 천편일률적인 정책에서 정책적 요구를 보다 정교하게 지원할 수 있는 세밀하고 차별화된 맞춤형 적용이 가능한 정책으로의 변화.[67]

계획 시행 시초에 2006-2020 발전계획MLP은 외국의 기술과 노하우가 자주적 혁신을 활성화하는 데 핵심적인 역할을 하고, 정부가 외국의 정보를 획득하고 활용하기 위해 고안된 국가산업정책을 추구할 것을 명백하게 했다. 이 계획MLP은 "자주적 혁신"을 "수입된 기술의 흡수에 기반을 둔 공동혁신 혹은 재혁신을 통한 기존 혁신을 강화하는 것"이라 정의한다. 실제로 2006-2020 발전계획은 외국의 기술을 중국의 기술로 전환하려는

---

66 Ibid., p. 48.
67 Ibid., p. 46.

확실한 계획 없이는 기술 수입을 거부한다. "이해, 흡수, 재혁신에 대한 강조 없이 외국 기술을 수입하는 것이 국가의 자주적인 연구개발 능력을 약화시킬 것임을 알아야 한다." 이런 노골적인 주장은 외국의 분석가들로 하여금 2006-2020 발전계획을 "역사상 세계에서 유래를 찾아볼 수 없는 규모의 기술 절도 계획"으로 결론짓게 만들었다.[68]

이 계획은 외국 기술이 "중국의 산업기술 수준을 향상시키고 혁신력을 강화하고 경제 및 사회 발전을 촉진할 수 있도록" 허용하여, 중국 경제 개혁의 초기에서 핵심적인 역할을 하였음을 인정한다.[69] 외국 기술과 노하우를 획득하는 다른 시기에도 중국이 결국 외국의 기술과 노하우에 대한 의존을 버리고 자주적 혁신 국가로 변화하기 위한 중요한 시기로 여겨진다. "국제적 · 지역적 과학기술 협력과 교류의 확장"이라고 이름 붙여진 분야에서 이 계획[MLP]은 국가의 자주적 혁신력을 강화할 것을 요구한다. 이 목표를 달성하기 위해,

> 다양한 형태의 국제적 · 지역적 과학기술 협력과 교류를 시작하고 확장하기 위해서 우리는 우리가 가진 이점을 충분히 활용해야 한다.[70]

특히, 이 계획은 정부조직들과 기업들에게 "과학연구기관, 대학, 해외 연구개발기관이 공동 연구소를 세우도록 … 그리고 다국적 기업이 연구개발 교육기관을 세우도록 장려하라"고 요구한다.[71] 또한 이 계획은 교육기관들에게 다음과 같은 사항을 요구한다:

---

68 McGregor, "China's Drive for 'Indigenous Innovation'," p.4.

69 www.most.gov.cn/ztzl/gjzctx/ptzcyjxh/200802/t20080225_59303.htm.

70 www.most.gov.cn/kjgh/.

71 www.most.gov.cn/kjgh/.

- "중국의 전반적인 연구개발 수준을 향상시키기 위해 다국적 기업들이 중국에 연구개발 교육기관을 세우도록 더욱 장려하라."
- "다국적 기업과 국내 연구기관들, 학교, 기업이 연구개발 협력을 확장하도록 장려하라."
- "산업 생산을 위해 중국에 설치된 연구개발센터들에 대한 외국의 투자와 기술적 성취를 장려하라."
- "외국인투자기업과 … 민간 기업이 기술을 이전하도록 장려하라."
- "기업, 다국적 기업, 첨단기업을 소유한 선진국이 다국적 기업에 의한 기술 연구개발 활동에 참여하는 전략적 제휴를 맺도록 장려하라."
- "세계화를 촉진하기 위해 국내 기업과 외국인투자기업이 기술지원 및 첨단기술연구개발을 발전시키도록 장려하라."[72]

이 계획MLP을 자세히 읽어보면, 중국 정책이 자국 소유의 지적재산권을 늘리기 위해 국내의 회사든 외국의 회사든 중국에서의 연구개발에 참여하도록 적극 장려하고 있음을 알 수 있다.[73]

외국 기업들은 어째서 이러한 대규모의 혁신 이전에 참여하는 것일까? 특히 이러한 정책이 아마도 다국적 기업의 비용을 이용하여 자국의 혁신을 촉진하기 위해 설계된 것인데도 말이다. 서저Serger와 비트만Widman은 "미끼는 중국의 거대한 시장이다"[74]와 같이 분명하게 지적한다. 하지만 꿀단지를 좀 더 달콤하게 만들기 위해 외국 기업들에게 중국에서 제조공장을 세우고 중국의 파트너 기업에게 기술적 지식을 넘겨주도록 하는 장려책이 주어졌다. 예를 들면, 중국에서 장사하길 원하는 외국 자동차 기

---

72 www.most.gov.cn/ztzl/gjzctx/ptzcyjxh/200802/t20080225_59303.htm.

73 Thorpe, "Bringing R&D to China."

74 Serger and Widman, *Competition from China*.

업들은 높은 수입관세에 부딪히게 되는데, 이 때문에 기업들은 합작투자 방식의 제조를 추구하게 된다. 에너지 분야에서는 거래 수수료를 위해, 거래할 때 기술을 이전하도록 압력을 받는다. 전기통신 기업들은 생산을 중국에서 하고, 점점 더 많은 양의 연구개발을 중국에서 하도록 압박받는다. 특히, 막대한 세금환급을 내세우며 현지조달을 장려하기도 한다.[75] 기술 의존에 대한 전통적인 두려움뿐만 아니라, 이러한 사고방식 역시 왜 중국 정부가 외국의 기술에 대한 현재 의존 수치인 60%를 15년 안에 30% 낮추려고 하는지를 설명해준다.[76]

2006년 2006-2020 발전계획[MLP]을 발표하고 난 이후, 중국 정부는 일련의 실행 문서들을 발표하였다:

- 2006년 2월 국내의 상품과 서비스 제공자들을 위한 특혜를 자세히 다룬 "2006-2020 국가 중장기 과학기술 발전계획[MLP]"이 발표되었다.
- 2006년 9월 세금국이 발표한 "혁신 기업을 위한 특혜세금 정책에 대한 안내문"은 기업소득세 2년 면제를 제공하였다.
- 2006년 12월에 발표된 "자주적 혁신을 통해 만든 상품의 승인에 대한 행정처분"은 국가에서 독자적으로 만든 혁신 상품의 목록을 만드는 계획의 개요를 마련하였다.
- 2007년 5월에 발표된 "자주적 혁신을 통해 만든 상품을 위한 정부조달예산을 관리하기 위한 대책"은 자주적 혁신을 조달할 명확한 계획을 개발해야 하며, 그렇지 못할 경우 조달 자금을 잃게 될 수 있음을

75 Ibid.

76 "기술도입과 창의성 권장과 대외무역 신장 방식 변화에 관한 소견关于鼓励技术引进和创新, 促进转变外贸增长方式的若干意见"("Various Opinions on Encouraging the Introduction of Technology and Innovation, and Promoting Changes in the Foreign Trade Growth Mode"), July 14, 2006. Accessed at www.most.gov.cn/ztzl/gjzctx/ptzcyjxh/200802/t20080225_59303.htm.

정부의 모든 조직에서 경고하였다.

- 또한 2007년 5월 "자주적 혁신을 통해 만든 상품을 위한 정부조달의 평가를 위한 대책"은 자주혁신을 추구하는 기업을 위해 정부조달의 높은 자격기준을 낮췄다.
- 2007년 12월 재정부[MOF]가 발표한 "수입상품의 정부조달을 관리하기 위한 대책"은 정부의 단체들이 수입상품을 구입하기 위해서는 먼저 전문가들의 승인이 필요하다고 공지하였다. 이 대책은 외국 공급자들이 국내 기업들에게 기술이전과 훈련서비스를 제공하는 지원을 요구하였다.
- 2008년 1월에 발표된 "기업소득세법[Enterprise Income Tax Law]"은 정부에 의해 자주적 혁신 회사로 지정된 첨단기업들이 자신만의 지적재산권을 소유하고 발전시킨다는 이유로 15%의 특혜관세율[preferential rate]을 제공하였다.[77]

아마 이러한 실행 문건들 중 가장 중요한 것은 "자주 혁신" 규정으로 더욱 잘 알려진 국가자주혁신상품승인계획[618공고]일 것이다. 2006년 11월에 발표된 이 계획은 "자주적 혁신을 통해 만든 상품의 승인을 관리하기 위한 대책"을 실행한다. 2009년 11월 과학기술부[MOST], 국가발전개혁위원회[NDRC], 재정부[MOF]에 의해 공동으로 발표된 규정의 핵심적인 요소에는 다음과 같은 사항을 포함된다. (1) 정부조달에 대하여 우선권을 부여받은 승인된 상품의 목록을 위한 명령. (2) 상품이 국내 소유의 지적재산권이 있어야 하고, 기반이 되는 상품과 관련된 지적재산에 대한 지원자의 이

77 이 목록은 다음에서 가져온 것이다. McGregor, "China's Drive for 'Indigenous Innovation'," p. 19.

용, 처분, 개선이 외국으로부터 규제를 받지 않아야 한다. 이용되는 상표는 중국에서 먼저 등록되어야 하며 관련된 외국의 상표들에 의한 제한을 받지 않아야 한다와 같은 요구사항. (3) 컴퓨터 및 응용 장비, 통신 상품, 현대식 사무용 설비, 소프트웨어, 신에너지 및 신에너지 관련 장치, 에너지를 절약하는 고효율 상품과 같은 6개의 새로운 첨단 분야가 처음으로 대상이 되었다.

자주 혁신 규정의 발표는 외국의 사업 및 무역 관련 협회들로부터 엄청난 반발을 샀다. 2009년 12월 30개 이상의 외국 기관들이 과학기술부 완강萬鋼, Wan Gang, 재정부 셰쉬런謝旭人, Xie Xuren, 국가발전개혁위원회 의장 장핑张平, Zhang Ping에게 다음과 같은 편지를 보냈다:

> 618공고 기준은 국제적 관례에서 명백히 벗어나 있다. 618공고는 상품의 지적재산이 중국에서 개발되어야 하며 중국의 소유가 되어야 하며, 모든 상표를 먼저 중국에서 등록되어야 한다는 특이한 요구사항이 포함되어 있다. 반면, 품질, 성과, 가치는 최소의 역할만 부여받는다. 중국과 국제 공동체는 보다 친밀한 경제적 협의를 구축하고 있기에 지적재산권의 확고한 보호를 보장하는 데 공동의 관심을 가진다. 중국의 새로운 기준은 혁신을 창출하고, 진정으로 협력적이고 국경을 초월하는 세계적인 연구개발의 본질을 인정하지 못한다. 지적재산을 자국의 소유 하에 두어 시장에 접근하려는 행위는 자유개방무역 및 공동혁신 육성에 역행하는 것이다.[78]

이런 항의로 인해 중국의 자주혁신 규정은 2010년 봄 중미 전략경제회담Sino-US Strategic & Economic Dialogue에서 정부 대표 고위임원들 사이에 오고 간

---

78 http://cbi.typepad.com/files/12-10-09-international-business-letter-on-indigenous-innovation-accreditation-policy.pdf.

대화 주제가 되었다.

두 번째 이유: 상품을 중국 지역 시장의 특색에 맞추어 중국 시장 진출을 확대하려는 다국적 기업

췐 시아오홍Quan Xiaohong에 따르면, 다국적 기업이 개발도상국에 다국적 연구개발 실험실을 설립하는 목적은 주로 이미지 형성, ***지역*** 맞춤형 적용, ***지역***에 설립한 제조 담당 자회사에 대한 지원이며, 가장 큰 목적은 ***지역*** 시장을 위한 상품 개발이다.[79] 이는 "연구개발은 상품을 따라 간다"라는 일반적인 믿음과 일맥상통한다.[80] 에반 소프Evan Thorpe는 이에 대해 동의하며, 중국에서 연구개발에 대한 다국적 기업의 투자를 이끌어내는 기초적인 자극제는 중국 시장에 대한 기존 상품의 ***지역*** 맞춤형임을 주장한다. 또한 "기초연구를 수행하는 매우 소수의 연구개발 실험실들의 대부분은 강력한 상품개발 기능을 구축해야 기초연구를 시작한다"[81]라고 주장하였다.

췐Quan은 중국 내 다국적 기업 연구개발 실험실에 대한 현장 연구 및 조사에서 실험실이 수행하는 연구개발을 (1) "지역 시장을 위한 기존 상품", (2) "지역 시장을 위한 새로운 상품", (3) "세계 시장을 위한 새로운 상품", (4) "연구"[82] 등과 같은 4가지로 분류하였다. 앞의 두 가지 방식(1)과 (2)은 외국이 중국에서 수행하는 연구개발의 초기 현상이다. 이러한 종류의 연구개발 실험실은 수입된 상품의 지역에 대한 적용, 지역에서의 판매를 위

---

79 Quan, "MNCs Rush to Set Up R&D Labs in China."

80 Serger and Widman, *Competition from China*.

81 Thorpe, "Bringing R&D to China."

82 Quan, "MNCs Rush to Set Up R&D Labs in China."

한 기술적 지원, 상품 지원과 같은 상대적으로 낮은 혁신적인 활동에 초점을 맞춘다. 신흥시장을 위한 새로운 상품 개발에는 어떠한 노력도 투자하지 않으며, 오직 기존 상품을 각색할 뿐이다. Microsoft, SAP, Nokia와 같은 많은 기업들이 중국에 처음으로 들어왔을 때 이러한 형태의 연구개발을 수행하였다.[83] "지역 시장을 위한 신상품을 개발"할 때, 개발도상국에 입주한 다국적 기업 연구개발 실험실들은 상품 개발의 시작부터 지역적 수요를 확인하고 이에 대응하는 방식을 통해 지역 시장을 공략하기 시작했다. 다국적 기업은 대개 지역시장의 환경에 친숙해진 뒤에야 신상품 개발을 시작한다.[84] 뒤의 두 가지 방식(3)과(4) "세계 시장을 위한 신상품 개발"과 "연구"는 보다 진보된 단계의 연구개발 방식이다.

에반 소프Evan Thorpe는 지역에서의 연구개발을 위한 2가지 추가적인 기능을 제시한다. 첫째는 정보기술지원, 고객서비스, 애프터서비스이다. 소프Thorpe의 말에 따르면,

> 이러한 종류의 서비스들은 특히 기술적인 지원을 필요로 하는 복잡한 상품을 전달하는 기업들에게 있어서 중요하다. 중국 기업들이 확장되면서 많은 양의 정교한 산업제품을 더욱 빈번하게 구입하게 되는데, 이에 따라 많은 유능한 직원들에 의한 풍부하고 수준 높은 지원이 요구된다.

두 번째는 공급망 기반지원이다. 소프Thorpe는 "공급자와 다른 동업자와 가깝게 위치한다는 것은 기업이 문제를 지역에서 즉각적으로 처리할 수 있다는 것을 의미한다"고 주장했다. 또한 "상호보완적인 기능이 지리적으로 서로 가깝게 위치하면 비용을 줄일 수 있으며, 심지어는 지역의

---

83 Ibid.

84 Ibid.

과세 요건에 따라 세금감면을 받을 수도 있다"고 주장하였다. 외국 연구개발센터를 설치함으로써 얻을 수 있는 마지막 이점은 "소비자층과의 근접성"이다. "연구개발센터를 소비자층에게 가깝게 위치시킴으로써 기업들은 신상품 또는 개량상품에 대한 지역 소비자의 요구에 더욱 발 빠르게 대응할 수 있다."[85]

세 번째 이유: 세계 도처의 자원과 전문지식을 이용하고 혁신 주기를 세계화하려는 다국적 기업의 열망

외국 기업이 중국에 연구개발을 이전하도록 만드는 원동력은 원래 상품의 지역화였지만, 현재 많은 다국적 기업들은 외국의 무대를 원천 혹은 어쩌면 심지어는 혁신의 중심으로 보고 있다.[86] 전략적인 수준에서 서양의 다국적 기업들은 연구개발 사업의 세계화를 다양한 이유에서 추구해왔다. 몇몇 기업들은 자국에서 핵심적인 혁신을 수행하면서 기초연구를 수행할 외국의 값싼 노동자들을 이용하길 원했다. 또 다른 기업들은 해외의 낮은 비용으로부터 얻는 혜택뿐 아니라 해외의 혁신 인력을 이용하고자 세계적인 연구개발센터들을 외국으로 옮기는 "올인[all-in]" 전략을 취해왔다. 이러한 두 가지 유형의 기업들이 세계의 연구개발 판도를 변화시키고 있으므로, 서저[Serger]는 "과도기의 국가와 개발도상국이 점점 중요한 혁신의 원천과 운반자가 되면서 새로운 혁신적 해결안을 요구하고 공급한다"라고 주장한다.[87]

---

85 Thorpe, "Bringing R&D to China."

86 다국적 기업들은 단순히 이미지를 각인시키기 위해 연구소를 설치하는 것이 비용이 많이 든다는 사실을 빠르게 깨닫고 있다.

87 Serger, "Research and Innovation."

특히, 외국 분석가들은 중국을 매력적인 혁신의 중심지로 보고 있다. 서저Serger와 비트만Widman은 "중국이 중요한 지식기반 및 거대시장으로 부상함으로써, 중국은 점점 더 강력한 연구개발 경쟁자가 될 것이다"라고 주장했다.[88] 또한 "중국은 지식집약적 분야에서 급격한 성장을 보여줄 것이며, 몇몇 연구개발 분야에서는 세계적인 선두가 될 것이다"라고 주장했다.[89] 중국과학기술 전문가인 데니스 프레드 사이먼Denis Fred Simon은 *뉴욕타임스New York Times*에서 "중국은 혁신의 원천이 될 것이다. … 중국은 스스로가 세계 연구개발 판도에서 빠질 수 없는 존재가 되었다는 것을 알게 될 것이다"[90]라고 주장했다.

그러나 어째서 외국 기업들은 혁신 연구를 수행하기 위한 장소로 다른 나라가 아닌 중국을 선택하는 것일까?[91] 순전히 중국 정부의 압박 때문일까? 앞에서도 보았듯이, 베이징의 정책은 공평한 경쟁의 장을 왜곡하고 기술이전을 위한 삐뚤어진 장려책을 만들어내면서, 확실히 사업 환경에

---

88 Serger and Widman, *Competition with China*.

89 Ibid.

90 Chris Buckley, "Let a Thousand Ideas Flower: China is a New Hotbed of Research," *New York Times*, November 13, 2004, www.nytimes.com/2004/09/13/technology/13china.html?_r=0.

91 다국적 기업이 연구개발 실험실을 해외에 설치하도록 하는 자극제에 대한 연구를 더 보고 싶다면 다음을 참조하라. Prasada Reddy, *Globalization of Corporate R&D: Implications for Innovation in Host Countries*, New York: Routledge, 2000. Oliver Gassmann and Max von Zedtwits, "Organization of Industrial R&D on a Global Scale," *R&D Management* 28, no. 3, 1998, pp. 147-161. Christopher A. Bartlett and Sumantra Ghoshal, *Managing across Borders: The Transnational Solution*, 2nd edn, Boston, MA: Harvard Business School Press, 1998. Jack N. Behrman and William A. Fischer, "Overseas R&D Activities of Transnational Companies," *The International Executive* 22, no. 3, Fall 1980, pp. 15-17. Robert Pearce, "Decentralised R&D and Strategic Competitiveness: Globalized Approaches to Generation and Use of Technology in Multinational Enterprises," *Research Policy* 28, nos 2-3, March 1999, pp. 157-178. Lars Hakanson and Robert Nobel, "Determinants of foreign R&D in Swedish Multinationals," *Research Policy* 22, nos 5-6, November 1993, pp. 397-411.

큰 영향을 미치고 있다. 하지만 세계적인 기업들은 혁신 연구를 자발적으로 중국으로 옮기고 있는 것으로 나타났다. 케이트 월쉬Kate Walsh에 따르면, 중국에 연구개발 실험실을 세우는 지배적인 이유가 "중국 정부의 요구에 응하는 것"에서 "기업 자신의 이익을 얻기 위한 것"으로 변화되어 왔다.[92]

이러한 변화로 중국은 점점 더 혁신센터들을 끌어당기는 자석이 되어가고 있다. 칭화대학교Tsinghua University 교수인 맥스 본 제드트위트Max von Zedtwitz는 2004년 연설에서 "5년 안에 중국은 기업 연구의 기반으로서 세계적으로 영국, 독일, 일본을 뛰어넘어 미국 다음으로 2위를 차지가게 될 것이다"라고 주장했다.[93] 이코노미스트 인텔리전스 유닛Economist Intelligence Unit, EIU은 2004년 9월 104명의 고위 임원들미국 기업 37%, 유럽 기업 34%, 아시아 기업 16%을 인터뷰한 연구결과를 발표하였는데, 이에 따르면 39%의 응답자로부터 중국이 최고의 연구개발 지역으로 선정되었으며, 미국, 인도, 영국이 근소한 차이로 그 뒤를 차례로 추격하였다. 중국 시장이 세계적인 기업들의 전략에서 보다 중요해지면서, 중국 내 다국적 기업 연구개발센터 수는 급격하게 증가해왔다. 상무부Ministry of Commerce에 따르면 GE, Philips, Motorola, Siemens와 같은 거대 기업들이 중국에 수천만 달러를 투자한다.[94] 중국 지멘스Siemens Telecommunication Ltd.의 상임 부사장인 리완린Li Wanlin 박사는 지멘스Siemens가 중국에 연구개발센터를 설치하는 것이 독일 기업의 미래 발전에 매우 중요한 전략임을 언급하였다.[95]

그러나 이러한 혁신 및 연구개발 작업은 진정 어떻게 이루어지고 있을

---

92 Walsh, "China R&D: A High-Tech Field of Dreams," p. 16.
93 Buckley, "Let a Thousand Ideas Flower: China is a New Hotbed of Research."
94 "Multinationals Speed Up R&D Center Establishment in China," *China Daily*.
95 Ibid.

까? 이는 대부분 중국 정부의 칙령을 개선하기 위한 홍보운동인가? 아니면 정말로 혁신 작업을 수행하고 있는 것일까? 항상 그렇듯이, "연구개발"이라는 용어에 포괄되는 수많은 활동들 속에 상황은 복잡하게 꼬여있다. *신화사*[Xinhua]에 따르면, Microsoft, Nokia, Bell-Alcatel, Panasonic과 같은 몇몇 기업들의 연구개발센터들은 오직 기초연구만을 수행한다.[96] 동시에 몇몇 연구센터들은 다국적 기업을 위한 세계적인 연구개발센터로 성장해왔다.[97] 췐[Quan]은 베이징의 정보기술 산업분야 다국적 기업 연구개발센터에 대한 2004년의 조사에서, 이러한 연구센터들이 단순히 기술적 지원, 상품의 지역화, 지역 시장을 위한 상품 개발을 지원하는 것이 아니라 오히려 세계 시장을 위한 상품 개발을 하고 있음을 언급하였다.[98]

앞에서 언급하였던 다국적 기업이 개발도상국에서 수행하는 연구개발 방식의 분류법을 만들면서, 췐[Quan]은 "세계 시장을 위한 신상품 개발"과 "연구" 활동을 구분하였다.[99] 전자인 "세계 시장을 위한 신상품 개발"은 개발도상국의 지역 시장뿐만 아니라 선진국의 시장, 여타 신흥시장에서 판매하기 위한 상품 개발을 포함한다. 주로 개발도상국의 지역 시장을 위한 상품 개발이다. 이러한 종류의 연구개발은 세계의 연구개발 노동력 활용을 강조하며, 다국적 기업의 사업 전략에 변화가 생겼음을 보여준다.[100] 반면 후자인 "연구[research]"는 말 그대로 "연구" 활동이다. 연구개발에 대한 경제협력개발기구[OECD]의 정의에 따르면, 연구는 기초연구와 응

96 Ibid.

97 Ibid.

98 Quan, "MNC R&D Labs in China."

99 Quan Xiaohong, "Multinational Research and Development Labs in China: Local and Global Innovation," unpublished PhD Dissertation, University of California, Berkeley, 2005.

100 Quan, "Multinational Research and Development Labs in China."

용연구를 포함한다. "기초연구는 주로 현상과 관찰되는 사실의 근본적인 토대에 대한 새로운 지식을 얻기 위해 수행하는 실험적 · 이론적 작업을 말하며 특정한 적용이나 활용을 배제한다."[101] 반면 응용연구는 "기초연구와 마찬가지로 새로운 지식을 얻기 위해 수행하는 근본조사지만, 특정한 실용적 목적을 위해 수행된다는 점이 기초연구와 다르다."[102] 기업과 분석가들은 중국에서 수행되는 이러한 "연구"의 사례를 확인하였다. 예컨대 노키아Nokia는 핸드폰 운영체제에 대한 핵심적인 연구를 베이징에 있는 연구개발센터로 옮겼다.[103] 2010년까지 중국에 있는 5%의 연구원들이 세계 노키아 핸드폰의 40%를 설계하였다.[104] 중국 마이크로소프트Microsoft 연구개발센터는 논문과 특허 분야에서 보면 세계의 마이크로소프트 연구센터에 필적하는 생산성을 보여준다.[105] 제너럴일렉트릭General Electric은 베이징에서 "초고밀도 의료영상 기술"을 개발하였는데, 이를 통해 "역혁신reverse innovation, 신흥시장에서 혁신한 제품과 서비스를 선진국으로 다시 가져가는 전략. 옮긴이"이라는 개념의 선구자적 역할을 하였다고 주장한다. 마지막으로, ABB는 세계적인 로봇공학 연구소와 본사를 2005년 이후 상하이로 옮겼다.

물론 이러한 췐Quan의 교과서적인 분류 방식이 실제 연구센터에 명확히 적용되는 것은 아니다. 췐Quan은 다음과 같이 기술하였다.

> 3가지 유형의 연구개발이 하나의 다국적 기업 연구개발센터에서 수행되는 모습을 쉽게 관찰할 수 있다. 몇몇 사례를 보면, 다국적 기업 연구개발

---

101 Organization for Economic Co-operation and Development, *Frascati Manual* 2002, OECD Publishing, 2002, pp. 240, 245.

102 Ibid.

103 Maximilian von Zedtwitz, "Managing Foreign R&D in China: Some Lessons," Presented at the "Asian Rise in ICT R&D Conference," Brussels, February 17, 2011.

104 Ibid.

105 Ibid.

센터가 처음 중국 시장에 진입했을 때에는 주로 (1) 유형에 집중하는 것처럼 보인다. 예를 들어, 베이징 SAP가 설립한 실험실의 연구개발 방식은 몇 년에 걸쳐 (1) 유형에서 (2) 유형으로, 다시 (2) 유형에서 (3) 유형으로 진화하였다.[106]

관점에 따라, 중국의 인적자원은 중국에 있는 센터들의 발전에 핵심적인 요소가 될 수도 있고 장애물이 될 수도 있다. 췐[Quan]이 조사한 연구에 따르면, 중국에 있는 다국적 기업 연구개발 실험실에 있어서 중국의 "연구개발 인력"을 이용할 수 있다는 사실이 가장 중요한 지리적 장려책임을 발견한 것은 그리 놀라운 일이 아니다.[107] 췐[Quan]은 다음과 같이 서술한다.

> 중국의 연구개발 인력을 이용하는 것은 중국에 진출한 다국적 기업의 연구개발 실험실들에게 아주 필수적인 사항이다. 앞에서도 언급했듯이 이러한 연구개발 실험실들의 주요한 기능은 세계 시장을 위한 상품 생산이며, 실험실들은 보통 전반적인 연구 작업에 기여할 수 있는 작은 모듈을 제공한다. 결과적으로 중국의 실험실에서 수행되는 연구개발은 선진국에서 수행되는 연구개발보다 기술적으로 정교하지 못하다. 개발도상국에 설립된 실험실들이 필요로 하는 것은 근본적으로 값싸면서도 상당히 품질이 좋은 풍부한 노동력이다. 시장 정보가 지역 시장에 초점을 맞춘 연구개발에서 결정적인 역할을 할 수 있는 데 반해, 연구개발 인력풀의 필요성은 중국에서 수행되는 연구개발 전체에 스며들어 있다.[108]

공식적인 통계 자료를 살펴보면, 높은 수준의 전문가를 필요로 하는 상

---

106 Quan, "Multinational Research and Development Labs in China."

107 Quan, "MNC R&D Labs in China." 다국적 기업의 연구개발 실험실을 중국으로 끌어들이는 또 다른 중요한 요인에는 "지역 시장에 대한 근접성", "낮은 비용의 연구개발" 등이 있다.

108 Quan, "MNCs Rush To Set Up R&D Labs in China."

황이 중국에서 문제가 되지 않음을 알 수 있다. 미국국립과학재단US National Science Foundation 중국부서China Office에 따르면, 2009년 약 320만 명의 인원이 중국 내 연구개발 활동에 참여하고 있었으며, 이는 세계에서 가장 큰 수치였다.[109] 과학자와 기술자의 수는 2000년에서 2008년 사이에 두 배 이상 증가하여 159만 명이 되었다.[110] 하지만 이러한 가공되지 않은 수치를 조작하는 것은 특히, 중국 인구의 규모를 고려해본다면 쉬운 일이라 할 수 있다. 비록 중국이 빠른 속도로 차이를 줄이고 있지만, 실제로 중국 내 연구자 밀도는 선진국의 밀도보다 낮다. 2007년 중국에는 인구 100만 명당 1,071명의 연구원이 있는 것으로 나타났는데, 이는 일본 5,573명, 미국 4,663명2006년, 독일 3,532명, 영국 4,181명에 비해 비교된다.[111]

물론 인원수는 연구원의 전문성에 대해 어떤 것도 말해 주지 않는다. 다국적 기업 연구개발 실험실의 한 책임자는 2006년 10,000명의 이용 가능한 인력 중 100명의 수준 높은 기술자를 고용하였음을 자랑스럽게 발표하였다.[112] 하지만 대부분의 다국적 기업들은 중국인의 부족한 수준을 싼 인건비로 보상받는다. SAP 연구소의 부사장은 "중국에는 매우 창조적인 소프트웨어 개발자들이 있다. 비록 좋은 소프트웨어 개발자들이 독일에도 있긴 하지만, 중국 개발자들은 너무 비싸다"라고 말했다.[113] 췐Quan의 글에 따르면,

중국 과학자들과 기술자들의 공급이 풍부하고 실력이 좋은데도 다른 많

---

109 NSF China Office, "S&T Highlights: December 2010, January 2011."

110 UNESCO, *UNESCO Science Report 2010*.

111 Ibid.

112 Quan, "MNCs Rush To Set Up R&D Labs in China."

113 Ibid.

은 국가들과 비교해보면 인건비가 매우 저렴하다. 예를 들어, 베이징에서는 정보기술 관련 국영기업의 설계 기술자에게 주어지는 평균 월급은 3,000위안[380달러]에서 5,000위안[650달러]이다. 민간기업에서 주는 봉급은 50%에서 60% 더 높다. 베이징에 위치한 다국적 기업은 보통 중국 내에서 기업을 위해 일해 줄 최고의 인재를 끌어들이기 위해 더 높은 연봉을 제시한다. 다국적 기업 연구개발 실험실 책임자와 진행한 인터뷰에 따르면, 다국적 기업은 직원들에게 약 1,000달러에서 2,000달러 사이의 월급을 준다. 이는 여전히 비슷한 업무를 하는 미국 기술자에게 주는 월급보다 훨씬 낮은 금액이다. 상하이의 월급 수준도 베이징과 별 차이가 없다. 하지만 중국의 다른 도시들의 봉급은 훨씬 낮다. 예컨대, 많은 다국적 기업을 끌어들여온 쓰촨성[Sichuan province]의 수도인 청두[Chengdu]에서 기술자는 베이징과 비교해서 약 50% 정도 적은 월급을 받는다.[114]

2008년 이후 세계 경제가 침체를 겪게 되고, 세계 시장과 중국 시장 모두에게서 다양한 산업에 대한 마진 압박으로 인해 비용에 대한 관심이 보다 심해졌다.

인력뿐만 아니라 중국 내에서의 협력 관계 또한 외국의 연구개발센터들이 성공적으로 성장할 수 있게 한 핵심요소다.[115] 인기 있는 방식 중 하

---

114 Ibid.

115 다국적 기업들이 세계적인 연구개발 네트워크를 조직하고 관리하는 방법의 표본에 대한 연구를 보고 싶다면 다음을 참조하라. Barlett and Ghoshal, *Managing across Borders*. Daniele Archibugi and Jonathan Michie, "The Globalization of Technology: A New Taxonomy," *Cambridge Journal of Economics* 19, no. 1, 1995, pp. 121-140. Mark C. Casson, "Modeling the Multinational Enterprise: A Research Agenda," *Millennium Journal of International Studies* 20, no. 2, 1991, pp. 271-285. J. W. Medcof, "A Taxonomy of Internationally Dispersed Technology Units and Its Application to Management Issues," *R&D Management* 27, no. 4, 1997, pp. 301-318. Ivo Zander, "How do you mean 'global'? An empirical investigation of innovation networks in the multinational corporation," *Research Policy* 28, nos 2-3, March 1999, pp. 195-213. Gassmann and von Zedtwitz, "Organization of industrial R&D on a global scale." Pearce, "Decentralised R&D and strategic competitiveness."

나는 중국 대학 내에 연구개발센터를 설립하는 것이다. 췐 시아오홍Quan Xiaohong은 아웃소싱, 연구 후원, 공동 연구, 직업연수, 훈련, 기부 등 다국적 기업과 대학이 맺을 수 있는 다양한 방식의 관계를 파악하였다.[116] 에반 소프Evan Thorpe는 대학 이상의 고등 교육기관과의 협력으로부터 얻을 수 있는 이점을 설명한다:

> 대학과의 협력관계는 기업의 연구개발 잠재력만큼이나 가치 있는 것이다. 지적재산과 경영을 위한 이유로 이러한 협력관계는 주로 프로젝트별 기준으로 계약을 맺지만, 하나의 프로젝트는 미래 협력을 향한 추진력을 발생시킬 수 있다. 왜냐하면 많은 대학들은 정부와 가깝게 묶여 있으며, 이러한 프로젝트들과 전문가와 교수간의 협력은 정부 조달 프로젝트를 이끄는 데 도움이 될 수 있다. 교육과정의 발전, 책 출판, 특별한 프로그램에 대한 공동 노력은 대학과 기업이 강력하게 묶이고 혁신을 증진시킬 수 있는 주요 방법이다. 왜냐하면 대학의 자원은 한정되어 있고, 외국 기업은 종종 훈련, 장비, 공동 프로젝트를 위한 투자에 기여하기 때문이다. 나아가 지역과의 관계를 구축할 수 있을 뿐만 아니라, 회사는 이러한 관계를 이용하여 잠재적인 직원과 소비자에게 기업의 상품에 대해 가르치고 지역 시장에 새로운 상품을 소개할 수 있다. 기업들은 조심스럽게 대학의 능력을 평가해야 되며, 자신들의 분야에서 선두적이며 공동 연구개발 프로젝트를 시행하는 데 가장 도움이 될 만한 핵심 교육을 결정해야 된다. 중국의 많은 최고 대학들은 다국적 기업과 공동 연구를 시행함으로써 중요한 경험과 함께 능력을 갖게 된다.[117]

또 다른 유명한 방법은 같은 산업 분야에 있는 영리 기업과 합작투자Joint Venture, JV를 하는 것이다. 소프Thorpe는 이에 대한 장단점에 대해 설명

---

116 Quan, "MNC R&D Labs in China."
117 Thorpe, "Bringing R&D to China."

하였다:

> 합작투자JV는 외국인 파트너가 중국 동업자의 지역 젊은이와 소비자 네트워크에 접근할 수 있도록 허락해 준다. 심지어 외국인단독소유기업도 지역 동업자와 함께 지역 자원에 대한 접근을 위한 합작프로젝트를 시행할 수 있다. 현재 중국의 운영 분위기는 많은 기술회사와 선진화된 상품의 생산회사가 소비자의 요구에 맞춰 변하며 고객층을 확장시키고 있다.[118]

그러나 이러한 협력관계의 선택은 우선 중국에서의 과학기술 스파이 행위에 대한 염려를 증가시킨다. 이하 내용에서 중국에 외국 연구개발 실험실의 증가가 가져오는 국가안보 연루, 특히 외국기술, 노하우, 전문지식의 불법 이전에 대해 다뤄볼 것이다.

외국 연구개발 실험실들의 잠재적 국가안보 연루

중국 내 외국 연구개발 실험실의 발전은 무역관계와 국가안보에 대한 근본적인 구조적 문제가 제기되면서 논란거리로 남아있다. 중국 내 외국의 투자와 연구개발 증가가 중국의 기술발전 능력에 엄청나고 긍정적인 영향을 가져오는가? 또는 그것이 약해져야 할 필요가 있거나 미국의 자국 기술력 강화와 리더십을 위협하지 않는가?[119] 산업분야에 있어 중국

---

118 Ibid.

119 Michael Pillsbury, "China's Progress in Technological Competitiveness: The Need for a New Assessment," Report prepared for the US-China Economic and Security Review Commission, April 21, 2005.

시장이 점점 더 중요한 역할을 하는 세계화 시대에 연구개발의 해외업무 위탁이 독이 되지는 않는가?[120] 중국의 과거 기술을 이해함에 실패했기 때문에 과도하게 우려하는 것인가? 미국은 우수한 혁신의 이유와 관계없이 최고의 자리에 머물 것인가?[121] 또는 케이트 월시Kate Walsh처럼 간결하게 말해 "언제 우리는 걱정을 해야 하는가?"[122]

최소한 다국적 기업과 중국의 정책결정권자로부터 받은 중국 내 외국 실험실의 균형 잡힌 평가는 연구개발의 세계화가 대체로 긍정적으로 발전하고 있음이 인지됨을 인정해야만 한다. 낙관론자들의 주장에 따르면, (1) 외국인직접투자 회사에 의한 연구개발투자는 중국 내 외국인 투자의 '양질'을 더욱 향상시키는 중요한 단계이며, 중국인 사업 분야에 과학기술 발전을 증진시키는 단계이다. (2) 지역 연구기관과 협력을 맺은 총력을 기울인 연구개발센터 설립은 인적자원의 '뇌 순환'을 촉진시킨다. (3) 세계 연구개발 네트워크, 선진화된 물리적 기반의 개선된 국내 환경, 국외 과학자들을 중국으로 돌아오게끔 하는 연구 네트워크의 출현. (4) 새로운 연구개발 기관의 설립은 국제적인 산업의 선두에 있는 중국인 노동자들을 위해 교육한 결과가 될 새로운 프로젝트와 새로운 지식을 가져올 것이다. (5) 연구개발 기관들은 산업 또는 할당된 구역의 중심이 될 것이며, 더 많은 외국 기업들을 끌어들일 것이다. (6) 결국 다국적 기업은 자신의 연구개발 본사를 중국으로 옮길 것을 결정할 것이다.[123] 종합적인

---

120 Boston Consulting Group (BCG) and Knowledge at Wharton (KW), *China and the New Rules for Global Business*, China Report: Studies in Operations and Strategy, May 26, 2004.

121 George J. Gilboy, "The Myth Behind China's Miracle," *Foreign Affairs* 83, no. 4, July/August 2004, pp. 33-48.

122 Walsh, "China R&D: A High-Tech Field of Dreams," p. 20.

123 Lundin and Serger, p. 6.

평가로, 월시Walsh는 "물이 반이 들어있는 컵"의 관점으로 요약했다. "더욱 쉽게 말해, 중국 내 외국인단독소유 연구개발 투자의 형태는 선호되며, 세계경제에 이익을 주는 영향을 미칠 수 있고, 중국 내 첨단기술 연구개발 투자에 따른 보상은 미국에 줄 수 있는 잠재적인 위험보다 크다고 나타났다."[124]

그러나 중국인 기업 환경과 종합적인 중-미무역관계의 역학에 대한 비관론자들이 증가하고 있다. (1) 대부분의 외국인 기업 및 실험실들의 연구개발 활동은 지역의 사업과 소비자를 지원하기 위해 연구에 몰두하기보다는 여전히 개발에 몰두하고 있다. (2) 중국에서 진행된 개발은 주로 중국 시장에 맞춰져 있으며, 이는 특정상품과 기술을 위한 세계적인 권한에 대해서는 기대치가 낮다. (3) 지적재산 보호는 여전히 너무 원시적이며 지역법률체계 역시 예측불가능하다.[125] (4) 외국인 투자 연구개발 회사, 국내 회사 그리고 지역 연구개발 실험실과의 관계는 여전히 약하다. (5) 국내 기업은 흡수 능력이 제한되어 있으며 인적자원의 단점은 계속되고 외국인과 국내 기업 사이의 노동력 이동성 또한 제한된다. (6) 몇 안 되는 큰 외국 기업들의 다양한 나라로 시장 진입과 증가된 집중은 독점적인 힘에 대한 우려와 시장 경쟁력의 감소를 유발시킨다. 몇몇 중국인 학자와 정책결정론자들은 중국 내 외국인 기업의 존재와 이 기업들의 행동을 비판하며, 특허에 대해 지나치게 높은 특허권 사용료를 지불하고 있고, 고도로 숙련된 기술자를 위해 시장 내의 중국 기업들을 "밀어내고" 있으며, 외국 기업들은 기술이전과 지식확산을 좌절시키고 있다고 주장했다.[126] 나아가, 외국 기업은 표준과 기술 시장을 지배하고 중국인 회사를

124 Walsh, "China R&D: A High-Tech Field of Dreams," p. 129.

125 Thorpe, "Bringing R&D to China."

126 Cheung K. Y., and Lin P., "Spillover Effects of FDI on Innovation in China: Evidence

낮은 이윤의 생산자처럼 본다.[127] 마지막으로 선Sun과 웬Wen은 중국에 연구개발을 가져오고 연구개발을 생산적으로 만들 내부적인 구조적 연관성을 찾았다. (1) 급료의 인상, (2) 높은 이동성과 이직률, (3) 최근 졸업자들의 부족한 경험, (4) 제한된 창의성, (5) 서양 기업들과의 문화적 차이성 등이 있다.[128]

낙관론자와 비관론자의 평가들을 읽어보면서, 중국 내 연구개발은 진정으로 좋고 나쁘다고 할 수 없으며, 쉽게 이원론적 결과를 제시할 수 없음이 명확해졌다. 분야와 분야 사이, 다른 지리적 위치 사이, 국가적, 도시적, 지역적으로 다른 수준의 체계 사이에 엄청난 변화가 있음을 알 수 있었다. 나아가 정책과 사업 환경은 고정되어 있지 않으며 시간에 따라 변화할 것이다. 월시Walsh에 따르면:

> ……로부터의 위험을 명확히 하는 것은 중요하다. 중국인 동업자와의 연구개발 협력은 1990년대 중반에서 후반인 투자의 시기에 최고의 연구개발 합작투자 사업이었다고 할 수 있다. 많은 연구개발 투자가 외국인 단독소유기업으로 이동했기 때문에 이후 이러한 위험은 줄어들었다. 세계무역기구WTO의 개혁 때문에, 외국인 투자자들은 더 이상 법에 의해 연구개발이나 시장에 접근할 환경을 만들기 위해, 비록 이것은 여전히 장려되지만 연구개발 실험실을 설립함에 있어 중국인 동업자와 함께 일하도록 요구되지 않는다. 나아가 공동투자와 외국인단독소유기업WFOE 모델 모두 기술적 노하우를 대부분 지역에 고용된 직원에게 이전함과 연관

---

from the Provincial Data," *China Economic Review* 15, no. 1, 2004, pp. 25-44.

127 Lundin and Serger, "Globalization of R&D and China."

128 Yifei Sun and Ke Wen, "Country Relational Distance, Organizational Power, and R&D Managers: Understanding Environmental Challenges for Foreign R&D in China," in Yifei Sun, Maximilian von Zedtwitz, and Denis Fred Simon, eds, *Global R&D in China*, London: Routledge, 2009.

> 되어 있지만, 연구개발 협력으로부터 얻은 지적재산권을 동등하게 공유하는 공동투자 파트너와 외국인단독소유기업 구조 아래 비슷한 작업을 수행하는 것 사이에 중요한 구분이 있다. 후자의 경우, 지적재산권은 전적으로 외국인 투자자의 손에 남아있고, 지적재산권의 침해가 발생할 시 더 많은 자원을 가질 수 있다. 그리고 만약 심각한 문제가 발생하더라도 기업 전체가 해체되는 선택을 할 상황도 적다. 그러므로 이러한 종류의 기술이전으로부터 많은 손해와 잠재적 위험은 이미 지나갔다.[129]

나아가, 위험은 거시적 수준에서가 아닌 오직 거래별 기준으로 있을 때만 평가될 수 있으며, 상대적인 이득이나 손해는 지적재산권의 소유자에 의해 시행되는 위험완화 전략에 깊게 관련되어 있다. 즉, 이념적인 유혹은 있을지라도, "두루 적용되는" 중국 내 외국 연구개발 이전에 대한 비평은 없다.

어떠한 정책의 종류가 미국 정부 지적재산의 손실 가능성을 완화하고 중국에 대한 기술적인 경쟁력을 추구할 것인가? 케이트 월시Kate Walsh는 양국관계를 위한 두 가지 권고 정책을 제공했고, 하나는 가까운 시일이고 다른 하나는 먼 시일의 것이다:

> 가까운 시일 안에 이루어져야 할 것은 미국의 "간주 수출deemed export" 규칙이 미국 외의 나라에 선진화된 외국인 연구개발 투자와 기술이전을 포괄하도록 개정되어야 한다는 것이다.[130]

후자의 관점에서 보면, 오바마 백악관은 수출 통제 개혁을 위한 첫걸음에 착수했지만, 조치는 통일된 조직 아래 우리가 추구하고 있는 더 나은

---

129 Walsh, "China R&D: A High-Tech Field of Dreams," pp. 128-129.

130 Ibid., p. xv.

규제에 대한 협력과 규제인 기술의 통합에 집중하고 있는 것처럼 보인다. 월시Walsh의 마지막 권고는 아마도 가장 전략적이고 장기적인 것이며, 방치되었지만 미래의 미국 경쟁력과 연구개발의 기초, 작업장을 강화시키는 중요한 결정요소에 집중된 것이다.

> 미국은 세계 도처에서 연구개발 투자의 지속적인 순수한 유입으로부터 이익을 얻었음에도 불구하고, 미국이 선도하는 중대한 첨단기술 산업과 혁신을 유지하기 위해 미국 정부는 기초연구와 교육에 대한 투자를 증가시켜야 한다. 미국이 경제적 · 기술적 · 군사적 경쟁을 명확히 하는 것은 중요하다. 또한, 미국 연구소, 대학, 첨단기술 기업에 일하고 있는 외국인 나라들이 세계화에 기인해 자신들의 경제와 비슷한 작업환경을 찾을 수 있음으로써, 미국 정부는 반드시 초등학교, 중등교육, 특히 기초과학, 수학, 공학기술에 더욱 투자할 것임에 틀림없으며, 위험은 감소할 것이다.[131]

131 Ibid.

04

중국에 기반을 둔 기술이전 기관들

외국 기술을 획득하려는 중국의 활동은 대부분의 국가들이 일반적인 관행으로서 추구하는 독자적 연구를 보완하기 위한 일반적인 활동의 수준을 훨씬 넘어선다. 이는 연구비용이 드는 것을 피하고, 문화적인 약점을 극복하며, 다른 국가의 창조성을 지렛대로 삼아 도약하기 위해 시행되는, 국가의 지원을 받는 의도적인 프로젝트의 일환이라고 할 수 있다. 정책선언, 기술이전 활동의 규모와 다양성, 외국의 기술을 획득하는 것에 전념하는 기관들의 수를 검토해보면 이러한 사실은 명확해진다.

기술이전에 종사하는 중국 기관들의 목록을 자세히 살펴보는 것은 상당히 어려운 일이다. 국가적 수준의 기관들만 살펴봐도, 중국이 외국 기술과 기술을 개발한 과학자들에게 직접적이고 간접적으로 접근할 수 있게 해주는 12개 이상의 기관들이 존재한다. 특정한 분야에 집중한 기술부서와 전반적으로 기술이전을 증진하기 위해 집중하는 국가 기관들이 여기에 포함된다. 여기서 언급하지 않는 비밀공작국, 오픈소스 네트워크, 군사기술조달기관, 중국이 끌어들인 외국 단체와 다국적 기업 등의 역할은 다른 장에 자세히 설명되어 있다.

보육단지incubation park, 귀환자를 위한 시설, 해외 중국인 과학자들을 위한 학술대회, 연락사무소, 대중적인 수준의 기술 "교환"을 다루는 이전센터 등의 지역적 기관과 모임은 국가적 수준의 조직들을 보완한다. 다양한 원조단체들과 비정부기구NGOs라고 주장되는 조직들은 국가적 수준과 지역적 수준 모두에 걸쳐 있다. 이러한 비정부기구들은 동향회同乡会의 기술 이전사무소부터 국가의 승인을 받아 작전을 수행하는 위장조직에 이르기까지 다양하다. 중국 정부에 의해 재정적인 지원을 받는 수많은 인재채용 사이트들이 위와 같은 실제적인 조직들을 지원한다.

해외 "인재" 채용 사무소들

기술이전을 지원하는 많은 국가적 수준의 조직들 중에서 베이징에 기반을 둔 국가외국전가국國家外國專家局, State Administration of Foreign Experts Affairs, SAFEA은 최고의 공식적인 관리기구이며, 중국 국무원에 직속되어 있다. 이 기관의 웹사이트에 따르면, 국가외국전가국SAFEA의 임무는 해외로부터 숙련된 인재를 모집하여 관리하고 교육훈련을 위해 중국인들을 외국으로 보냄으로써 "첨단기술의 도입을 촉진하고 중국의 산업이 보다 국제적인 경쟁력을 갖출 수 있도록 하는 것"이다.[1]

국가적인 수준에서 국가외국전가국SAFEA이 직접적으로 모집하는 대상은 높은 수준의 인재들에 한정된다. 주로 국가외국전가국은 모집전략을 결정하고, 정책을 세우고, 정책 실행을 감독하며, 자금을 제공하고, 중국의 주요 성省과 도시에 있는 다양한 지부를 포함한 부속 기관들의 활동을

1 www.safea.gov.cn.

감시하는 등 전반적인 관리적 차원의 업무를 수행한다. 이 기관의 역할은 "외국 전문가들을 모집하기 위한 국가의 주요 계획을 지도·조직화·체계화하고, 교육을 받기 위해 외국으로 보내진 인사들에 대한 관리·감독을 향상시키고, 숙련된 인재들을 모집하기 위한 대외연락업무에 대한 책임을 맡고, 모집 경로를 개방하고, 숙련된 인재들의 교류와 협력을 위하여 공식적인 외국 기관들과 기타 조직들과 관계를 맺는 것"이다.[2]

더 나아가 국가외국전가국[SAFEA]의 기능은 다음과 같이 묘사된다. "외국의 전문가 모집에 관련되어 있는 국내외의 사회적 중개기관들의 자격을 증명하거나, 이러한 기관들에게 관련 서비스를 제공한다." 또한 국가외국전가국[SAFEA]은 인재 채용을 위한 정보네트워크를 구축하고 외국의 재원에 대한 종합적인 데이터베이스를 유지할 책임이 있다. 웹사이트에 올라온 관리자의 메시지는 이 기구가 "숙련된 인재들의 국제적인 교류에 관여하는 모든 종류의 중개기관들"을 조사하며 이러한 기관들의 자격을 증명한다고 말하고 있는데, 이는 국가외국전가국의 감독적인 기능을 보여주는 것이라고 할 수 있다.[3] 지금까지 약 80개 해외 전문기관들과 73개 중국 중개기관들이 국가외국전가국의 승인을 받았는데, 이를 통해 이 국가외국전가국이 수행하고 있는 활동의 규모를 짐작해 볼 수 있으며, 또한 중국이 외국의 기술에 얼마나 의존하고 있는지를 생각해 볼 수 있다.

다른 기술이전 기관들을 승인하는 일뿐만 아니라, 국가외국전가국[SAFEA]은 "국제전문인재교류서비스시스템"을 운영한다. 이 시스템에는 중국의 계획에 적합하면서도 활용 가능한 인재들의 네트워크와 중국 정부가 중요하게 여기는 기술을 가진 외국의 전문가들을 끌어들이기 위해 매

---

2 Ibid.

3 Ibid.

년 개최되는 "교류회exchange fair"가 포함된다. 국가외국전가국SAFEA 웹사이트에 올라온 통계자료에 의하면, 매년 중국에서 일하는 외국 전문가가 44만 명이고, 이들 중 25만 명은 서양 국가 출신이거나 일본 출신임을 자랑스럽게 보여주는데, 이러한 통계자료는 국가외국전가국의 성공을 반영한 것이라 할 수 있다.[4]

해외 중국인에게 집중하는 중국의 여타 기술이전 기관들과는 달리, 국가외국전가국SAFEA은 다방면에 걸쳐 모든 민족으로부터 지원을 이끌어낸다.[5] 그렇다고 해서 이 기관의 모집행위가 필연적으로 외국의 스파이법에 의해 제약을 받는 것도 아니다. 2006년 11월 8일 미국 연방수사국FBI은 중국에 군사기밀을 누설한 혐의로 미국 시민이자 노스럽 그러먼Northrop Grumman 전前 직원이었던 노시르 고와디아Noshir Gowadia를 기소하였다.[6] 전하는 바에 따르면, 노시르 고와디아는 국가외국전가국의 대리인을 통해 2003년과 2005년 사이에 중국을 적어도 여섯 번 방문하여 스텔스stealth 관련 기술을 넘겨주었다고 한다.[7]

중국의 기술이전 문헌에 전형적으로 내포되어 있는 이 사례는 국가외국전가국SAFEA 웹사이트에 계속해서 되풀이되어 올라오는 주제로서 성공적인 임무 수행을 위한 "다양한以多种方式 종류의 모집경로의 활용"에 대한 장려와도 일맥상통한다. 웹사이트에 올라온 글들 중 하나는 외국 전문가

---

4 Ibid.

5 하지만 2009년 웹사이트에 올라온 사진은 이러한 모집 대상 중 민족적 중국인의 수가 전반적으로 우세함을 보여준다. 중국의 해외 인재활용에 대한 2001년의 종합연구에 따르면 "최근" 국가외국전가국은 대상을 귀화 중국인에서 "해외에 거주하는 민족적으로 중국인인 전문가들이 가진 지적 재원"으로 확장하였다(Liu and Shen, 2001).

6 Peter Boylan, "Isle man gave China stealth tech, feds say," *The Honolulu Advertiser*, November 9, 2006, http://the.honoluluadvertiser.com/article/2006/Nov/09/In/FP611090349.html.

7 Mark A, Kellner, "China a 'Latent Threat, Potential Enemy': Expert," *Defense News Weekly*, December 4, 2006, www.defensenews.com/story.php?F=2389588&C=america.

들을 모집하기 위해 국가외국전가국에게 "정부와의 접촉, 자매 도시와의 교류, 국제적인 경제무역협상, 국제적 회의, 이와 유사한 여러 기회들을 충분히 활용할 것을" 촉구한다.[8] 해외의 성省 단위 협회, 동창회, 국제 친교회, 외국의 시민권을 가진 교수들과 고문들의 모임, "중국에 호의를 갖고 있는 방문학자들의 모임"이 추천되는데, 이러한 장소들에서 중요한 안건의 비공식적인 부분이 노출된다.

국가외국전가국SAFEA 활동을 규정하는 또 다른 2개의 주제는 일반적인 중국 과학기술이전행위의 특징이 된다. 하나는 과학과 방법론에 대한 중국의 이론적인 이해를 반드시 증진할 필요가 없다는 것이다. 무게중심은 전적으로 실용적인 기술에 놓여있다. 웹사이트에 올라오는 전형적인 글들은 핵심적인 기술적 문제를 해결할 수 있으며, 기존의 기술을 상품화할 수 있는 높은 수준의 외국 전문가들을 중국이 필요로 하고 있음을 언급하고 있다. "실질적 수요"와 국가가 지정한 프로젝트가 우선사항이 되어야 한다.[9] 국가외국전가국 공고에도 강조되어 있는 두 번째 주제는 중국이 국가의 발전을 위한 "지름길"로서 외국의 기술을 필요로 한다는 것이다.

국가외국전가국SAFEA 목표를 보완하기 위해 모든 국가의 외국 전문가들을 목표로 하는 국무원해외교포관련업무사무실国务院侨务办公室, State Council's Overseas Chinese Affairs Office, OCAO이 있다. 이 기관은 중국 교포에게 초점을 맞춘다. 중국의 관행을 따르면서, 국무원해외교포관련업무사무실OCAO은 화교华侨, Overseas Chinese라는 용어를 폭넓게 정의하고 있다. 해외에 거주하는 중국인과 가족 및 친척侨眷, 중국에 거주한 적이 있는지 확실치 않은 중국인华人, 비록 중국에 거주한 적이 없을지 몰라도 자국으로 "귀환한" 중국

8 www.safea.gov.cn.

9 Ibid.

인이 모두 화교에 포함된다.[10]

해외 중국인들의 "정당한 이익을 보호할" 국무원해외교포관련업무사무실OCAO 임무는 해외 중국인들에게 조국祖国의 성장과 번영을 위해 일할 수 있는 기회를 제공한다는 것을 의미하는 것으로 해석된다. 특히 국무원해외교포관련업무사무실 헌장의 제4조는 이 조직이 해외 중국인을 위한 기금, 기술, 숙련된 인재의 도입에 대해 조사·연구할 수 있도록 권한을 부여한다. 이 사무실OCAO의 경제 및 과학기술을 담당하고 있는 제4부서가 맡고 있는 기능은 베이징 정부의 우선사항을 지원하기 위해 해외의 중국인을 동원하는 것으로 국무원해외교포관련업무 임무와도 일맥상통한다.

제4부서는 국제사업혁신교류회를 후원하고, 해외 중국인 전문가 단체와의 연락망을 구축하며, 귀환자들이 근무하는 중국 첨단기술혁신센터를 지원한다. 예컨대 2003년 제4부서는 선양, 샤먼, 우한, 난징에서 일주일 동안 개최된 콘퍼런스를 후원하였는데, 선진기술 관련 학위를 가진 중국계 미국인을 겨냥한 과학기술 인사의 교류와 첨단기업의 설립이 이 콘퍼런스의 주요 주제였다.[11] 그 다음 해 국무원해외교포관련업무사무실OCAO은 시안, 다롄 및 기타 도시들에서 콘퍼런스를 개최하였는데, 이 콘퍼런스는 "해외 중국인 학자들과의 대면회의", "해외의 과학기술인사와 중국 기업 사이의 협력과 교류를 위한 회의", 혹은 "해외의 중국 기업들의 과학기술 혁신에 대한 협력 및 교류를 위한 회의"와 같은 이름으로 알려져 있다.

위와 같은 몇몇의 사례를 보면, 국무원해외교포관련업무사무실OCAO의

10 www.gqb.gov.cn.

11 이는 New England Chinese Information & Network Association의 웹사이트(www.necina.org)에 올라온 정보에 따른 것이다.

기술이전 행사에 대한 관련성은 명백히 드러난다. 다른 사례들에서 국무원해외교포관련업무사무실은 중국해외교류학회中国海外交流学会, Chinese Overseas Exchange Association를 통해 일을 하는데, 이 학회는 비정부기구라고 알려진 조직이지만 시설과 전화선을 국무원해외교포관련업무사무실과 공유하고 있으며, 이 학회의 과학기술사무소에서는 국무원해외교포관련업무사무실 직원들이 근무하고 있다. 국가외국전가국SAFEA처럼 국무원해외교포관련업무사무실은 성省과 직할시直轄市에 지사를 두고 있는데, 이는 중국에 방문한 해외의 중국인 전문가들과 접촉하고 지역의 "혁신센터"에 관여하는 것을 지원하기 위함이다.

또한 국무원해외교포관련업무사무실OCAO 제4부서는 해외에서 중국을 지지하는 단체들과 공식적인 연락을 유지하는데, 이러한 단체들의 대다수는 기술지향적인 성격을 띤다. 2003년 중국해외교류학회 웹사이트에 올라온 글에서는 제4부서 전前 책임자 워 홍진Wu Hongqin에게 상을 수여한 미국 중국과학자기술자협회 회원들이 소개되었다. 이 글이 올라오기 1년 전 첨단기술 관련 분야에서 활동하는 박사들로 이루어진 프랑스 중국과학자기술자협회 책임자는 제4부서의 책임자를 베이징에서 만나 "조국"의 발전을 지원할 것을 약속하였다.[12]

마지막으로 국무원해외교포관련업무사무실OCAO의 명목상으로만 비정부기구인 중국해외교류학회는 매년 개최되는 "해외 중국계 저명 청년 인사들의 중국행海外华裔青年杰出人士华夏行"을 후원한다. 이 행사의 목적은 젊은 인재들이 "중국에 대한 이해를 넓히고, 중국과의 친분을 쌓고, 공동의 발전을 추구하도록 하는 것"이다. 베이징에서 시작되어 일주일 뒤 끝난 2008년 행사에는 "공자의 고향을 방문"하고자 하는 강한 열망을 충족시

---

12 www.asicef.org.

키기 위한 목적으로 "경제 및 과학기술" 분야에서 활동하는 해외 중국인들이 초대되어 국무원해외교포관련업무사무실 지도자들과 지역 기업가들과 비공식적인 회담을 가졌다.[13]

대외모집활동에 깊이 관여하고 있는 또 다른 국가적 수준의 기관으로는 인사부人事部, Ministry of Personnel, MOP가 있다.[14] 인사부MOP는 해외 중국인 전문가들을 끌어들이기 위한 원조 프로젝트를 적어도 1985년부터 운영한 것으로 보인다. 1985년 이 조직은 "과학기술 활동에 참여하는 귀환학자들을 위한 재정지원프로그램"을 시작하였다. 이 프로그램은 과학기술 프로젝트, 국제적 교류, 기술개발 착수, 국가의 우선적 프로젝트, 보조비용과 같은 5가지 사항에 대하여 자금을 지원한다.[15] 또한 "해외 중국인 학자들이 짧은 기간 동안 중국으로 돌아와 교육제도 외의 분야에서 일을 할 수 있도록 하는 자금지원 프로그램"과 중국 서부지역에서 근무하는 귀환학자들을 위해 배당된 자금도 있다.

인사부MOP에는 12개의 조직이 소속되어 있는데, 이중 3개의 조직은 어떠한 형태로든 외국 기술이전에 직접적으로 관여한다.[16] 기술전문가관리부서专业技术人员管理司, Specialized Technical Personnel Management Department는 영구적으로 중국에 거주하기 위하여 돌아온 전문가들에 대한 인사평가와 기타 관리업무를 수행한다. 이 부서는 "조국을 위해 귀환한" 해외 중국인들에 대한 정책을 만들고, 세부계획, 비용, 정착을 위한 서류업무에 대한 지원을 제공한다. 또한 중국에 들어오거나 중국을 떠나는 기술전문가들에 대한 정책과 중국의 핵심 인재들을 고용하는 중국 내 외국 기관들에 대한 정책

---

13 www.gqb.gov.cn/special/2008/1029/19.html.

14 2008년 인사부는 인력자원사회보장부人力资源和社会保障部, Ministry of Human Resources and Social Security로 개편되었다. 이번 장에서 언급되는 개개의 조직들은 개편 과정에서도 살아남았다.

15 2005년 이 기관 웹사이트(www.mop.gov.cn)에 올라온 정보에 따른 것이다.

16 Ibid.

을 만든다. 이 부서에는 중국에서 근무하는 귀환자들에게 정책적 지원과 서비스 보증을 제공하는 "해외의 중국인 학자와 귀환한 전문가를 위한 부서"가 존재한다.

두 번째로 소개할 인사부[MOP] 소속 조직은 인재유동개발부서[人才流动开发司, Talented Persons Mobility and Development Department]로, 이 부서는 외국 기관들의 숙련된 인재가 중국 시장에 진입할 수 있도록 하는 "진입제도"를 담당한다. 중국으로 흘러들어오는 기술 인재들의 유입을 조정하기 위해 이 부서가 수행하는 전반적인 업무이다. 마지막으로 국제교류합작부서[国际交流与合作司, International Exchange and Cooperation Department]가 있다. 이 부서는 다음과 같은 업무를 수행한다. (1) 외국 정부들, 국제적인 조직들과의 인사협력 프로그램을 운영한다. (2) 공무원들과 기술전문가들이 해외에서 받는 훈련을 조직화하고 체계화한다. (3) 해외로 보낼 인사들의 선발과 선발된 인사들의 해외 파견 및 조직화를 관리 · 감독한다.

이러한 3개의 소속 부서들 외에도 인사부[MOP]는 또 다른 9개의 소속 부서를 감독한다. 그중 하나로 "유학파및전문가서비스센터[留学人员与专家服务中心, Overseas Scholars and Experts Service Center]"가 있는데, 이 센터는 해외에서 유학하는 중국인들과의 교류를 통해 기술이전을 지원한다. 이 센터는 이전에 인사부에 소속되었던 "전문가 서비스센터"와 "박사후과정을 위한 중국과학재단"이 합쳐진 것으로, 대외적으로 인사부의 간판 역할을 한다. 푸젠[Fujian] 해외학자협회 웹사이트에 올라온 글에 따르면,[17] 센터는 중국의 통합된 인적자원개발제도의 중요한 부분으로 숙련된 인재들을 중국으로 끌어들이고 "국내 고용단체"와 "해외의 학생, 교육기관, 학술기관" 사이의 중재자 역할을 한다.

---

17 www.forsa.org.cn, visited in 2005.

유학파및전문가서비스센터라는 이름을 가지고 있음에도 불구하고, 이 센터는 학문적 교류의 촉진제 역할을 하기보다는 중국 국가 실험실과 첨단기술 사업을 위한 인재채용 사무소로서의 역할을 한다. 센터의 활동범위는 소속 조직들을 살펴보면 보다 명확해진다. 소속 조직을 나열해보면, 귀환자서비스사무소, 해외인사의창업을지원하는서비스부서, 박사후과정평가서비스부서, 전문가서비스부서, 정보상담부서, 훈련교류서비스부서 등이 있다. 이러한 모든 소속 조직들의 목적은 외국 기술을 중국 국내 수요에 맞추는 것이다.[18]

유학파및전문가서비스센터는 중국에서 창업하기 위해 귀환한 해외 학자들을 위해 수행하는 업무의 일환으로서 선발, 보조금 결정, 귀환학자들의 과학기술 활동 등에 대한 평가를 결정한다. 유학파및전문가서비스센터는 활용할 수 있는 해외 "인재"에 대한 데이터베이스를 관리한다. 또한 이 센터는 과학재단Science Foundation의 자금을 관리하고, 중국의 "박사후과정연구소"와 "기업박사후과정연구소"를 감독하며,[19] 명시되지 않은 "중개서비스"를 제공한다. 2002년 후반 중국에서 운영되는 이러한 종류의 기관들의 수는 947개였으며, 이 기관들에서 7,000명 이상이 근무하였다.[20]

인사부MOP 웹사이트와 확장outreach 웹사이트인 "중국해외인재네트워크www.chinatalents.gov.cn"에 게시된 글에 따르면, 인사부MOP는 지난 15년 동안 4,000명의 귀환학자들이 수행한 과학기술 업무를 지원하고, 짧은 기간 동안 중국에 체류하며 활동하는 또 다른 3,000명의 해외 중국인 학자들

---

18 www.mop.gov.cn.

19 중국어 명칭은 각각 博士后科研流动站박사후과학연구연수기관와 企业博士后科研工作站기업박사후과학연구국이다. 때때로 전자는 "centers for post-doctoral studies"로 후자는 "post-doctoral project work stations"로 번역된다.

20 headhunting.job.365.net 웹사이트에 올라온 전前 인사부 장관 장 수에종Zhang Xuezhong과의 인터뷰에 따른 것이다.

에게 보조금을 지원하면서 2억 위안 이상의 예산을 사용하였다. 짧은 기간 동안 중국에 체류한 이 학자들은 "우수한 지식과 넓은 학문적 인맥"을 갖춘 "진정한 애국자"로 묘사된다.[21]

인사부MOP가 획득하고 싶은 외국 기술의 예로는 중국인재웹사이트에서 찾아볼 수 있다. 2005년 12월 배너 형태의 광고가 사이트의 홈페이지 상단부에 게시되었다. 이 광고에는 "베이징응용물리및계산수학연구소北京应用物理与计算数学研究所, Beijing Institute of Applied Physics and Computational Mathematics, IAPCM가 모든 방면의 인재들을 초대를 합니다"라는 제목으로 게시되었다. 글에는 연구소의 목적이 보편적인 용어로 서술되어 있었으며, 시설, 직원, 추구하는 기술의 종류에 대한 내용이 서술되어 있었다. 지원과 보상에 대한 상세한 정보도 역시 제공되었다.

중국의 과학기술인프라에 친숙하지 않은 독자들을 위해 설명하자면, 응용물리및계산수학연구소IAPCM는 중국 최고의 핵무기 모델제작시설이다. 미국 과학자연맹Federation of American Scientists, www.fas.org이 제공하는 정보에 따르면, "중국과학원CAS에 소속되어 있는 응용물리및계산수학연구소는 쓰촨성Sichun 몐양Mianyang에 있는 중국공정물리연구원中国工程物理研究院, Chinese Academy of Engineering Physics, CAEP을 위해 핵탄두설계계산nuclear warhead design computations에 대한 연구"를 수행한다. 이 연구소는 핵실험금지조약Nuclear Test Ban Treaty 활동에 참여하지만, 응집물질물리학, 유체역학, 계산수학 등이 포함된 이 연구소에서 추구하는 기술은 핵무기 설계라는 연구소의 주요 목적과 일관된다.[22]

---

21 www.chinatalents.gov.cn.

22 이와 비슷한 광고가 응용물리및계산수학연구소IAPCM 웹사이트www.iapcm.ac.cn, 2005년 12월 6일에 방문의 인재채용 웹페이지에 게시되었다. 광고는 특정한 프로젝트에 대한 몇몇의 자세한 내용을 담고 있었으며, 프로젝트 중 대다수는 무기에 관련된 것이었다. 비선형발전방정식, 무한차원동적시스템, 비선형발전방정식에 대한 계산수학의 수치 해법, 전산유체역학,

쉽게 말해서, 인사부[MOP]는 민족적으로 해외 중국인 과학자들에게 중국의 핵무기 프로그램을 지원하도록 요청하였던 것이다. 비밀공작국은 이 이상의 요구를 할 수 없었다. 또한 주목할 만한 것은 "사회주의 조국을 소중히 여기고, 중국 공산당 지도부를 지원하며, 중국 국가의 요구에 복종"하도록 지원자들에게 요구하는 성명서도 있었는데, 이는 보안 검열을 받게 될 것임을 지원자들에게 암시하였던 것이라 볼 수 있다. 조국에 대한 언급과 영문으로 된 글이 부족했던 것을 보면 이 광고의 대상이 해외 중국인이었음을 나타낸다.

과학기술부The Ministry of Science and Technology, MOST

일반적으로 중국 국가기관에 의해 수행되는 광범위한 기술이전활동을 고려해보면, 과학기술부[国家科技部, MOST]가 외국 기술을 획득하는 데에 막대한 자원을 쏟아붓는다는 사실이 그리 놀라운 것은 아니다. 원래 국가과학기술위원회[SSTC]로 알려졌던 과학기술부[MOST]는 1998년 완전히 성장한 정부 부처가 되어 중국의 지도부에게 기술개발에 있어서 중요한 기관으로 인정받게 된다. 과학기술부 강령에서 발췌한 다음 글을 통해 중국의 발전 과정에서 외국 과학기술에게 기대되는 역할이 무엇인지를 살펴볼 수 있다:[23]

과학기술부[MOST]는 다음과 같은 역할을 한다. (1) 과학기술에 대한 중국

수송방정식 계산법, 유체역학적 불안정도에 대한 수치모델링, 폭발에 대한 수치모델링, 고성능 병렬 컴퓨팅 등과 같은 내용들이 다루어졌다.

23 www.most.gov.cn.

의 국제적 협력과 교류를 위한 지침과 정책을 연구하고 만든다. (2) 관련 국제 조직들이 참여하는 과학기술 협력프로그램뿐만 아니라 2개국 이상의 정부가 참여하는 과학기술협력프로그램을 책임진다. (3) 외국에 설립된 과학기술 관련 단체의 업무를 지도한다. (4) 해외 중국 대사관 및 영사관에서 근무하는 과학기술 관련 공무원들을 선발하고 관리한다. (5) 외국 정부와 국제 과학기술조직의 중국에 대한 과학기술적 지원 업무를 감독한다.

과학기술부MOST는 1991년 45개국 60개 지역에 설치된 대사관과 영사관에 약 135명의 공식적인 "직원工作人员"을 두었으며, 이 공식적인 인력은 이후 계속해서 증가해왔다.[24] 미국과 그 밖의 국가에서 중국 과학기술에 대한 지원을 다루는 다음 장Chapter에서 이를 논의하기로 한다. 국내적으로 과학기술부는 귀환자들이 가지고 "돌아온" 과학기술을 활용 · 배양하기 위해 만든 국가첨단기술개발구역国家高新技术开发区, National New and High Technology Development Zones과 첨단기술창업서비스센터高新技术创业服务中心, Innovation Service Centers for New and High Technology에 30개 이상의 해외유학파창업단지海外留学人员创业园, Pioneering Parks for Overseas Chinese Scholars를 설치하는 것을 1995년부터 지원하였다. 해외유학파창업단지에 대해서는 제8장에서 자세히 논의하기로 한다.

우리가 지금 살펴볼 것은 과학기술부MOST에 소속된 국제과학기술협력부서国际科技合作司, Department of International S&T Cooperation, 중국과학기술교류센터中国科学技术交流中心, China Science and Technology Exchange Center, 상하이양성센터上海培

24 Liu Yun(刘云리우원) and Shen Lin(沈林선린), "海外人才资源开发利用的现状及发展对策해외인적자원 개발 이용 현황 및 발전대책"("The Current Situation and Countermoves on Development and Utilization of Overseas Chinese Experts Intellectual Resources") in 科研管理과학연구관리(*Science Research Management*) 22, no. 4 (July 2001), pp. 115-125.

训中心, Shanghai Training Center, 과학기술인재교류개발서비스센터科技人才交流开发服务中心, Service Center for S&T Personnel Exchange and Development와 같은 4개 기관들이다. 과학기술부와 중국과학기술정보연구소ISTIC 웹사이트에 따르면, 과학기술인재교류개발서비스센터는 중국 오픈소스 정보시스템의 핵심조직인 중국과학기술정보연구소ISTIC에 의해 운영되며, "과학기술부 지도부에 직속"된 기관이다.[25]

과학기술부 국제과학기술협력부서는 계획, 국제적 연락, 지리학적으로 구분되는 각각의 지역을 담당하는 사무소들을 둔다. 지역을 담당하는 사무소 중에는 "북아메리카, 남아메리카, 오세아니아"를 담당하는 사무소가 존재하기도 한다. 국제과학기술협력부서가 맡는 특정한 임무는 다음과 같다:

> (1) 과학기술에 대한 국제적 협력을 위한 프로그램, 정책, 관련 규정을 연구·심의한다. (2) 둘 이상의 정부 혹은 관련 조직이 참여하는 과학기술 협력에 대한 계획 및 과학기술 협력에 대한 공식적인 협약과 같은 대외활동을 조직·시행한다. (3) 과학기술에 대한 협력적 교류에 관련된 중요한 민간 프로젝트에 대해 검토·협상한다. (4) 외국 정부, 국제적인 조직, 해외 중국인으로부터 과학기술적 지원을 조직·시행한다. (5) 홍콩, 마카오특별행정구, 타이완의 과학기술 업무를 지도할 뿐만 아니라, 해외에 설치된 중국의 과학기술 관련 기관들의 업무를 지도하며, 외국 정부 및 국제적 조직이 중국에 설치한 기관들과의 접촉을 유지한다.[26]

이 전면적이고 광범위한 권한은 민간 교류에 대한 과학기술부의 지휘·감독 역할을 공식화할 뿐만 아니라, 세계적으로 이 조직을 공식적인

---

25 www.most.gov.cn, www.istic.ac.cn.

26 www.most.gov.cn.

과학기술 교류를 위한 중국의 중심적인 기관으로 만들어주었다. 게다가 국제과학기술협력부서는 47개 이상의 성省과 직할시直轄市의 "과학기술위원회" 또는 "지방정부의 과학기술부厅"에 대한 감독 권한을 가진다. 지방 조직들의 목적은 외국 기술과 전문지식을 획득하는 데에 극히 편중되어 있다.

상하이과학기술위원회 프로그램은 과학기술부의 2등급 하위조직들의 전형적인 모습을 보여준다. 위원회가 맡는 책임 중에는 다음과 같을 것들이 있다. (1) 외국인투자회사와 귀환학자들이 운영하는 신생 기업이 대부분의 자리를 차지하고 있는 도시의 첨단산업연구개발지역을 지도한다. (2) 과학기술 관련 대외업무와 국제적 과학기술 협력을 관리한다. (3) 국제적인 과학기술 협력 행사에 참여한다. (4) 외국의 과학기술 관련 인사들의 합작기업에 대한 지원을 검토한다. (5) "다양한 경로를 통해 과학기술에 대한 투자를 증진할 수단과 과학기술 자원을 충분히 활용한 수단에 대해 연구한다." (6) "과학기술적 성과 전환科技成果转化"을 촉진한다.[27]

마지막으로 언급된 기능은 상하이의 본보기라 할 수 있는 상하이시 첨단기술[성과전환]서비스센터上海市高新技术成果转化服务中心, Shanghai New and High Technology [Achievements Conversion] Service Center, 괄호 친 부분은 공식적인 영문명에서 누락되었다. 옮긴이에 의해 실행된다. 이 센터는 상하이과학기술위원회, 궁극적으로는 과학기술부에 의해 국가 정책의 관점에서 기술을 평가하고, 평가한 기술을 국내 기업으로 이전하는 것을 촉진하는 권한을 부여받았다.[28] 이러한 기술이전에 대한 중국의 한 연구는 이 센터들의 기능을 다음과 같이 설명한다. 문제가 발생되는 핵심적인 분야에서 "선진화된 외국 첨단기술을 국내의

27 www.stcsm.gov.cn.

28 www.hitec.net.cn.

혁신력으로 전환"하기 위해 현장에서 "각각의 기업, 연구기관, 대학의 연구개발 능력을 조정"한다."[29] 이 연구에서는 "기술이전을 중국 기술혁신의 보다 핵심적인 특징으로 만들 것"을 권고한다.

정책 입안부터 외국의 노하우를 장비와 능력으로 전환하는 것에 이르기까지 기술이전의 전체 과정에 걸친 과학기술부의 역할을 사례로 살펴보면 분명해진다. 또 한 가지 주목해야 할 특징은 과학기술부가 특히, 미국 기술에 가치를 두고 있다는 점이다. "중미 기술 협력에 대한 개요"라는 문헌에서 과학기술부는 "미래가 보이는 사람이라면 누구나" 미국이 세계에서 과학적으로 가장 발전된 국가라는 것을 알 수 있다고 주장했다. 당연한 결과로 이후 제시된 몇 줄의 글은 "다른 국가들은 미국의 과학기술 정책, 관리 구조, 계획 및 투자, 핵심적 과학연구 분야, 미국이 이룩한 성공으로부터 틀림없이 교훈을 얻어낼 수 있을 것이라"고 말한다.[30]

과학기술부의 준독립적 부속조직인 중국과학기술교류센터China Science and Technology Exchanges Center는 국제과학기술협력부서를 지원한다. 과학기술부가 완전히 자리 잡기 약 16년 전인 1982년에 세워진 이 센터는 국제과

---

29 Sun Lijun(孙理军순리쥔) and Huang Huaye(黄花叶황화예), "美日技术转移实践及其对我国技术转移中心的启示미국 일본의 기술 이전 실행 및 우리 나라(중국) 기술이전센터에 대한 시사점"("US and Japanese Technology Transfer Practices and What We Can Learn for Our Country's Technology Transfer Centers"), in 科技管理研究과학기술연구관리(*Keji Guanli Yanjiu*), 2003. 1, pp. 70-72.

30 www.most.gov.cn. 이 문헌에서는 미국 정부의 연구예산, 첨단연구가 이루어지고 있는 특정한 분야, 어떤 기술에 자금이 지원되는지, 미국 정부 내의 어떤 조직이 국가의 연구개발을 담당하는지를 설명한다. 중국과 미국 사이의 과학기술적 관계에 대한 이 문헌의 평가는 복합적이다. 문헌은 다음과 같이 말한다. "종합적이고, 다각적이며, 광범위한 협력이 이루어지고 있다. 또한 핵심 분야에서 높은 수준의 협력이 이루어진다. 이는 양국의 정부, 연구소, 회사 및 과학기술 인사들의 교류를 보면 명확해진다." 하지만 동시에 "문제와 결함"이 존재한다. "특히 비과학기술적 요소가 중국과 미국 사이의 과학기술적 협력 및 교류가 정상적으로 발달하는 것을 여전히 방해하고 있는데, 이는 쉽게 찾아볼 수 있는 모습이다. 중국과의 협력 및 무역에서 미국이 첨단기술 분야에 두는 제약 또한 중국과 미국 사이에 더욱 넓고 깊은 협력이 이루어지는 것을 저해한다."

학기술협력부서와 비슷한 대외 시스템과 중복되는 임무가 부과되었다. 주된 차이점이라 한다면 국제사회에 비춰지는 센터의 모습이다. 중국과학기술교류센터는 명목상 사람과 사람을 연결해주는 조직으로, 토카막 컨소시엄Tokamak consortium, 국제열핵융합실험로ITER와 같은 국제단체에 과학기술부가 가입하는 것을 용이하게 해준다. 이 센터는 스스로의 역할을 "과학기술 및 경제 분야에서 중국 과학자들과 외국 과학자들 사이의 협력을 증진시킨다"[31]와 같이 묘사한다.

중국과학기술교류센터는 "과학기술부의 권한 안에서 전국적으로 통합된 일반적이고 특정한 대외정책의 지도하에 외국의 인사가 참여하는 개인과 개인 간의 과학기술 교류 및 협력을 주로 책임"지며, 여기에는 외국시민권을 가진 중국 교포들과의 과학기술 교류가 포함한 일반적인 정책과 특별한 정책이 있다. 웹사이트의 소개인사에서 과학기술부 장관은 중국과학기술교류센터가 "사람과 사람 사이의 국제적 과학기술 교류를 위한 장을 열고, 과학기술 교류 및 협력의 장을 확장하고, 수많은 첨단기술 및 지적 자원을 끌어오고, 많은 국제화된国际化 과학기술 인재들을 훈련시키는 데" 중대한 공헌을 하였음을 인정하였다.[32]

중국과학기술교류센터는 양방향의 대외인사교류를 감독한다. 최근 확인된 통계 자료에 의하면, 2002년 8월까지 이 센터는 중국과 세계 사이의 "기술 격차를 줄이기 위해", 대부분 미국과 일본에서 약 4,376명의 외국의 전문가를 "도입引进"시켰다. 이와 동시에 센터는 매년 평균적으로 11개의 기술 "훈련생" 단체를 해외로 파견하였다. 각각 20명에서 30명 사이의 인원으로 구성된 훈련생 단체가 1998년 미국, 유럽, 일본으로 파견되었

31 www.cstec.org.cn.

32 Ibid.

고 기록되어 있다. 공식적으로 동등한 수준의 조직인 국제과학기술협력부서처럼 중국과학기술교류센터는 30개의 2등급 소속조직을 성省과 직할시直轄市에서 운영하는데, 이 소속조직들은 "대외과학기술교류센터对外科学技术交流中心, foreign science and technology exchange center"라고 불리며 사람과 사람 사이의 기술이전에 집중한다.[33]

상하이훈련센터와 과학기술인재교류개발서비스센터도 외국의 기술을 획득하고자 하는 과학기술부를 지원한다. 상하이훈련센터는 과학기술 "행정관", 특히 외국과의 교류를 위한 사절단 및 다른 종류의 "과학기술 관련 대외업무"에 종사하는 행정관을 양성하기 위해 1982년 중국과학기술교류센터의 관할 아래 설립되었다. 장장첨단기술단지张江高科技园区, Zhangjiang Hi-tech Park에 위치한 상하이훈련센터 시설은 모든 시설이 완비된 복합체로, "과학기술시스템"의 관리에 대한 교육과정과 함께 영어와 일본어로 된 어학수업이 제공된다. 2005년 당시 약 2만 명의 인원이 이곳에서 교육을 받았다.[34]

과학기술인재교류개발서비스센터는 중국의 "과학기술 인재", 특히 대학원생, 박사 후 과정 연구원, 중국 기관과의 밀접한 관계를 영구적으로는 맺지 않을 것 같은 방문학자와 같은 "유동인원流动人员"의 행방과 활동을 추적하기 위해 1993년에 설립되었다. 과학기술인재교류개발서비스센터는 데이터베이스를 활용하여 활용 가능한 인사들에 대한 파일을 보관하며, 연구시설과 연구단체에 대한 이 파일의 분배를 중개한다. 또한 짐작컨대 이 센터는 상위조직인 과학기술정보연구소ISTIC가 전문적으로 수집하는 외국의 과학기술 문헌을 활용하기 위한 "전문적인 훈련"을 특별

---

33 Ibid.

34 www.most-training.org.

히 지시받지 않았는데에도 제공한다.[35]

또 다른 국가적 수준의 기관들

대학원을 통해 중국의 주요정책을 설정하는 교육부教育部, Ministry of Education, MOE는 중국의 학생을 외국으로 보내고, 유학생들이 획득한 기술이 중국으로 "돌아올" 확실한 길을 찾는 데에 비정상적일 정도로 집착한다. 이런 업무들은 특별히 국제조직과 외국 정부를 상대하는 것을 포함하여 교육제도의 전반적인 활동을 관리하는 국제협력교류부서国际合作与交流司, International Cooperation and Exchange Department가 담당한다. 국제협력교류부서는 다음과 같은 일을 한다. (1) 해외에서 유학하는 중국인과 중국에서 유학하는 외국인을 위해 정책을 만들고 전반적인 계획을 세운다. (2) 외국인 교수의 고용을 관리한다. (3) 교육에 관련된 협력기관 및 프로젝트를 승인한다. (4) 중국이 외국에 설립한 부서의 교육 사무소가 수행하는 업무를 지도한다.[36]

또한 교육부MOE는 외국 첨단기술의 획득을 가속화하기 위한 몇 가지의 장려계획을 시행한다. 이 계획 중 하나로 봄볕계획春晖计划, Spring Light, 유학생들 귀국 서포터를 위한 서비스로, 교육부에서 1997년 전면적으로 실시한 정책. 교육부에서 해외유학파들이 단기로 귀국해 일하는 데 드는 경비를 지출한다. 옮긴이이 있는데, 이 계획은 핵심적인 과학기술 분야에서 "짧은 기간 동안 중국을 방문하여 서비스를 제공"하는 해외 중국인 과학자와 기술자에게 일반적으로 해외에서 받는 급여의 5배까지 보

---

35 www.istic.ac.cn.
36 www.moe.edu.cn.

상을 제공한다.[37] 봄별계획春晖计划은 1996년부터 시행되었다. 세미나, 협력적 교류, 국영기업과의 기술상담, "교육부 혹은 교육부가 해외 대사관 및 영사관에 설립한 부속 사무소에 의해 승인받은 서비스를 단기적으로 중국에 방문하여 제공하는 여타 활동" 등을 통해 외국 기술이전이 이루어진다.[38] 지금까지 약 2만 명의 인원이 봄별계획을 거쳐 갔다.[39]

1998년에 시작된 창장학자장려프로젝트长江学者奖励计划, Changjiang Scholar Award Plan, 중국 교육부와 홍콩 리자청기금회가 중국 대학의 학술적 지위와 중국 고등교육을 제고시키기 위해 1998년 공동 출자한 프로젝트로, 교수특별초빙제도(特聘教授岗位制度)와 창장학자성취상(江学者成就奖) 두 가지를 시행한다. 국가중장기교육개혁과발전계획요강(国家中长期教育改革和发展规划纲要)(2010년-2020년)과 이에 따른 정책 실현의 일환으로 교육부에서는 2011년 새로운 창장학자장려프로젝트를 실시하고 있다. 옮긴이는 귀환학자들을 교수직으로 만드는 것을 목표로 한다. 교육부에 소속된 "국가유학기금관리위원회国家留学基金管理委员会, China Scholarship Council"는 "중국의 발전으로 이어질 수 있는 프로젝트를 위해" 해외로 유학 가는 학생들과 중국에서 유학하는 외국인들에게 재정적인 지원을 제공한다. 11개의 부서와 국가 기관들이 위원회에 속해 있는데, 공안부Ministry of Public Security 및 중국의 기술이전프로젝트에 관여하는 8개 조직이 포함된다.[40] 또한 교육부는 귀환자들이 "창조적인" 연구개발을 시작하기 위해 필요로 하는 시간을 줄이기 위해 고안된 "중국으로 돌아오는 해외의 학자들을 위한 연구개발 착수 기금"에도 관여한다. 교육부는 베이징과 광둥에서 매년 기술이전협의회를 개최하며, 명시되지 않은 해외로부터 "기술을 전수하기 위한 프로젝트들传授技术项目"을 후원하기도

---

37 David Zwieg, Chung Siu Fung, and Donglin Han, "Redefining the Brain Drain: China's Diaspora Option," *Science, Technology & Society* 13, no. 1 (2008), pp. 1-33.

38 Liu and Shen, 2001.

39 www.huiguo.cn.xbpd/index.htm.

40 www.csc.edu.cn/gb.

한다.[41]

교육부 웹사이트에 게시된 글에서 국제협력교류부서의 책임자인 장시우친Zhang Xiuqin은 일류 학생들을 뽑아 해외에 있는 일류 대학에 보내 일류 교수 아래에서 교육을 받도록 하는 "세 가지 일류三个一流" 계획에 대해 설명하였다. 이 계획은 중국 과학기술 종사자들의 기술 수준을 향상시키고, 해외에 있는 높은 수준의 인재들을 중국으로 끌어들이기 위해 2003년에 시작된 국무원의 "전략적 계획"으로부터 파생된 것이다. 예전에 중국의 대학들과 연구기관들은 장Zhang이 말한 "단기적 수요"를 충족시키기 위해 학생들을 해외로 파견하였다. 하지만 현재는 장기적이고 전략적인 목표가 중시된다. 장Zhang은 중국의 경제적인 성장으로 더욱 많은 학생들이 중국으로 돌아올 것이라고 자신감을 표현했으며, 그럼에도 불구하고 여전히 해외에 남아있을 학생들도 "중국을 위해 다른 많은 일을 할 수 있다"라고 덧붙였다.[42]

마지막으로 교육부MOE 웹사이트에 올라온 정책 문건들에 의하면,[43] 교육부는 해외 인재풀로 특정한 기술에 대한 중국의 요구를 만족시키고, 중국이 해외에 설치한 대사관과 영사관에 근무하는 훈련받은 교포들을 더욱 잘 감시하기 위해 해외 중국인 학자들 데이터베이스를 구축하고 있다. 또한 교육부는 중국 대학과 연구소에서 인력을 선발하여 미국과 같이 민족적으로 중국인 전문가들의 인구밀도가 높은 국가에 파견할 예정이다.

---

41 Liu and Shen, 2001, p. 117.

42 장Zhang에 따르면, 사무소는 국가유학기금관리위원회와 유명한 외국 대학이 교류하는 45개의 "협력프로젝트" 협약에 대해 협상함으로써 중국의 학생들을 최고의 학교에 보내야 하는 문제를 해결하였다.

43 "MOE's Views on the Work of Further Strengthening the Introduction of Talented Overseas Scholars"(教育部关于进一步加强引进海外优秀留学人才工作的若干意见교육부의 해외 우수 유학 인재 도입을 강화하는 데 대한 몇 가지 의견), March 2, 2007.

그리고 이 인력들은 교육부의 지원을 받으며 전문가들의 행방을 추적跟踪하고, 중국의 첨단기술프로젝트를 지원할 기회에 대해 논의하고, 전문가들의 지원을 끌어낼 방법을 모색할 것이다. 또한 교육부는 인재들을 모집하기 위한 다리를 놓기 위해 해외 학생들이 소속된 학술 단체와 협회와의 연계를 강화하고, 이 단체들의 관리 · 감독을 강화하려 한다.[44]

1949년에 설립된 중국과학원中国科学院, CAS은 108개 과학연구기관과 200개 이상 과학기술 관련 기업의 상위 기관이다. "연구전문가, 기술자, 행정관, 여타 정규직 직원들"과 같은 중국과학원에 소속된 3만 명 이상의 직원들은 이와 비슷하게 "객원연구원, 방문학자, 박사후과정 연구원, 대학원생 및 여타 유동인원"과 비교하여 그 수치가 대등하게 많다.[45] 중국과학원 내의 외국인 구성은 영구적으로 조직에 선출된 "국제적인" 과학자들과 해외 학자들의 협력적 방문에 대한 중국과학원의 후원을 통해 보완된다. 1986년과 1990년 사이에 29,530번의 방문이 있었으며, 1991년과 1995년 사이에는 33,881번의 방문이 있었다.[46] 현재의 연간 방문 수는 약 8,000회에 달하고 있다.[47]

중국과학원CAS 기술이전계획은 내용과 이름 면에서 중국의 다른 국가기관들이 운영하는 기술이전계획과 닮아 있다. 때때로 이러한 기술이전계획들은 외국 인재를 끌어들이려는 똑같은 노력으로 서로가 서로의 발에 걸려 넘어지기도 한다.[48] 예컨대 중국과학원의 "백인계획百人计划, 100

---

44 Ibid.

45 중국과학원CAS 웹사이트에 올라온 기사. 2008년 2월 29일에 확인함.

46 Lian Yanhua(连燕华롄옌화), "科学研究全球化发展评价과학연구의 국제화 발전 평가"("An Assessment of the Growth of Scientific Research Globalization"), in 科研管理과학연구관리 (*Science Research Management*), July 2000, pp. 1-14.

47 http://english.cas.ac.cn, visited February 28, 2008.

48 "중국과학원과 국가과학기술위원회과학기술부의 전신가 정책 입안 및 협의에서 맡는 책임의 구분이 항상 명확히 이루어지는 것은 아니다. 이들은 서로를 상대할 때 어느 정도의 애매함

Persons Plan, 1994년 중국과학원에서 시작한 최고수준의 목표, 표준, 강도로 인재도입을 지지하고 배양하려는 프로젝트. 옮긴이"은 선두적인 학자 및 기술 관련 인재를 "끌어들이고 선발하여 육성하는 것"을 목표로 한다. 1994년과 2000년 사이에 약 470명의 인원이 이 계획의 지원을 받았다. 상awards이 만들어졌을 당시에는 470명의 절반도 안 되는 수의 인원이 중국에 있었다. 1994년과 1997년 사이에 연간 예산은 6천만 위안이었으며, 1998년까지 백인계획은 120명의 인원에게 연간 2억 위안을 사용하게 된다. 열 번째 5개년 계획2001-2005이 진행되던 시기에 백인계획의 연간 예산은 3억 위안까지 증가하였다.[49]

중국청년학자학술토론회中国青年学者学术讨论会, China Youth Scholar Academic Forum는 1991년부터 중국과학원CAS과 국가자연과학기금위원회NSFC에 의해 공동으로 운영되었다. 이 학술토론회의 목표는 "조국의 과학기술을 더욱 발전시키기 위해" 최신의 연구개발 동향에 주안점을 두면서, "중국의 젊은 학자들과 해외 중국인 학자들 사이의 학술적 교류 및 접촉을 강화하는 것"이다.[50] 매년 7~8개의 행사가 개최된다. 서부의 빛 프로젝트西部之光计划, Western Lights Plan, 중국과학원 서부지부 연구소의 경쟁력을 제고시키고, 서부지구 과학기술 사업의 발전을 촉진시키고, 서부지구의 경제사회 발전을 위해 1996년 실시한 인재양성 프로젝트이다. 1998년부터 지역적 인재 프로젝트로 발전하여, 중국과학원과 지방 정부가 공동으로 추진하는 프로젝트가 되었다. 옮긴이, 고급방문학자프로젝트高级访问学者计划, High-level Visiting Scholar Plan, 중국과학원 우수인재귀국일자리지원기금中科院择优支持回国工作基金, CAS Preferential Support Fund for Returning to China to Work, 중국과학원 왕콴청과학연구장학금中科院王宽诚科研奖金, CAS Wang Kuancheng R&D Scholarship, 유학파단기귀국일자리강연전문기금留学人员短期回国工

과 논쟁에 직면하게 된다." "State Science and Technology Commission," Federation of American Scientists Space Policy Project, June 20, 1998, www.fas.org/spp/guide/china/agency/sstc.htm.

49 Liu and Shen, 2001.

50 Ibid.

作讲学专项基金, Special Fund for Overseas Scholars to Return to China for Short Periods to Work and Lecture 등 중국과학원이 국가자연과학기금위원회와 함께 운영하는 또 다른 프로그램들이 존재한다. 게다가 중국과학원은 해외심사전문가海外评审专家 단체를 후원하며 인터넷에 기반을 둔 "해외인사관리시스템"을 구축하고 있다.[51]

중국과학원 국제협력국国际合作局, International Cooperation Bureau이 위와 같은 프로젝트들을 감독하는데, 중국과학원 웹사이트에 따르면 국제협력국의 임무는 다음과 같다:

> (1) 국제적 협력 및 학술적 교류를 위한 중국과학원의 규칙 및 규정을 만든다. (2) 학술적 수준의 국제적 협력을 목표로 하는 연간 계획을 만든다. (3) 중국과학원과 해외 파트너와의 협력 협약에 대해 협상을 수행하며, 조인식을 가지고, 집행한다. (4) 외국 기관들과의 교류 및 협력을 위한 새로운 경로를 모색한다. (5) 중국과학원과 소속조직의 주요 국제적 협력프로젝트를 감독한다.[52]

국제협력국은 세계적으로 40개 국가와 맺은 700개 이상의 협력협약을 자랑한다. 여기에는 "공동연구, 합작투자, 공동연구소, 청년과학자단체, 공동연수회, 교육과정, 양자간 및 다자간 세미나"가 포함된다.[53]

국가자연과학기금위원회国家自然科学基金委员会, NSFC는 몇몇 프로젝트를 중국과학원과 협력하여 수행하지만, 중국과학원과는 독립적인 자체 국제협력국国际合作局을 두고 있기도 하다.[54] 조직 헌장에 따르면, 국제협력국은

---

51 Ibid.

52 www.cas.cn.

53 Ibid.

54 국가자연과학기금위원회 국제협력국의 현 책임자 한젠궈韩建国, Han Jianguo는 초기 경력을 대부분 중국과학원 국제협력국에서 쌓았다.

해외 학생들과 관련된 프로젝트를 포함한 협력 및 교류 프로젝트를 만들며 자금을 마련하고, 외국 정부와의 협약에 대해 협상할 권한이 주어진다. 국가자연과학기금위원회 웹사이트에는 "성과出成果와 인재"를 배출하기 위해 고안된 66개 협약 목록이 게시되어 있다.[55]

국가자연과학기금위원회NSFC는 중국과학원과 기타 기관들과 함께 계획을 운영할 뿐만 아니라, "국가청년수재과학기금国家杰出青年科学基金, National Outstanding Youth Science Fund"을 관리하기도 한다. 이 기금은 1999년까지 매년 1억8천만 위안 즉, 국가자연과학기금위원회 예산의 20%를 사용하였다. "해외청년학자합작연구기금海外青年学者合作研究基金, Young Overseas Scholars Cooperative Research Fund"이라는 이름으로 1998년에 시작된 두 번째 청년계획은 중국의 과학프로젝트에 대한 외국의 지원을 보증한다. 이 계획은 홍콩을 위한 별도 예산을 편성한다. 국가자연과학기금위원회가 운영하는 계획에 대한 중국어로 된 한 연구는 이러한 계획들로 인해 "해외 학자들과의 협력적 교류를 위한 안정적인 토대를 중국에 세웠으며 '두 개의 토대两个基地' 방식을 활용하여 국가를 부양하기 위한 좋은 환경을 조성하였음"을 인정한다.[56]

국가자연과학기금위원회NSFC 웹사이트에 게시된 문헌에서는 "두 개의 토대" 방식을 해외 중국인 학자들에게 외국에서 정규직을 유지하면서도 업무를 위해 짧은 기간 동안 중국으로 귀환하도록 장려하는 것이라 설명한다.[57] 지원자들이 이중 기반 방식이라는 장려책으로부터 지원금을 받으려면 "영구적인 혹은 상대적으로 안정적인 해외의 직장을 가지고 있어야 하며, 자신만의 실험팀 혹은 연구팀을 운영해야 하고, 또한 스스로의

---

55 www.nsfc.gov.cn.
56 Liu and Shen, 2001, pp. 117-118.
57 www.nsfc.gov.cn.

독립적 연구예산을 가지고 있어야 한다." 지원자들은 한 번 또는 1년 중 적어도 30일 동안 중국에 머물러야 하며 중국의 동업자와 함께하는 확실하고 안정적인 연구프로젝트를 진행해야 한다. 2007년에 작성된 국가자연과학기금위원회의 보완계획은 오랜 기간 동안 중국에서 업무를 볼 외국의 과학자들을 끌어들이기 위한 "국내 연구조직들"의 활동에 보조금을 지원하였다.[58]

성省과 직할시直轄市 기관들

앞에서도 언급했듯이, 몇몇 국가적 과학기술이전 기관들은 지역에 부속 조직을 두고 관리한다. 베이징의 국가외국전가국SAFEA은 공적 연락조직이자 계획집행 기관인 중국국제인재교류협회中国国际人才交流协会, China Association for the International Exchange of Personnel, CAIEP를 통해 외국의 전문가를 모집하고, 중국인을 해외로 보낸다. 위의 두 기관의 명칭을 이용해서 만든 성省과 직할시直轄市의 부속 사무소들의 수는 3년 전 45개였으며, 현재는 51개로 증가하였다. 중국국제인재교류협회에 대해서는 나중에 "민간" 원조단체를 설명할 때 살펴보기로 한다.

앞에서 논의되었던 해외교포관련업무사무실OCAO도 4개의 큰 직할시直轄市를 아우르는 30개의 성省 수준의 사무소와[59] 다른 도시들에 설치된 63개의 또 다른 지역 사무소를 두고 있다.[60] 후자는 해외교포관련업무사무실에 소속된 비정부기구인 중국해외교류학회中国海外交流学会, Chinese Overseas

---

58 Ibid.

59 www.gqb.gov.cn.

60 www.chinaqw.com.cn.

Exchange Association, COEA에 소속된다. 중국국제인재교류협회CAIEP가 국가외국전가국SAFEA의 간판인 것처럼 중국해외교류학회COEA도 해외교포관련업무사무실의 간판 역할을 한다. 이러한 93개의 지역 조직들 중 대다수는 해외 중국인을 통해 과학기술 이전작업을 수행하는 해외교포관련업무사무실 소속 "경제 및 과학기술 담당 제4부서"를 본떠서 만든 "경제 및 과학기술" 담당 부서를 둔다.

예를 들어, 해외교포관련업무사무실OCAO 상하이 지사는 "해외 중국인 전문가와 이 전문가들로 이루어진 단체와 함께하는 과학기술 교류 및 협력"을 활성화한다.[61] 상하이 지사는 약 4,000명의 해외 중국인 기술자를 끌어들였다고 주장한다. 이 기술자들은 주로 상하이의 장지앙첨단기술단지 내의 첨단산업구역에 400개 이상의 기업을 설립했으며, 상하이 지사는 국무원으로부터 해외에서 "지적 능력을 끌어왔다"며 칭찬을 받았다. 2006년 해외교포관련업무사무실은 첨단산업구역의 일부 지역을 "여러 가지 방식의多种形式" 창업과 교류를 하는 귀환중국인들을 위한 우선지원 지역으로 지정하였다.[62]

또한 과학기술부도 내부 특정 부서들의 소속 지역 사무소들의 규정에 따라 중국 전역에 지역사무소를 둔다. 지역사무소들 중 하나인 국제과학기술협력부서의 상하이 지사를 앞에서 설명한 바 있다. 과학기술부 소속 지역사무소들은 일반적으로 특정한 프로젝트를 위해 외국 인력과 기술을 이용하고자 하는 계획을 주저하지 않고 설명한다. 베이징시Beijing Municipal 과학기술위원회 웹사이트에 올라온 글을 보도록 하자:

---

61 www.overseas.sh.cn.

62 qwb.sh.gov.cn.

> 과학기술 활동의 세계화에 대해 충분히 인식하고 있는 베이징시 과학기술위원회는 과학기술 협력의 기회를 찾고 있는 모든 정부기관들, 기업들, 비정비기구들과 이러한 조직들의 부속 조직들을 환영하며, 전면적인 지원과 서비스를 기꺼이 제공한다.[63]

과학기술부MOST와 다른 국가 기관들의 지역사무소들은 지방 정부와 협력하여 외국 기술을 얻기 위한 프로젝트를 수행하며, 일반적으로 직할시에서 발생하는 비용의 일부를 지원한다. 예를 들면, 해외 전문가들을 끌어들일 수 있는 첨단기술지구에 대한 보조금 지원을 들 수 있다. 또한 도시와 성省의 지방 정부들은 외국 인재를 끌어들이기 위해 독립적으로 업무를 수행하기도 한다. 2000년 베이징은 지역 내에서 창업하는 외국 전문가들에게 보상을 제공하기 위해 이른바 녹색통로绿色通道[64]라는 계획을 만들었다. 베이징 인사부에 소속된 유학생서비스센터留学生服务中心, Overseas Scholars Service Center는 많은 귀환자들이 베이징시 하이뎬구, 다싱구, 콩강에 위치한 산업단지에 첨단기업 설립을 지원한다.[65]

중국의 모든 주요 성과 도시에서 외국 과학기술 인사를 끌어들이기 위한 지역 프로젝트의 또 다른 예들을 찾아볼 수 있다. 상하이 인사사무소는 외국에 있는 중국인 전문가들이 푸둥Pudong에서 일을 하고 창업을 하도록 만들거나 "다른 종류의 교류 및 협력"에 참여하도록 만들기 위한 "전면적인" 장려책을 제공하기 위해 상하이 푸둥신지구Pudong New District에 유학생서비스센터Overseas Scholars Service Center를 운영한다. 유학생서비스센터 웹사이트에 게시된 정보에 의하면, 7천 명 이상의 귀환자들이 1994년 말

---

63 www.bjkw.gov.cn.

64 Ibid. 이 계획은 "베이징시 유학파의 베이징 창업 독려에 대한 몇 가지 규정北京市鼓励留学人员来京创业工作的若干规定"에 의해 권한을 부여받는다.

65 Liu and Shen, 2001, p. 119.

까지 푸둥에 약 800개의 사업에 진출하였다.[66] 중국의 *신화사*新華社, *Xinhua News Agency*는 다음과 같이 말한다:

> 유학생서비스센터는 과학기술 프로그램을 위해 학생들을 모집하고, 해외의 학생들을 고용하고, ***해외프로젝트교류정보네트워크*** *overseas project exchange information network*를 설계하고, 국제적인 대규모 모집 사업 활동을 유지하고, 국제적 첨단기술 교류 및 무역 표준을 시행하기 위한 중개기관으로서의 역할을 한다.[67]

광저우Guangzhou는 귀환학자들이 외국에서 가져온 첨단기술을 "전환하여 성과물로 만들어成果转化"내도록 재정적인 지원을 하는 "유학파과학기술창업자금留学人员科技创业资金, Overseas Scholars S&T Innovation Fund"을 운영한다. 이를 통해 보조금을 지원받은 많은 귀환학자들이 광저우 유학생창업서비스센터广州留学生创业服务中心, Guangzhou Overseas Scholars Innovation Service Center의 지원을 받으며 지역 내에서 사업을 시작하였다.[68]

게다가 광저우는 2000년 이후 "중국유학파광저우과학기술교류회中国留学人员广州科技交流会, Convention of Overseas Scholars in Science & Technology"를 개최해왔다. 이 교류회는 연례행사로 알려져 있지만, 이 교류회 및 외국과의 첨단기술 교류를 지향하는 여타 행사들은 중국 도시들 내에서 반영구적으로 개최되며, 선전Shenzhen, 深圳의 경우아래를 참조, "일 년 내내 가동되는 기술이전센터"라고 불릴 정도로 발전하였다.[69] 공식적인 행사가 열리기 훨씬 전

---

66 www.pudongos.com.

67 Beijing Xinhua in English 1416 GMT, November 11, 2003.

68 科研管理과학연구관리(*Science Research Management*), 2001.4a, p. 119.

69 Can Huang, Celeste Amorim, Mark Spinoglio, Borges Gouveia, and Augusto Medina, "Organization, programme and structure: an analysis of the Chinese innovation policy framework," *R&D Management* 34, no. 4 (2004), pp. 372-375.

부터 계획이 만들어지기 시작하며, 개최된 행사는 몇 주 동안 지속된다. 이러한 행사들은 보통 직할시 혹은 한 개 이상의 국가 기관들에 의해 지원을 받는다.

해외 중국인들이 참가하는 가장 큰 교류회인 광저우Guangzhou 교류회는 "외국에서 획득한 지식과 기술을 중국으로 가져오고 해외 중국인들이 중국에 첨단기업을 설립할 기회를 개방하는 것"을 목표로 한다.[70] 2000년 12월에 열린 광저우 교류회의 창립행사에 300명의 외국 인사가 참여하였으며, 이 중 절반이 미국 출신이었다. 이 미국인들은 158개의 품목을 위한 기술 규격서를 가져왔다.[71] 해가 갈수록 참가자들의 수는 증가하였으며, 2003년 교류회에는 외국에 있는 16개의 중국지지단체에 소속된 1,532명의 해외 거주 중국인이 참여하였다.[72] 2004년 약 2,200명의 "유학파留学人员, overseas Chinese scholars"[73]가 광저우의 파저우 컨벤션센터Pazhou convention center에 모여 중국의 기술 관련 부서, 연구소, 대학, 첨단기술단지로부터 파견된 2,000명의 "국가 및 지역 대표자들"을 만나 전문적 상품, 기술, 서비스에 대한 "교류"를 하였다.[74]

웹사이트에 따르면, 외국인 참석자들은 해외에서 획득하여 개발한 지식, 기술, 첨단제품을 중국 시장에 내놓을 수 있는 기회가 생기기 때문에 교류회에 참가하기 위한 동기가 부여된다. 중국 국내 기관들은 국가가 필요로 하는 기술의 목록을 교류회에 가져온다. 실제적인 모임과 교류가 이

---

70 www.ocs-gz.gov.cn.

71 Endo Homare, 中国がシリコンバレーとつながるとき중국과 실리콘밸리가 연결될 때(*When China Links Up with Silicon Valley*), Tokyo: Nikkei BP, 2001, p.55.

72 www.ocs-gz.gov.cn.

73 말 그대로 "해외에서 공부하였거나 해외에서 공부하고 있는 사람"을 뜻한다. "overseas Chinese scholars"라는 번역어는 영어로 된 중국의 출판물에서 사용되는 표준적인 번역어이다. "OCS"라는 약자는 행사에서 일반적으로 사용되는 표현이다.

74 2005년 3월 www.ocs-gz.gov.cn에 올라온 정보에 따른 것이다.

루어지도록 물리적 공간뿐만 아니라 인터넷 공간도 제공된다. 교류회 웹사이트에 거래 내용을 포함한 행사의 결과가 게시된다. 2004년 "디지털 신호 처리 설계", "원거리 감시 카메라", "고성능 희토영구자석을 위한 제조기술"과 같은 거래 내용이 사이트에 게시되었다.[75] "세계로의 개방, 전국에 대한 지원"이라는 2008년 슬로건은 일방적인 기술이전이라는 교류회의 성격을 잘 보여준다.

해외 중국인들이 소유하거나 도용한 기술을 노리는 광저우 교류회와는 달리 선전Shenzhen "중국국제첨단기술성과교류회中国国际高新技术成果交易会, High-hech Fair"는 국적을 불문한 국제적인 참가자들을 끌어들이며, 개인 지향적이라기보다는 기업 지향적인 성격을 가지고 있다. 1999년 이후 활동 측면에서 살펴보면, 이 교류회는 가장 거대하고 영향력 있으며 "가장 실용적인最富实效" 중국의 과학기술 교류회라 할 수 있으며, "첨단기술 성과의 거래를 위한 다양한 수준의 다각적 전문적 보조서비스"를 제공한다. 교류의 가치를 돈으로 환산하면 수십억 달러에 해당한다.[76] 이 교류회는 선전의 정부와 6개 국가 기관들에 의해 공동으로 후원되며, 중국 내 수많은 기술이전시설 중 하나인 선전의 중국첨단기술이전센터에 의해 운영된다.

매년 중국의 주요 도시에서 개최되는 "유학파 창업주간Overseas Chinese Scholars Business Founding Week"과 같이, 외국의 인재와 기술을 끌어들이기 위해, 시간적 간격을 두고 개최되는 보다 중요하지 않은 행사들도 있다. 쓰쿠바대학Tsukuba University의 대외프로그램 책임자인 일본인 교수 엔도 호마레Endo Homare는 이러한 행사들에 대한 작동방식을 설명하였다. 중국에서 태어난 일본인이라는 신분, 중국교류프로그램을 지원해온 경력으로 엔

75 Ibid.

76 www.chtf.com.

도 호마레는 이러한 교류회들과 주최자들에게 접근할 수 있는 특권을 누릴 수 있었다.[77]

엔도[Endo]는 2001년에 참가하였던 수백 명의 해외 중국인을 끌어들였던 선양에서 열린 기술이전행사에 대해 설명한다. 교류회가 열리기 전, 선양시 행사 후원자는 지역의 주요 회사, 연구기관, 실험실이 모임 전 온라인에 게시되는 "난제입찰표[难题招标表]"를 작성할 것을 요구한다. 세계적인 유학파들[OCS]에게는 해결책을 제시하기 전에 목록을 정독하고, 실험실 및 회사와 접촉할 것을 요구한다. 엔도의 설명에 따르면, 목록은 "약 40쪽에 걸쳐 이어진다." "난제"를 안고 있는 실험실들은 유학파가 제시한 답변을 검토하고, 그중 최고의 해결책을 선택한다. 마지막 협상은 교류회에서 이루어진다.[78]

엔도[Endo]는 한 예로 중국의 나노공학 회사가 "기술에 대한 아주 구체적이고 자세한 지식"을 요청한 것을 언급한다. 나노공학 회사는 다음과 같이 요청하였다. "우리에게 최신의 첨단기술을 빌려주시길 간절히 바랍니다. 그래야 우리가 post-WTO 경쟁에서 패하지 않을 수 있습니다." 엔도는 지역 정부가 세계적인 중국 공동체에게 공개적으로 외국의 기술을 "빌려줄 것"을 간청한 것에 대해 "놀라움"을 금치 못하였으며, 추가적으로 "내가 생각하기에 선양 정부가 중국 밖의 누군가가 그걸 읽을 수도 있다는 사실을 미처 생각하지 못했던 것 같다"[79]고 언급하였다.

랴오닝[Liaoning]성 정부와 다롄[Dalian]시 정부의 지원과 함께 과학기술부, 교육부, 인사부, 외교부의 후원을 받는, 다롄에서 열린 이와 같은 종류의 또 다른 교류회에서는 약 7,000명의 지역 인사들이 참여해 1,080명의 유학파를 맞이하였다. 엔도[Endo]는 이 교류회의 개회사를 다음과 같이 요약한다.

---

77 Endo, *When China Links Up with Silicon Valley*.

78 Ibid., pp. 208-209.

79 Ibid., pp. 210-212.

> 여러분은 모두 해외에서 고급학위를 취득하였으며, 과학계의 선두를 달리고 있고 시장 경제에 정통합니다. 여러분 중 많은 분들이 자신만의 회사와 특허를 가지고 있습니다. 여러분은 국제적인 사회적 연결망을 가지고 있으며, 모든 종류의 정보에 대단히 정통합니다[あらゆる情報に精通しています]. 무엇보다 가장 중요한 것은, 여러분이 마음 깊숙이 조국을 생각하고 있으며, 조국에 기여하고자 하는 강한 열망을 가지고 왔다는 것입니다.

격려는 계속해서 이어졌고, 이후 참가자는 "여러분 모두, 제발 어떤 방식으로든 여러분의 발명과 연구 결과, 경험을 살려 랴오닝에 혁신 기업을 세워주시기 바랍니다"라고 끈질기게 부탁하였다. 엔도[Endo]에 의하면 교류회 행사는 아주 화려하게 진행되었다. 이미 기여하기로 동의한 이들은 "파티복을 입은 키가 큰 여성"의 안내를 받아 무대에 올랐다.[80]

이후 동의자들은 버스를 타고 조인식에 참가하게 되었으며, 이곳에서 동의자들, 즉 서양 기술을 중국으로 이전하는 중국인 운반자들이 중국의 후원자와 공식적인 협약에 서명하였다. 유학파와 중국의 수령인 사이에 약 1,556명의 의향서가 교환되었으며, 359개의 계약이 채결되었다. "애국심"에 대한 호소는 강력했다. "눈물을 머금은" 객원 연주자가 연주하는 중국 국가에 대한 합창을 마지막으로 행사는 끝나게 된다.[81]

기술이전센터들

외국으로부터 획득한 기술은 반드시 실제 장비와 상품으로 전환되어

80 Ibid., p. 222.
81 Ibid., p. 238.

야 한다. 중국에서 이 과정은 (1) 외국의 기술에 대한 지식을 이용해야 한다는 사상으로부터 정부의 지원을 받아 사업이 세워지는 첨단기술개발구역, (2) 기술 소유자와 중국 기업의 대표자가 참여하는 회의, (3) 국제적 학술토론회의 실무자 회담, (4) 정부의 기술이전 조직들에 의해 운영되는 보고실, (5) 중국 전역에 걸쳐있는 헌신적인 "기술이전센터들" 등과 같은 몇몇의 장소에서 수행된다.

2008년 초쯤 약 36개의 주요 기술이전센터와 더욱 많은 부속 조직들이 중국에서 운영되었다. 몇몇은 해외에 지사를 두었는데, 장쑤성Jiangsu 국제기술이전센터와 이 조직이 미국에 설치한 사무소가 이에 포함된다. 상하이 중린기술이전유한공사中临技术转移有限公司, Zhonglin Science and Technology Transfer Co., Ltd.에 의해 운영되는 "과학기술이전정보서비스제공자"인 TT91 웹사이트에 위와 같은 기관들의 목적이 다음과 같이 설명되어 있다.

> 국가기술이전센터들은 기술이전을 가속화하고, 첨단기술을 이용하여 전통산업을 재건하도록 장려하고, 중국 첨단기술의 발전을 가속화하고, 중국의 산업구조를 최대한 효과적으로 활용하기 위해 설립되었다. 기술이전센터들은 대학, 연구소, 인재 및 기타 재원이 지닌 기술을 동원함으로써, 기업, 대학, 연구기관 사이의 3자 동맹 속에서 주요 산업계와 기업이 연합함으로써 위와 같은 업무를 수행한다. 기술이전센터들이 맡은 주요 임무는 범용기술共性技术의 발전과 확장을 위해 길을 닦는 것, 기업 내 기술이전센터 설치를 지원하는 것, 고등교육계가 지니고 있는 기술의 전환과 이전을 촉진하는 것이다.[82]

위의 설명은 기술이전센터들이 중국 국내적 활동뿐만 아니라 국제적

82 www.tt91.com/jishu.asp.

인 기술이전에도 참여하고 있다는 것을 파악하는 데 실패하였다. 이는 기술이전센터들의 웹사이트에 게시된 정보와 앞에서 언급하였던 2003년 중국 기술이전센터에 대한 연구를 통해 알 수 있다. 이 연구에서 기술이전센터의 임무를 전자, 화학, 생물학, 재료 및 제조 기술과 같이 문제에 직면하게 되는 분야에서 "외국의 첨단기술"을 전환하는 것이라 설명한다.[83]

상하이만 해도 이와 같은 기술이전센터 10개가 있다. "효과적인 기술이전서비스를 제공하려는" 과학기술부MOST의 지원을 받으며, 상하이시 위원회에 의해 운영되는 상하이시 첨단기술성과전환서비스센터上海市高新技术成果转化服务中心도 그중 하나로 앞에서 이미 언급한 바 있다. 이 센터는 정부와 사업체의 고객에게 똑같이 원스탑一门式, one-stop 쇼핑을 제공한다. 센터는 외국의 기술 표준에 대해 연구하고 평가단을 유지하며, "기술전환과정을 통해 ***재창조된***" 상품을 위해 사용되는 부응기금을 관리한다.[84] 상하이와 과학기술부가 함께하는 두 번째 사업은 상하이 기술거래소上海技术交易所로 10,000개 프로젝트의 기술 은행에 근거한 "이론적이고 실용적인" 국제적 기술이전활동을 지원한다.[85]

중국과학원CAS에 속한 상하이 분원 국가기술이전센터上海分院国家技术转移中心는 1950년에 설립되었으며, 상하이 기술이전센터들 중 가장 오래되었고 아마도 가장 큰 기관일 것이다. 이 센터에 속한 7,500명의 직원들이 18

---

83 Sun Lijun(孙理军쑨리쥔) and Huang Huaye(黄花叶황화예), "美日技术转移实践及其对我国技术转移中心的启示미국 일본의 기술 이전 실행 및 우리 나라(중국) 기술이전센터에 대한 시사점"("US and Japanese Technology Transfer Practices and What We Can Learn for Our Country's Technology Transfer Centers"), in 科技管理研究과학연구관리(*Keji Guanli Yanjiu*), 1 (2003), p. 72.

84 www.hitec.net.cn/structure/aboutus/jgjj.

85 www.technology4sme.com.cn.

개 연구소, 9개 연구기관, 인근 해안도시 6개 사무소에서 근무한다. 센터는 마이크로전자공학, 레이저, 핵기술 등과 같은 첨단 분야에서 수많은 기술을 전환하는 데 성공했다고 주장한다.[86] 중국과학원을 보완하는 상하이과학원Shanghai Academy of Sciences은 "이중용도dual-use" 군사기술과 특허의 활용에 대한 전문지식을 필요로 하는 자신만의 상하이과학원 기술이전센터上海科学院技术转移中心를 둔다.[87]

계속해서, 상하이에 기반을 둔 화동이공대학华东理工大学은 "기술을 중국으로 가져오는" 업무를 맡는 국제협력사무소International Cooperation Office와 함께 국가기술이전센터国家技术转移中心를 운영한다. 이 기술이전센터는 중국 기업, "특히 대기업으로" 기술이전에 집중한다.[88] 이 센터는 미국, 유럽, 일본에 있는 60개 연구기관과 협력적 관계를 맺고 있다고 주장한다.[89] 대학에 부속되어 있는 또 다른 기술이전센터로 자오퉁대학Jiaotong University 기술이전센터가 있는데, 이 센터는 국내외의 기술 제공자와 접촉하여 중소 규모의 사업을 하며, 직원들을 위해 "첨단 분야에 대한 국제적 학술토론회를 주관한다."[90]

중린기술이전유한공사中临技术转移有限公司는 상하이의 준민간 기업으로 지역 기업, 정부, 연구기관에게 기술이전에 대한 "해결방안解决方案"을 제시한다. 이 회사와 좋은 "협력적 관계"를 맺고 있는 개인·단체들 중에는 귀환유학생과 "해외 중국 교포들로 구성된 전문가협회"가 포함된다.[91] 상하이 커웨이 국제기술이전센터유한공사上海科威国际技术转移中心有限公司는 민간

---

86 www.nttc,ac,cn and www.tt91.com/zhuanyi/zhuanyi004.htm.

87 www.tt91.com/zhuanyi/zhuanyi006.htm.

88 www.tt91.com/zhuanyi/zhuanyi001.htm.

89 nttc.ecust.edu.cn/org/org_list.asp.

90 www.tt91.com/zhuanyi/zhuanyi002.htm.

91 www.tt91.com/zhuanyi/zhuanyi015.htm.

과 직할시直轄市, 학계의 이익을 위한 컨소시엄에 의해 운영된다. 커웨이Co-Way 직원들은 거의 대부분 해외에서 유학하였던 기술 관련 인재들로 구성되어 있다. 이 회사는 외국기술 동향에 대해 연구하고, 유럽 및 미국의 외국기술 제공자와 국내 기업 사이를 중개한다.[92]

기술이전 수집물을 풍성하게 만드는 두 개의 독립 기관이 더 있다. 1993년부터 운영되기 시작한 중국-유럽 기술이전센터中欧技术转移中心[93]와 상하이 국제기술이전협력시스템上海国际技术转移协作网络이라고 불리는 혼합 기관이 있다. 후자는 웹에 기반을 둔 플랫폼으로 위에서 언급하였던 몇몇 기관들에 의해 운영된다.[94] 이러한 유형의 기술이전센터들은 베이징, 선양, 광둥, 다롄, 시안과 같은 다른 주요 도시들과 다른 성省에도 중복되어 존재한다. 이 기술이전센터들은 외국의 기술을 흡수하고자 하는 중국의 다면적인 노력의 하나 이상의 구성요소가 된다.

중국의 "비공식적" 기술이전 기관들

외국에 기반을 둔 지지단체들도 기술이전 과정에서 핵심적인 역할을 한다. 이런 단체들은 주로 자신들을 위한 사업 기회를 창출하거나 조국의 발전을 촉진시키려는 해외 중국인들에 의해 형성된다. 다음 장에서 설명되어 있는 것처럼 외국의 과학기술 지지단체들은 공통의 목적을 달성하기 위해 중국 정부기관들과 직접적으로 상호작용하며, 지지단체들의 회원이 중국 정부의 고문직을 맡고 있는 경우도 있다. 게다가 베이징은 개

92 www.tt91.com/zhuanyi/zhuanyi013.htm.

93 www.coatren.cn/memberabout/luqiangsppc.html.

94 www.sittnet.cn.

인적으로 중국을 돕는 해외 전문가를 보호하는 비정부기구 네트워크를 통하거나 중국 정부와 거래하는 모습을 공개적으로 드러낼 잠재적인 위험을 가진 지지단체의 개인 간의 거래를 촉진하고 감시한다.

이러한 기관들 중 3개는 국가대응조직의 맥락에서 이미 위에서 설명한 바 있다. 중국과학기술교류센터는 과학기술부MOST 국제과학기술협력부서와 중복되는 책임을 지니며, 부서의 내부구성을 동일하게 구성하였다. 비정부기구라고 주장되는 2개의 또 다른 조직들인 중국국제인재교류협회中国国际人才交流协会, China Association for the International Exchanges of Personnel, CAIEP와 중국해외교류학회中国海外交流学会, Chinese Overseas Exchange Association, COEA는 각각 국가외국전가국SAFEA과 해외교포관련업무사무실OCAO의 간판으로 한때 사무실, 직원, 전화선을 공유하기도 했었다.

중국인터넷정보센터에 게시된 설명에 따르면,[95] 중국국제인재교류협회CAIEP는 베이징에 기반을 둔 "정부의 후원을 받는" 비공식적 기관으로, "전문적인 기술자와 관리자의 국제적인 교류"를 지원하기 위해 1985년에 설립되었다. 중국국제인재교류협회는 45개 성省과 도시에 지사를 두고 있으며, 미국을 포함한 10개 국가에 사무소를 두고 있다. 이 조직의 공식적인 목적은 중국에서 일할 외국 전문가를 모집하고, 기술훈련을 위해 중국인을 해외로 보내는 것이다. 특히, 다음과 같은 구체적인 목적을 지닌다.

> (1) 중국 산업의 기술적 · 관리적 문제를 해결하기 위해 경험이 많은 외국 전문가를 초청한다. (2) 외국 교수와 학자를 중국 대학과 연구기관에 초대하여 강의를 하고, 협력연구에 참여하도록 만든다. (3) 중국의 기술자를 해외로 보내 교류를 발전시키고, 교육을 받고 연구를 수행하도록 만든다.[96]

---

95 www.china.org.cn.

96 www.caiep.org.

중국국제인재교류협회CAIEP는 외국 전문가 개개인을 목표로 하는 노력을 넘어서, "중국 국내외의 관련 조직 및 단체 사이의 이해, 국제적 협력, 숙련된 기술자의 교류를 증진하기 위한 다리로서의 역할"을 "60개 이상의 정부기관, 사회단체, 연구기관, 대학, 세계적인 기업"과의 협력을 통해 수행한다."[97] 거시적인 차원에서 모집계획의 사례로는 2002년 휴스턴에서 개최된 "첨단기술 및 경제 개발에 대한 중미 학술토론회",[98] "중국 내의 제조회사와 서비스회사에게 기술 및 경영 관련 전문지식을 갖춘 봉사자를 제공하기 위해" 미국 정부가 공동으로 후원하는 "국제집행위원회",[99] 국가외국전가국SAFEA, 중국국제인재교류협회CAIEP, 중국국제인재교류협회의 부서로 베이징의 중관춘에 사무실을 둔 중국국제서비스에 의해 공동으로 주최되는 "국제 인적자원 토론회"[100] 등이 있다.

국가외국전가국SAFEA과 중국국제인재교류협회CAIEP가 연계되어 있다는 것은 공동으로 주최하는 국가행사, 두 기관의 대표들이 대외행사에 같이 참여하는 모습, 핵심 직원들에게 부여되는 이중적인 역할, 중국국제인재교류협회는 국가외국전가국의 "직접적인 지도를 받는다"라는 인터넷의 게시문을 보면 분명해진다.[101] 그러므로 두 기관과의 협력이 실제적으로 구분되지 않는다. 중국국제인재교류협회와 국가외국전가국의 기술이전계획에 참여한 외국인들은 커다란 현대식 베이징 해외전문가 건물에 머무르며, 만약 필요하다면 기술자의 교류를 지원할 통역관도 배정된다.[102]

---

97 Ibid.
98 www.chinajob.com.cn.
99 www.internationalexecutive.org.
100 www.chinajob.com.cn.
101 www.china.org.cn.
102 www.internationalexecutive.org.

이와 비슷하게, 중국해외교류학회COEA는 "해외의 중국인, 중국 교포 및 이들의 단체들과 광범위한 상호작용을 하고, 친분을 강화하고, 협력적 교류를 증진하기 위해" 1990년에 설립된 비정부기구라고 스스로를 규정한다.[103] 중국해외교류학회는 경제학, 무역, 과학기술에 대한 중국과 외국 사이의 교류를 장려하기도 한다. 구조와 활동 면에서 보면 이 조직은 대응조직인 국무원과 구분이 잘 되지 않는다.

중국해외교류학회COEA는 6명의 부학회장에 의해 운영된다. 학회 웹사이트에 게시된 신상정보에 따르면, 부학회장들은 각각 해외교포관련업무사무실OCAO에서 또 다른 직위를 맡고 있다. 중국해외교류학회의 실제 지위는 상임위원회 구성원을 보면 명확히 드러난다. 79명의 구성원 중 대부분이 해외교포관련업무사무실, 전국인민대표대회 해외교포관련업무위원회Overseas Chinese Affairs Committee, 과학기술부MOST, 국가외국전문가국State Bureau of Foreign Experts과 같은 중국 국가기구에서 최고위직을 맡고 있다. 공식적인 대응조직인 해외교포관련업무사무실처럼 중국해외교류학회는 경제 및 과학기술 담당 부서를 운영하는데, 이 부서도 해외교포관련업무사무실의 책임자가 관리한다.

중국해외교류학회COEA 기술이전 기능은 경제 및 과학기술 담당 부서인 과학기술사무소가 맡는다. 이 사무소는 국내외 중국인 과학자와 기술자 사이의 협력과 교류를 지원하기 위한 지원과 서비스를 제공할 책임이 있다. 중국해외교류학회는 "자금, 기술, 숙련된 인재를 중국으로 끌어들이는 데" 많은 성공을 거두었음을 주장한다. 또한 이 학회는 기술이전에 관여하는 공식적인 중국 기관들의 후원을 받으며, "외국의 사업과 기술에

---

103 중국해외교류학회의 해외중국인네트워크*Zhongguo Qiao Wang* 웹사이트 www.chinaqw.com.cn에 따른 것이다.

대한 다양한 종류의 협력적 회담"에 참여한다.[104]

중국으로의 기술이전을 지원하는 네 번째 주요 "비공식적" 단체는 중화전국귀국화교연합회[中华全国归国华侨联合会, All-China Federation of Returned Overseas Chinese] 또는 화교연합[侨联, Qiaolian]이라 한다. 이는 "중국공산당 지도부에 소속된 국가적 비정부기구로, 해외에서 귀환한 중국인과 가족들로 구성"되어 있다. 화교연합은 "당과 정부를, 넓게 퍼져 있는 귀환중국인과 가족, 해외 중국 동포와 연결시켜주는 다리 혹은 매개체"로서의 역할을 수행한다.[105] 화교연합은 자신들의 기원을 1940년에 설립되었던 "옌안[延安] 해외중국인동포구조연합[Yan'an Overseas Chinese Save the Country Federation]"으로 추정한다. 1956년 화교연합은 국가 기관으로서의 공식적인 지위를 얻게 된다.

화교연합과 국무원 해외교포관련업무사무실[OCAO] 사이의 친밀한 유대는 두 기관 회원이 중국 내외로 파견되는 대표단에 공동으로 참여한 것과 화교연합의 지도부가 해외교포관련업무사무실과 맺는 지속적인 관계를 통해 확인할 수 있다. 일본 정보출처에 따르면 "화교연합은 비정부기구지만 중국 체제 내에서 이 조직은 해외교포관련업무사무실과 같은 공식적 장관급 기관이며, 임원들은 계급적으로 일본의 관료에 해당된다."[106] 화교연합과 해외교포 관련 업무 사무실, 그리고 화교연합의 비공식적 대응조직인 중국해외교류학회[COEA] 사이에 차이점이 있다면, 화교연합은 "귀환중국인"과 귀환중국인이 여전히 해외에 머무는 중국인과 맺는 관계에 무게중심을 두고 있다는 것이다.

화교연합의 지위를 가늠해볼 수 있는 또 다른 기준은 화교연합에 부속된 조직의 수로, 약 11,000개의 지역 수준의 단체들이다. 화교연합 내부

---

104 Ibid.
105 www.chinaql.org.
106 www.melma.com.

시스템에는 귀환중국인에 대한 "실시간 정보"를 수집하는 연락부와 "국내외 중국 동포 사이의 경제적 협력 및 과학기술적 교류를 촉진할" 책무를 맡는 경제전망 및 과학기술부가 포함된다.[107] 기술교류 업무에 대한 성공은 화교연합 웹사이트에 게시된 사례와 화교연합이 교류회에 참여했음을 나타내는 인터넷 인용문에 의해 반영된다.[108] 또 다른 형태의 교류로 화교연합은 "중국에 기여하기 위한 뛰어난 해외 학자들로 구성된 봉사단"에 대한 후원을 한다. 이 봉사단의 회원들은 주로 미국 출신이다.[109]

중국 기술이전조직의 목록에서 중국과학기술협회^中国科学技术协会, China Association for Science and Technology, CAST^를 빼놓을 수는 없다. 협회 웹사이트에 따르면, 중국과학기술협회^CAST^는 "중국 과학기술 종사자들의 가장 거대한 국가적 비정부기구"이다.[110] 국제연합^UN^과 다른 국제 기구들과 함께 비정부기구로 인정받았지만, 다음과 같은 성명서를 읽어보면 중국과학기술협회를 비정부기구라고 생각할 수 없을 것이다.

> 중국 과학기술 공동체와 중국공산당을 이어주는 다리로서, 중국과학기술협회^CAST^는 중국인민정치협상회의^中國人民政治協商會議^의 구성원이다. 중국인민정치협상회의에서 중국과학기술협회는 국가의 정당 및 기타 사회단체와 함께 정치적 협의, 정책 입안, 민주적 감독에 대한 국정을 수행한다.[111]

---

107 www.chinaqw.com.

108 www.ccba.bc.ca.

109 www.bjql.org.cn. 화교연합 지도자들은 "연구를 위해" 중국으로 온 봉사단에게 박수를 보냈으며, 봉사단에게 중국의 과학기술 발전에서 있어서 중요한 존재임을 상기시켰다.

110 www.cast.org.cn.

111 Ibid. 또한 중국과학기술협회의 규약은 다음과 같이 단언한다. "중국과학기술협회는 중국 과학기술 종사자들의 대중적 조직이며, 과학기술 종사자를 공산당과 정부와 연결시켜주는 다리이다."

중국과학기술협회[CAST]는 명목상 국가위원회에 의해 운영되며, 실제로는 집행결정을 하는 5명의 구성원으로 이루어진 사무국에 의해 운영된다. 사무국의 책임자 국장은 중국공산당의 전 지도자 덩샤오핑[Deng Xiaoping, 鄧小平]의 딸 덩난[Deng Nan, 鄧楠]으로, 과학기술과 국제적 배경을 가지고 있는 다른 4명의 지원을 받는다. 그중 한명인 펑 창정[Feng Changgen]은 멘양[Mianyang]에 기반을 둔 핵무기 설계 시설인 중국공정물리연구원[中国工程物理研究院, Chinese Academy of Engineering Physics]에 고용되어 충격파물리학과 폭발물리학 연구실험실에서 근무한다.

중국과학기술협회[CAST]가 수행하는 업무들 중에는 "국제적 과학기술 교류를 조직하고, 국제적 협력을 활성화하고, 국제적 과학기술 공동체와 친밀한 관계를 발전시키기 위한" 요건이 포함된다. 이러한 기능은 국제업무부[Department of International Affairs, DIA]와 "외국과의 응용기술 교류 증진을 위한 중국협의회[China Council for the Promotion of Applied Technology Exchange with Foreign Countries]"라고 불리는 "서비스센터"에 의해 실행된다. 게다가 중국과학기술협회의 약 200개에 달하는 산하 협회들은 20개국 40개 기관들과 쌍방적 협약을 맺었으며, 특히 미국, 유럽, 일본에 주안점을 두고 있다.[112]

외국 기술이전에 헌신적인 또 다른 중국의 비정부기구로는 중국국제과학기술합작협회[中国国际科学技术合作协会, China Association for International Science and Technology Cooperation]가 있다. 이 협회는 1992년 중국과학기술협회[CAST]와 다른 국가적 단체들의 참여로 과학기술부 산하에 세워진 국가적 비정부기구로, "정부의 대외 과학기술업무를 보완하고 확장한다."[113] 미국에 있는 3개 단체를 포함하여, 외국에 12개 지부를 두고 있는 중화해외박사연합

---

112 Ibid.

113 www.caistc.com.

회中华海外博士联合会는 "과학기술을 통해 국가를 번영하게 하려는 국무원 부서들, 위원회, 다양한 성省과 직할시直轄市의 유익한 활동을 보완하고 지원한다."[114] 이 연합회는 중국을 세계 과학기술계의 "경이로운 존재"로 만들기 위해 해외 중국인 과학자들의 힘에 집중하는 것을 목표로 한다.[115] 마지막으로, 기술 지향적인 의제를 가진 중국교육부 국제교류학회中国教育国际交流学会는 "중국의 국제적인 교육적 교류를 위한 비정부적 네트워크"로서 기능한다.[116]

채용과 직업소개 네트워크

기술이전은 웹에 기반을 둔 서비스를 통하거나 대부분 인터넷으로 활동하는 기관들에 의해 성취되기도 한다. 기초적인 수준에서 정보를 기술적으로 숙련된 재외 중국인에게 전달해주는 역할을 하며, 정부계획을 위한 집결지로서의 역할을 한다. 이와 다르게 극단적으로 해외 전문가를 중국 프로젝트와 연결시키기 위해 중국 정부가 운영하는 웹사이트가 있다.

전자와 같은 유형 중 하나의 예로 1995년 12월에 설립된 신주학인神州学人, Shenzhou Xueren, China Scholars Abroad, www.chisa.edu.cn.이 있다. 신주학인은 "인터넷을 기반으로 한 중국 최초의 뉴스 매체이자 해외학자들을 위한 전국적이고 종합적인 웹사이트"라고 주장한다.중국에서 비교적 이른 시기에 창간된 종합성 간행물, 해외 유학생이 주요 구독 대상이다. 유학생에 대한 애국 교육을 통해 유학생들의 조기귀국을 촉진한다. 옮긴이. 신주학인은 베이징에 등록되어 있으며, 인터넷과 학술지에서 발행

---

114 www.codpa.org.
115 www.acp-atlanta.org.
116 www.ceaie.edu.cn.

하는 간행물의 내용이 다르긴 하지만, 웹사이트와 같은 이름을 지닌 학술지인 신주학인의 편집자들에 의해 유지된다. 중국 교육부MOE는 웹사이트와 학술지 모두를 감독 · 통제한다.[117]

신주학인神州学人은 정부의 과제와 계획을 위해 해외 중국인의 지원을 동원하려는 목적을 지닌 중국에 대한 온라인 "뉴스"를 제공한다. 무엇보다 특히, 기술 지향적 장학금 프로그램을 포함한 학자금 지원, 유학, 학술적 교류프로그램, 중국어를 읽을 줄 아는 사람들을 위해 중국에서의 공부, 중국에서의 직업 제공, 유학과 귀환 장려책에 대한 정부의 정책 등에 관한 정보를 제공한다. 중국의 "창업단지创业园"와 세계 도처의 중국 학생회로 접속할 수 있는 링크에 대한 자세한 정보도 있다.

웹에 기반을 둔 이와 비슷한 서비스로 청두첨단기술창의서비스센터成都高新区技术创新服务中心, 원문에는 城都라고 표기되어 있지만, 검색결과 成都(성도, 청두) 도시 이름의 오타인 것으로 생각됨, 옮긴이.[118]에 의해 운영되는 중국유학파창업포털中国留学人员创业网站, China Overseas Students and Scholars Pioneer, COSSP[119]이 있다. 2001년에 개설된 이 웹사이트는 신주학인 편집자의 지원을 받고 있으며, 웹사이트의 내용은 과학기술부MOST와 교육부MOE에 의해 관리된다. 신주학인처럼 중국유학파창업포털COSSP도 중국의 사업 관련 법과 정책에 대한 정보를 제공하고, 중국에서 기술 지향적 사업에 진출할 수 있는 기회를 해외 중국인들에게 지속적으로 안내한다.

전지구화교국외중국인전문협회네트워크全球华侨华人专业协会协作网, World Overseas Chinese Professional Association Cooperation Network, OCPAN는 기술이전 관련 정보

---

117 www.chinaedunews.com.cn에 올라온 날짜가 확인되지 않는 글에 따른 것이다(2008년 5월에 읽음).

118 www.cdibi.org.cn.

119 www.cossp.gov.cn.

제공을 위한 온라인 연감으로 해외교포관련업무사무실OCAO의 경제 및 과학기술 담당 제4부서가 운영한다.[120] 전지구화교국외중국인전문협회 네트워크OCPAN는 현재 활동에 대한 뉴스와 함께 중국에서의 직업적 기회, 기술이전 관련 프로젝트에 대한 자금 지원, 계획되어 진행 중인 협력 프로젝트, 중국 내외의 교류회, 국가정책 지시문, 약 100개에 달하는 세계 도처의 회원成员 단체들에 연결되는 링크 등에 대한 자료를 제공한다.[121]

온라인 직업소개서비스도 중국으로의 기술이전에 있어서 핵심적인 역할을 한다. 예를 들면, 국가외국전가국SAFEA과 간판 조직인 중국국제인재교류협회CAIEP에 의해 운영되는 중국국제인재사이트中国国际人才网, www.chinahr.com를 들 수 있다. 이 사이트의 목적은 "외국의 인재에 대한 국내 고용주들의 요구를 충족시키기 위해 외국의 재원을 활용"하는 것이다.[122] 또 다른 예로 "중국과 외국 기업들을 위한 인재 찾기 및 인적자원관리서비스"인 중화영재사이트中华英才网가 있다. 1997년에 설립된 중화영재사이트는 베이징에 본사를 두고 있으며, 중국 내에 12개의 오프라인 거래소를 운영하고 1,000명 이상의 전문직원을 고용하고 있다. 몬스터월드와이드Monster Worldwide, Inc., 23개국에 지점을 두고 있는 온라인 구직 사이트의 선두업체. 옮긴이와 맺은 협력으로 중화영재사이트는 "국제개발의 완전히 새로운 단계로 진입할" 수 있었다.[123]

---

120 웹사이트에서는 해외교포관련업무사무실의 역할을 인정하지 않는다. 웹사이트 연락처에는 귀원웨이郭文伟의 연락처가 게시되어 있는데, 이 사람은 중미유학생공학학회中国留美工程学会 웹사이트에도 똑같은 전화번호와 해외교포관련업무사무실의 이메일 주소gqb.gov.cn를 등재하고 있다. 중국과학기술협회 로스앤젤레스 지부CAST-LA 웹사이트에 대한 언급을 보면, 귀원웨이는 해외교포관련업무사무실 제4부서의 직원인 것으로 확인된다(www.cast-la.org/archive/2008/02/GQB_Class.doc).

121 www.ocpan.org.

122 www.chinajob.com.cn.

123 www.chinahr.com.

중국 정부부처들은 기술자들이 국내외로 이동하는 것을 활성화하기 위한 몇몇 웹 기반 서비스를 운영한다. 교육부 중국교육과학연구네트워크中国教育和科研计算机网는 중국 대학들을 위한 온라인 협력 공간으로, 미국, 일본, 유럽으로 이어지는 국제적 링크를 게시하고 있다. 네트워크의 공식사이트www.edu.cn는 협력적 교류를 고려하고 있는 외국 전문가들을 위해 중국 과학기술 발전에 대한 긍정적인 평가, 국제행사의 일정표, 취업공고, 후원 기회, 중국 연구기관으로의 링크를 제공하고 있다. 공식사이트의 소개문은 중국으로의 "기술수입technology import"의 중요성을 강조하고 있다.[124]

또한 교육부MOE는 중국유학서비스센터中国留学服务中心를 운영하고 있다. 이 센터는 "세계 학자들의 교류를 증진하고, 학생들의 국내외 교류를 촉진하고, 해외 중국인 학생들의 행방과 활동에 대한 감시를 지원하기 위한" 웹 기반 서비스이다.[125] 결과적으로 이 센터는 국제적 "인재 사냥"과 기술이전에 관여하는 베이징인홍국제교육자문회사北京吟虹国际教育咨询公司를 통제한다. 이 자문회사는 "재능이 국제적으로 활용될 수 있는 실용적 유형의 전문가로 [중국의 해외 학자]로, 유학파들을 변화시키는 것"이 회사 목표라고 주장한다.[126]

중국유학인재정보사이트中国留学人才信息网, www.chinatalents.gov.cn는 인사부MOP에 의해 운영된다. 웹사이트에 따르면, 웹사이트의 기원은 "지적 재능을 갖춘 외국의 인재를 끌어들이고, 해외에서 유학하는 인재들이 중국에서 일을 하거나 적절한 수단을 통해 조국을 지원하도록 하기 위해 중국으

---

124 www.edu.cn/introduction.

125 www.cscse.edu.cn.

126 使之成为国际通用的应用型人才(이들을) 국제적으로 통용될 수 있는 실용형 인재로 만든다(www.cscse.edu.cn/publish/portal0/tab40/info15.htm).

로 귀환하도록 장려하라"는 장쩌민江澤民 전 주석의 요구에서 찾을 수 있다. 웹사이트는 민족적으로 중국인인 해외 전문가들을 "중국 전역에 걸친 다양한 분야의 중국인 유학생 고용 단체, 고등교육기관, 중국 연구개발기관, 중규모 및 대규모의 기업, 해외의 학자들을 위한 창업단지"와 연결시켜 준다. 웹사이트는 귀환학생을 위한 정책 · 규정 · 지침, 중국 내 특정한 일자리를 요구하는 사람들을 위한 온라인 서식, 해외 인재를 원하는 중국의 고용 기관들을 위한 서식, 취업 "상담전화", 해외 중국인들이 첨단기술 프로젝트를 중국에서 상품화하도록 지원하는 공간에 대한 정보를 제공한다.[127]

과학기술부MOST는 중국국제과학기술협력사이트中国国际科技合作网, www.cistc.net를 관리하는데, 이 사이트는 해외 공동체를 위한 과학기술 관련 뉴스, 국제적 협력행사에 대한 일정표, 특허법에 관한 정보, 상표, 과학기술 정책, 기술연구집단화단지 규정, 중국으로의 여행을 계획하는 과학자들을 위한 중국의 역사와 문화에 대한 긍정적인 설명, 중국으로 가는 방법에 대한 정보를 제공한다.[128] 또한 이 사이트는 성공적으로 행해진 중국과 외국 사이의 기술 프로젝트에 대한 자세한 설명을 제공한다. 최근의 기술 프로젝트 2개를 소개하자면, 이스라엘과 함께한 바이오센서 프로젝트, 벨기에와 함께한 정밀 이온침전 과정precision ion-deposition processes에 대한 프로젝트가 있다.

마지막으로 중국유학파창업협회中国留学人员创业协会, Overseas Chinese Entrepreneurs and Professionals Association, OCEPA가 있는데, 중국의 첨단기술개발을 촉진하는 데 전념하며, 주로 웹www.returnchina.org을 기반으로 하는 조직이다.

---

127 www.chinatalents.gov.cn.

128 www.cistc.net.

2002년 2월에 설립된[129] 중국유학파창업협회OCEPA는 세계적으로 3,200명의 회원이 있으며, 중국 시안Xi'an에 거주하는 사람이 의장을 맡고 있다. 협회의 또 다른 지도자들은 미국과 영국에 거주한다. 또는 미국 실리콘밸리와 중국 항저우 혹은 미국 샌안토니오와 중국 다롄에 이중 거주한다고 주장하기도 한다. 협회는 인사부MOP와 샌프란시스코 중국영사관으로부터 "지도指导"를 받는다는 것을 인정한다.[130]

중국유학파창업협회OCEPA는 "서양 국가에서 유학 · 근무하고 중국으로 귀환한" 유학파와 "여전히 해외에서 거주하며 일을 하고 있지만 중국에서의 직업, 사업적 기회, 또는 협의회에 관심이 있는" 사람들을 모집한다. 협회 "목적은 사업 및 학술 교류를 위해 중국 내외에서 네트워크를 제공하고, 기회를 지원하는 것이다." 웹사이트는 다음과 같이 설명한다:

> 우리는 사업적 아이디어, 조언, 정보에 대한 교류를 증진하기 위한 네트워크를 구축하기 위해 과학기술단지, 기술사업보육단지, 정부기관 및 지역정부, 중국의 창업투자기업과 긴밀하게 협력한다.

중국과 외국 모두를 대표하는 중국유학파창업협회OCEPA는 기술이전에 특화된 중국의 "원조단체"와 우리가 제5장에서 살펴볼 상호보완적인 미국 "지지단체" 사이에 다리를 놓아준다. 이번 제4장에서 중국 기술이전 기관들에 대한 설명을 장황하게 하였지만, 철저한 설명이었다고 자신할 수 없다. 각각의 기관들은 확장되고 있으며, 새로운 기관들이 생겨나고, 기술 관련 부서에 의해 운영되는 기관들을 포함한 다른 조직들은 감시망

---

129 중국유학파창업협회OCEPA는 원래 중국유학파귀국창업협회中国留学人员回国创业协会였으며, www.sinoaces.org라는 웹사이트와 sinoaces@yahoo.com이라는 야후! 그룹Yahoo! group을 가지고 있었다.

130 www.returnchina.org.

에 거의 잡히지 않는다. 이 기관들의 거래에 대한 자세한 내용은 찾아보기 힘들다.

이 말이 무슨 말인가 하면 외부인들이 가늠을 시작조차 할 수 없는 규모로 외국 기술을 수집하는 중국의 노력에 경탄할 수밖에 없다는 것이다. 우리와 대조적으로 이러한 기술이전 프로젝트를 관리하는 중국 내부자들은 마치 누군가가 세계의 기술에 대한 자신들의 도용을 반대하는 것을 상상할 수조차 없다는 듯이 선진국이 이를 알아차리는 것에 아랑곳하지 않고 기술이전 행위를 당연하게 받아들이고 실행하고 있다. 다음 제5장에서는 이러한 조직들이 미국의 조직들과 어떻게 연계되는지를 살펴볼 것이다. 중국의 목표에 대한 미국 조직들의 지지는 이러한 기술이전 발생을 허용한다.

05

미국에 기반을 둔 기술이전 기관들

외국 기술에 대한 중국의 욕망은 중국 내부의 다양한 조직들과 외국의 장소에 기반을 둔 거대한 네트워크에 의해 실행된다. 이러한 외국의 장소들은 부분적으로 중국 정부에 직속되어 있는 독립 단체들에 의해 운영되기도 하지만, 대부분은 "비정치적인" 국외거주자 단체에 의해 운영된다. 국외거주자 단체 구성원들의 중국에 대한 지지와 기술이전을 통해 이익을 얻어낼 수 있는 능력은 이 구성원들을 실질적인 중국의 대리인으로 만들었다. 제4장에서 논의되었던 기술이전 메커니즘은 이러한 해외 조직들의 적극적인 지원이 없었다면 가동될 수 없었다.

중국의 기술 네트워크는 전全 세계에 걸쳐 있지만 이번 제5장에서는 중국이 주된 기술적 "동반자"로 여기는 미국에 초점을 맞추기로 한다. 기술이전이 일어나는 다양한 경로를 확인하기 위해, 우리는 해외공관, 기술이전을 조장하는 기업, 비정부기구라고 주장되는 기관들, 중국 교포들로 구성된 전문가조직, 동문회와 같이 미국을 기반으로 하는 5가지 분야를 검토함으로써 논의를 시작한다. 앞으로 우리는 이러한 중미 전문조직들을 자세히 살펴볼 것이다. 중국을 기반으로 하는 조직들과 마찬가지로 미국에 기반을 두는 조직들의 수는 급격히 늘어나고 있기 때문에, 중미과학기술협회, 지리적인 집약의 한 예라고 할 수 있는 캘리포니아 단체들, 특정 기술 분야에 초점을 맞추는 단체와 같이 현저히 눈에 띄는 3가지 종류의 단체로 검토대상을 제한하기로 한다.

이러한 전문단체들이 공유하는 책무는 다양하다. 몇몇은 주로 구성원들의 경력과 민족적 이익을 증진하기 위해 만들어진 사회연결망 단체이다. 이런 단체에게 있어서 기술이전은 중국 문화에 대한 친밀감을 이용할 수 있는 사업적인 기회이다. 또 다른 단체들은 미국의 최신 기술을 중국에게 넘겨주는 것을 반드시 해야 하는 실질적인 목적으로 보며, 이 목적을 성취하기 위해 중국의 공식적인 지도를 따르며 중국의 협력자들과 함께 교류하고 있다. 몇몇 단체의 구성원들은 중국에서 공식적인 직책을 맡으며, 중국 과학기술 자문단의 일원이기도 하다.

"다양한 경로"를 통해 미국에서 중국으로

미국으로 파견되는 중국의 외교사절단은 기술 지향적 기업과의 "협력" 관계를 조장하는 직접적인 방식과 미국에 기반을 둔 중국 지지단체와의 관계를 지렛대로 삼는 간접적인 방식을 모두 사용하면서, 비상식적일 정도로 기술이전에 집착한다. 비밀공작 지원에 관한 분야는 전통적인 중국의 첩보에 대해 논하는 제8장에서 자세히 살펴보기로 한다. 워싱턴 D.C.에 있는 중국의 대사관과 뉴욕, 시카고, 휴스턴, 샌프란시스코, 로스앤젤레스에 있는 중국의 영사관들, 중국의 국제연합UN 파견단을 포함한 미국에 있는 중국의 해외공관들은 각각 이러한 거래를 지원하기 위해 인력이 잘 배치된 과학기술처科技处나 과학기술팀科技组을 두고 있다.

공식적인 중국 과학기술교류네트워크에 게시된 설명에 따르면,

> 중국 대사관의 과학기술처는 우선시되는 분야의 중국 과학기술 계획과 프로젝트 개발업무에 제공하는 서비스 수준을 향상시키기 위해 중미 과학기술 협력의 최일선에 있는 상황으로부터 얻는 모든 이점을 활용하고, 모든 분야의 자원을 최대한 활용하면서 중국을 혁신국가로 만들고자 노력한다.[1]

이러한 설명은 워싱턴 대사관 과학기술처가 기술이전에 있어서 다면적인 역할을 수행한다는 것을 정확하게 집어낸다.

과학기술처는 국가적인 행사 계획을 지원하는데, 이러한 행사에서 미국 정부와 중국 정부의 과학기술 분야에서의 협력 협정이 성사된다. 또한 과학기술처는 협정으로 이어지는 교섭에서 직접적인 역할을 한다. 과학기술처 직원들은 미국의 첨단기업과 대학 관계자를 만나며, 과학기술 컨소시엄 등에서 참여한다. 일반적으로 과학기술처 책임자는 중국 과학기술 발전에 대해 헌신적인 태도를 보여 온 중국 교포들이다. 또한 과학기술처는 중국의 기술이전 기관들로부터 미국 방문자를 받아 지역적인 상황을 간결하게 설명해주며, 미국 기업과 기술센터와의 모임이나 방문을 주선한다.

중국 대사관과 영사관에 소속된 과학기술처 대변인들은 결국 미국에 기반을 둔 중국지지단체의 담당자들과 만나 정책 결정에 대한 의견을 교환하고, 확장된 지원을 호소하며, 우선시되는 프로젝트를 지원하기 위한 중국 방문과 관련된 과학기술 투자, 또 다른 종류의 교류를 위한 기회를 담당자들에게 숙지시킨다. 담당자들은 중국에서의 과학기술 관련 사업

---

1 www.gxistc.net/home/kjdt/gjkj/4007.asp.

이나 "귀환" 방문을 계획하는 개인들을 위한 서류작업을 지원하고, 개인들과 연관된 것들을 추적하며, 개인들이 중국에 있는 동안 적합한 사람과 만날 수 있도록 주선한다. 중미 과학기술 지지단체들에 의해 주최되는 야유회, 연례기념행사, 사업적 모임에는 일반적으로 대사관이나 영사관에 등록된 인사들과 함께 과학기술처에서 파견된 인사가 참여한다.

대사관의 중재 절차가 어떻게 진행되는지에 대한 전형적인 사례가 있다. 2006년 11월 과학기술참사관科技参赞과 워싱턴 D.C.에 기반을 둔 중미기술혁신개발센터Center for US-China Technology Innovation and Development, UCTID 책임자는 중미기술혁신개발센터UCTID, 재미중국인기업가협회留美华人企业家协会, Overseas Chinese-American Entrepreneurs Association, 재미과학기술협회 네트워크학회중국재미과학기술협회 내의 한 단체, 중국협회中国协会와 같은 워싱턴 D.C. 지역 4개 주요 중국지지단체가 참석하는 세미나를 산둥Shandong의 한 정보기술 아웃소싱 기업이 홍보하는 기술이전 프로젝트를 소개하기 위해 조지 메이슨 페어팩스 혁신센터George Mason's Fairfax Innovation Center에서 주재하였다.[2] 대사관의 장관급 과학기술참사관인 진 주Jin Ju,[3] 정보기술을 전공하는 과학기술처의 또 다른 구성원, I-270 기술 단지에 위치한 거대한 정보기술 서비스 기업의 경영주[4]도 이 세미나에 참석하였다. 대사관 공무원들의 연설은 "열광적인 반응"을 받았으며, 결국 이 행사는 산둥 기업과 함께 기술

---

2 국가정보통신국제혁신단지国家信息通讯国际创新园, China International ICT, Innovation Cluster 혹은 CIIIC로 불린다.

3 公使衔科技参赞. 말 그대로 "공사직 과학지술 참사관으로 장관급의 과학기술참사관"을 말한다.

4 야오스빈姚诗斌, Bing Yao로도 알려짐, 원문에 이름 표기가 Yao Shibing으로 되어 있는데 Yao Shibin이 맞는표기로 생각됨. 옮긴이은 1998년 진포넷 소프트웨어Jinfonet Software를 설립하였으며, 2001년쯤에는 중국에 지사를 두고 있었다. 데이터베이스 설계 전문가인 야오스빈 박사는 메릴랜드대학 컴퓨터과학과의 전 학과장이다. 그는 중국과학기술협회CAST의 모임에 참가하고, 미국에 기반을 둔 중국재단의 일원으로서 활동하는 등 미국 내 중국인 공동체에서 전문적이며, 사회적으로 적극적인 활동을 하였다.

이전을 추구하겠다는 협약으로 끝을 맺게 된다.[5]

또한 대사관 과학기술처는 공식적이거나 비공식적인 중국 정부의 원조 하에 제약, 소프트웨어와 같은 특정한 기술 분야의 미국 회사로부터 모집한 인사대표단을 중국으로 보내기도 하는데, 이는 미국 회사의 기술을 중국 시장에 내놓거나 기술이전으로 이어질 수 있는 사업에 참여시키기 위함이다. 과학기술처는 중국으로부터 파견된 과학기술 대표단을 위한 만남의 자리를 조성하기도 한다. 예컨대, 2006년 6월 중국 과학기술부MOST와 몇몇 기술 관련 대학들로부터 모집된 9명의 인사로 구성된 미국의 자동차 관련 기술을 노리고 있던 대표단은 장관급 과학기술참사관인 진주Jin Ju의 환영을 받았고, 그의 부하직원인 대사관 과학기술참사관의 안내를 받아 다양한 미국의 장소를 방문하였다.

미국에 있는 중국 과학기술처는 이러한 실용적이며 직접적인 지원을 넘어, 확장된 중미 기술무역을 활성화하기 위한 공공 담론에 참여하고, 미국 정부가 "자유로운 과학 교류"를 방해하기 위해 설치한 "장애물障碍"에 대한 반감을 결집한다.

예를 들면, 2002년 대사관 과학기술참사관은 메릴랜드대학University of Maryland의 "중관춘 국가혁신모델 단지Zhongguancun National Innovation Model Park, Z-park"의 개막을 축하하기 위해 미국으로 온 과학기술부MOST가 이끄는 중국 과학대표단을 만났다.[6] 중국이 해외에 설치한 이러한 종류의 시설 중 최초의 시설이다. 이 행사를 기념하기 위해 세미나에서 참사관은 미국 의회가 중국으로의 기술 수출을 방해하기 위해 설치한 "정치적 장벽"에 대

---

5 중미기술혁신개발센터UCTID는, 정보를 수집하고 미국 국가정보통신국제혁신단지CIIIC의 주요 통신회사와 미국 내의 "중국 교포 기업 전문가"와의 협력을 활성화하기 위해, 중국으로 파견단을 보내는 것으로 알려졌다.

6 과학기술부MOST, 중관춘관리위원회, 메릴랜드대학의 공동 프로젝트는 과학기술 교류와 "초국가적 자원의 배급"을 촉진하기 위해 고안되었다(www.cns.hk).

해 불평했다. 2년 뒤, 중국 참사관은 중국재미과학기술협회 집회에서 중국이 기술 수출 규제와 "정치적인 압박"에 대해 불쾌감을 느끼고 있음을 전달하였다.[7]

이러한 해외공관에서 일하는 과학기술 공무원들은 정기적으로 중국 내외의 다른 기술이전 관련 직위를 돌아가면서 맡으며, 다른 직위에서 획득한 경험을 활용하여 업무를 본다. 중국국제과학기술협력협회China Association for International Science and Technology Cooperation 책임자는 워싱턴 대사관에서 과학기술참사관이자 과학기술 장관으로서 3년을 복무하였다. 책임자의 우선적 업무에는 유럽에 있는 중국 대사관으로의 여행이 포함되었다. 새로 선출된 과학 참사관을 맞이하고, 직책에서 물러나는 재임자在任者를 예우하기 위한 행사 연설에서는 일반적으로 근무자들의 과학적 배경과 외교적인 능력에 대해 언급한다.

기술 획득에 있어서 이러한 공무원들이 하는 역할은 부분적으로 공무원들과 외국에 거주하는 과학자들 사이의 상호작용을 기준으로 판단해 볼 수 있다. 미국에 거주하는 중국인 과학자들을 중국 과학기술 프로젝트에 참여시키려는 진지한 노력이 1990년대 중반 뉴욕 영사관이 해외전문가위원회海外专家委员会를 설립하면서 시작되었다. 이 위원회의 목적은 "해외 학생들에게 조국을 지원하고자 하는 열망을 자각시키는 것"과 "중요한 중국 과학기술 프로그램 제정을 위한 계획과 전략에 기여하기 위하여 해외에 거주하는 민족적인 중국인 전문가들의 지적 능력을 이용하는 것"이었다.[8] 1997년까지 영사관은:

---

7 집회는 중국재미과학기술협회 협회장 린민위에林民跃에 의해 소집되었다. 린민위에는 푸단대학 물리학과를 졸업하였으며, 미국국립표준기술원US National Institute of Standards and Technology에서 근무하였다.

8 Liu Yun체云 and Shen Lin(沈林), "海外人才资源开发利用的现状及发展对策해외 인적자원 개발 이용 현황 및 발전대책"("The Current Situation and Countermoves on Development and

> 중국재미과학기술협회, 북미중국인과학기술학회, 중국재정학회, 미국국제중국인과학기술공상협회, 미국-중국과학자기술자협회, 실리콘밸리중국기술자협회 등과 같이 해외에 거주하는 중국인 전문가들의 밀도가 상대적으로 높은 지역사회 단체들을 동원하였으며, 과학기술 개발에 있어서 중국이 앞으로 나아갈 방향과 이에 관련된 정책에 대한 조사 · 연구를 수행하기 위한 분야에서 활동하고 있는 100인의 높은 수준의 중국인 학자들을 미국에서 조직하였다. 이 학자들은 지혜와 모국의 은혜를 갚겠다는 진심 어린 생각을 결집하여 4권 분량의 "중국 과학기술 발전을 위한 권고"를 제출하였다.[9]

기술이전 대상인 주요 첨단 분야를 아우르는 8개의 주제가 여기에 포함되었다. 동시에 "해외 학자들이 중국을 지원할 수 있도록 하는 효과적인 모델이 추구되었다." 그해 11월 과학기술부[MOST] 대표단은:

> 캐나다와 미국에 도착하여 해외 중국인 과학자들과 과학자들이 소속된 조직들과 인터뷰를 진행하였으며, 인터뷰 대상은 120개가 넘었다. 해외 과학자들은 세계적인 기초연구의 발전 추세와 같은 다양한 수준, 중국의 기초연구 개발 전략, 우선적 분야의 선택, 국제적 협력, 기초연구에 대한 계획 및 관리에 대한 소중한 의견과 권고를 들려주었다.[10]

양측은 해외로 파견단을 보내 과학기술정책 사안에 대한 해외 중국인 학자들의 의견을 구하려는 중국의 방식이 긍정적인 발전 방식이라는 데 동의하였으며, 이를 "국가 정책을 결정하기 위한 과학적이며 민주적인 방

Utilization of Overseas Chinese Experts Intellectual Resources") in 科研管理과학연구관리 (*Science Research Management*) vol. 22.4 (July 2001), pp. 115-125.

9 Ibid.

10 Ibid.

식"이라 하였다. 미국에 기반을 둔 학자들은 "중국 내외 인사들의 협력을 통해, 중국이 이러한 종류의 모델을 조직화 · 체계화하고, 중국의 과학정책 입안자들과의 교류를 위한 공식적이며 표준화된 경로와 메커니즘을 구축할 수 있기를 희망하였다."[11]

중미 과학기술 단체와 함께하는 이러한 형태의 협력은 오늘날까지 이어져왔다. 예컨대, 2007년 5월 뉴욕 총영사는 중국재미과학기술협회 연례모임에서 외국의 과학기술을 "도입하여 소화 · 흡수하며 재창조引进消化吸收再创新"하는 중국의 정책이 "지속적이며 비약적인 발전"을 일궈왔음을 전했다. 뉴욕 총영사는 모임에 참가한 중국계 미국인 과학자들에게 "다양한 수단을 통해 중국에 대한 지원"을 계속할 것을 요청하였다.[12] 그 뒤 국가외국전가국SAFEA의 대표단이 뉴욕 영사관을 방문하여, 과학기술 인재의 모집에 대한 영사관의 지원에 감사를 표했다. 전하는 바에 따르면, "양측은 미국 내 모집 활동에 대한 깊은 논의를 나누었다고 한다."[13]

미국 내의 또 다른 외교적 시설들에서 이와 비슷한 노력이 추구되었는데, 이러한 시설들은 미국 50개 주와 해외 영토 내 책임지역에서 이뤄졌다. 미국 자동차 회사들이 생존을 위해 고군분투하고 있던 2008년 4월, 중국의 시카고 과학기술참사관은 디트로이트에 위치한 미국-중국과학자기술자협회留美中国科学家工程师专业人士协会에서 첨단 자동차기술에 대한 중국의 요구를 주제로 연설하였다. 중국의 한 주요 자동차기업의 책임자는 그곳에서 "중국의 자동차 산업이 직면한 기회와 문제"에 대해 설명하였다.[14]

---

11 Ibid.

12 www.nyconsulate.prchina.org/ch.

13 Ibid. 국가외국전가국SAFEA은 기술 "교류"를 가속화하기 위해 최근 뉴욕 사무소를 설치하였다. 뉴욕 사무소는 뉴욕 영사관과 협력할 뿐만 아니라, 중국 국제연합UN 과학기술 대표단이 수행하는 모집 활동을 지원하기도 한다.

14 www.chinaconsulatechicago.org. 시카고 영사관의 웹사이트에 따르면, 디트로이트의 미

10개월 뒤 음력 설 축제에서 참사관은 이전에 참석했던 동일한 집단을 대상으로 "중미 관계의 안정적이고 건강한 발전에 더욱 크게 기여할 것"을 촉구하였다.

중국의 해외공관이 미국 내에 등록되어 있는 이와 같은 과학기술 단체들에 미치는 권력은 상당하다고 할 수 있는데, 이는 해외공관들의 관리하에 두는 단체의 수를 보면 알 수 있는 부분이다. 2007년 11월 로스앤젤레스 영사는 남부 캘리포니아에 위치한 11개의 과학기술 전문가단체의 대표 30명을 위한 연회를 개최했다. 영사는 중미 과학기술 협력 및 교류에 대한 단체들의 기여에 감사를 표했고, 영사관이 이러한 전문가단체들에 대한 지원을 계속 제공할 의사를 내비쳤다.[15] 이후 2008년 5월 로스앤젤레스 영사관 과학기술참사관은 지역 중국 과학기술 단체에 소속된 220명의 구성원을 해외교포관련업무사무실OCAO과 과학기술부MOST 국제과학기술협력부서에서 파견된 "정책 조언 및 보고 단체"와의 회의에 초대하였다. 이 회의는 해외교포관련업무사무실이 로스앤젤레스에 설치한 회의실에서 개최되었다. 해외교포관련업무사무실의 대표단을 인솔한 장지안칭Zhang Jianqing은 기술이전을 전담하는 제4부서의 책임자로, 회의가 있기 전에 뉴욕 영사관과 워싱턴 대사관에서 근무하였다. 과학기술참사관은 회의 참가자들을 몸은 외국에 있지만 "심장과 마음은 중국에 있는心系中国" 사람들이라 묘사하였다.[16] 과거 로스앤젤레스 영사관에서 근무하였던 제4부서의 또 다른 임원 동 지안롱Dong Jianlong은 해외에 거주하는 과

국-중국과학자기술자협회留美中国科学家工程师专业人士协会는 "여러 해 동안 중국자동차제조사협회China Association of Automobile Manufacturers 및 기타 조직들과 친밀한 관계를 유지해왔으며 중국자동차산업과 미국 자동차산업 사이의 정보와 기술에 대한 협력·교류를 적극적으로 촉진해왔다."

15 losangeles.china-consulate.org.

16 Ibid.

학자들에게 어떻게 중국의 과학기술 발전에 참여할 수 있는지를 "자세히" 설명하였다.[17]

영사관의 과학기술 공무원들은 중국에서 오는 대표단이 미국에 머무는 동안 어떻게 이러한 단체들과의 관계를 이용할 수 있는지에 대해 조언하고, 뛰어난 기술력을 갖춘 미국의 단체와 방문자 사이의 협정을 중개한다. 또한 공무원들은 민족적으로 중국인인 첨단기업 경영주들과의 유대를 유지한다. 예컨대, 2009년 2월 샌프란시스코 영사관의 대표단은 지역 생명공학 기업을 방문하였는데, 대표단은 민족적으로 중국인인 최고경영자와 직원들로부터 "따뜻한 환영"을 받았다. 양측은 중국의 생명공학 발전과 미국에 기반을 둔 전문가들의 지원에 대한 견해를 교환하였다.[18] 로스앤젤레스와 샌프란시스코 영사관 웹사이트에 게재된 뉴스 기사에는 과학기술참사관들의 캘리포니아 첨단기업으로의 빈번한 방문이 묘사되어 있다.

이와 동일한 웹사이트들은 기술 관련 사업을 고려하는 사람들에게 중국의 공식적인 과학기술 프로그램의 개요, 국제적 과학기술 협력을 위한 중국의 전반적인 계획에 대한 소개, 중국의 과학기술 지향적 웹사이트로 이어지는 링크, 중국의 과학기술 정책 문헌, 중국의 첨단기술단지에 대한 정보, 유용한 연줄 등을 포함한 많은 정보를 제공한다. 중국 내 과학기술 "교류" 행사에 관한 기사와 일반적이거나 특정한 중국 과학기술 프로젝트를 모두 지원할 수 있는 기회를 알리는 중국 정부부처와 다른 공식 조직의 과학기술 "통신中国科技通讯"도 사이트에 게시된다. 게시된 정보의 대부분은 중국어로 되어 있다. 독자들은 "다양한 경로, 다양한 단계의 전면

17 CAST-USA newsletter, 2008.5.

18 www.chinaconsulatesf.org.

적인 국제적 협력 및 교류를 진전시킬 수 있는 다양한 수단을 활용"하고 "실행 가능성可行性" 있는 연구에 기여할 것을 요청받는다.[19]

중국 정부는 미국 내 외교사절단뿐만 아니라 미국 땅 위에 직접 설립한 또 다른 국가 조직들을 통해서도 기술이전을 촉진한다. 국가외국전가국SAFEA 뉴욕사무소가 대표적인 예라고 할 수 있다. 이와 같은 또 다른 조직으로 싼리국제유한공사三立国际有限公司가 있는데, 이 조직은 국가외국전가국SAFEA 후원으로 버지니아주 폴스 처치Falls Church에 세워진 "해외 교육기관"으로 베이징과 난징에 지사가 있다. 이 공사는 "1993년 이후 과학기술, 문화, 교육 및 경영 등의 분야에서 미국과 중국 사이의 쌍방적 교류 및 협력을 촉진하는 데 전념해 큰 성공을 거두었다."[20] 싼리국제유한공사는 "교육과 점검"과 "국제교류서비스"에 속하는 미국으로의 여행을 주선하는 데 있어 훌륭한 평판을 갖고 있다고 스스로 밝혔다.

또한 싼리국제유한공사는 뉴욕, 워싱턴 DC, 시카고, 웨스트코스트, 토론토에서 중국 상하이, 광저우, 기타 지역 출신의 모집담당자들을 위한 "인재교류협의회"를 개최한다. 2008년 싼리국제유한공사는 창저우Guangzhou 대표단을 위해 로스앤젤레스에서 지역 중국인 학자, 유학생, 전문가 등 약 150명과 함께하는 "대화와 교류"를 조직하였다. 이 행사는 창저우시 인사사무소와 국가외국전가국SAFEA의 후원을 받았다. 2009년 공사는 인사부MOP와 국가외국전가국SAFEA에 의해 파견된 광둥 인재헤드헌팅팀을 위한 협의회를 뉴욕시에서 주최하였으며, 워싱턴 DC에서 열린 17번째 중국재미과학기술협회 연례모임 주관을 지원하였다. 싼리국제유한공사는 "복잡한 여행 준비" 처리와 "최고 수준의 통역관" 제공을 포함

---

19 www.chinaconsulatesf.org.

20 www.triwayinc.com. 웹사이트의 영문판에서는 "과학기술"이 빠져 있다.

한 기술이전에 대한 "종합적이며 완벽히 통합된 해결책"을 자랑한다.[21]

2006년 10월 상하이국제인재교류협회[上海国际人才交流协会, Shanghai Association for the International Exchange of Personnel, SAIEP]는 워싱턴 DC에 연락사무소 설립을 지원할 목적으로 싼리국제유한공사를 고용하였는데, 이는 공사의 성공을 보여주는 척도라고 할 수 있다. 상하이국제인재교류협회[SAIEP]는 비정부기구라고 주장되는 기관이며, 국가외국전가국[SAFEA]의 간판 조직인 중국국제인재교류협회[CAIEP]에 소속된다. 이 사무소는 동부 연안의 중국인 과학기술 인사를 상하이에 있는 적절한 단체로 연결시켜 주며, 지역의 중국인전문가단체에 의해 운영되는 모임에 참가해왔다.

이와 같이 명목상으로는 비정부기구라고 주장하는 사무소들은 중국 정부와 지방 기관들이 미국 과학기술 인재들에게 직접적으로 접근할 수 있도록 해준다. 그러면서 성[省] 단위 지역 기관들이 미국의 이익에 반하는 목적을 가진 외국을 지원한다는 낙인이 찍히지 않도록 보호한다. 상하이국제인재교류협회[SAIEP]는 워싱턴 DC에 두고 있는 발판뿐만 아니라, 토론토, 런던, 파리, 하노버, 오사카, 시드니를 포함하는 세계적인 네트워크의 일부로서 캘리포니아 서니베일[Sunnyvale]에도 사무소를 두고 있다. 실리콘밸리에서 가장 큰 중국 전문가단체인 실리콘밸리중국기술자협회[Silicon Valley Chinese Engineers Association, SCEA]의 지원을 받아 설립된 서부 연안 사무소는 실리콘밸리중국기술자협회[SCEA] 전 관리자이자 전 협회장인 준 추[June Chu]가 운영한다.[22] 상하이국제인재교류협회[SAIEP] 웹사이트에는 상하이가 실리콘밸리에 사무소를 설치하고자 결정한 이유로 "미국은 세계에서 가

21 Ibid.

22 www.saiep.org. 2002년 실리콘밸리중국기술자협회[SCEA]는 상호이익에 근거하여 상하이국제인재교류협회[SAIEP] 실리콘밸리 사무소와의 "협력 협약을 맺었으며, 이 사무소와의 협력관계를 공식화하였다(www.scea.org)."

장 발전한 국가이며, 최고 수준의 인재들이 가장 많이 밀집되어 있는 국가이다"[23]라고 설명되어 있다.

실리콘밸리중국기술자협회SCEA 외에도 상하이국제인재교류협회SAEIP가 캘리포니아에 두고 있는 주요 파트너로는 캘리포니아의 또 다른 중국계 미국인 단체인 화위엔 과학기술협회华源科学技术协会가 있다.[24] 상하이국제인재교류협회 활동 규모는 해외 유학인재 10,000명 결집계획万名海外留学人才集聚工程을 보면 명확히 알 수 있다.[25] 이 계획의 목표는 상하이 과학기술 인재의 수준을 높이는 것과 "해외 학자들을 활용하는 것에 대한 개념적인 제약을 깨는 것"이다. 이 계획은 도시의 인재풀을 분석하는 것, 인재풀의 결점을 알아내는 것, 외국의 전문가들을 활용하여 "모든 수준의 당 및 정부, 고등교육기관, 과학연구기관, 의료시설, 중대규모의 국유기업, 그 외의 관련 시설"의 직책을 채우기 위한 "새로운 방법"을 자랑한다.[26]

미국 내 중국 기관과 미국에 기반을 둔 중국지지단체의 중간쯤에 걸쳐 있는 조직으로 중국재미과학기술협회中国留美科技协会가 있다. 이 협회는 1992년 뉴욕시에 설립된 비정치적 전문가협회이며, 30개 주에 걸쳐 11개의 지부를 두고 있다. 비록 중국재미과학기술협회가 이 조직과 같은 이름을 가진 중국의 단체인 중국과학기술협회中国科技协会에 직속되어 있다는 주장을 하지는 않지만, 중국재미과학기술협회는 중국과학기술협회를 2

---

23 www.saiep.org.

24 www.hysta.org.

25 중국과학원CAS의 "백인계획百人计划"은 "천인계획千人计划, 해외고급인재도입프로젝트[海外高层次人才引进计划]"의 약칭, 2008년부터 시행됨. 옮긴이"이 되었으며, 상하이국제인재교류협회SAIEP는 현재 "해외 유학인재 10,000명 결집계획万名海外留学人才集聚工程"을 후원하고 있다. 100,000을 나타내는 한 문자로 된 형태소가 중국어에 존재하지 않아(백百→천千→만万→십만十万) 계획의 이름을 4글자로 정하는 과정에 자연적인 제약이 생겼을 것이다. 매혹적인 4글자 표현은 보다 상서롭지 못한 5글자 표현(십만인계획十万人计划)으로 바뀌게 된다. 사람을 뜻하는 인人을 빼면 중요한 형식미를 살려 십만계획十万计划이라 쓸 수 있다.

26 www.saiep.org.

개의 "동반조직" 중 하나로 명시한다. 다른 하나의 동반조직은 교육부MOE의 중국교육연구네트워크China Education and Research Network이다.[27] 중국과의 연대는 이 조직의 헌장을 보면 더욱 잘 드러난다. 헌장에서 이 조직은 "인사교류와 정보교류, 모두를 위하고 과학기술, 경제, 무역, 기타 부문에서의 협력을 위한 중국과 미국 사이의 '다리 역할'을 한다"고 주장한다.[28]

중국재미과학기술협회가 수행하는 "활동"은 다음과 같은 것이 있다고 열거한다:

> 자금 지원, 시장개발, 미국과 중국 사이의 기술이전과 투자기회를 추구하면서 미국 법인회사, 기업, 기관, 조직 등과의 협력적 관계를 구축하고, 미국인과 중국인 사이의 협력을 위한 유리한 조건과 환경을 구축한다.[29]

비평적인 독자라면 어째서 이 "미국" 조직이 다른 미국 조직과 맺는 관계의 필요성을 강조하는지에 대해 의문을 표할 수 있다. 도대체 무엇 때문일까? 위 문단의 첫 줄에서 중국재미과학기술협회가 추구하는 활동을 보면 "기술이전"이 끝에서 두 번째에 위치한 것을 확인할 수 있다. 중국에서는 보통 목록에서 핵심적인 요소를 끝에서 두 번째로 언급하는 것을 선호한다. 즉, 기술이전은 중국재미과학기술협회의 전부라고 할 수 있는 것이다. 또한 중국과학기술협회와 중국재미과학기술협회의 중국어 명칭을 살펴보면 "미국에 거주함"을 뜻하는 재미留美의 유무만이 차이가 난다는 것을 알 수 있다. 중국재미과학기술협회 문헌들을 검토해보면 협회가 추구하는 방향과 활동으로 인한 수혜자를 확실히 알 수 있기에, 사실 위

27 www.cast-usa.net.

28 Ibid.

29 Ibid.

와 같은 사항들은 사소한 것에 불과하다.

중국재미과학기술협회 "고문" 명단에는 중국 최고의 과학 기관들이라 할 수 있는 중국과학원CAS과 중국공정원CAE의 전직前 구성원과 현직 구성원이 모두 포함된다. 전前 과학기술부 장관인 주 리란Zhu Lilan, 국가자연과학기금위원회NSFC 구성원들, 전국인민대표대회와 중국인민정치협상회의 전국위원회中国人民政治协商会议全国委员会 구성원들, 중국 대학의 교수들도 고문 명단에 포함된다.[30] 고문들은 중국재미과학기술협회의 활동에서 적극적인 역할을 한다. 예컨대 중국과학원장은 2005년에 연례모임을 개최하여 "과학기술 협력 특사, 중국과 미국의 친선을 위한 경로"라는 제목으로 연설하였다. 이 모임에서 중국과학원 출신 중국 체제통제 전문가는 쳰쉐썬Qian Xuesen에게 헌사를 바쳤으며, 쳰쉐썬이 캘리포니아공과대학 인근에서 공부하곤 했었다는 사실을 언급하였다.[31] 제1장에서 언급한 바와 같이 쳰쉐썬은 중국 전략 미사일 부대의 아버지로 불리며, 미국 기술이전의 노골적인 지지자이자, 중국의 대외 과학기술 오픈소스 수집 프로그램의 등대와 같은 인물이다.

미국에 거주하는 중국재미과학기술협회의 많은 구성원들이 중국 기관에서의 직책을 겸직한다. 예를 들면, 노스캐롤라이나 지부 차오 시우리Chao Xiuli 교수가 있다. 차오Chao는 칭화대학의 정교수이자 복잡계Complex Systems에 대해 연구하는 중국과학원CAS 국제연구팀의 구성원이다. 차오Chao는 2002년 이후 다롄이공대학 중국과학원 대학원CAS Graduate School에서 겸임 교수로 근무하였으며, 중국과학원에 소속된 수학 및 체제과학 학술원에서 석좌 교수로 근무하였다.[32] 차오Chao는 중국 국가자연과학기금위

---

30 중국재미과학기술협회의 저널 海外学人해외학자의 2005년 10월호에 따른 것이다.

31 www.cast-la.org.

32 www.ise.ncsu.edu/chao/more_info.html.

원회[NNSF]로부터 "해외의 우수한 젊은 과학자에게 수여하는 상[Outstanding Overseas Young Scientist Award]"을 수상하였으며, 우수한 과학자에게 주어지는 또 다른 상을 중국과학원으로부터 수상하였다. 또한 차오는 중국 국가과학기술계획에 직접적으로 참여해왔다.[33]

중국 공무원들은 중국재미과학기술협회가 주관하는 사업 관련 모임이나 사교적 행사에 참여하기도 한다. 중국 총영사 종 지아화[Zhong Jianhua]는 중국재미과학기술협회의 2004 컨벤션을 개최하고, 자신의 거주지에서 연회로 마무리하였다. 중국 과학기술참사관 리 주치앙[Li Wuqiang]은 뉴욕에서 개최된 2007 국가협의회에서 연설을 하였으며, 과학기술참사관 마오 종잉[Mao Zhongying]은 2008년 뉴욕시 지역모임을 개최하였다. 2007년 10월 10일 중국의 국가 공휴일인 쌍십절, 중국재미과학기술협회 뉴욕 지부는 중국에 과학기술 지향적 기업을 세우는 것에 대해 논의하기 위해, 과학기술 담당관의 지원 하에 과학기술부[MOST], 해외교포관련업무사무실[OCAO] 제4부서, 2개의 상하이 산업단체에 소속된 공무원들과 함께 만남을 가졌다.[34]

중국재미과학기술협회는 미국으로 파견되는 중국 대표단과 교류할 뿐만 아니라, 중국으로 파견단을 보내기도 한다. 예컨대 "귀환하는 해외학자들의 혁신을 위한 일주일 행사[Returning Overseas Scholars Innovation Week]" 동안의 연례방문을 들 수 있다. 이 일주일 동안 중국재미과학기술협회 대표단은 협력 프로젝트를 정리하기 위해 과학기술부[MOST] 공무원들, 중국과학원[CAS]과 중국공정원[CAE] 교수들, 재정적 후원자들, 중국 "창업단지"의 관리자들과 만났다. 또한 중국재미과학기술협회는 2008년 "중국 답례방문"을

---

33 www.castnc.org.

34 castusa-gny.org.

후원하였다. 방문자들은 "양측 모두를 위해 해외 중국인들이 제공하는 기술을 지역적 자금 지원과 결합하는 것"을 목표로 하는 일련의 활동을 위해, 우한에서 해외교포관련업무사무실OCAO 소속 팀과 만났다. 방문자들은 "중국의 관련 단체 및 개인과 폭넓게 접촉 · 교류하였으며," 해외교포관련업무사무실 및 지역 정부 지도자들과 직접적으로 교류하였다.[35]

또한 중국재미과학기술협회는 광저우 유학과 기술이전 컨벤션에서 두드러지는 역할을 한다. 2004년에 개최된 7번째 연례행사에서 중국재미과학기술협회는 50명으로 구성된 대표단을 파견하였다. 파견단은 "40개 이상의 프로젝트"를 중국에 제공하였으며, 그 어떤 외국의 대표단이 낸 성과보다도 대단한 것이었다.[36] 이 컨벤션에서 중국재미과학기술협회는 중국 조직위원회와 협력하여 최초의 "중국 지식강국전략 고위층 논단中国知识强国战略高层论坛"을 개최하였으며, 첨단산업을 도입하려는 중국의 노력을 지원하겠다는 선언문을 통과시켰다. 중국재미과학기술협회가 고안하여 제시한 계획은 2010년까지 중국을 세계 7대 혁신국으로 만드는 것을 목표로 하였다. 이에 대한 설명을 담고 있는 한 보고서는 도입부에서 "21세기에 행해지는 국가 간의 경쟁은 지식경쟁이라는 것"을 단언하며 시작한다.[37] 자신이 살고 있는 국가와의 경쟁에서 중국이 우위를 차지하도록 돕는다는 모순은 간과되었던 것으로 보인다.

중국재미과학기술협회가 개소한 지역 지부의 최상층부에는 정보공학, 네트워킹, 전자상거래, 화학, 화학공학, 생물학, 의학, 재무, 법을 전문으로 하는 8개의 분과위원회가 있다.[38] 이 중 하나가 2000년에 설립된 네트

35 www.castct.org.
36 Ibid.
37 Ibid.
38 www.cast-la.org.

워크학회[网络学会]이다. 네트워크학회는 중국계 미국인이 참여하는 연례 네트워킹 심포지엄을 조직한다. 이 심포지엄은 중국과 미국에서 번갈아 개최되며, 여기서 중국과학기술협회 전문가들은 발표를 하고, 패널을 운영하며, 중국 내 관계자들을 기술 발표 회의에 끌어들인다.[39] 네트워크학회는 베이징 중관춘과학단지[Zhongguancun Science Park]와 미국 메릴랜드대학과 가까운 관계를 맺고 있으며, 이 두 기관은 앞의 심포지엄을 공동으로 후원한다.

베이징이 기술이전을 촉진하기 위해 활용하는 또 다른 장소로 중국 동문회가 있다. 중국 관점에서 보면, 중국 대학으로부터 학위를 받은 뒤 외국에서 생활하는 이런 동문회 회원들은 중국의 기술적 현대화에 공헌할 지식과 열의를 갖춘 자발적 인재풀이라 할 수 있다. 또한 동문회는 첨단기술단지의 인재들이 집약된 잘 준비된 지원 토대가 된다.

예컨대 상하이교통대학[Shanghai Jiaotong] 동문회는 휴스턴, 미시간, 노스캐롤라이나, 워싱턴 DC, 보스턴, 뉴욕, 플로리다, 뉴잉글랜드, 피츠버그, 텍사스에 지부를 둔다.[40] 약 20만 명의 미국 회원을 둔 난징대학[Nanjing University] 동문회는 애틀랜타, 보스턴, 시카고, 댈러스, 휴스턴, 로스앤젤레스, 뉴욕, 노스캐롤라이나, 필라델피아에 지부를 둔다.[41] 이러한 "교류들"은 일반적으로 중국 정부가 동문회에게 중국의 기술적 요구사항에 대한 정보를 전달하고, 미국에 기반을 둔 졸업생들이 중국을 방문하여 정부의 요구사항에 응답하는 형태를 띤다.

예를 들면, 2007년 6월 난징대학 동문회는 난징[Nanjing]성 정부의 지원을 받으며, 난징으로 미국 대표단을 보내 중국 기업들과 기술이전 기회에 대

39 www.castdc.org.
40 www.sjtu.org/sjtuaa/index.php.
41 www.nuaa-us.org.

해 논의하였다. 사전에 소지자의 허가를 받아, 재무, 경영, 생체의약품, 소재, 소프트웨어, 정보기술 등에 대한 약 23개 프레젠테이션이 제공되었다. 이 프레젠테이션은 "가득 채워진" 3개 회의실에서 동시에 진행되었다. 7일 동안 이뤄진 행사에서 미국에 기반을 둔 졸업생들은 난징, 창저우, 우시, 쑤저우의 첨단기술단지를 방문하였으며, 첨단기술단지들은 졸업생들의 방문에 대비해 "잘 준비되어" 있었다.[42]

2009년 해외교포관련업무사무실OCAO은 새로 고안된 "해외의 인재들이 중국에 기여하도록 하기 위한 계획"이 요구하는 100인 모집안의 일부로서, 난징대학 동문회NUAA가 중국계 미국인 40명의 생명공학 전문가를 "소집召集"할 것을 "정식 위탁正式委托"하였다. 해외교포관련업무사무실은 해외에서 3년 혹은 그 이상 근무하였으며, 지적재산권으로 개발된 "실용적인 품목"을 중국으로 가져올 수 있는 중국 교포를 찾았다. 특히 하이난Hainan 프로젝트에 대해 해외교포관련업무사무실은 난징대학 동문회에게 "의학, 전자공학, 경영, 재무, 첨단기술, 컴퓨터 및 자동차" 등의 분야에서 "미국에서의 학술적 성과, 확실한 사업적 성과, 협력적 사업을 위한 특정한 아이디어를 갖춘 높은 수준의 인재들"을 제공할 것을 요청하였다.[43]

중국과 타이완 양측의 동문회는 중국 밖의 세계에 대한 공동의 이익을 위해 정치적인 견해 차이를 제쳐둘 수 있다. 남부 캘리포니아의 칭화Tsinghua대학 동문회는 "중국 본토와 타이완 양국에서의 첨단산업 연구 · 개발 · 배양에 있어서 핵심적인 역할을 한다."[44] 미국 내 타이완국립교통대학Chiao-Tung University 동문회도 이러한 동문회 중 하나로,[45] 5개의 모든 교

---

42 Ibid.

43 Ibid.

44 www.tsinghua-nc.org.

45 "Chiao-Tung"이라는 철자는 웨이드-자일스 표기법Wade-Giles system에 의한 것으로, 이를 통해 이 대학이 타이완을 기반으로 한다는 것을 알 수 있다.

통대학의 졸업생들, 즉 중국과 타이완의 졸업생들을 동등하게 명부에 등록한다.

일반적인 중국계 미국인 과학기술협회

중국 내 기술원조조직과 미국에서 스스로 가동되어 중국의 장소적 한계를 보완하는 것은 미국에 등록된 100개를 훌쩍 넘는 중국지지단체로, 이러한 단체들은 기술이전을 직접적으로 추구하거나 조직구조의 결과로서 기술이전을 이뤄낸다. 몇몇 중국지지단체가 모든 민족의 전문가에게 개방되어 있는 반면, 대부분은 이해관계가 미국 시민, 영주권자, 전문직 취업 비자H-1B visa를 소지한 근로자, 대학원생 등 조국과 일치하는 해외 중국인들에 의해 독점적으로 구성된다.

중국계 미국인 과학기술협회가 하나의 자주국인 중국에 동질감을 느낄 만한 선험적인 이유가 없을지라도, 실제로는 자신의 노하우를 중국에게 전하는 데 있어서 언어적인 장애와 여타 장애를 극복할 수 있는 회원들에게 생기는 이점이 거의 항상 주어진다. 뻔한 말이긴 하지만, 공동 유산이 회원들로 하여금 가장 잘 할 수 있는 것에 집중하도록 만든다. 이러한 내적역학은 중국에 의해 활용된다. 중국은 이러한 협회들의 비위를 맞추고 심리적인 압박, 정치적 통제, 재정적 장려책을 혼합하여 이들을 조종한다. 결국 중국계 미국인 협회들은 중국과의 상호작용과 회원들에게 제공하는 접근권을 통해 신뢰할 만한 존재가 된다.

이러한 과학기술협회들의 중국으로 편향은 협회 헌장, 활동, 인터넷에 게시된 게시물과 협회 문건에서 만연하는 태도에서 찾아볼 수 있다. 예를 들어, 우리가 검토한 수많은 과학기술협회들 중 모든 협회가 과학기술과는 전혀 상관이 없으며, 전적으로 중국을 돕는 프로젝트인 2008 쓰촨Sichuan성 대지진 구호기금을 모으는 데 실패하지 않았다. 이에 반해, 이런 과학기술협회에서 어떤 사안에 있어서 미국과 자주 상반되는 외국에게 기술을 기증하는 것에 대한 염려에 대한 표현들을 우리는 어디에서도 찾아볼 수가 없다. 추측해 보건대 아마도 협회들은 중국에게 좋은 것이 모두에게도 좋은 것이라고 생각하는 것 같다.

버지니아 매클레인McLean에 위치한 북미주중국학자국제교류센터北美洲中国学人国际交流中心, North American Chinese Scholars International Exchange Center, NAIEC[46]를 시작으로 앞으로 이러한 단체들을 자세히 살펴볼 예정이다. 북미주중국학자국제교류센터NAIEC는 우리가 앞으로 다룰 9개의 중국계 미국인 과학기술협회 중 하나이다. 센터 웹사이트에 따르면 북미주중국학자국제교류센터NAIEC는:

> 미국에 등록된 독립적이고 비영리적인 협회로, 워싱턴 DC 교외에 본부를 두고 있다. 협회 구성원들은 미국 내에서 사회과학, 생명과학, 정보기술, 경영에서 박사학위를 취득하였으며, 각자의 분야에서 크나큰 성공을 거둔 중국계 미국인들이 센터를 이끈다. 구성원들은 미국과 중국, 양국과의 폭넓은 유대를 유지하는 동시에 수년 동안 중국계 미국인 전문가와 지역사회 단체와 기구들을 이끌어왔다.[47]

북미주중국학자국제교류센터NAIEC는 워싱턴 DC와 여타 미국 도시, 캐나다 도시에서 개최된 일련의 "해외 중국인 학자 인재교류회"를 통해 2000년과 2002년 사이에 유명해졌다. 이러한 교류회는 워싱턴에 위치한

---

46 북미국제교류센터北美国际交流中心, North American International Exchange Center로도 불린다.

47 www.naiec.org, February 2005.

중국 대사관의 지원을 받았으며, 다양한 중국의 성[省]과 도시로부터 온 대표자, 해외 중국인 학자, 외국에 살고 있는 중국 교포 등이 참가하였다. 교류회는 "엄청난 성공"을 거둔 것으로 여겨졌다.[48] 미국싱가폴부 중국인 전문단체연합회[美国大华府华人专业团体联合会]와 기술 관련 대학의 졸업생들의 지원을 받아 2000년에 열린 첫 번째 교류회에는 약 70명의 중국 대표자들과 750명의 미국 및 캐나다 유학파가 참가하였다. 2001년 두 번째 교류회는 중국이 세계무역기구[WTO]에 가입하게 됨에 따라,[49] 미국에 있는 중국인 과학자들에게 중국 경쟁력에 보탬이 될 수 있는 "역사적인 기회"를 제공했다고 알려져 있다.[50] 이 두 번째 교류회에는 100명의 중국인과 2,450명의 해외 거주자가 참석한 것으로 집계되었다. 이 교류회는 "관계 형성과 실용적인 결과물을 강조하였다." 이 교류회에서 논의된 프로젝트 중 약 20%가 실제로 시행되었다.[51]

3년 만에 교류회는 "해외 중국인 학자와 조국을 이어주는 유명한 발판이자 컨베이어 벨트"가 되었다. 2002년 10월 교류회에는 미국에 기반을 둔 73개의 유학파전문가 ***협회***와 해외교포관련업무사무실[OCAO], 국가외국전가국[SAFEA] 장쑤[Jiangsu]성 지부, 장쑤성 인사사무소 등을 포함한 중국에 기반을 둔 몇몇 기술이전 기관이 참가하였다. 장쑤성 17개 도시 대표자들은 "첨단기술 품목에 대한 프로젝트 논의"를 하기 위해 교류회에 참가하였다.[52] 이 교류회에서 북미주중국학자국제교류센터[NAIEC]는 "인재 데이터베이스"를 참고하여 소유한 기술이 "중국의 제조회사 및 정부기관의

---

48 www.zzi.net/china/2002NACBECc.shtml.

49 "제1회 북미 첨단기술사업 및 인재교류 대회[首届北美高新技术项目和人才交流大会]"는 사실상 북미주중국학자국제교류센터[NAIEC]가 주최한 이러한 종류의 연례모임 중 두 번째이었다.

50 www.scoba.org.

51 www.zzi.net/china/2002NACBECc.shtml.

52 Ibid.

… 구체적인 인사요구"에 맞는 미국 기반의 학자들을 선발하였다.[53] 선발된 학자들은 중국 국가프로젝트를 평가하는 것을 포함하여 중국에서 다양한 "서비스"를 수행하였다.[54]

북미주중국학자국제교류센터NAIEC는 인사부MOP에 소속된 두 사무소의 후원을 받으며, 2003년 저장Zhejiang성의 전문가와 해외 중국인 학자 서비스센터의 초청을 받아 "기술적 협력 및 교류 프로젝트"를 제안하면서 공식적인 중국 정부기관과의 친밀한 관계를 여실히 보여주었다. 북미주중국학자국제교류센터는 중국 정부기관과 기업이 준비할 수 있도록 자신의 프로젝트를 설명하는 자세한 서식을 작성하여 미리 제출할 것을 미국 회원들에게 요청하였다. 온라인 심사를 통과한 지원자들은 "더욱 깊은 논의"를 위해 중국으로 초대되었다.[55] 기술이전에 관한 아이디어를 사전에 중국에서 심사하도록 하는 요건은 ***관습상 필요한 것****de rigueur*으로 정착되었으며, 2008년 북미주중국학자국제교류센터가 중국의 해안도시와 서부지역에서의 프로젝트를 권유할 때 다시 한 번 언급되었다.[56]

매년 워싱턴 DC에서 열리는 연례 "교류" 모임에 대한 북미주중국학자국제교류센터NAIEC의 파트너라 할 수 있는 미국싱가폴부 중국인전문단체연합회美国大华府华人专业团体联合会, Union of Chinese American Professional Organizations, UCAPO는 1998년에 세워진 비영리적 단체로, "워싱턴 지역의 28개 중국계 미국인 전문조직을 조직화한다."[57] 미국싱가폴부 중국인전문단체연합회

---

53 www.scoba.org.

54 북미주중국학자국제교류센터NAIEC와 해외교포관련업무사무실OCAO은 이러한 연례행사를 적어도 2007년까지 공동으로 후원하였다. 그 결과 "많은 프로젝트와 인재"를 중국이 사용할 수 있게 되었다(news.sina.com.cn/o/2007-01-06/112810937711s.shtml).

55 www.capst.org/events/03172003.htm.

56 www.cast-sd.org/china/InvitationToChina.doc.

57 www.ucapo.org.

UCAPO 회원이 20,000명이라는 주장은 연합회에 소속된 모든 단체들의 회원 수에 근거한 것이다. 이 연합회의 자체 회원 수는 6명 정도밖에 되지 않는다. 연합회에 가입한 대부분의 단체들은 특정한 기술 혹은 전문직에 중점을 두며, 정치와 문화를 장려하는 친선협회 및 친선단체에 의해 균형이 이루어진다. 과학기술 지향적 단체들을 열거하면 다음과 같다.[58]

- 중국재미과학기술협회 워싱턴지부[中国留美科技协会, 华盛顿分会]
- 재미과학기술협회 네트워크지부[旅美科技协会, 网络分会]
- 재미중국인창업자협회[美国华人创业者协会]
- 북미중국인약물발전협회[北美华人药物发展协会]
- 미국중국인생물의약과학기술협회[美国华人生物医药科技协会]
- 미국중국계의학과학자협회[美国华裔医学科学家协会]
- 중국재미교통협회[中国旅美交通协会]
- 재미중국인기업가협회 워싱턴지부[留美华人企业家协会, 华盛顿分会]
- 미국중국인의약과학자협회[美国华人医药科学家协会]
- 미중공상연합회[美中工商联合会]

"전문가"라는 용어는 여기서 느슨하게 사용되지 않는다. 연합회에 가입한 조직의 구성원 중 약 95%가 고급 학위를 지니고 있다.[59] 많은 이들이 "자신의 분야에서 최고의 전문가"가 되었거나 "정부기관에서 고위관리"가 되었다.[60] 미국싱가폴부 중국인전문단체연합회[UCAPO] 역할은 소속

---

58 Ibid. 워싱턴 DC 지역의 유명한 과학기술이전조직인 북미주중국학자국제교류센터[NAIEC]와 중미기술혁신개발센터[UCTID] 모두 미국싱가폴부 중국인전문단체연합회[UCAPO]에 가입하지 않았다.

59 www.overseas.sh.cn.

60 www.ucapo.org.

된 단체들 간의 상호작용을 지도하고, 소속된 단체 회원들의 경력을 지원하고, 중국의 국익을 위해 막후교섭을 하고“중국과 미국 사이의 이해와 협력을 증진하고”, 중국인과 미국 내 “기타 중국계” 사이의 관계를 개선하는 것이다.[61] 미국싱가폴부 중국인전문단체연합회UCAPO가 긴밀한 제휴를 맺고 있는 국무원에 소속된 해외교포관련업무사무실OCAO 상하이지부는 미국싱가폴부 중국인전문단체연합회UCAPO의 목적 중 하나가 “미국과 중국 사이에서 기술적 자원을 통합”하고, “미국에 기반을 둔 유명한 전문가들의 지적 자원”을 중국의 “시장 자원”과 결합하는 것임을 언급한다.[62]

미국싱가폴부 중국인전문단체연합회UCAPO에 가입한 단체들은 미국에서 프로젝트를 수행할 뿐만 아니라, “중국에 파견되는 대략 100개 기술 및 교역 대표단”을 후원해왔으며, “첨단기술 교류회, 전문 토론회 및 연수회에 참가해왔다.”[63] 상하이 해외교포관련업무사무실OCAO에 따르면, 미국싱가폴부 중국인전문단체연합회UCAPO에 소속된 100개 이상의 단체들이 “자신의 기술 지향적 기업을 중국으로 옮겼다.” 2009년 미국싱가폴부 중국인전문단체연합회 웹사이트에 새로 게시된 정보에 따르면, 이 수치는 300개 기업으로 증가하였다.

워싱턴 DC 지역의 세 번째 주요 기술이전 조직은 중미기술혁신개발센터中美技术创新与发展中心, Center for US-China Technology Innovation and Development, UCTIC이다. 이 센터는 중국과학원CAS과 과학기술부MOST를 위해 중국에서 첨단기

---

61 增进华人与其他族裔的相互理解和相互合作중국인과 기타 중국계의 상호이해와 상호협력의 증진. 미국싱가폴부 중국인전문단체연합회UCAPO 웹사이트의 영문으로 된 부분에서는 其它族裔기타 중국계를 “other minority groups기타 소수계”로 잘못 번역하였다.

62 www.overseas.sh.cn. “기술적 자원의 통합”은 중국이 미국의 기술에 접근할 수 있도록 준비시킨다는 것을 의미한다. “시장 자원”은 “미국 기술을 상품화할 장소”의 완곡한 표현이다. 기교적인 표현을 뺀다면 이 문장은 “미국의 전문가에 의해 개발된 기술을 실제적인 응용을 위해 중국으로 이전한다”가 된다.

63 www.ucapo.org.

술 프로젝트를 관리하였으며, 1990년대에 미국으로 이민 간 도안 강段渠, River Doan이 2006년에 설립하였다. 도안 박사는 자신이 "기술의 국제적인 이전, 혁신, 아웃소싱에 관여하는 학술 및 산업 관련 정부적 중미공동체의 친구"임을 자처한다.[64] 8명으로 구성된 경영팀원들은 모두 중국계 미국인이다. 이 경영팀은 워싱턴 대사관의 과학기술참사관, 중국의 유명한 과학 및 공학 관련 대학의 학과장들, 중국의 기술 관련 대기업의 임원들, 과학기술부MOST의 전 임원, 4명의 조지메이슨대학George Mason University 교수 등 12명으로 구성된 자문위원회 지원을 받는다.[65]

핵심적인 임원들은 기술이전과 인재 교류를 위한 "통합적 서비스"를 제공하기 위해 중국과 미국의 "거대한 전문가 네트워크"를 통해 활동한다. 이러한 전문가들은 다음과 같은 일을 한다:

> (1) 새로운 기술, 사업적 기회, 혁신 방법론, 발전전략에 대한 연구를 수행한다. (2) 기술 및 혁신에 대한 정책 연구를 수행한다. (3) 기술 투자를 위한 평가와 위험 분석을 제공한다. (4) 새로운 사업과 혁신적인 창업업체에게 지원과 훈련 프로그램을 제공한다.[66]

쉽게 말해, 중미기술혁신개발센터UCTIC와 센터와 연계된 기관들은 미국의 새로운 기술을 발견하고, 최대한 적은 비용으로 기술을 중국에 이전할 방법을 결정하고, 프로젝트가 순조롭게 시작될 수 있도록 지원한다.

---

64 www.uctid.org/index.asp. 도안은 "중국의 많은 국가적 연구개발 프로젝트를 위해 집약적 경영 및 정책 입안을 한 경험이 있음"을 주장한다. 그가 열역학 및 전산유체역학에서 학위를 받은 것으로 보아 고에너지 물리학 관련 행사를 설계하는 데 그의 경력을 활용하였음을 알 수 있다. 비록 그의 중국이력서에는 세부적인 내용이 빠져있지만 말이다. 도안은 스탠퍼드연구소Stanford Research Institute의 국제적인 연구자가 되었던 1978년부터 미국에 직접적으로 관여하기 시작했다.

65 Ibid.

66 Ibid.

중미기술혁신개발센터는 미국에 기반을 둔 중국인 기업가들이 기술을 중국에서 상품화하도록 장려하는 동시에, 중국의 정부와 기업주들이 외국의 인재를 찾는 데 도움을 준다. 즉, 기술이전 사업의 선적지와 목적지 양쪽에서 활동한다. 이를 성취하기 위해 중국과학기술협회CAST, 재미중국인기업가협회, 미국중국인생물의약과학기술협회 등과 같은 또 다른 중미과학기술단체들과 직접적으로 혹은 영사관의 후원 하에 중미기술혁신개발센터 네트워크를 공유한다.

중미기술혁신개발센터UCTIC는 엘리트 고객들이 "수뇌부 클럽高峰俱乐部"에 가입할 수 있도록 한다. 이 클럽에서 미국과 중국의 국제적 협력에 대한 관심으로 결속한 성공한 "간부, 임원, 학자, 특정 분야의 전문가, 고위 전문가"를 만날 수 있다.[67]

뉴욕시에는 중국재미과학기술협회 지부뿐만 아니라 미국국제중국인과학기술공상협회美国国际华人科技工商协会, Chinese Association for Science and Business, CASB도 설치되어 있다. 이 협회는 1997년에 설립된 중미지지단체이다. 미국국제중국인과학기술공상협회CASB 회원 수는 약 1,000명이고, 중국 영사관에 따르면 2,000명이 넘는다.[68] 미국국제중국인과학기술공상협회는 자신만의 "독특함"을 강조하지만, 아무리 봐도 이 단체는 미국에 기반을 둔 중국과학기술협회의 전형적인 모습을 띤다:

- 협회 회원은 모두 과학기술 및 경영에 대한 경력을 가지고 있는 중국인들이다.
- 기업, 정부, 학계에서 고위직을 맡고 있는 협회 구성원이 있다.
- 협회는 회원들의 전문성 개발을 지원한다.

---

67 Ibid.

68 casbi.org.

- 협회는 세계적인 네트워크를 통해 중국과의 첨단기술 "교류"를 증진한다.
- 협회는 중국 내 기술이전 협의회를 조직하고, 이에 참여한다.
- 협회는 기술이전 관련 활동에 참여할 수 있도록 중국에 대표단을 보낸다.
- 협회는 중국으로부터 온 대표단과 함께 미국 내 협의회를 공동으로 후원한다.
- 협회는 미국에 있는 중국의 외교관들과 친밀한 관계를 유지한다.
- 협회는 해외에 있는 중국인 학자가 첨단기술 기업을 설립하도록 지원하기 위해 중국 지역 정부와 협력한다.

다음은 최근 미국국제중국인과학기술공상협회[CASB] 웹사이트 게시물의 일부분이다. 게시된 글의 본질은 우리가 살펴본 수많은 중미기술이전 사이트에서도 찾아볼 수 있다.

> 중국정부의 "인재 1,000명" 계획에 응하여 베이징과 톈진에 미국국제중국인과학기술공상협회[CASB] 대표단을 성공적으로 파견한 것을 알리게 되어 정말 기쁩니다.
> 미국국제중국인과학기술공상협회 회원들은 해외로부터 1,000명의 전문가를 고용한다는 새로운 계획을 중국 정부가 발표한 것에 대해 흥분을 감추지 못하였으며, 이에 대해 열광적인 반응을 보여주었습니다. 많은 뛰어난 회원들이 이 계획 하에 조국을 지원하기 위해 중국으로 귀환할 생각을 하고 있었기 때문에, 우리는 4월 15일과 4월 21일 사이에 베이징과 톈진을 방문하는 대표단을 조직하였습니다. 우리는 매우 따뜻하고 열렬한 환영을 받았습니다.[69]

---

69 Ibid.

게시글에는 중국공정원CAE, 중국인민정치협상회의 전국위원회中国人民政治协商会议全国委员会, 해외교포관련업무사무실OCAO 고위임원들, 톈진시 시장, 2명의 공산당 정치국 당원,[70] 과학기술부MOST 공무원들, 톈진 첨단산업구 책임자들과의 만남이 묘사되었다. 대표단은 이들에게 프로젝트 목록을 제공하였다. 아마도 프로젝트의 시행을 논하기 위해 후속방문이 계획되었다.

이번 제5장의 앞부분에서 살펴본 중국재미과학기술협회CAST-USA와 혼동하면 안 되는 것이 북미중국인과학기술학회北美华人科技学会, North America Chinese Association of Science and Technology, NACAST이다. 이 학회는 보스턴에서 성장한 중국과학기술지지단체로 현재 14개 미국 지부에 3,000명의 회원이 있다고 주장한다. 북미중국인과학기술학회NACAST는 과학기술부MOST의 전신인 국가과학기술위원회SSTC와 뉴욕 영사관의 지도하에 매사추세츠 공과대학MIT 리우야핑刘亚平이 설립하였다.[71] 전하는 바에 따르면, 중미기술협력의 "상호이익"을 굳게 믿는 리우刘亚平는 "세계 최고의 기술을 중국에 직접적으로 주입할 해외 인재들에 대한 의존을 지지한다."[72]

북미중국인과학기술학회NACAST의 공식 목표는 과학기술 분야에서 중국과 미국 사이의 협력과 교류를 증진시키고 가속화하는 것이다. 이를 달성하기 위해 북미중국인과학기술학회는:

---

70 Ibid. 이들이 만난 공산당 정치국 당원은 장까오리张高丽와 리위엔챠오李源潮였다. 미국국제중국인과학기술공상협회CASB는 방문 당시 리위엔챠오와 함께 두 시간을 보냈음을 주장하였다.

71 www.overseas.sh.cn. 리우야핑刘亚平이 중국전국청년회All-China Youth Federation 상임위원회에 임명된 사람 중 유일하게 중국에 거주하지 않는 사람이라는 사실을 통해 중국에서의 지위가 어느 정도인지를 판단해 볼 수 있다.

72 www.chinatalents.gov.cn. January 2009.

- 중국과 미국의 연구 시설들, 대학들, 기업들, 관련 기관들 사이의 연락소로서의 역할을 한다.
- 성공적인 경력을 갖춘 회원들이 중국 방문, 중국에서의 강의, ***단기*** 방문을 통한 업무를 할 수 있도록 주선한다.
- 교육훈련을 위해 중국 학자들과 기업가들이 미국으로 갈 수 있도록 돕는다.
- 중국과 미국의 쌍방적 교류를 위한 정기적인 통로를 구축한다.[73]

북미중국인과학기술학회NACAST 구성원 중 85% 이상이 최고 수준의 미국 대학으로부터 박사학위를 받았으며, "중요한 기술과 주요 관리직을 가지고 있거나 획득하는 중이다."[74] 학회 책임자들은 Bristol-Meyers, Chrysler, Exxon, Hughes, Lucent, Microsoft, Rockwell, Siemens, United Technologies 등 기업과 하버드대학교, 매사추세츠공과대학, 스탠퍼드대학교, 예일대학교 등의 대학에 소속된 연구기관 출신이다. 매년 북미중국인과학기술학회 운영진은 이러한 연구기관과 미국 여타 연구기관 출신의 해외학자가 교류하고 "서비스를 수행"할 수 있도록 중국 방문을 조직한다. 해외교포관련업무사무실OCAO에 따르면, 이 학회는 기술 이전뿐만 아니라 정치적인 사안을 위해서도 중국 대신 막후교섭을 진행한다.[75]

미국 남부 휴스턴에 위치한 중국재미전문가협회中国旅美专家协会, Chinese Association of Professionals in Science and Technology, CAPST를 시작으로 활발하게 활동

73 www.cysn.net/zuzhi/000404001.htm.

74 Ibid.

75 중국 고위관리들이 미국을 방문하는 동안, 북미중국인과학기술학회NACAST는 세계 여론에 좋은 인상을 심어주기 위해, 타이완 독립, 티베트 독립, 민주화 운동에 관여하는 세계인들에 결사적으로 반대하는 지역 중국인 수천 명을 조직하였다(www.oversea.sh.cn).

하는 중국과학기술지지단체들이 존재하고 있다. 중국재미전문가협회[CAPST]는 또 하나의 비영리적 "비정치적" 단체로 1990년대 초반에 설립되었다. 중국재미전문가협회의 일반적인 목적은 "중국과 미국 사이의 과학적 · 문화적 경제적 교류를 활성화하고" 네트워킹을 통해 회원들의 승진을 지원하는 것이다.[76] 주로 과학자, 기술자, 기타 전문가로 구성된 500명의 협회 회원들은 "사기업, 대학, 연구기관에서 다양하고 중요한 직책을 맡는다." 몇몇 회원은 미국과 중국의 기술 관련 대학에서 이중직책을 맡는다. 회원들은 기능적으로 나뉘어져 컴퓨터 작업, 에너지, 화학, 의학, 법, 경영을 위한 6개 분과에 소속된다.

중국재미전문가협회[CAPST]는 해외교포관련업무사무실[OCAO], 국가외국전가국[SAFEA], 과학기술부[MOST]와 같은 중국 기술이전 기관들과 협력하여 전문가를 중국으로 보내고, 중국으로부터 파견된 대표단을 맞이하며, 양국에서 기술 "교류" 협의회를 조직한다. 다음은 이 협회와 중국과의 실제 교류 사례들이다.[77]

- 2008년 2월 중국과학기술협회 국제부는 휴스턴에 도착하여, 중국재미전문가협회[CAPST] 지도자들과 해외지력계획[海智计划, 중국과학협회의 "해외 지식인들을 조국을 위해 일하게 하는 계획인 해외지력위국복무행동계획(海外智力为国服务行动计划)"의 간칭. 과학교육부흥과 인재강국전략의 시행 · 관철을 위해 해외 과학기술인원을 흡수하고 조직하여 나라에 충성을 다하게 하려는 프로젝트. 2003년 중국과학협회와 35개 해외과학기술단체에 의해 공동으로 발기되었으며, 2004년 2월 실시되었다. 옮긴이]에 대해 논의하였다. 2004년에 실시된 이 계획은 해외 과학자들과 기술자들이 "지력과 힘"을 중국 경제 발전과 "과학적 혁신"에 "기여하도록" 자극하기 위해 해외 중국과학기

76 www.capst.org.

77 Ibid.

술단체와 중국 사이를 이어주는 중국과학기술협회[CAST]의 다리로서의 기능을 활용한다.

- 3개월 뒤, 중국재미전문가협회[CAPST]는 "중국의 혁신 정책에 대한 자문과 분석"을 하기 위해 해외교포관련업무사무실[OCAO] 과학기술사무소와 과학기술부[MOST] 국제 과학기술 협력부서의 책임자들을 포함한 5명의 중국 대표자를 소집하였다. 논의되었던 주제 중에는 "중국을 지원하기 위해 해외 중국인 학자의 지식과 지적재산을 어떻게 하면 더욱 잘 활용할 수 있을지에 대한 논의"가 있었다.

중국재미전문가협회[CAPST]가 미국 내 중국 외교관들과 연락하는 것은 아주 흔한 일이다. 독자들은 중국재미전문가협회[CAPST]의 계간지인 전문가협회통신[专协通讯]에서 많은 사례를 찾아볼 수 있다. 다음은 중국 인재들이라는 웹사이트에서 가져온 한 가지 예이다:

- 북미교류회[北美留交会]는 중국재미전문가협회[CAPST], 중국 졸업생 단체, 휴스턴의 영사관, 거의 2,000개의 업무적 기회를 가져온 다양한 중국 대표단의 지원을 받아 2006년 휴스턴에서 개최되었다. 많은 단체들이 해외 인재를 중국으로 끌어들이기 위해 높은 연봉을 제시하였다. 교류회에는 휴스턴 대사관이 힘이 되는 협력[有力配合]을 하였으며, 교류회는 중국 정부의 모든 수준으로부터 열광적인 지원을 받았고, 막대한 영향을 남겼다. 휴스턴 총영사는 중국의 기술 발굴자들이 "큰 수확을 거두고 돌아올 것[满载而归]"을 예측하였으며, 실제로 수백 개의 첨단프로젝트가 중국으로 들어오게 되었다.[78]

---

78 www.chinatalents.gov.cn.

매년 휴스턴 총영사는 중국재미전문가협회CAPST 연례모임에서 기조연설을 한다. 전형적인 연례모임인 2007년 행사에는 영사관의 과학기술팀과 중국평화통합촉진위원회China Council for the Promotion of Peaceful National Unification 대표자들이 참여하였다.[79] 치아오훙Qiao Hong 영사는 "민족적으로 중국인인 지역 전문가들을 모집하고, 과학기술, 교육, 전문기술, 전문가에 대한 중국과 미국 간의 쌍방적 협력 및 교류를 활성화하는 데에서 거둔 15년의 성과에 대해" 중국재미전문가협회를 축하해주었다. 치아오훙은 중국과 미국 간의 기술교류를 위한 다리 역할을 하고, "중국을 지원하는 데 헌신"한 것에 대해 중국재미전문가협회CAPST에게 감사의 말을 전했다.[80]

1996년 중국재미전문가협회CAPST는 남미중국전문가협회연합회美南中国专家协会联合会, Federation of Association of Chinese Professionals in Southern USA, FACPSU를 창설하였다. 이 연합회는 중국재미전문가협회를 포함한 22개에 달하는 남부 중미지지단체를 대표하는 상위 단체로, 미국 남부에 위치한 11개 주의 중국계 미국인 전문가들을 위한 애틀랜타 기반 지역 센터가 되었다. 남미중국전문가협회연합회FACPSU는 과학자, 기술자, 기타 전문가를 포함한 수천 명의 회원이 있으며, 회원들의 90%는 석사학위를 취득하고 있다고 주장한다.

남미중국전문가협회연합회FACPSU의 목표는 회원들 사이의 교류를 발전시키고 "중국과 미국 간의 과학기술 협력을 위한 다리가 되어, 해외의 중국전문가단체, 미국 남부의 전문가, 중국[81] 사이의 과학기술, 경제, 문

---

79 1988년에 설립된 이 위원회는 베이징에 기반을 두며, 전 세계에 지부를 둔다. 위원회는 중공중앙통일전선업무부中共中央统战部, 中共中央统一战线工作部의 약칭. 옮긴이에 의해 운영된다.

80 www.chinahouston.org.

81 조지아주에 등록된 남미중국전문가협회연합회FACPSU는 국내國內라는 용어를 "중국"을 의미할 때 쓴다. 여기에는 많은 언어심리학적인 요인들이 있다. 자료를 읽는 회원들은 모두 자

화에 대한 교류 및 협력을 활성화"하는 것이다. 연합회는 회원들이 중미 과학기술 교류에 참여할 수 있도록 "환경과 기회"를 제공한다. 2004년에 설립된 연합회 자문센터는 중국과의 과학기술 협력 및 교류를 한층 강화하기 위한 관리기구로서의 역할을 한다. 남미중국전문가협회연합회는 다음과 같은 공식적인 중국 조직들로부터 받은 승인에 대한 진술을 인용하여 조직이 조정의 주요 기구로서 적법하다는 것을 증명했다:

> 많은 중국 정부기관과 민간조직이 남미중국전문가협회연합회^FACPSU^를 완전히 승인하였으며, 연합회와의 안정적인 장기적 관계를 구축하였다. 이러한 단체들에는 중국과학기술협회^CAST^, 해외교포관련업무사무실^OCAO^, 국가외국전가국^SAFEA^, 중국과학원^CAS^, 국가자연과학기금위원회^NNSF^, 서부귀환학자협회^Western Returned Scholars Association^, 과학기술부^MOST^, 성과 직할시의 부서, 대학, 단과대학이 포함된다.[82]

중국재미전문가협회^CAPST^ 외에 남미중국전문가협회연합회^FACPSU^에 소속된 주요 지지단체로 애틀랜타에 위치한 중화전문가협회^中华专业人士协会, Association of Chinese Professionals, ACP^가 있다. 지지단체에 가입하는 중국계 미국인의 동기가 "자연 발생적인 중국과의 관계"로부터 개인적인 이익을 얻을 기회에 있을 것이라고 우리는 이번 장의 초반부에서 추론하였는데, 중화전문가협회^ACP^는 협회 헌장을 통해 이러한 추론이 명백하다는 것을 보여준다.[83] 또 한 가지 흥미로운 것은 2007년 협회장이 "전문가의 교류를 위한 발판으로서" 활동하는 단체들을 위한 "인재 데이터베이스"의 구축

료에서 언급되는 국가를 중국으로 이해하는 것 같다. 그들이 거주하고 있는 미국은 "국가" 밖의 장소이다.

82 www.facpsu.org.

83 www.acp-atlanta.org.

에 대해 언급하였다는 것이다. 데이터베이스에 포함되는 사람들은 이에 대해 알고 있는 것일까? 이 프로젝트에 비용을 지불하는 것은 누구이며, 데이터베이스는 누구에게 주어지는 것일까?

중화전문가협회[ACP]는 일반적인 중국 기관들과 잘 어울린다. 2005년 중화전문가협회는 중국과학기술협회[CAST], 국가외국전가국[SAFEA]의 간판 조직인 중국국제인재교류협회[CAIEP]와 함께 남미중국전문가협회연합회[FACPSU] 지원 하에 중미과학기술인재연구단체를 조직하였다. 또한 2006년 중화전문가협회는 "외국 첨단기술의 성과를 중국 기업 및 연구기관과 이어주기" 위해 쓰촨성 당국과 해외교포관련업무사무실[OCAO]에 의해 파견된 대표단을 맞이하였다. 2007년에는 베이징의 귀환하는 해외학자들의 혁신을 축하하기 위한 1주 행사[Returning Overseas Scholars Innovation Week]와 광둥[Guangdong] 해외학자협의회에 대한 방문을 후원하였다. 중화전문가협회 2008년 연례모임에는 휴스턴 총영사와 중국국제인재교류협회 공무원들이 참가하였다.[84]

미국 중서부에서는 미국-중국과학자기술자협회[留美中国科学家工程师专业人士协会, Association of Chinese Scientists and Engineers, ACSE]가 중국계 미국인 인재를 대표한다. 이 협회는 모든 면에서 앞에서 언급된 과학기술지지단체들의 전형이 된다. 미국-중국과학자기술자협회[ACSE]는 1992년 중국인 전문가들에 의해 비영리적 비정지적 단체로 설립되었으며, 시카고에 본사를 둔다.[85] 이 협회는 미국 전역에 걸쳐 12개 지부를 두며, 12개의 또 다른 전문가협회가 이 협회에 소속되어 있다.[86] 1,500명의 회원 중 약 90%가 석사 학위

---

84 Ibid.

85 www.acse.org/index.

86 시카고뿐만 아니라 미국-중국과학자기술자협회[ACSE]는 애틀랜타, 보스턴, 신시내티, 코네티컷, 덴버, 인디애나폴리스, 로스앤젤레스, 밀워키, 뉴저지, 뉴욕, 피닉스, 워싱턴 DC에도 지부를 둔다. 또한 미국-중국과학자기술자협회[ACSE]는 생명공학, 경영학, 화학, 화학공학,

를 자랑한다.[87] 협회 헌장에는 회원들의 경력개발에 대한 지원, 중국과의 과학기술 "교류"의 활성화, "양국 간 협력을 위한 다리"로서의 역할에 대한 일상적인 언급이 포함되어 있다.

미국-중국과학자기술자협회ACSE의 중국에서의 자격은 흠잡을 데가 없다. 중국인민정치협상회의 부의장, 중국과학원CAS과 중국공정원CAE의 책임자, 국무원의 현 구성원, 과학기술부의 전 책임자가 미국-중국과학자기술자협회의 명예회원으로 등록되어 있다. 시카고 영사와 과학기술부MOST의 임원들이 미국-중국과학자기술자협회의 모임에서 종종 연설을 한다. 장쩌민江澤民 주석은 미국-중국과학자기술자협회가 1996년과 1998년 사이에 중국으로 파견한 국제협력교류대표단을 개인적으로 맞이하였다. 협회 회원들은 광저우 연례교류회와 매년 개최되는 다롄 혁신 주간Dalian's annual Innovation Week에 자주 참여한다.[88]

협회 웹사이트에서 중국어로 된 부문의 한 구절에서는 협회가 수행하는 "중미교류 및 나라를 위한 활동为国服务"을 설명한다:

> 미국-중국과학자기술자협회ACSE는 중국의 관련 부서 및 관련 위원회, 중국과학원CAS, 중국공정원CAE, 모든 성과 직할시의 독립체들과의 관계를 구축한다. 협회는 1년에 2번 중국으로의 교류방문을 조직하며, 미국으로 파견되는 중국과학기술대표단을 맞이하며, 미국의 회사 · 조직 · 인사의 중국 방문을 활성화한다.

미국-중국과학자기술자협회ACSE는 쑤저우 산업단지, 시안 소프트웨어

컴퓨터 사용, 재무, 산업응용수학, 지능형 교통체계, 의학, 제약, 통신을 담당하는 전문가 협회들이 소속되어 있다.

87 www.chinaconsulatechicago.org.

88 www.acse.org/index.

산업단지, 창사Changsha 국가개발구역의 기술이전계획을 지원해왔다. 중앙위원회에 의해 조직되는 교류를 넘어, "100개 이상의 독립적 교류들"이 기술 관련 학문을 담당하는 각 분과위원회에 의해 수행되어 왔다.[89] 미국-중국과학자기술자협회는 기본적으로 모든 곳의 중국인 과학자들이 "중국과 협력하고, 중국의 발전을 계획하고, 조국에 보답하려 한다"고 추측하며, 이러한 추측이 협회를 이끈다. "중국인들의 공통된 열망을 자극한다는 것은 미국-중국과학자기술자협회의 기조가 되어버렸다."[90]

캘리포니아에 위치한 중국 기술이전 단체들

미국에서 중국 과학기술지지단체가 가장 많이 밀집되어 있는 곳은 캘리포니아 특히, 실리콘밸리이다. 이곳의 첨단 기업들은 세계 최고의 지성인들 중 일부를 끌어들여왔다. "실리콘밸리"는 미국 내에서 기술 수색활동이 가장 극심하게 발생하는 장소이다. 기술 수색활동은 미국 법이 설정해놓은 문턱에 간발의 차이로 미치지 못하는 합법적, 불법적, 준합법적인 활동들이다. 많은 국가들이 이런 재원을 활용하기는 하지만, 어떤 국가도 중국에 비견될 수는 없다.

이번 내용에서는 실리콘밸리중국기술자협회硅谷中国工程师协会, Silicon Valley Chinese Engineers Association, SCEA를 시작으로 10개 중미조직들을 살펴볼 것이다. 6,000명의 회원을 두고 있는 실리콘밸리중국기술자협회SCEA는 미국에서 "가장 거대하고, 가장 명성이 높으며, 가장 영향력 있는 중국전문가

---

89 Ibid.

90 Ibid.

단체"라고 주장한다.[91] 실리콘밸리 무역 안내서에 따르면, 실리콘밸리중국기술자협회는:

> 주로 베이 에어리어Bay Area, San Francisco 만안(灣岸) 지역. 옮긴이의 중국 출신 전문가들에 의해 세워진 비영리적 전문가 단체로, 회원들 사이의 전문성과 기업가 정신을 증진하고 회원들의 전문적 사업적 이익을 보호할 목적을 지닌다. 다양한 전문적 활동을 조직함으로써, ***회원들이 중국의 급격한 경제발전에 참여할 수 있도록 허용하는 경로들을 구축함으로써*** 목적을 성취한다.[92]

웡Bernard Wong은 자신의 저서 *실리콘밸리의 중국인들The Chinese in Silicon Valley*에서 실리콘밸리중국기술자협회SCEA가 수행하는 또 다른 활동의 사례를 제시한다.

> 실리콘밸리중국기술자협회SCEA는 전문가들 모임, 무도회, 운동회, 연례 모임, 추수감사절과 국경절을 축하하기 위한 행사를 조직한다. 중국이 세계무역기구WTO에 가입했을 때, 실리콘밸리중국기술자협회는 중국 영사관의 공무원들을 초대하여 행사를 개최하였다. 협회는 회원들의 전문적 이익을 증진하는 데 관심을 둔다. 이러한 역할에서 실리콘밸리중국기술자협회는 NBC가 중국의 올림픽 순위를 잘못 보도한 것에 대해 항의하였으며, 핵무기 관련 간첩활동으로 기소된 리원허李文和, Wen Ho Lee를 강력하게 지지하였다.[93]

---

91 www.scea.org.

92 Northern California Global Trade Assistance Directory, 2000-2001. 실리콘밸리중국기술자협회SCEA 회원 중 약 10%가 타이완 출신이다.

93 Bernard P. Wong, *The Chinese in Silicon Valley: Globalization, Social Networks, and Ethnic Identity*, Lanham, MD: Rowman and Littlefield Publishers, 2005, p. 61.

실리콘밸리중국기술자협회SCEA에 대한 중국 미디어매체의 설명은 기술이전에 대한 협회의 역할을 직접적으로 나타낸다. 세계 해외중국단체에 대한 중국의 한 명단에는 다음과 같이 설명되어 있다. "실리콘밸리중국기술자협회의 목적은 다양한 통로를 통해 중국의 기술자들과 또 다른 높은 수준의 기술자 및 대학 인사와의 정보교류를 향상·발달시키는 것이며, 중국 과학기술 발전을 촉진하는 것이다."[94] 상하이 치아우위 바오Qiaowu Bao는 실리콘밸리중국기술자협회가 "중국의 첨단기술 지역과 실리콘밸리 사이의 협력 및 교류의 통로를 구축하기 위해 극진히 노력하며", 정기적으로 중국을 방문하는 대표단과 원탁회의를 조직한다고 설명한다.[95] 실리콘밸리중국기술자협회 웹사이트에 게시되는 행사들은 위와 같은 목적을 위한 것이다. 글로벌 소싱 얼라이언스Global Sourcing Alliance, GSA[96]와 함께하는 "시안 투자 및 아웃소싱 포럼Xi'an Investment and Outsourcing Forum", 외국의 인재를 끌어들이고 "중국인 기업가들이 충칭Chongqing에 사무소를 설치하도록 설득하기 위한" 2008년 중국 대표단 파견이 이러한 행사에 포함된다.[97]

실리콘밸리중국기술자협회SCEA의 전全 이사이자 협회장인 준 추June Chu는 협회의 등대와 같은 인물이다. 준 추June Chu는 소프트웨어 기술자로 상하이에 기반을 둔 회사인 올리존 커뮤니케이션Allrizon Communications을 2003년에 설립하였다. 추Chu는 오클라호마대학과 미시간대학에서 공부하였고, 3Com에서 근무하였으며, 몇 개의 중국의 국가과학기술상을 수상하

---

94 www.hxuc.com/qiaotuan/beimeizhou/meiguo/87.htm.

95 http://qwb.sh.gov.cn/shqb/node113/sqxx/node149/userobject1ai7579.html.

96 글로벌 소싱 얼라이언스GSA는 실리콘밸리에 기반을 둔 조직으로 2007년에 설립되었다. 이 조직은 기업들이 "정보기술 해결안의 글로벌 소싱global sourcing"을 시작하도록 지원하는 데 전념한다(globalsourcinginfo.org).

97 www.scea.org.

였다. 2004년 그녀는 국가외국전가국SAFEA의 간판조직인 중국국제인재교류협회CAIEP 상하이지부인 상하이국제인재교류협회Shanghai Association for the International Exchange of Personnel가 서부 해안에 설치한 사무소의 책임자가 되었다. 이 서부 해안 사무소와 실리콘밸리중국기술자협회는 "협력 계약"을 체결하고 있다.[98]

캘리포니아에 위치한 또 다른 눈에 띄는 단체로 화위엔과학기술협회华源科学技术协会, Hua Yuan Science and Technology Association, HYSTA가 있다. 이 협회는 중국인 대학원생들에 의해 1999년에 세워졌으며, "나중에 10억 달러의 가치를 지닌 공사들의 설립자이자 지도자로 유명세를 타게 된다."[99] 화위엔과학기술협회HYSTA 회원들 중에는 야후Yahoo의 공동 창업자 제리 양Jerry Yang, 시스코Cisco의 부회장 잭 쉬Jack Xu, 바이두Baidu의 최고경영자 리옌훙李彦宏, Robin Li이 있다. 차이나 넷컴China Netcom의 최고경영자 에드워드 티엔Edward Tian과 레노버Lenovo의 회장 양 옌칭Yang Yuanqing이 협회 이사회 구성원이다.

화위엔과학기술협회HYSTA는 중국과의 기술적 연계를 하는 이유를 다음과 같이 설명하는데, 이는 자기 충족적 예언의 전형적인 사례라 할 수 있다. "지난 세기가 중국이 세계에서의 독자성과 자리를 찾기 위해 노력하던 시절이었다면, 다가오는 천년은 중국이 다시 중심이 되는 시대가 될 것이다."[100] 화위엔과학기술협회는 베이징과 상하이의 지부가 있으며, 정보기술 관련 기술 및 기업가 정신을 중국으로 운반하기 위한 다양한 연결망을 가지고 있다. 협회 웹사이트에서 지적하듯이, "화위엔과학기술협회华源科学技术协会의 첫 두 글자인 화위엔华源은 '기원이 중국임'을 의미하며, 화

98 SCEA news release, May 10, 2004.
99 www.hysta.org.
100 Ibid.

위엔과학기술협회의 중국과 중국 정부에 대한 깊을 뿌리를 나타낸다.”[101]

실제로 협회는 인재 네트워크 형성과 기술 교류를 위한 단순한 모임을 훨씬 넘어 중국 경제성장과 해외 기술관료의 지배력에 영향을 주어 이익을 얻을 수 있도록 하는 정치적 명분의 챔피언으로 진화하였다. 베이징 올림픽에 대한 비유를 들며, 화위엔과학기술협회HYSTA는 중국에 대한 “국제 대중매체의 부정적인 이목 집중”과 “현재 중국 산업의 거의 모든 것을 면밀히 조사하고 비판하는 미국 식품의약국FDA과 같은 규제기관들”을 넘어서는 것을 포함하여, “우리 앞에 놓인 모든 허들을 뛰어넘어 금메달을 따기 위해 계속해서 전진할” 것을 맹세하였다.[102]

화위엔과학기술협회HYSTA는 협회 핵심 간부들이 다른 조직에도 가입되어 있음으로써, 20개 연계 단체와 또 다른 중국 지지단체들과 연결되어 있다. 한 예로, 아시아실리콘밸리커넥션Asia-Silicon Valley Connection, ASVC을 들 수 있다. 이 조직의 책임자인 비니 장Vinnie Zhang은 화위엔과학기술협회 이사회에 들어가 있으며, “협회 회원들이 정보를 교류하고 지식을 공유하며 재원을 지렛대로 삼을 수 있도록 하기 위한 발판”이라 할 수 있는 벤처 캐피탈 그룹Venture Capital Group을 설립하였다.[103]

상하이 출신 장Zhang은 버클리대학에서 경영학 학위를 받았다. 그녀는 아시아에서 다양한 기술 분야에 대한 전략적 투자를 설계하고, 중개하면서 경력을 쌓았다.[104] 장Zhang이 현재 운영하는 아시아실리콘밸리커넥션ASVC은 “실리콘밸리와 아시아 사이의 이해와 인재 네트워크 형성을 위한 포럼”이자 두 장소 사이의 “자연스러운 연결”을 증진하기 위한 수단으로

101 Ibid.

102 Ibid.

103 Ibid.

104 www.asvc.org.

서 설립되었다. 캘리포니아의 국외 거주 전문가들이 "여전히 아시아와 강한 유대를 맺고" 있기는 하지만, 사업적 기회에 대한 지식이 부족하며, 틈을 메울 수 있는 "인프라"의 부재로 힘들어 한다. 아시아실리콘밸리커넥션이 바로 그런 인프라를 제공한다. 아시아실리콘밸리커넥션 8명 이사진 중 7명이 중국 성姓을 가지고 있음에도 불구하고 "인종적으로 편향되지 않다"고 주장한다.[105]

의도적으로 인종을 기반으로 하는 조직으로 미중과학기술기금美华科技基金, Chinese American Science and Technology Advancement Foundation, CAS-TAF이 있다. 미중과학기술기금CAS-TAF은 미국 내 중국계 미국인, 중국이나 미국에 있는 중국 시민의 교육에 집중함으로써 쌍방적 과학기술 협력에 대한 이색적인 접근법을 취한다. 특히, 미중과학기술기금은 교육, 장학제도, 언어교육을 지속하면서 세미나를 통해 "중국계 미국인 기술전문가"를 지원하고, "미국 내에서 석사 혹은 박사과정을 이수하고 있는 중국인 학자들"을 지원하며, 미국 내에서의 짧고 집중적인 훈련프로그램을 통해 중국인 교수들을 지원한다. 미중과학기술기금은 "교육지원을 받을 사람의 선발에 대하여 후원자와 협력한다는 것"을 인정한다.[106]

이러한 활동을 넘어서, 미중과학기술기금CAS-TAF은 미국 대학과 중국 대학 사이의 협력적 관계를 중개하고, "사업 및 기술 관련 기업을 활성화하기 위해 중국과 미국의 기술 및 산업 관련 지도자들 사이의 방문여행을 조직하고," 지난Jinan, 우한Wuhan, 청두Chengdu에서의 프로젝트를 포함한 "기술경제발전구를 개발하는 중국 단체"와 미국과 중국 간의 기술 교류를 지원한다.[107] 2007년 로스앤젤레스의 중국 대사관이 주최한 중국지지단체

---

105 Ibid. As of June 2009.

106 castaf.org.

107 Ibid.

를 위한 환영회 초대 명부에 이 단체의 이름이 올라 있었다.[108]

미국 실리콘밸리과학기술협회[美国硅谷科技协会, Silicon Valley Science and Technology Association, SVSTA]는 실리콘밸리에서 유명세를 타게 된 또 다른 중국 지지단체로 정보기술 및 생물의학 분야의 중국인 전문가들에 의해 1998년에 설립되었다. 이 협회는 목적을 다음과 같이 나타낸다.

> 중국의 경제개혁 및 개방을 촉진하고, 양국 간의 기술적 상업적 문화적 교류를 통해 미국과 중국 양국의 번영을 촉진한다.[109]

관련 목적들로 협회의 회원과 "중국의 사업공동체" 사이의 협력적 유대를 조성하고, "미국과 중국 사이의 투자 및 기술 교류"를 활성화하는 것이다.[110] 여기에는 중국 국영기술이전기관들에게 정보를 제공하는 것이 포함된다.

예컨대, 2003년 미국 실리콘밸리과학기술협회[SVSTA]는 프리몬트[Fremont] 본사에서 광둥성[Guangdong] 해외교포관련업무사무실[OCAO]에서 파견된 대표단을 맞이하였다. 캘리포니아 중국과학기술전문가조직의 대표자 약 20명도 여기에 참가하였다. 해외교포관련업무사무실[OCAO] 책임자는 "인류의 과학적 진보"에 중대한 공헌을 한 것에 대해 참가자들에게 감사의 말을 전했으며, 해외교포관련업무사무실이 "장기적인 서비스[长期服务]"를 제공할 것을 보장하였다. 그러고 나서 미국 실리콘밸리과학기술협회와 여타 조직들은 해외교포관련업무사무실에게 조직 "현황"과 중국으로 교류단을 파견한 결과에 대해 보고하였다.[111]

---

108 http://big5.fmprc.gov.cn/gate/big5/losangeles.china-consulate.org.

109 www.svsta.org/index.htmls.

110 Ibid.

111 Ibid.

2005년 5월, 이번에는 미국 실리콘밸리과학기술협회[SVSTA]가 해외교포관련업무사무실[OCAO]에게 요청할 차례였다. 협회 책임자 팬 췬[Fan Qun]은 중국 주최 측에게 비록 협회 회원들이 오랫동안 미국에서 살아왔지만, "중국의 발전에 엄청난 관심을 기울이고 있으며 … 미국 실리콘밸리과학기술협회[SVSTA]는 매년 교류와 논의를 위해 엄선된 첨단기술 프로젝트를 중국으로 가져갈 단체를 조직한다"고 말하였다. 팬 췬[Fan Qun]을 만난 광둥성 해외교포관련업무사무실 부책임자는 해외 전문가를 지원하기 위해 "힘이 닿는 데까지 할 수 있는 모든 것"을 하겠다고 하였으며, "미국 내 많은 중국인 학자들과 중국 교포 전문가들이 첨단과학기술을 장악[掌握]"하고 있다는 사실을 고려하여 "쌍방적 협력 및 교류를 강화하는 것이 매우 중요함"을 강조하였다.[112]

2008년 10월 팬 췬[Fan Qun]은 선전[Shenzhen]으로 파견되는 10번째 미국 실리콘밸리과학기술협회[SVSTA] 대표단을 이끌었다. 광둥성 해외교포관련업무사무실[OCAO] 보고서에 따르면, 수년에 걸쳐 파견된 대표단들로 인해 100개 이상의 첨단기술 프로젝트가 중국으로 도입되었으며, 미국 실리콘밸리과학기술협회 회원들은 "조국과 고향의 친절함에 보답할" 기회를 가질 수 있었다. 팬 췬[Fan Qun]은 선전[Shenzhen]이 또 다른 실리콘밸리가 되길 원하며 "실리콘밸리의 모든 발명, 특허, 프로젝트"에 대한 데이터베이스를 중국이 이용할 수 있도록 함으로써 선전의 실리콘밸리화를 지원한다. 또한 팬 췬[Fan Qun]은 중국이 "기술전환 메커니즘[技转换机制]"을 유럽에서도 적용하길 바란다.[113]

---

112 gocn.southcn.com/qwxw/200505310028.htm.

113 gocn.southcn.com/qw2index/2006dfqw/2006dfqwsz/200810170067.htm. 기사는 다음과 같이 말한다. "미국 실리콘밸리에 위치한 팬 췬[Fan Qun]의 집은 중국에서 오는 친구들을 접대하기 위한 영빈관이 되어 왔다." "미국을 방문하는 선전 공무원들과 기술자들은 모두 그의 집에서 모인다." 미국 실리콘밸리과학기술협회[SVSTA] 웹사이트에는 캘리포니아 스타

캘리포니아에 위치한 많은 중국과학기술지지단체들 중에서 실리콘밸리 재미박사기업가협회硅谷留美博士企业家协会, Silicon Valley Chinese Overseas Business Association, SCOBA는 중국 정부와 연결되는 몇몇의 최고 통로를 가지고 있다. 혹은 이러한 것에 대해 말을 잘 삼가지 못한다. 봄별계획春晖计划하에 이루어진 중국 방문의 결과로, 1999년에 세워진 실리콘밸리 재미박사기업가협회SCOBA는 실리콘밸리와 중국 사이의 "교류를 위한 다리"로서의 역할을 한다. 협회의 회원들은 기술전문가들이지만, 많은 회원들이 첨단기업을 운영하기에 지금과 같은 협회명이 탄생하게 되었다. 실리콘밸리 재미박사기업가협회는 중국과의 유대를 다음과 같이 설명한다:

> 몇몇 회원들은 과학기술부MOST, 정보산업부Ministry of Information Industry, MII, 대외경제무역합작부Ministry of Foreign Trade and Economic Cooperation, MOFTEC, 베이징, 상하이, 후난, 랴오닝, 다롄 등의 성·직할시의 정부에서 고문으로 일한다. 회원들은 중국 첨단산업의 발전을 위한 계획과 정책 입안을 보조하고, 이에 참여한다. 많은 회원들이 중국 대학과 연구시설에서 교수와 연구자를 겸임한다.[114]

이러한 유대는 협회 최상위층 회원들의 이력을 보면 명확해진다. 버클리대학으로부터 공학박사학위를 받았으며, 새너제이San Jose의 앤보우Anbow Corp.를 경영하는 여성 의장 황찡黄劲은 3년 연속으로 중국 교육부MOE로부터 자금을 지원받아 협력을 위해 중국을 방문하였다. 그녀는 중국을 방문하는 "협력단체들"를 이끌었으며, 중앙정부의 고위급들과 만났고, 중국전자과학기술대학电子科技大学, University of Electronic Science and Technology of

---

일의 주거에 18명이 함께 있는 사진이 실려 있으며, 사진의 현수막에는 "협력 강화, 교류 촉진"이라는 문장이 적혀 있다.

114 www.scoba.org.

China에서의 교수직을 부여받았다.[115]

버지니아 공대 졸업생이자 실리콘밸리 회사인 잡트론Zaptron의 경영주인 다이넬 주Daniel Zhu는 공식적인 미국의 몇몇 위원회와 전문가위원회 일원으로 활동하고 있다. 이와 동시에 주Zhu는 과학기술부MOST 해외전문가자문단Foreign Experts Advisory Group 구성원이자 베이징대학의 선임연구원이며, 정보산업부MII 전문가자문단 구성원, 후난 정보산업사무소 기술자문가, 중국 잡지사인 *과학투자*科学投资 편집자, "중국의 몇몇 첨단기업의 기술 자문가"이다.[116]

실리콘밸리 재미박사기업가협회SCOBA의 또 다른 최상위층 회원인 잭 펑Jack Peng은 AMD에서 마이크로프로세서를 설계하는 선임 기술자이다. 잭 펑Jack Peng은 해외교포 관련업무사무실OCAS과의 협력 혹은 독자적으로 기술전문가로 이뤄진 대표단을 중국으로 이끌었으며, 미국에 기반을 둔 해외중국기관에서 몇몇 중요 직위를 맡았다. 1996년 잭 펑Jack Peng은 정보산업부MII의 초청을 받아, 초소형 전자공학 전문가로 이루어진 "강연단"을 중국의 24개 장소로 이끌었다.[117] 펑Peng은 일본인 교수 엔도 호마레Endo Homare와의 인터뷰에서 중국 발전에 있어서 해외 중국인 학자들의 중요성을 설명하였다:

---

115 Ibid.

116 Ibid. 2000년 주Zhu는 일본과 미국의 전문가들로 구성된 "첨단산업 자문단"을 중국으로 이끌었다. 자문단은 자문보고서咨询报告를 제공하였으며, 베이징, 톈진, 시안, 쑤저우, 상하이의 과학기술 집약지에서 기술을 교류하였다. 엔도 호마레Endo Homare에 의하면, 주Zhu는 실리콘밸리와 "유사"한 지역을 중국에 설치할 것을 중국 정부에게 제안하였다. 주Zhu의 국제정보융합협회International Society of Information Fusion는 "해외의 통신 전문가들을 통해 중국의 국가정책을 위한 자문단으로서의 역할을 수행한다." Endo Homare. 中国がシリコンバレーとつながるとき중국과 실리콘밸리가 연결될 때(*When China Links Up with Silicon Valley*). Tokyo: Nikkei BP, 2001, p. 174.

117 www.scoba.org.

> 내가 생각하기에 만약 우리가 미국을 떠나 완전히 중국으로 돌아간다면, 중국의 발전은 멈추게 될 것이다. 설사 멈추지 않더라도, 분명히 한계에 부딪히게 될 것이다. 우리에게 있어, 미국은 중국 발전을 위한 기반이다. 만약 우리가 혹은 적어도 우리 중 몇몇이 여기 머문다면, 매일매일 눈부신 속도로 발전하는 최신 첨단기술을 항상 뒤쫓을 수 있게 된다.[118]

평Peng은 계속해서 주장하였다:

> 중국은 해외에 거주하는 우리와 같은 이들을 필수적인 존재로 생각한다. 중국은 우리에게 손을 뻗으며, 우리가 연구 결과물을 중국 땅 위에서 꽃피우도록 장려한다. 또한 중국은 중국 시장을 발전시킬 노하우를 얻기 위해 우리에게 자문한다. 우리 중 대부분은 실리콘밸리 재미박사기업가협회SCOBA를 통해 중국 정부의 자문가로서 역할을 한다.[119]

결론적으로:

> 우리가 이곳에 머물면서 기여하는 것이 중국에게 보다 도움이 된다. … 모든 이들이 전면적인 협력 체제에 참여해왔다.[120]

샘 리우Sam Liu 회원은 실리콘밸리의 뉴넥스 기술Newnex Technology 최고경영자이자 북미중국반도체협회北美中国半导体协会, 아래 참조의 전 책임자이다. 샘 리우Sam Liu는 콜로라도주립대학에서 핵물리학과 컴퓨터과학을 복수 전공하며, 첫걸음을 내딛었다. 이후 샘 리우Sam Liu는 박사 후 과정으로 미국 에너지부DOE에서 근무하였다. 리우Liu는 중국으로 빈번하게 초청되어 강연

---

118 Endo, *When China Links Up with Silicon Valley*, p. 163.
119 Ibid.
120 Ibid.

을 했으며, 과학기술부[MOST], 대외경제무역합작부[MOFTEC] 및 국가적 수준의 또 다른 중국 기관들과 다양하게 연계되어 있다.[121] 리우[Liu]는 엔도[Endo]에게 다음과 같이 말하였다:

> 우리 중국이 해외 지식인을 중국 시장 안으로 끌어들이는 정책으로서 거침없이 나아가기에 우리는 고무될 뿐만 아니라, 긍지로 가득 찬 충만감을 느낀다. 박사학위를 소유한 미국 내 중국인 기업가들의 힘은 바로 여기에서 나온다. 중국에서 태어나 중국의 문화에 친숙한 이들은 세계의 첨단기술을 중국으로 가져갈 것이다.[122]

실리콘밸리 재미박사기업가협회[SCOBA]의 목적은 간단하다.

- 실리콘밸리 및 해외 중국인 학자들과 협력한다.
- 기술, 상품, 시장, 인재에 대한 정보를 같은 분야의 사업을 하는 중국의 기업과 교환한다.
- 중국 정부와 기업들을 위해 모든 종류의 교육과 세미나를 수행한다.
- 중국 대학 및 연구기관과의 협력적 연구개발 및 공동 훈련에 참여한다.
- 중국의 첨단산업을 위해 상담서비스를 수행한다.
- 국제시장을 개발하는 중국 기업을 지원한다.
- 해외 전문가, 지식, 벤처캐피털[venture capital]을 중국에 도입한다.

---

121 Ibid., pp. 178-180.

122 Ibid., p. 181. 엔도[Endo]는 "실리콘밸리의 지도자들이 중국의 중앙정부와 얼마나 직접적으로 연관되어 있는지"와 "이 지도자들이 중국의 발전을 위해 어느 정도로 국제적인 전략을 수행하는지"를 보여주기 위해 198쪽에서 203쪽 사이에, 실리콘밸리 재미박사기업가협회[SCOBA] 회원들과 중국 공무원들 사이에 이뤄지는 계약의 개요를 제시한다.

- 첨단상품을 개발한다.
- 해외 중국인 학자를 위한 창업단지를 세우고 발전시키기 위해 중국으로 귀환한다.[123]

마지막으로 4개의 단체를 더 살펴보고, 캘리포니아의 중국지지단체에 대한 우리의 조사를 마치기로 한다. "학자넷Scholars Net"으로도 불리는 재미중국계교수전문가사이트美国华裔教授专家网, Chinese American Professors and Professionals Network[124]는 "높은 수준의" 전문가들을 위해 1991년에 설립되었다. 이 전문가들 중 약 7,000명이 "중국과 세계의 도처에, 주로 미국에" 분포되어 있다. 학자넷을 이끄는 회원들은 캘리포니아에 거주한다. 학자넷은 중미기술교류활동을 조직하고, 이에 참여하며, 기술이전 사절단을 후원하고, 중국에서 강의할 전문가 대표단을 파견하고, 많은 수의 미국 내 중국인들이 광저우 기술이전협의회에 참여하도록 동원한다. *온라인메시지*即时通讯는 학자넷의 온라인저널이다.[125]

학자넷은 해외 중국인 학자들 사이에 정보가 "신속히 교류"될 수 있도록 하기 위한 플랫폼을 제공하며, 중국 내외의 학자들 사이에 "다리"로서 역할을 한다. 학자넷 회원들은 미국을 방문하는 중국 과학자들을 맞이하고, 미국 전문가들과 접촉시키며, 미국 내의 적절한 대학 및 연구개발 시설에 대한 방문을 주선한다. 학자넷은 더 많은 해외 중국인 학자들이 "협력계획에 참여"할 수 있도록 하기 위해 중국으로의 강연방문에 대한 정보를 제공한다. 또한 학자넷은 회원들이 "최신기술을 전시하고, 모든 종류

---

123 Ibid.

124 美国华裔教授及专家网미국중국계교수및전문가네트워크와 美国华裔教授与专家人员网미국중국계교수전문가인원 네트워크로 불리기도 한다.

125 www.scholarsupdate.com.

의 과학연구 프로그램의 시작을 지원할 수 있도록" 중국 내 모임을 중개한다.[126]

학자넷 회원들은 높은 수준의 중국 대학 및 연구소에 연결된다. 학자넷은 "중국 정부 부처 및 연구개발 기관과의 친밀한 관계를 주장하며, ***종종 중요한 활동에 대한 정보를 전달하도록 요청받는다.***"[127] 의사소통 기능의 일환으로서, 학자넷 웹사이트는 상하이 해외교포관련업무사무실OCAO, 로스앤젤레스 영사관과 같은 후원단체들의 발표를 게시한다. 학자넷 회원들이 중국 내 사람들과 함께 찍은 사진들이 "그들이 기여한 것은 무엇인가?"라는 표제를 달고 사이트에 게시되어 있다.[128]

미국 남가주중국계교수학자협회美国南加州华裔教授学者协会, Chinese Scholars Association, Southern California, CSA는 "과학기술 및 고등교육의 발전, 중국과 미국 사이의 친선과 상호이해의 증진"에 전념하는 또 다른 학자단체이며, 이제 독자들은 이 말이 기술이전의 완곡한 표현임을 알 수 있을 것이다. 협회 회원들은 광저우에서 열리는 똑같은 기술이전협의회와 로스앤젤레스 총영사 및 과학기술 직원이 주최하는 똑같은 연회에 참가하며, 중국과학기술협회CAST와 같은 후원단체로부터 파견되는 동일한 대표단을 맞이한다. 미국 남가주중국계교수학자협회CSA가 중국으로 파견하는 사절단은 중국의 학자들 및 해외교포관련업무사무실OCAO과의 "폭넓고 깊은 교류를 수행"하여, "엄청난 결과"를 달성했다. 이러한 방문 중 하나로 과학기술부MOST의 후원을 받는 19개 프로젝트 협약이 성사되었다.[129]

약 4천 명의 회원을 둔 북미중국반도체협회北美中国半导体协会, North American

---

126 Ibid.

127 Ibid.

128 Ibid. 중국어 문장은 他们奉献了什么그들은 무엇을 바쳤나이다.

129 seis.natsci.csulb.edu/kchan/csa.htm.

Chinese Semiconductor Association, NACSA는 많은 연계 단체들과 함께 "미국 내에 위치한 가장 거대하고, 활동적인 중국인 전문가 단체들 중 하나"이다. 이 협회NACSA는 네트워킹, 회원들의 경력에 대한 지원, "세계적" 기술교류협회 웹사이트의 중국어판은 세계적 기술교류 대신에 중미교류(中美交流)라는 말을 쓴다.와 같은 과학기술 지지단체의 보편적인 목표를 공유한다.[130] 협회가 수행하는 교류에는 (1) 우한Wuhan 공무원들과 함께하는 2008 중미정보기술포럼2008 China-US IT Forum 주최, (2) "높은 수준의 해외 중국인 학자 및 전문가를 모집하거나, 교류하는 것"이 목적인 난징Nanjing 대표단을 후원, (3) 중관춘과학단지에 친교방문의 형태로 회원들을 파견, (4) 우시Wuxi 공무원들과 "한층 더 나아간 기술협력"에 대한 생각을 교환, (5) 쑤저우Suzhou 공무원들과 "지식 및 경험"을 공유, (6) "정부의 고위임원"과 프로젝트를 논의하기 위한 난징Nanjing으로의 후속방문[131] 등과 같은 것이 있다.

마지막으로 살펴볼 것은 중미컴퓨터협회华美电脑协会, Silicon Valley Chinese American Computer Association이다. 협회명에 사용된 전통적인 문자 형태를 보면 알 수 있듯이, 중미컴퓨터협회는 타이완계 단체로 시작되었다. 협회는 무역과 사업의 기회가 타이완해협을 넘어, 중국으로 넘어감에 따라 충성할 국가의 범위를 확장하였다. 중미컴퓨터협회는 스스로에 대해 다음과 같이 설명한다. "실리콘밸리에 위치한 이와 유사한 단체 중 가장 오래된 첨단기술 단체로 … 수천 명의 직원을 둔 수백 개의 컴퓨터기업으로 구성되었으며, 총수익은 수십억 달러에 달한다."[132] 협회의 역사는 기술이전으로 인해 협회의 소재국이 맞게 되는 곤경을 보여준다:

---

130 www.nacsa.com.

131 Ibid.

132 www.svcaca.com.

> 실리콘밸리에서 컴퓨터혁명이 일어나고 있던 1980년, 과학을 공부하는 중국인 학생들로 구성된 단체들이 컴퓨터기술을 타이완으로 가져왔으며, 미국으로 다시 수출할 하드웨어를 생산하기 시작했다. 다수가 현재 중미컴퓨터협회의 회원이 된 또 다른 학생 단체들이 이러한 상품을 수입하고 PC 시스템으로 조립하여, 미국 전역에 배포할 기회를 점유하였다.[133]

미국 내 중국인 학생들은 부품을 재포장하여 판매하기 위해 미국에서 만들어진 기술과 컴퓨터를 생산하기 위해 이용되는 기술을 타이완으로 "가져왔다".

> 오늘날 타이완 컴퓨터제조사의 대부분이 중국 본토로 이동하였다. 이러한 추세에 따라 우리 협회의 관계도 변화되었다. 우리 협회는 중국을 방문한 최초의 첨단기술조직이다. 첫 번째 방문 이후, 우리는 사실상 매년, 1년에 수차례 중국으로 대표단을 파견하였다. 우리는 지속적인 활동으로 중국 내의 협회, 과학단지, 공무원, 정치인과의 강력한 관계를 구축하였다. 또한 우리는 중국의 대표단이 참여하는 미국 내 많은 투자 포럼을 조직화하는 것을 지원하였다.[134]

베이징, 선전, 홍콩, 타이베이의 사무소와 함께 중미컴퓨터협회는 대중화권Greater China과 실리콘밸리를 연결시키는 임무를 지속하는 중이다.

---

133 Ibid.

134 Ibid.

특정 단체와 타이완 지향적인 과학기술조직들

책의 지면 부족으로 인해, 특정한 전문분야와 전문직에 초점을 맞추는 단체들을 포함한 또 다른 많은 중국-타이완 과학기술 지지단체들에 대해 자세히 다룰 수 없게 되었다. 우리는 이번 장의 마지막 부분에서 이러한 단체 중 몇 개만 선택하여 설명할 것이다.

1991년에 세워진 중미반도체협회华美半导体协会, Chinese American Semiconductor Professional Association, CASPA는 북미중국반도체협회NACSA의 주장에도 불구하고 "세계에서 가장 규모가 큰 중국계 미국인 반도체전문가 단체"가 되었다.[135] 실리콘밸리에 본사를 둔 중미반도체협회CASPA는 오스틴, 댈러스, 피닉스, 포틀랜드에 지부를 두고 있으며, 또 다른 5개 사무소를 신주타이완, 홍콩, 상하이, 베이징, 상가포르에 둔다. 협회 3,000명 회원들은 중국과 타이완으로부터 오는 대표단을 맞이하며, 대외교류심포지엄에 참여하고, 중국첨단기술단지의 경영자들과 함께하는 "얼굴을 마주하는 원탁회의"를 즐기기 위해 답례방문을 한다.[136]

실리콘밸리에 위치한 중화자문네트워킹협회中华咨询网络协会, Chinese Information and Networking Association와 뉴잉글랜드에 위치한 "자매조직sister organization"은 컴퓨터 네트워크 분야에서 "미국과 극동Far East의 기업들이 사전에 정보를 교환하고, 상호이해를 증진시키며, 사업기회를 창출하도록 하기 위한 특별한 다리로서 역할을 한다."[137] 중화자문네트워킹협회는 "사업 및 경력

---

135 www.caspa.com. 중미반도체협회는 최근 주장을 "가장 규모가 큰"에서 "가장 영향력 있는"으로 누그러뜨렸다.

136 Ibid.

137 www.cina.org.

에 관한 기회를 위해 중국과 아시아로 돌아가는 것에 관심을 두는 회원들에게 아시아로부터 파생된 자원과 기회를 소개하는 데 있어서 중대한 역할을 한다." 또한 협회는 중국으로 파견되는 대표단을 조직하고, 중국 홍콩, 타이완으로부터 방문하는 전문가단체를 맞이한다.[138]

전문직에 집중하는 또 다른 단체로 미국중국계의학과학자협회美国华裔医学科学家协会, National Society of Medical Scientists - Chinese American Association가 있다. 협회는 회원들의 생계 증진과 중국 기술적 발전에 대한 지원이 혼합된 전형적인 목표를 지닌다. 협회 웹사이트 "행사"란은 공식적인 중국의 프로그램뿐만 아니라, 교류프로그램에 대한 소식, 중국 투자 및 협력 기회, 기술과 인재를 끌어들이기引技引智 위한 프로그램, 중국의 기술개발프로젝트 및 기술이전조직과의 연결, 중국으로의 방문, 미국을 방문하는 중국 대표단에 대한 영접 등에 대한 정보가 넘쳐난다.[139]

미국-중국의약개발협회美中医药开发协会, Sino-American Pharmaceutical Professionals Association는 회원들의 경력 개발을 촉진하고 "미국과 중국 사이의 과학적 교류 및 사업적 협력을 활성화"하기 위해 1991년에 설립되었다. 4,000명의 회원들은 뉴잉글랜드, 필라델피아, 샌프란시스코 베이 에어리어, 상하이에 위치한 지부들에 소속된다. 미국-중국의약개발협회는 협력을 위한 다리이 단어가 또 등장하였다가 되는 동시에, 미국과 중국의 과학자, 정책입안자, 정부 임원 사이의 의사소통을 활성화하기 위한 다양한 장소가 과학을 지원할 수 있도록 한다.[140]

뉴욕에 위치한 중국인물리학회华人物理学会, Overseas Chinese Physics Association는 약 400명의 과학자로 구성된 단체로, 1990년에 설립되었다. 학회 현장에

---

138 Ibid.

139 www.nsms-caa.org.

140 www.sapaweb.org.

서 중국을 특별히 언급하지는 않지만, 세계 도처의 물리학자들, "국경 없는 물리학"에 대한 지원, 란저우Lanzhou 중국과학원 현대물리학연구소CAS Institute of Modern Physics와 함께하는 2009 협의회와 같은, 중국 독립체들과 함께하는 공동주최행사, 아르곤Argonne, 브룩헤이븐Brookhaven, 오크리지Oak Ride, 로렌스 리버모어Lawrence Livermore, 로스 앨러모스Los Alamos에 위치한 국립연구소들에 소속된 핵 관련 시설의 과학자들뿐만 아니라, 중국의 고에너지물리학연구소, 응집물질물리학연구소, 칭화대학, 푸단대학의 과학자들을 포함하는 회원들의 구성을 통해 "국제적 이해와 과학적 성취에 대한 상호인식을 증진한다"는 협회의 첫 번째 목적이 중국과의 연결성을 내포한다.[141]

미주중국엔지니어학회美洲中国工程师学会, Chinese Institute of Engineers, USA는 기원이 1917년으로 거슬러 올라가는 타이완 지향적 조직에서 "미국 전역의 회원들을 지원하는 임무를 가진" 대중화권 소속 조직으로 성장하였다. 학회 5,000명 회원들은 5개 지역 지부와 하나의 분과 지부[142]에 나뉘어져 있으며, 중국과 타이완의 배경을 지닌 기술자들을 모두 포함한다. 정치적인 균형은 주요 기술교류행사를 중국중미기술 및 공학협의회과 타이완현대공학 및 기술 세미나에서 번갈아 개최함으로써 유지된다.[143]

미주중국엔지니어학회의 모임은 1년 중 홀수인 달에 개최되며, 보통 중국 측에서는 국가경제무역위원회State Economic and Trade Commission, 국가외국전가국SAFEA, 중국국제인재교류협회China Association for the International Exchange of Personnel의 후원을 받는다. 2001년 행사에서 중국 후원자들은 약 238개 주제를 제안하였다. 미주중국엔지니어학회 운영진은 회의에서 강의할

141 www.ocpaweb.org.

142 해외중국인환경보호학회海外华人环境保护学会.

143 www.cie-usa.org.

미국 전문가들을 선발하기 위한 기반으로 활용하였다. 강의는 중국 기업의 기술자들과의 "즉석 교류"에 의해 보완되었다.[144] 전하는 바에 따르면, 미주중국엔지니어학회 한 회원은 미국의 파산한 기술 관련 신생기업들을 사들여 "국제적인 경쟁에 합류하기 위한 지름길로서 연구력과 인재에 편승"할 것을 권하였다.[145]

마지막으로 타이완 지향적인 전세계위샨과학기술협회全球玉山科技协会, Monte Jade Global Science and Technology Association가 있다. 이 협회는 실리콘밸리의 한 사무소에서 시작되어, 미국 내 11개 지부를 포함한 14개 지부를 둔 세계적인 조직으로 성장하였다. 협회 목적은 다양한 기술 세미나, 아시아에서의 첨단기술연구 투어, 해외투자 관련 공동 워크숍을 통해 기술 및 투자에 대한 협력과 상호간의 교류를 활성화하는 것이다.[146]

지면이 부족하여, 중국의 과학기술개발에 대한 또 다른 미국 기반 중국 지지단체들의 기여를 다룰 수 없다는 것이 유감스럽다. 우리는 이러한 단체들이 의도적으로 미국을 전복시키려고 하는 것은 아니라고 믿는다. "이전된" 기술을 통해 중국이 경쟁력을 갖추도록 지원하는 것이 단체들에게 어떠한 모순도 유발하지 않으며, 지지단체들의 활동으로 인해 미국이 받게 될 영향이 지지단체들에게는 무의미하다는 것이 우리의 주장이다. 또한 중국을 지원한다는 선언이 흔한 것에 비해, 실제로 취하는 구체적인 행동은 고사하고, 미국 내 운영자에 대한 우호적인 감정조차 찾아보기 힘들다.

---

144 www.ctiin.com.cn/gjhz/mzzg.htm, visited October 2001.

145 *China Daily*, October 25, 2001. 국가경제무역위원회State Economic and Trade Commission 장관 리룽룽Li Rongrong은 미주중국엔지니어학회를 중국이 핵심적인 기술적 문제를 해결하는 것을 돕는 수단으로 여겼으며, 이 학회를 "해외 중국인의 지적 자원을 흡수하기 위한 중요한 장소"이자, "조국의 기술적 경제적 발전을 지원하기 위한 중요한 장"이라 하였다.

146 www.montejade.org.

이어지는 제6장에서 우리는 이러한 단체의 뼈대를 만드는 '중국 해외 학자들'의 상황과 중국의 과학기술발전에서 수행하는 역할을 자세히 살펴보기로 한다.

06

미국에서 유학하는 중국 학생들

사회적인 통념에서 보면 중국인 대학원생들의 미국 자연과학대학프로그램으로의 대량 유입과 이 대학원생들을 활용할 잠재적인 가능성은 경제적 · 기술적 스파이를 위한 통로가 된다. 이번 장에서는 중국 대학원생들이 집단적으로 미국으로 이동하게 된 기원과 원동력을 알아보고, 이러한 현상의 규모를 추정하여, 방첩counter-intelligence에 미칠 잠재적인 영향을 가늠해 보기로 한다.

중국 학생들의 미국으로 집단적 이동

기원

한 세기를 훨씬 넘어서는 기간 동안 중국은 해외로 학생들을 보내는 것을 국가 발전과 과학기술의 현대화를 추구하는 데 있어서 없어서는 안 될 요소로 바라보았다. 청나라 왕조와 국민당 시대 사이의 성공적인 지도자들에 의해 수행된 이러한 노력들은 1860년에서 1950년 사이에 약 3만 명의 중국 학생들이 미국으로 보내졌다. 같은 기간 훨씬 더 많은 학생들이 일본에서 유학하였지만 말이다.[1] 학생들은 주로 공학과 과학에 집중하였다. 예컨대 1905년부터 1953년까지 미국에서 공부하였던 중국 학생들 중 40% 이상의 학생들이 공학과 과학을 공부하였다.[2]

1949년 중화인민공화국의 설립 이후 비록 유학의 대상이 된 국가들이 중국의 '이념'과 '냉전 관련 외교정책의 방향성'에 따라 변화되었지만, 중국은 계속해서 많은 학생들을 외국으로 보냈다. 1949년에서 1966년 사이 중국 공산당 지도부는 10,600명의 학생들을 24개 이상의 국가로 유학을 보냈다. 유학한 학생들 중 대다수는 소련과 동유럽으로 보내졌다. 소련과 동유럽에서 대부분의 중국 학생들은 과학기술 관련 교과목을 전공하였다. 일례로, 1953년과 1957년 사이에 소련에서 유학하였던 중국인의 약 70%가 과학과 공학을 공부하였다.[3]

베이징은 선진 교육을 위해 학생들을 외국으로 보내는 동시에, 초기 정부들에 의해 시행된 유학 정책으로부터 혜택을 보기 시작하였다. 미국과 영국으로 유학 갔던 몇몇 중국인 과학자들이 1950년대에 중국으로 돌아와 핵물리학과 고에너지물리학에 대한 연구를 수행하였다. 이렇게 초기에 귀환한 학생들 중 다수는 원자폭탄 개발 프로그램과 수소폭탄 개발 프로그램에서 중요한 역할을 하였다.[4] 하지만 이런 뜻깊은 성공에도 불구

---

1 1800년대부터 중국이 설립되기까지 미국과 중국 사이에 오고 간 교육적 교류를 개괄적으로 살펴보고 싶다면 다음을 참조하라. D.M. Lampton, *A Relationship Restored*, Washington, DC: National Academies Press, 1986, pp. 16-20.

2 Ibid., pp. 182-183. 이는 오늘날에도 마찬가지인데, 이러한 분포는 중국 정부의 우선사항이 반영되어 외국으로부터 자금을 제공받을 수 있었기에 때문이다.

3 중국과 소련 사이의 교육적 교류를 간결하고 개괄적으로 살펴보고 싶다면 다음을 참조하라. Ibid., pp. 20-23.

4 "Returned Students and HEP Research in China," Institute of High Energy Physics, October 10, 2002, www.ihep.ac.cn/english/r.s.&hep/index.htm. 고에너지물리학연구소(Institute for High Energy Physics)에 따르면, 유학하고 돌아온 학생들이 중국의 소립

하고, 중국과 소련 사이의 분열이 교육적 교류 관계를 와해시키고 문화대혁명이 중국의 교육제도를 산산이 부수면서 마오쩌둥이 집권하던 1960년대의 유학 프로그램은 실질적으로 붕괴되어버렸다.[5]

1872년과 1978년 사이 중국이 해외로 보낸 학생들의 수는 대략 총 13만 명에 달한다.[6] 청나라 말기부터 마오쩌둥 시대의 끝자락에 이르는 한 세기 이상의 기간 동안 누적된 이러한 수치는 1978년 이후 중국이 자국의 경제를 개혁하고 문호를 개방하여 중국 유학 프로그램의 규모와 범위가 급격히 확장됨에 따라 적은 수치에 불과하게 되었다.

마오쩌둥 시대 이후 중국으로 귀환한 학생들

중국 유학정책에 대한 교육부의 회고록에 따르면, 덩샤오핑Deng Xiaoping이 칭화대학 업무보고서를 보고 난 뒤, 보다 나은 교육을 위해 해외로 보내는 학생의 수를 늘렸으면 좋겠다는 의견을 표명한 1978년부터 개혁개방시대의 관련 업무들이 시작되었다.[7] 덩샤오핑은 해외로 중국인 학생들을 보내는 것을 중국의 발전을 촉진하기 위한 가장 중요한 방법들 중 하

자물리학의 발전에 지대한 영향을 미쳤다고 한다. 중국 미사일개발프로그램의 핵심 인물이 되었던 귀환학생 첸쉐썬錢學森에 대해 자세히 알고 싶다면 다음을 참조하라. Iris Chang, *Thread of the Silkworm*, New York: Basic Books, 1995.

5 소련과 중국 사이의 교육적 교류가 보다 현대적인 수준에서 오직 1980년대에만 재개되었다.

6 "New Policies to be Issued to Lure Overseas Students Home," *People's Daily*, July 29, 2000.

7 Wei Yu韦钰, 出国留学工作二十年: 纪念邓小平同志关于扩大派遣留学人员讲话二十周年외국유학 20년 : 덩샤오핑 동지의 유학생 파견 규모 확대 발언 20주년을 기념하며("20 Years of Study Abroad Work: Commemorating the 20th Anniversary of Comrade Deng Xiaoping's Speech on the Expansion of Sending Personnel to Study Abroad"), *China Education Daily*, June 23, 1998, p. 3.

나로 설명하였으며, 5년이라는 짧은 기간 안에 이러한 노력이 결실을 맺을 것이라 예측하였다. 덩샤오핑은 "우리는 고작 몇 명의 학생들만을 외국으로 보낼 것이 아니라, 수만 명의 학생들을 외국으로 보내야 한다"고 열정적으로 말했다. 또한 덩샤오핑은 "발전을 촉진하기 위해 우리가 할 수 있는 것은 모두 해야 한다"와 같이 말하였다. 덩샤오핑의 언급으로 중국 정부는 서양에서 대학원 과정을 이수하기 위해 외국으로 유학가는 학생들의 수를 신속히 늘리려는 분위기가 형성되었다. 특히 미국과 같은 가장 선진화된 국가로 학생들을 보내는 것은 과학기술적 분야의 유능한 노동력을 구축하기 위한 중국 계획의 필수적인 요소로 보였다. 교육부가 회상하는 바에 따르면:

> 덩샤오핑 동지는 문호개방의 중요성을 수차례 강조하면서, 학생들을 외국으로 보내는 것이 문호개방 정책을 시행하기 위한 강력한 수단임을 강조하였다. … 중국이 외국의 선진 과학기술을 제대로 공부할 수 있었던 것은 오직 학생들을 외국으로 보냄으로써 가능하였던 것이다.[8]

천안문사태[중국 정부가 민주화 시위를 무력으로 진압하면서 빚어진 대규모 유혈 참사. 옮긴이]가 발발하여 해외로 나갈 수 있도록 승인받는 학생들 수가 줄어들었던 1990년대 초반의 짧은 기간을 제외하고, 덩샤오핑 후임자들은 "유학에 대한 지원[支持留学]"과 "학생들이 중국으로 귀환하도록 장려하는 것[鼓励回国]"을 목표로 하는 정책을 채택하며 계속해서 같은 길을 걸어왔다. 이러한 정책은 중국이 진행 중인 경제적 발전과 현대화 추진에 도움이 될 수 있는 고급 인재들을 늘리기 위한 노력의 일환이었다. 그 결과, 학생들을 유학 보내는 것은 중국이 숙련된 인재들을 양성하기 위한 주요 통로 중 하나가 되

---

8 Wei Yu, "20 Years of Study Abroad Work."

었다.[9]

최근 통계와 동향

중국의 공식적인 매체의 보고에 따르면, 개혁개방정책의 시행 이후 1978년에서 2011년 사이 224만 명 이상의 중국인들이 석사·박사 학위를 취득하기 위해 해외에서 공부하였으며, 224만 명의 1/3 이상인 818,400명이 공부를 마치고 중국으로 돌아왔다.[10] 중국으로 귀환한 818,400명 중 절반 이상인 429,300명이 2009년부터 2011년까지 고작 3년 만에 중국으로 귀환하였다.[11] 국가통계국State Statistics Bureau에 의해 출간되는 *중국통계연감*中国统计年鉴, *China Statistical Yearbook*은 해외로 나가는 학생 수와 중국으로 돌아오는 학생 수에 대한 연간 자료를 제공하는데, 1978년 이후 거의 모든 연도에 대한 자료를 제공한다.[12] 이 자료에 따르면, 해외로 나가는 학생 수와 중국으로 귀환하는 학생 수는 최근 몇 년간 뚜렷하게 증가하였다표 6.1 참조. 2011년 약 339,700명의 중국인 학생들이 외국으로 유학을 갔으며, 이는 2000년도에 중국을 떠난 학생의 10배 이상에 해당하는 수치이다. 이들 중 절반 이상의 학생들이 미국을 선택하였다.

---

9 Wei Yu, "20 Years of Study Abroad Work."

10 www.wantchinatimes.com/news-subclass-cnt.aspx?id=20111127000017&cid=1701.

11 "Fewer China Overseas Students Staying Abroad," *China Daily*, 24 January 2013.

12 National Bureau of Statistics, *China Statistical Yearbook 2002*, Beijing: China Statistics Press, 2002, p. 675.

표 6.1 2001년에서 2011년 사이 미국 내 중국 학생들(단위: 1,000명)[13·14·15·16·17·18]

구분	2001	2002	2003	2004	2005	2006	2007	2008	2009	2010	2011
미국	63.2	64.7	61.8	62.5	62.5	67.7	81.1	98.2	127.6	157.6	194
증가율	15.5	2.4	-4.6	1.2	0.1	8.2	19.8	21.1	29.9	23.5	23.1

중국 유학생들의 목적지

중국 학생들은 지난 20년 동안 100개 이상의 국가에서 유학을 하였다. 가장 인기 있는 목적지는 미국으로, 미국은 중국 개혁기의 유학 정책에 있어서 중심적인 역할을 해왔다.[19] 중국은 1978년 후반 50명의 학생으로 구성된 첫 번째 집단을 미국으로 보내며, 미국과 중국 사이의 교육적 교

---

13 「중국통계연감」에 실려 있는 이 자료에 따르면, 공식 매체의 출처에 의해 제공되는 귀환학생 수는 너무 높게 측정된 것일지도 모른다. 최신판은 1978년 이후의 유학생 전체 인원수 및 귀환학생 전체 인원수를 제공하지 않는다. 하지만 1978년, 1980년, 1985년, 2001년의 자료에 근거하면, 실제적인 귀환학생 전체 인원수는 공식적인 매체의 보도에 빈번하게 인용되는 높은 수치보다는 9만 명에서 10만 명 낮게 나타난다. 핵심 용어의 정의가 다소 불명확하다는 것을 알아야 한다. 귀환학생学成回国留学人员과 유학생出国留学人员의 완벽한 정의를 우리가 검토한 어떠한 자료에서 찾아볼 수 없었다. 표준화된 정의가 없다는 것은 다양한 자료 출처들 간에 명백한 차이가 있음을 의미한다. 공식 매체는 「중국통계연감」보다 핵심 용어를 보다 포괄적으로 정의한다. 몇몇 매체들은 방문학자로서 해외에서 공부하고 귀환하는 중국인과 같은 비학생들을 "유학생"과 "귀환학생"으로 집계하는 것 같았다. 물론, 몇몇 자료들이 해외에서 공부를 마치고 중국으로 귀환하는 중국인 학생들의 수를 의도적으로 과장하는 것일 수도 있다.

14 www.skyscrapercity.com/showthread.php?t=603811.

15 www.china.org.cn/china/news/2009-03/26/content_17502548.htm.

16 http://helinjiangliuxue.blog.sohu.com/146503590.html.

17 http://helinjiangliuxue.blog.sohu.com/146503590.html.

18 http://edu.sina.com.cn/a/2012-02-16/1633212392.shtml.

19 더욱이 미국은 청나라 후기 이후 중국의 교육교류정책에서 중심적인 역할을 해왔다. 인사부MOP와 교육부MOE에 따르면, 2002년 당시 약 46만 명의 중국인이 해외에서 공부하였으며, 미국에서 유학하였던 인원은 15만 명 이상으로, 명확하게 가장 많았다. 다음을 참조하라. "Chinese Studying Abroad Top the World," *People's Daily*, June 18, 2002.

류를 재개하였다. 덩샤오핑의 개혁개방정책이 시행되면서 미국은 중국 유학생들을 위한 최고의 목적지로 급부상하여 1980년대 중반쯤에는 해외로 나간 유학생들의 대략 절반 정도가 미국에 있게 된다.[20] 예컨대 1983-1984학년도 미국에는 약 12,000명의 중국 학생과 중국인 방문학자가 있었으며, 이들은 미국 내 전체 외국인 학생 수의 약 2%를 차지하였다.[21] 미국 내 중국 학생 수는 1980년대와 1990년대에 급격히 증가하였으며, 중국은 곧 미국 고등교육제도 내의 외국인 학생들 중에서 가장 거대한 집단을 형성하게 되었다. 하지만 가장 거대한 집단이라는 위상을 차지하며 많은 해를 보낸 중국인 학생 대표단은 2001년과 2002년 사이 인도에 밀려 2번째 자리를 차지하게 된다. 전문가들은 이러한 순위 변화의 원인을 중국인 학생들이 영국, 호주, 뉴질랜드에 있는 대학들에 들어가는 것을 보다 쉽게 만들어주었던 9.11 테러 이후의 비자 제한으로 본다. 비록 전문가들도 문제는 9.11 테러 이전부터 있었다고 말하지만 말이다.[22] 2004년 미국에서 유학하는 중국 학생 수는 4.6% 감소하였는데, 이는 주로 비자에 대한 염려 때문이었다.[23] 그럼에도 불구하고, 2010년 158,000명의 중국 학생들이 미국의 대학에 들어가면서, 중국 학생 수는 미국 내 전체 외국인 학생 수의 거의 22%에 상당하게 되는데, 이는 전년대비 총 23% 증가한 것이었으며, 학부생 수만 따지면 43% 증가한 것이었다.[24] 미국 내

---

20 Lampton, *A Relationship Restored*, p. 2.

21 Ibid.

22 Beth McMurtrie, "No Welcome Mat for the Chinese? US Visas Seem Harder to Get," *The Chronicle of Higher Education*, September 24, 1999.

23 Remarks of Donald M. Bishop, Minister-Counselor for Press and Cultural Affairs, American Embassy Beijing, speaking at the American Center for Educational Exchange on January 26, 2005. See www.iienetwork.org/?p=56814.

24 www.iie.org/Who-We-Are/News-and-Events/Press-Center/Press-Releases/2011/2011-11-14-Open-Doors-international-Students; and http://chronicle.com/article/International-Enrollments-at/129747/.

외국인 학생 수를 살펴보면, 캘리포니아가 93,124명으로 가장 많았으며, 다음으로 뉴욕 74,934명, 텍사스 58,188명으로 많은 것으로 나타났다.[25]

상자 6.1 불균형적인 교육

이와 대조적으로, 2009년 미국은 오직 13,910명의 학생만을 중국으로 보냈다. 이는 2008년 수치에서 2% 증가된 것으로, 대부분의 학생들은 자연과학을 공부하지 않고, 사회과학이나 언어를 공부하였다.[26] 2009년 8월 오바마 대통령은 앞으로 4년에 걸쳐 중국에서 유학하는 미국 학생 수를 10만 명까지 "기하급수적으로 늘릴" 계획을 발표하였으며, 이러한 교류가 "미국과 세계에 도움을 줄 수 있는 협력을 꾸준히 추구하는 사람들 사이의 관계 구축에 확실한 책무"라고 칭하였다.[27] 미국은 주로 음악가 윌.아이.엠Will.i.am이 참여하는 자선공연과 민간자본을 통해 이러한 유학정책에 자금을 제공하려 하고 있으며, 비용은 6,800만 달러 정도로 추정된다.[28] 2010-2011학년도에 14,596명의 미국 학생들이 중국에서 유학했다. 이 시기에 미국인들이 가장 많이 유학을 간 국가는 순서대로 영국, 이탈리아, 스페인, 프랑스이며, 중국은 이 국가들에게 밀려 5위를 차지하였다.[29]

---

25 Tamar Lewin, "China Is Sending More Students to US," *New York Times*, November 16, 2009.

26 www.iie.org/Who-We-Are/News-and-Events/Press-Center/Press-Releases/2011/2011-11-14-Open-Doors-Study-Abroad.

27 Mary Beth Marklein, "Chinese College Students Flocking to US Campuses," *USA Today*, December 8, 2009, http://usatoday30.usatoday.com/news/education/2009-12-08-1Achinesestudents08_CV_N.htm.

28 www.state.gov/p/eap/rls/2011/156504.htm; www.state.gov/r/pa/prs/ps/2012/02/ 184614.htm; and www.state.gov/p/eap/regional/100000_strong/index.htm.

29 See Institute for International Education, *Open Doors 2012*, accessed at www.iie.org/Research-and-Publications/Open-Doors/Data/US-Study-Abroad/Leading-Destinations/2009-11.

해외에서 공부하는 중국인 학생들의 학문적 수준

1978년 이후 해외에서 유학한 중국인 약 90%는 대학원생이다. 하지만 전하는 바에 따르면, 보다 최근에는 해외에서 유학하는 중국인들 중 대학에 다닐 정도의 나이를 가진 학생들이 가장 빨리 성장하는 집단이 되었다고 한다. 국제교육협회Institute of International Education 보고에 따르면, 미국 대학에 등록된 학부생 수는 2006년 6% 증가하였으며, 2007년에는 20% 증가하였다.[30] 2007년 중국은 인도 다음으로 가장 많은 대학생들을 미국으로 보냈으며, 55%의 미국 대학에서 중국인 입학이 증가하였음을 보고하였는데, 이는 어떤 국가와 비교해보아도 더 높은 수치였다. 2008년쯤에는 60%의 미국 대학이 중국인 입학이 증가하였음을 보고했으며, 고작 11%의 대학만이 감소하였다고 보고하였다.[31] 대학에 입학하는 학생 수는 26,275명에 달했던 것에 반해, 대학원에 입학하는 학생의 수는 고작 2% 증가하여 57,451명에 달하였다.[32]

중국인 학생들에게는 불미스러운 풍조가 하나 있는데, 이는 입학 지원에 대한 사기혐의가 증가하고 있다는 것이다. 미국 대학에 안정적으로 들어가기 위해 대리인을 사용하는 것이 이에 해당된다. *Chronicle of Higher Education*워싱턴에 기반을 둔 언론사로 주로 신문과 웹사이트를 매체로 삼는다. 옮긴이에서 나온 2001년 기사에는 학생들이 에세이를 돈을 주고 사고, 시험을 대신 봐 줄 대리인을 고용하며, 표준 시험에 부적절한 접근을 시도하는 모습이 묘사되어 있다.[33] 전하는 바에 따르면, 2000년대 후반까지 이 문제

---

30 "Chinese Students Pursuing US Education," *Associated Press*, November 17, 2008.

31 Tamar Lewin, "China Is Sending More Students to US," *New York Times*, November 16, 2009.

32 Marklein, "Chinese College Students Flocking to US Campuses."

33 Daniel Walfish, "Chinese Applicants to US Universities Often Resort to Shortcuts or

는 더욱 악화되었다고 한다. 미국 대학들을 위해 일하는 한 자문가는 250명의 중국인 고등학생 지원자들과 진행한 인터뷰에 근거하여, 90%의 중국인 지원자들이 거짓 추천서를 제출하며, 70%는 에세이를 다른 사람이 대신 써주도록 하고, 50%는 고등학교 성적 증명서를 위조하고, 30%는 재정지원형태에 대해 거짓말을 하며, 10%는 받거나 달성하지 못한 학술적 수상경력과 성과를 거짓으로 작성한다고 추정하였다.[34]

학부과정에 입학을 함에도 불구하고 대다수의 중국인 유학생들은 여전히 석사학위와 박사학위를 취득하려 하고 있다. 예컨대 국제교육협회에 따르면, 2010년 미국 내 중국 학생들의 64%가 대학원 과정에 등록하였으며,[35] 이는 2002년 80%에서 하락한 수치이다.[36] 2010년 중국인 학생들은 3,735개의 박사학위를 취득하였는데, 이는 다른 국가들보다 명확하게 높은 수치였으며, 2,140개의 박사학위를 획득하여 2위를 차지한 인도보다 거의 2배 많은 수치였다.[37] 하지만 대학 학부에 입학하는 학생들의 증가는 가속화된 것에 반해, 중국인들의 미국 내 대학원 과정 이수는 둔화되었는데, 이는 주로 미국 대학들이 외국인들이 지불하는 입학금을 요구하기 때문이다. 그 결과, 대학에 등록하는 학생 수가 대학원에 등록하는 학생 수를 처음으로 추월할 가능성이 나타나게 된다. 2008년과 2009년 사이 외국인 대학생 수는 291,439명, 대학원생 수는 296,574명, 비학

Dishonesty," *Chronicle of Higher Education*, January 5, 2001.

34 Ian Wilhelm, "Falsified Applications Are Common Among Chinese Students Seeking to Go Abroad, Consultant Says," *Associated Press*, June 14, 2010.

35 Beth McMurtie, "International Enrollments at US Colleges Grow but Still Rely on China," Chromicle of Higher Education, November 14, 2011, http://chronicle.com/articl/ International-Enrollments-at/129747/.

36 Institute for International Education, *Open Doors 2002*, Table 2, Foreign Students by Academic Level and Place of Origin 2001/2002.

37 www.nsf.gov/statistics/sed/pdf/tab25.pdf.

위과정 학생 수는 59,233명이었다.[38]

해외에서 유학하는 중국인 학생들이 집중하는 분야

중국 유학생들에게 가장 인기 있는 분야는 공학과 과학이었다. 1978년부터 1984년까지 정부의 지원을 받아 미국에서 공부하던 중국인들의 대다수는 물리학(31%), 생명과학(8%), 공학(23%), 수학(7%)을 전공하였으며, 소수의 학생들은 컴퓨터공학(4%)을 전공하였다.[39] 정부 지원을 받거나 개인적 재산을 이용하여 미국에서 유학하는 비교적 적은 학생들만 경영학, 인문학, 사회과학을 공부하였다.[40]

박사과정을 이수하는 미국 내 중국 학생들은 지속적으로 과학에 과도하게 집중하였다. 미국 교육부US Department of Education에 따르면, 1995년 미국 전역에서 박사과정을 이수하는 중국인 학생 절반이상이 자연과학을 공부하였으며,[41] 1988년부터 1996년까지 미국에서 박사학위를 받은 약 17,900명의 중국인 중 16,500명 이상이 과학기술 관련 학과를 전공하였다.[42] 박사학위를 취득한 중국인들 중 가장 많이 전공하였던 분야는 공학, 물리학, 생명과학, 수학이었다. 2011학년도 중국 학생들의 대다수는 경영학(28.7%)에 등록하였으며, 공학(19.6%), 수학/컴퓨터공학(11.2%), 물

---

38 www.iie.org/Who-We-Are/News-and-Events/Press-Center/Press-Releases/2011/2011-11-14-Open-Doors-Study-Abroad.

39 Ibid.

40 Lampton, *A Relationship Restored*, pp. 2-3.

41 National Center for Education Statistics, US Department of Education, "Degrees Earned by Foreign Graduate Students: Fields of Study and Plans After Graduation," November 1997, p. 1.

42 National Science Foundation, Division of Science Resource Studies, Statistical Profiles of Foreign Doctoral Recipients in Science and Engineering: Plans to Stay in the United States, November 1998, NSF 99-304.

리학/생명과학(9.9%)이 그 뒤를 이었는데, 이는 아마도 중국과 미국 사이의 무역관계와 중국 경제의 성숙을 반영하는 지표일 것이다.[43]

후원 동향

1879년부터 1998년까지 외국으로 보내진 약 320,000명의 중국 학생들 중, 150,000명 이상의 학생들이 스스로 비용을 지불하여 유학을 하였던 반면, 약 90,000명의 학생들이 다양한 고용단체로부터 지원을 받았고, 약 47,000명의 학생들은 정부로부터 장학금을 받았다.[44] 스스로 비용을 지불하여 유학하는 학생들 수는 처음에는 적었지만, 1980년대 후반과 1990년대 초반에 급격하게 증가하였다.[45] 2009년 대략 절반 정도의 중국 대학생들(47%)과 29%의 외국인 대학생들(29%)이 성적에 따라 수업료를 어느 정도 감면받았다.[46]

중국학생회와 베이징 정부

매사추세츠공과대학,[47] 하버드대학교,[48] 스탠퍼드대학교,[49] 코넬대학

43 Institute of International Education (2012). "Field of Study of Students from Selected Places of Origin 2011/12." *Open Doors Report on International Educational Exchange*. Retrieved from www.iie.org/opendoors.

44 Wei Yu, "20 Years of Abroad Study Work."

45 정부의 지원을 받아 유학한 학생들이 훨씬 더 중국으로 잘 귀환하기 때문에 이러한 풍조는 중국에게 걱정을 안겨줄 수 있다.

46 Marklein, "Chinese College Students Flocking to US Campuses."

47 http://cssa.mit.edu/.

48 www.hcssa.org/.

49 http://acsss.stanford.edu/cgi-bin/entry/.

교,[50] 듀크대학교,[51] 캘리포니아대학교 로스앤젤레스캠퍼스,[52] 펜실베이니아 주립대학교[53]와 같은 최고 수준의 대학들을 포함하여 미국에 있는 대부분의 주요 대학들에는 중국학생회가 있으며, 대부분의 중국학생회는 중국학생학자협회China Students and Scholars Association, CSSA[54]의 지부이다. 중국학생학자협회CSSA는 미국 전역에 196개 지부를 두고 있으며, 지부의 목록은 〈표 6.2〉를 참조하길 바란다.

표 6.2 2011년 미국 중국학생학자협회 지부 현황

주State	지부 수	대학
Alabama	3	Auburn University, Troy University, University of Alabama
Alaska	1	University of Alaska at Fairbanks
Arizona	2	Arizona State University, Northern Arizona University
Arkansas	2	Arkansas Tech University, University of Arkansas
California	18	University of California at Berkeley, Caltech, California State University, San Diego State University, San Francisco State University, San Jose State University, Stanford, University of Southern California, UCLA, University of California at Davis, University of California

50 www.cornellcssa.com/.

51 http://dukechina.org/blog/.

52 http://sites.google.com/site/cssaucla2009/.

53 http://cssap.org/.

54 1989년의 천안문사태 이후, 학생들로 구성된 "반대" 단체인 전미중국학생학자자치연합회全美中國學生學者自治聯合會, Independent Federation of Chinese Students and Scholars, IFCSS가 조직되었다. 200개 대학의 학생 대표자 1,000명 이상이 1989년 8월 단체의 첫 번째 집회에 참가하였다. 단체의 내규에 따르면, 전미중국학생학자자치연합회IFCSS의 목적은 다음과 같다. (1) 중국 내 민주화 운동에 대한 정보를 퍼뜨리고, 대중을 교육한다. (2) 미국 내 중국인 학생 및 학자의 열망을 대변하고, 이익을 보호한다. 중국의 과학적 · 문화적 · 경제적 발전뿐만 아니라 중국 내의 자유, 민주주의, 법의 지배, 인권을 증진한다. (3) 미국 내 중국인 학생 및 학자의 이익을 보호하기 위한 활동에 참여하고 이를 지원하며, 중국의 민주화 운동을 촉진한다. 다음을 참조하라. http://research.nianet.org/~luo/IFCSS/Archives/Constitution/IFCSS_bylaws_94. PDF.

		at Irvine, University of California at San Diego, University of California at Riverside, University of California at Santa Barbara, University of California at Santa Cruz, University of California at San Francisco
Colorado	6	Colorado School of Mines, Colorado State University, Metropolitan State College of Denver, University of Colorado at Boulder, University of Denver, University of Northern Colorado
Connecticut	3	University of Connecticut, Western Connecticut State University, Yale University
District of Columbia	4	American University, Catholic University of America, George Washington University, Georgetown University
Delaware	1	University of Delaware
Florida	10	Florida Atlantic University, Florida Institute of Technology, Florida International University, Florida State University, NOVA Southeastern University, University of Central Florida, University of Florida, University of Miami, University of South Florida
Georgia	3	Emory University, Georgia State University, Georgia Tech
Hawaii	1	University of Hawaii
Idaho	2	Idaho State University, University of Idaho
Illinois	10	DePaul University, Eastern Illinois University, Illinois Institute of Technology, Illinois State University, Loyola University, Northern Illinois University, Northwestern University, Southern Illinois University, University of Chicago, University of Illinois at Chicago, University of Illinois at Urbana
Indiana	6	Indiana State University, Indiana University, Indiana University-Purdue University Indianapolis, Notre Dame, Purdue University, Valparaiso University
Iowa	3	Iowa State University, University of Iowa, University of Northern Iowa
Kansas	6	Emporia State University, Fort Hays State University, Kansas State University, Pittsburg State University, University of Kansas, Wichita State University
Kentucky	3	Murray State University, University of Kentucky, University of Louisville

Louisiana	4	Louisiana State University, Louisiana Tech University, Tulane University, University of New Orleans
Maryland	2	Johns Hopkins University, University of Maryland
Massachusetts	12	Babson College, Boston College, Boston University, Brandeis University, Harvard University, MIT, Northeastern University, Suffolk University, Tufts University, University of Massachusetts Amherst, University of Massachusetts, Worcester Polytechnic University
Michigan	5	Central Michigan University, Lawrence Technological University, Michigan State University, Michigan Technological University, University of Michigan
Minnesota	2	St. Cloud University, University of Minnesota
Missouri	3	Saint Louis University, University of Missouri, Washington University in St. Louis
Montana	2	Montana State University, University of Montana Missoula
Nebraska	3	Creighton University, University of Nebraska-Lincoln, University of Nebraska-Omaha
Nevada	1	University of Nevada-Las Vegas
New Hampshire	1	University of New Hampshire
New Jersey	5	New Jersey Institute of Technology, Princeton University, Rutgers University, Seton Hall University, Stevens Institute of Technology
New Mexico	2	New Mexico Institute of Mining and Technology, University of New Mexico
New York	17	City University of New York, Columbia University Medical Center, Columbia University, Cornell University Medical College, Cornell University, Fordham University, Long Island University, New York University, Renssalaer Polytechnic Institute, Rochester Institute of Technology, SUNY Binghamton, SUNY Stony Brook, SUNY Postdam, Syracuse University, University of Albany, University of Buffalo, University of Rochester
North Carolina	4	Duke University, North Carolina State University, University of North Carolina, Wake Forest University
North Dakota	1	University of North Dakota

Ohio	9	Bowling Green University, Case Western Reserve University, Cleveland State University, Kent State University, Ohio State University, Ohio University, University of Akron, University of Cincinnati, University of Dayton
Oklahoma	1	Oklahoma State University
Oregon	3	Oregon State University, Portland State University, University of Oregon
Pennsylvania	8	Carnegie Mellon University, Drexel University, Lehigh University, Penn State University, Temple University, University of Pennsylvania, University of Pittsburgh, Villanova University
Rhode Island	2	Brown University, University of Rhode Island
South Carolina	1	Clemson University
South Dakota	2	South Dakota School of Mines and Technology, University of South Dakota
Tennessee	3	Middle Tennessee State University, University of Tennessee, Vanderbilt University
Texas	7	Baylor University, Rice University, Texas A&M University, Texas Tech University, University of North Texas, University of Texas at Austin, University of Texas
Utah	1	University of Utah
Vermont	1	University of Vermont
Virginia	5	George Mason University, Old Dominion University, University of Virginia, Virginia Commonwealth University, Virginia Tech University
Washington	2	University of Washington, Washington State University
West Virginia	1	West Virginia University
Wisconsin	1	University of Wisconsin-Madison
Wyoming	1	University of Wyoming
전체	196	

이러한 단체들은 주로 중국 학생들을 위해 무도회와 스포츠 활동을 조직하며, 사회적 표출구로서의 역할을 하지만, 최근에 미국에 도착한 학생들에게 오리엔테이션 교육을 제공하기도 한다.

방첩의 관점에서 보면, 이러한 학생회와 중국 정부 사이에 맺어지는 관계의 범위가 주된 우려사항이라고 할 수 있다. 이러한 관계는 중국 정부가 중국 유학생들의 활동을 관찰하여, 학생들에게 특정한 임무를 부여하는 발판이 되거나, 중국 정부 인사들이 미국 대학의 자산에 접근할 수 있는 통로를 열어줄 수 있다. 중국 정부는 워싱턴 DC의 대사관[55]과 뉴욕,[56] 샌프란시스코,[57] 로스앤젤레스,[58] 휴스턴,[59] 시카고[60]에 있는 영사관에 소속된 교육부서들을 통해 학생회에 공식적으로 연락을 취한다. 중국대사관 교육부서 웹사이트에는 "중국 학생들과 학자들에게 서비스를 제공하고 안내하는 것" 등을 포함한 교육부서들이 수행해야 할 업무의 모든 범위가 간결하게 설명되어 있다.[61] 심지어 휴스턴 영사관 교육부서 웹사이트에는 이 교육부서가 관할하는 주州에 위치한 중국학생학자협회들CSSA 웹사이트 주소가 링크되어 있다.

2008 베이징 올림픽 성화봉송 중단과 2010년 2월 달라이 라마Dalai Lama의 백악관 방문에 대한 항의에 이러한 학생회들이 조직적으로 동원되면서, 중국 정부가 학생회에 미칠 수 있는 잠재적인 영향에 대한 염려가 지난 몇 년에 걸쳐 다시 수면 위로 떠올랐다. 런던과 파리에서 티베트 독립운동가들과 파룬궁Falungong 지지자들에 의해 올림픽 성화 봉송이 중단되고 난 뒤, 샌프란시스코에서 성화 봉송을 재개하려는 많은 중국 지지자들

55 www.sino-education.org/english/index.htm.

56 www.nyconsulate.prchina.org/chn/jysw/.

57 www.chinaconsulatesf.org/chn/jy/default.htm.

58 http://losangeles.china-consulate.org/eng/hzjl/edu/.

59 http://houston.china-consulate.org/chn/jy/. 휴스턴 교육부는 텍사스, 오클라호마, 아칸소, 루이지애나, 앨라배마, 미시시피, 조지아, 플로리다, 푸에르토리코의 중국학생 관련 문제를 다룬다.

60 www.chinaconsulatechicago.org/eng/ywzn/jy/.

61 www.sino-education.org/english/index.htm.

이 나타났는데, 여기에는 중국학생학자협회CSSA 지부에서 파견한 대표단이 포함되어 있었다.

2008년 달라이 라마가 워싱턴대학교에서 명예학위를 받기 위해 시애틀에 방문하기에 앞서, 중국학생학자협회CSSA 지부는 방문에 항의하기 위해 대학 총장에게 2통의 편지를 보냈다. 편지의 내용에 따르면:

> 우리는 중국 시민으로서, 티베트는 중국의 일부였으며, 현재 중국의 일부이고, 또 앞으로 영원히 중국의 일부일 것임을 재차 확인받길 원합니다. … 우리는 어떠한 형태의 폭력에도 반대하며, 세계의 모든 국가는 다른 국가의 내부적 사안에 개입하지 않고 존중을 표해야 한다고 생각합니다. 따라서 우리는 다가오는 달라이 라마의 방문이 어떠한 정치적인 의제도 만들어내지 않을 것임을 확실히 해 주시고, 달라이 라마의 연설이 오직 비정치적인 사안에만 초점이 맞추어져 있을 것임을 워싱턴대학을 통해 확인받을 것을 희망하는 바입니다.[62]

이와 비슷하게 2010년 3월 달라이 라마가 방문하기 전 중국학생학자협회CSSA 노던아이오와대학University of Northern Iowa, UNI 지부에서 다음과 같은 성명을 발표하였다:

> 최근 달라이 라마가 노던아이오와대학에 방문하는 것에 대한 과도한 홍보 활동으로 인해 지역사회공동체뿐만 아니라 미국인 학생들, 미국인 교수들, 미국인 직원들이 가지고 있는 중국에 대한 나쁜 인식이 강화되고 있다. … 달라이 라마의 방문이 교육적인 행사일 뿐이라면, 노던아이오와대학 중국학생학자협회CSSA는 행사가 진행되는 동안 학교 웹사이트 혹은 공식적인 자리에서 노던아이오와대학이 주립대학으로서 달라이 라마

---

62 http://blog.seattlepi.com/schoolzone/archives/136186.asp.

의 정치적 의제를 지지하는 것은 적절하다고 여기지 않아야 한다.[63]

2008년 4월 코넬대학교에서 티베트에 관한 영상이 상영되었을 때, 코넬대학교에 소속된 중국학생학자협회 웹사이트에 영상 상영자를 죽이겠다고 위협하는 글이 올라왔는데, 이는 아마도 중국 학생들의 소행으로 추정된다.[64] 이보다 더 심각한 사건이 있었는데, 듀크대학교에 다니는 한 중국인 여학생은 티베트를 지지하는 시위에 참여했다는 이유로 듀크대학교에 소속된 중국학생학자협회가 운영하는 전자우편 목록에 있는 주소로부터 협박을 받았다. 비록 중국학생학자협회는 듀크대학교 공동체에 보낸 공개편지에서 이러한 행동을 공식적으로 비판하였지만,[65] 협박자는 여학생의 연락처와 중국에 거주하는 가족들의 이름과 주소를 공개하며, 실제로 보복할 수도 있다는 뜻을 내비쳤다.[66]

졸업 이후 중국 학생들은 어디로 가는가?

초기 미국에서 유학하던 중국 학생들은 대부분 졸업 후에도 미국에 머물기로 선택하였다. 예컨대 국립과학재단National Science Foundation 보고에 따르면, 1988년과 1996년 사이 미국에서 유학하며 과학과 공학에서 박사학위를 취득한 16,550명의 중국인 학생들 85% 이상이 졸업을 하고 난 뒤,

63 http://wcfcourier.com/news/local/29b9f862-605d-11df-a484-001cc4c002e0.html.

64 Michael Stratford, "E-mails Target Professor For Showing Tibet Film," *Cornell Sun*, April 16, 2008.

65 http://dukechina.org/blog/archives/2812.

66 Paul Mooney, "Chinese Student at Duke U. Hit With Online Attacks for Alleged Sympathy for Tibet," *Chronicle of Higher Education*, April 14, 2008.

미국에서 일하거나 박사 후 과정을 밟기 위해 계속해서 미국에 남아있기로 결정하였다.[67] *월스트리스저널* Wall Street Journal의 2007년 조사에 따르면, 2002년에 박사학위를 받은 중국인 중 92%나 되는 인원이 2007년에도 여전히 미국에 남아있었는데,[68] 이 수치는 1995년 미국 교육부에 의해 시행된 조사에서 나온 수치와 비슷한 수준이었다.[69] 비교를 위해 덧붙이자면, 같은 기간 동안 인도인 졸업생 81%와 캐나다인 졸업생 55%가 계속해서 미국에 머물렀다.[70]

보다 최근의 통계를 살펴보면, 비록 2006년 이후 약 10% 감소하기는 하였지만 졸업한 후에도 계속해서 미국에 머무는 중국인 졸업생이 많음을 알 수 있다(〈표 6.3〉 참조).

표 6.3 미국에서 박사과정을 이수하는 중국 학생들 중 졸업 후에도 미국에 머무는 학생 수와 비율(2002-2011)[71]

구분	2002	2003	2004	2005	2006	2007	2008	2009	2010	2011
학생 수	2,290	2,483	2,995	3,588	4,441	4,714	4,526			
증가율(%)	91.7	90.6	89.5	89.4	89.9	89.6	87.7	88.3	82.1	82.0

67 National Science Foundation, Division of Science Resource Studies, *Statistical Profiles of Foreign Doctoral Recipients in Science and Engineering: Plans to Stay in the United States*, November 1998, NSF 99-304, PP. 4-5; see also Jean M. Johnson and Mark C. Regets, "International Mobility of Scientists and Engineers to the United States - Brain Drain or Brain Circulation?," *National Science Foundation Issue Brief*, November 10, 1998 (revised).

68 www.wantchinatimes.com/news-subclass-cnt.aspx?id=20111127000017&cid=1701.

69 National Center for Education Statistics, US Department of Education, "Degrees Earned by Foreign Graduate Students: Fields of Study and Plans after Graduation," November 1997, p. 2.

70 www.wantchinatimes.com/news-subclass-cnt.aspx?id=20111127000017&cid=1701.

71 "Doctorate Recipients from US Universities: Summary Report 2007-08," Washington, DC: National Science Foundation, NSF 10-309, December 2009.

왜 중국 학생들은 미국에 머무는가?

중국 학생을 장려하는 미국 정부 정책

미국이 중국 학생들에게 있어서 인기 있는 목적지가 된 이유 중에서 한 가지는 미국의 지나칠 정도로 자유방임적인 이민정책을 들 수 있다. 대부분의 중국 학생들은 이민 비자가 없이 미국으로 유학을 가는데, 중국 학생들은 문화교류를 위한 J-1 비자를 사용하거나 외국인 학생을 위한 F-1 비자를 사용한다. J-1 비자는 미국과 다른 나라 사이의 교육과 문화 교류를 촉진하기 위해 1948년에 만들어진 비자이다. 이 비자는 미국 정부의 지원을 받거나 자국 정부의 지원을 받아서 제한된 시간 동안 미국에 거주하며 대학에서 공부에 매진하는 학생들을 위해 고안된 것이다. J-1 비자가 고안된 주된 목적은 미국과 미국으로 학생을 보내는 국가 사이에 다리를 구축하는 것이었으며, J-1 비자는 학생들이 자신의 전공분야와 직접적으로 관련된 직장에 취직하는 것을 제한한다. 또한 비자 소지인이 교육과정을 마치고 2년 안에 자국으로 돌아가야 함을 일반적으로 명시한다.

J-1 비자는 부분적으로 학생들을 보내는 국가와의 국제적인 협약에 의해 통제된다. J-1 비자의 212e항은 J-1 비자를 소지한 사람이 자신의 비자를 다른 종류의 비자로 바꿀 수 없도록 하고 있으며, 비자 소지자가 자국으로 돌아가거나 거주요건을 충족할 때까지 미국에서 거주하는 것을 금지한다. 비자 소지자가 자국으로부터 금전적인 지원을 받거나 자국의 교환방문자 기술 목록에 포함되는 특정한 기술을 비자 소지자가 소지하고 있는 경우에 이러한 거주요건이 충족된다. J-1 비자는 1970년대와 1980년대 초반 중국 학생들에게 가장 흔하게 발급되었던 비자이다. 중국은 대부분의 기술을 목록에 포함하고 있으며, 과거에는 학생들을 중국으로 귀

환시키기 위해 공항까지의 버스 요금과 같은 최소한의 비용만을 지원하는 것으로 악명 높았다.[72]

2년 귀환 요건은 손쉽게 면제되는 것이 아니지만, 중국 학생들이 종종 이러한 제한을 철회하려는 시도를 자주 했다는 증거가 있다.[73] 때때로 중국 학생들은 미국 정부기관이 미국에 남아있길 원한다는 명목으로 2년 귀환 요건을 면제받기도 했다. 학생이 참여하고 있는 연구가 국가적 관심을 받게 되는 수준에 올라서게 되면 학생은 대학의 후원을 받아 2년 귀환 요건을 면제받을 수 있는데, 중국 학생들은 대부분 이러한 방식으로 귀환 요건을 면제받았다.[74]

중국이 세계로 더욱더 문호를 개방하고 중국 경제가 성장하기 시작하면서, 정부 지원 없이 미국으로 유학을 선택하는 중국 학생들이 증가하기 시작했다. 이러한 학생들은 흔히 학생 비자라고 불리기도 하는 F-1 비자를 발급받을 수 있었다. 하지만 F-1 비자를 취득하려면, 지원자는 첫 1년 동안의 공부를 위한 충분한 자금이 있음을 입증해야 하며, 그 이후에 계속 공부하기 위한 추가적인 자금원을 찾아내었음을 입증해야 한다.[75] 1980년대 초반쯤 중국 학생들 중에는 가족들에게 의지하여 수업료와 생활비를 충당하는 부류와 친구, 친척, 지인의 도움을 받아 대학으로부터 장학금을 받는 부류가 있었다.[76] 한 정보통에 의하면, 1985년쯤 미국으

---

72 Interview with Veronica Jeffers, immigration attorney, December 6, 2002. 중국 학생들은 자신의 웹사이트를 개설하여 인터넷을 통해 성공적인 전략에 대한 팁을 공유한다. 또한 이민변호사들은 현행법 아래에서 허용되는 것에 대한 정보를 제공하는 웹사이트를 운영한다.

73 Ibid.

74 인간게놈프로젝트 또는 면역결핍바이러스HIV 관련 연구가 포함된다.

75 "Tips for US Visas: Foreign Students," US Department of State, Bureau of Consular Affairs. 이러한 정보는 미국 국무부 웹사이트에 게시되어 있다. http://travel.state.gov/visa/foreignstuden.html.

76 Interviews, December 20012, Silicon Valley.

로 유학 가는 중국인 50% 이상이 미국의 대학으로부터 지원을 받았다고 한다.[77]

J-1 비자를 소지하고 있는 중국인 학생이 미국에 거주하는 동안 J-1 비자를 다른 종류의 비자로 바꾸는 것은 상당히 어려운 일이라고 할 수 있지만, 그러한 상황이 F-1 비자의 경우에도 적용되는 것은 아니다.[78] F-1 비자를 소지한 경우 학위를 취득하고 실질적인 훈련을 받아 직장을 찾거나, 결국 영주권 혹은 심지어는 시민권을 취득하게 되는 것이 상대적으로 쉽다고 한다. 이러한 과정을 직접 겪었던 사람들과 목격자들이 주장하는 바에 따르면 말이다. F-1 비자나 또 다른 종류의 비이민 비자를 소지한 학생들의 상당수가 이러한 방식으로 미국에서 영주권 혹은 시민권을 취득하였다.[79] 1980년대 후반까지 미국에서 학위를 받고 난 뒤, 중국으로 돌아오는 학생들의 비율은 상대적으로 얼마 되지 않았으며, 이는 중국의 지도자들에게 해외로 학생을 보내는 것이 결국 "두뇌 유출"로 이어지는 것은 아닌가하는 염려를 불러일으키게 된다.

1989년 6월 4일 중국 정부가 천안문사태의 학생 지지자들을 탄압하면서, 당시 미국에 거주하던 수만 명의 중국 학생들에게 기회가 찾아왔다. 천안문사태가 발발한 지 몇 시간 만에 조지 부시George Bush 대통령은 중국

---

77 이러한 통계는 첸닝钱宁이 미국에서 유학하며 받은 인상에 대해 쓴 책 "미국유학留学美国' *Studying in America*"에서 가져온 것이다. 베이징에 위치한 미국 대사관의 1998년 2월 보고서는 "부총리 첸닝의 아들이 미국에서 유학한 경험을 책으로 썼다"라며 책의 일부를 인용하였다(www.usembassy-china.org.cn/english/sandt/webqiann.htm).

78 영국, 호주, 캐나다에 가기 위한 학생 비자를 취득하는 것이 미국에 가기 위한 학생 비자를 취득하는 것보다 다소 쉽기는 하지만, 전하는 바에 따르면 이러한 국가들에서 학생에서 회사원으로 전환하는 것이 미국에서 하는 것보다 더욱 힘들다고 한다.

79 David S. North. "Some Thoughts on Nonimmigrant Student and Worker Programs" in *Temporary Migrants in the United States*, ed. B. Lindsay Lowell, US Commission on Immigration Reform, 1996, p. 67. Available at: www.utexas.edu.lib/uscir/respapers/tm-96.pdf.

학생들을 포함하여 미국에 남아있길 원하는 모든 중국인들이 비자가 만료되었을 지라도 최대 1년 동안 미국에 머물 수 있도록 조취를 취할 것을 법무장관에게 명하였다. 이러한 출국 연기로 인해 국립과학재단National Science Foundation으로부터 보조금을 받거나 기타 지원을 받고 있던 중국인 연구자들은 거주 기간을 연장시켜 줄 수 있는 보충지원금을 신청할 수 있게 되었다.[80]

그 직후, 중국에서 민주화운동에 대한 보복이 염려된다는 이유로 상원과 하원은 1989년 6월 5일 당시 미국에 거주하고 있던 중국 학생들이 비자 변경을 신청할 수 있도록 허가하는 법안을 제출하였다. 법안이 적용된다면 해당되는 중국인들은 미국에서 취업할 수 있는 허가를 받게 되는 것이었다. 1989년 7월 중국 이민자 긴급구제법Emergency Chinese Immigration Relief Act이 상원에서 97대0으로 통과되었으며, 캘리포니아 여성 국회의원 낸시 펠로시Nancy Pelosi의 후원을 받는 비슷한 법안이 하원에서 403대0으로 통과되었다. 상원과 하원에서의 만장일치에도 불구하고, 1989년 11월 부시 대통령은 이 법안이 미국과 중국 사이의 교류 프로그램과 외교관계에 악영향을 줄 수 있다는 이유로 법안을 기각하였다.[81]

그 대신 부시 대통령은 기각된 법안과 동등한 수준으로 중국인들을 보호할 수 있도록 처음에 취했던 조치를 확장하였다. 부시 대통령의 명령에는 (1) 1994년 1월 1일까지 2년 귀환 요건을 면제해줄 것, (2) 1989년 6월 5일 현재 미국에서 합법적으로 거주하고 있는 이민자들이 계속해서 합법적으로 미국에 머물 수 있도록 보장해 줄 것, (3) 1989년 6월 5일 현재 미

---

80 "Chinese Researchers in the US Who Receive Support from the NSF," *What's News*, June 30, 1989.

81 George Bush, "Memorandum of Disapproval for the Bill Providing Emergency Chinese Immigration Relief," November 30, 1989, http://bushlibrary.tamu.edu/papers/1989/89113002.html.

국에서 거주 중인 중국인들에게 취업 허가를 내어줄 것, (4) 비이민 비자가 만기되었지만 자국으로 돌아가는 것을 연기할 수 있는 사람들을 위해, 무작정 국외 추방 절차를 진행하지 말고 비이민 비자가 만료되었음을 통지해 줄 것[82] 등과 같은 사항이 포함되었다.

그럼에도 불구하고 중국 학생들은 새로 형성된 전미중국학생학자자치연합회全美中國學生學者自治聯合會, Independent Federation of Chinese Students and Scholars, IFCSS를 통해 미국 의회에 탄원하여, 전면적인 사면을 보장하는 법안을 통과시켜줄 것을 요청하였다. 부시 행정부의 출국 연장 계획은 중국 학생들이 직접 자국으로 돌아가고 싶지 않다는 뜻을 공식적으로 표명해야 했기 때문에 충분치 않아 보였던 것이다. 몇몇 사람들에 의해 "수준 높은 탄원 활동"이라고 묘사되기도 했던 전미중국학생학자자치연합회IFCSS 탄원은 워싱턴의 유명한 법률회사의 도움을 받아 결국 1992년 중국인학생보호법Chinese Student Protection Act, CSPA을 의회에 통과시키게 된다. 중국인학생보호법은 1992년 10월 부시 대통령에 의해 법률로 제정되었다.[83] 중국인학생보호법은 1989년 6월 4일과 1990년 4월 11일 사이 미국에서 거주하였던 중화인민공화국 국민들에게 영주권을 줄 수 있는 권한을 미국 법무부에게 부여하였다.

이러한 대대적인 사면으로부터 혜택을 받은 중국 학생들의 수는 4만 명에서 8만 명 사이일 것으로 추정된다.[84] 이민귀화국Immigration and Naturali-

---

82 Ibid.

83 Norman Matloff, "A Fax On Both of Your Houses," summer 1993. This article is available at: www.uwsa.com/issues/imigratn/imig001.html.

84 임의의 시기의 '미국 내 비이민 비자 소지자의 정확한 수'를 헤아리는 것은 어려운 일이다. 언론 매체들은 이 시기의 미국 내 중국 학생 수를 추정치인 4~7만 명으로 보고하고 있다. 부시 대통령은 1989년 11월 30일에 쓴 기각 메모에서 학생학자교류프로그램 하에서 1989년까지 미국에서 공부한 중국인 학생의 누적인원을 8만 명으로 기록하였다. 이 수치는 이후 언론매체 등에 의해 사면으로부터 혜택을 받은 학생 수를 나타내기 위해 채택되었다.

zation Service 통계 자료에 의하면, 신분을 학생에서 영주권자로 바꾼 학생 수는 1993년과 1994년 사이에 55,000명 증가하였음을 알 수 있다. 이러한 증가는 1993년부터 시행된 중국인학생보호법 때문임을 알 수 있다.[85]

1989년 중국 천안문사태로 민주화 운동 억압이 발발하면서 미국 이민 정책에 생긴 한순간의 변화는 급속히 발전하는 미국의 첨단 경제분위기와 결합되면서 보다 유동적인 F-1 비자를 소지한 중국 학생들의 증가와 같은 요소들이 종합적으로 작용하여, 중국으로 돌아갈 것을 고려하는 중국 학생들의 수는 더욱더 적어졌다.[86]

천안문사태 이후, 미국으로 오는 중국 학생들에 있어서 가장 큰 제도상의 장애물은 9.11 테러에 따른 비자제도 변화였다. 이러한 변화는 비자의 교육적인 활용에 있어서 엄청난 혼란을 야기하였다. 하지만 2000년대 후반이 되면서 9.11 테러에 의한 비자 문제는 대부분 사라졌다. 국제교육원 Institute for International Education 최고운영책임자인 페기 블루멘설 Peggy Blumenthal 은 2008년 연설에서 *AP* Associated Press 에 다음과 같이 말하였다:

> 비자를 취득하는 것이 불가능하다는 오해는 마침내 사라졌으며, 학교를 선택하는 학생들은 오로지 학문적인 사안을 살필 뿐이고, 이는 학생들이 호주보다 미국에 들어가기 더 힘들 것이라 믿을 만한 이유가 없기 때문이다.[87]

이러한 수치는 명백히 잘못된 것이다.

85 North, “Some Thoughts on Nonimmigrant Student and Worker Programs,” p. 68.

86 이 시기의 미국 내 중국인 학생들의 관점을 살펴보고 싶다면 다음을 참조하라. David Zweig and Chen Changgui, *China's Brain Drain to the United States: Views of Overseas Chinese Students and Scholars in the 1990s*, University of California, Berkeley, 1995.

87 “Chinese Students Pursuing US Education,” *Associated Press*, November 17, 2008.

미국 회사에 취업하기 위해 미국에 남는 중국 학생들

미국에서 유학하는 중국 학생들에게 있어서 자연과학과 공학에서의 학위 취득은 엄청나게 매력적인 일이었다. 최근 몇 년간 자연과학과 공학 분야에서는 소프트웨어 설계 및 개발을 포함한 정보기술과 반도체가 주류를 이루었다. 그러므로 학위를 취득한 후 취업을 위해 미국에 남아있을 수 있는 기회를 고려해보면, 중국 학생들이 미국인 동료들이 있고 학위 취득 이후 취업을 할 기회가 많은 지식기반산업단지에 끌리는 것은 별로 놀랄 만한 일이 아니다. 한 지역단지가 특별한 매력을 발산해왔는데, 바로 북부 캘리포니아 실리콘밸리다. 1980년대 후반과 1990년대 초반에 급속히 발전하고 있던 첨단산업은 천안문사태 이후의 대사면으로부터 혜택을 본 중국인들 중 상당수를 끌어들였다. 추정에 따르면, 2000년 샌프란시스코 베이 에어리어San Francisco Bay area에서는 첨단기술 분야에 종사하는 약 20,700명의 중국, 홍콩, 대만 등 대중화권 출신 전문가들이 거주하고 있다.[88]

중국으로 귀환하는 학생들, 성쇠의 반전?

역사적으로 고등교육을 받기 위해 유학을 하는 학생들 중 중국으로 돌아오는 학생들의 비율이 낮은 편에 속함에도 불구하고, 1990년대 후반 이후 중국으로 귀환하는 학생들이 꾸준히 증가하면서 몇몇은 중국의 "두

---

88 다음에 언급되어 있다. Anna Lee Saxenian, *Local and Global Networks of Immigrant Professionals in Silicon Valley*, Public Policy Institute of California, April 2002. 이런 수치가 어떻게 추산되었는지에 대한 정보도 나와 있다.

뇌 유출"이 "두뇌 유입"으로 전환되고 있음을 선언하였다. 최근 국영매체 보도들은 최근 몇 년 동안 중국으로 귀환하는 학생 수가 증가하였다는 것을 강조하며,[89] 공식적인 문헌들에서는 갈수록 매력이 증가하는 경제적 환경, 정부의 장려책, 애국심과 같은 요소들의 조합이 많은 중국인을 본국으로 귀환하도록 자극하고 있음을 주장한다.[90] 심지어 공식적인 매체의 몇몇 기사들은 중국이 현재 "두뇌 유출의 반전"으로부터 득을 보고 있음을 선언하고 있다.[91] 하지만 다른 몇몇 기사들은 중국의 일류 대학 졸업자들이 지속적으로 중국을 빠져나가고 있음을 강조하며, 장기적인 '두뇌 유출'이 사회와 경제에 미칠 수 있는 잠재적인 영향에 대해 지속적으로 경고한다.[92]

---

89 See, for example, "Shandong Province Welcomes Returned Students," *Xinhua*, February 3, 2002.

90 人事部, 教育部, 科技部, 公安部, 财政部关于引发"关于鼓励海外留学人员以多种形式为国服务"的若干意见 인사부, 교육부, 과학기술부, 공안부, 재정부의 "해외유학생들이 여러 형식으로 나라를 위해 일하도록 장려하는 것에 관하여"가 야기한 것에 관한 소견(Ministry of Personnel, Ministry of Education, Ministry of Science and Technology, Ministry of Public Security, and Ministry of Finance Notice Regarding "Several Suggestions Concerning Encouraging Personnel Studying Overseas to Serve the Country in a Variety of Ways"), May 14, 2001, Ministry of Personnel Document No. 49. Posted on the website of the Ministry of Education, www.moe.edu.cn/guoji/chuguo/cgzhengce/01.htm. See, for example, "Students Coming Home to Serve," *China Daily*, December 9, 2002.

91 "두뇌 유출의 반전" 또는 "두뇌 유입"을 보도하는 많은 기사들 사이에서 가장 참고가 될 만한 기사들 중 몇몇은 중국뿐만 아니라 인도와 기타 국가 또한 검토하며 비교적인 관점에서 문제를 다룬다. See, for example, Leslie Pappas, Monika Halan, and Daniel Heft, "Brain Gain," *The Industry Standard*, August 7, 2000.

92 See, for example, Ray Cheung, "Talented Workers Stream Overseas," *South China Morning Post*, July 29, 2002; and Ray Cheung, "Brain-Drain Fears Deepen as Graduates Join Foreign Exodus," *South China Morning Post*, April 2, 2002. 예컨대 후자의 기사에 언급된 신화사 공식 보도에 따르면, 베이징대학의 2001년도 졸업생의 약 30%가 해외에서 대학원 과정을 이수하기 위해 중국을 떠났다.

중국 학생들이 자국으로 귀환할 마음을 갖게 하는 요인들

2002년 캘리포니아대학교 버클리캠퍼스의 지역개발학과 교수인 애널리 색세니언AnnaLee Saxenian은 중국과 인도 출신의 기술자들에 대한 대규모 조사를 시행하였는데,[93] 이 조사는 중국 학생들이 본국으로 돌아갈 마음을 가지는 데 무엇이 가장 강력한 영향을 미치는지 알아보기 위해 응답자들에게 (1) 중국에서 찾을 수 있는 직업적 기회, (2) 중국 문화와 생활방식, (3) 귀환자들에 대한 중국 정부의 우호적인 대우, (4) 미국 내에서 직업상 입신의 한계, (5) 중국의 경제발전에 기여하고자 하는 소망 등 5가지의 요소들의 순위를 매겨 볼 것을 요청하였다. 응답자들은 '귀환자들에 대한 중국 정부의 우호적인 대우'를 중요한 요소로 보았다. 약 11%의 응답자들이 이 요소를 '매우 중요한 사항'으로 선택하였다. 하지만 이 요소는 '중국에서 찾을 수 있는 직업적 기회'와 '중국 문화와 생활방식'에 밀려 3위를 차지하였다. '중국에서 찾을 수 있는 직업적 기회'는 가장 많이 '매우 중요한 사항'으로 선택된 요소였으며(29%), 2위를 차지한 '중국 문화와 생활방식'(17%)을 가볍게 뛰어넘었다. 이 조사에서는 애국심이 귀환 결정에 미치는 영향을 직접적으로 측정해보려는 시도를 하지는 않았지만, '중국의 경제발전에 기여하고자 하는 소망'이라는 요소가 어느 정도는 애국심을 대체한다고 생각해 볼 수 있을 것이다. 이 요소는 위의 3가지 요소에 밀려 종합적 중요도에서 4위에 랭크되었다.

인사부MOP 공문서에 따르면, 중국의 경제적 성장과 과학기술 발전으로 외국에서 유학하던 중국 학생들이 공부를 마치고 중국으로 돌아와 새로

---

93 Saxenian, *Local and Global Networks of Immigrant Professionals in Silicon Valley*.

운 직업적 기회들을 많이 찾을 수 있게 되었다.[94] 귀환한 학생들은 많은 과학기술 분야에서 선구적인 역할을 하고 있으며, 연구로 많은 상을 수여받았다. 몇몇은 중국에 성공적인 기업을 세웠다. 중국 정부의 통계자료에 따르면, 2002년 4월 당시까지 귀환한 학생들은 대략 4,000개의 기업을 세웠다고 한다. 또한 많은 이들이 대학, 연구기관, 정치계의 모든 수준에 걸친 정부 부처에서 중요한 지위를 차지하고 있다. 예컨대, 명망 높은 조직인 중국과학원[CAS]에 소속된 교수들의 80%가 해외에서 유학하였으며, 중국공정원[CAE]에 소속된 교수들의 50% 이상이 해외에서 유학하였다.[95]

공식적인 언론 보도에서는 중국의 급격한 경제적 발전이 학생들을 중국으로 끌어들이는 주된 요인임을 강조한다. *중국일보*[*China Daily*] 기사에서는 "급속히 발전하는 중국 시장이 두뇌 유출의 역전을 유발하고 있다"라는 말을 찾아볼 수 있다.[96] 주요 다국적 기업들은 점점 더 중국을 세계에서 가장 역동적인 신흥시장 중 하나로 보고 있다. 중국 정부의 통계에 따르면, 2002년 1월에서 10월 사이 중국은 실제 외국인직접투자[FDI]에서 464억 달러를, 외국인직접투자[FDI] 계약에서 765억 달러를 끌어들였는데, 이는 각각 전년도의 같은 기간 동안 끌어들인 금액에 비교해서 20%와 35% 증가한 것이었다. 2008년 후반쯤 중국 공식매체는 세계 최고의 기업 500개 중 483개 기업이 중국에서 사업을 발전시켰으며, 365개 본사를 중국에 배치하고 4,100개 이상의 자회사를 운영하고 있다고 보도하였다.[97]

---

94 "Several Suggestions Concerning Encouraging Personnel Studying Overseas to Serve the Country in a Variety of Ways."

95 http://articles.latimes.com/2009/feb/24/business/fi-china24.

96 "Students Coming Home to Serve," *China Daily*, December 9, 2002.

97 "82% of world's top 500 in China found trade unions," *People's Daily*, October 13, 2008, http://english.people.com.cn/90001/90776/90882/6514202.html.

상하이, 베이징과 같은 도시들에서 매력적인 경제적 기회들의 증가와 함께, 수많은 중국 유학생들에게 중국으로 귀환하는 것이 매력적인 선택으로 비춰지도록 만드는 또 다른 요소는 미국에서 진행 중인 경기침체라고 할 수 있다. 몇몇 귀환학생들은 직업을 구하기 위해 중국으로 귀환할 결정을 한 이유로 세계 경기침체와 지속적으로 활성화되는 중국 경제 사이의 대조적인 상황을 구체적으로 언급하였다.

중국 정부가 중국 유학생들을 끌어들이기 위해 시행하는 다양한 장려책에서 비롯되는 '귀환자들에게 주어지는 상대적으로 높은 사회적 지위' 또한 유인책이 된다. 정부와의 유대는 중국에서 사업적으로 성공하기 위한 필수 요소로 계속해서 인식되며, 잠재적인 귀환자들은 유학생이라는 신분이 중국 내 중국인들은 출입할 수 없는 문을 자신들에게 열어준다는 것을 인정한다. 중국을 자주 방문하는 실리콘밸리의 한 기업가는 유학생이라는 신분 덕택에 자신에게 생기는 접촉 기회에 대해 언급하였다. "나는 중국 최고경영자들보다 지역 시장과 만날 수 있는 것이 훨씬 쉬웠다."[98]

유학생 귀환을 장려하는 중국 정부의 정책들

1990년대 후반 이후로 중국 중앙 정부와 지방의 공무원들은 중국 유학생들의 장기 또는 단기 중국 귀환을 장려하는 일련의 정책들을 발표하여 왔다. 이러한 정책들은 외국에서 교육받은 중국 학생들과 사업가들을 언제든지 활용할 수 있는 인력풀을 확장하는 것이 중국 정부의 새로운 주안점이 되었음을 반영하는 것이다. 예컨대 2001년 12월 말의 회의에서 리

98 Interview with Hong Chen, Silicon Valley, December 2002.

란칭李岚清 부총리는 해외 중국 유학생들을 "국가의 귀중한 자원"이라고 묘사하였다. 리란칭 부총리는 특히 중국이 세계무역기구에 가입하게 되면서, "인재 모집이 시급하다"고 하였으며, 공무원들에게 "인재들이 돌아오게 하는 환경을 조성하기 위해 열심히 일할 것"을 촉구하였다. 이러한 계획의 일부로서, 중국 지도자들은 야심찬 목표를 설정하였다. 2011년 11월 인사부MOP 공무원들은 중앙 정부에서 일할 2,000명의 "인재"들을 귀환시킬 것이며, 성省과 대도시에서 일할 중국 유학생들을 해마다 10,000명씩 귀환시킬 것이라 말하였다.[99] 학생들은 첨단기업과 국영 대기업뿐만 아니라, 특히 은행, 보험, 유가증권 등 재무 관련 일자리에서 일하도록 장려되었다. 이러한 목표를 성취하기 위해 고안된 장려책에는 귀환학생들에 의해 설립된 사업에 대한 재정적 지원뿐만 아니라 고등연구를 위한 해외 중국인 학생들과 학자들에게 연구비를 제공하는 것도 역시 포함된다.

앞으로 이러한 정책들을 세부적으로 살펴볼 것인데, 첫 번째로 귀환하는 해외 중국 학생과 학자 수를 증가시키는 것을 목표로 하는 중앙 정부의 정책을 살펴볼 것이다. 두 번째로는 몇몇 지방 정부들이 제공하는 특혜정책을 개괄적으로 살펴볼 것이다. 마지막으로 해외중국인공동체 구성원들의 기술과 전문 지식을 이용하기 위해 단기로 중국에 돌아와 일을 하게 하는短期回国服务 정부의 장려책에 대해 논의해 볼 것이다.

중앙 정부의 정책

해외 중국인 학생, 학자, 기업가를 중국 본토로 끌어들이기 위해 고안

99 "China lures back overseas talent to help steer national development," *Want China Times*, November 27, 2011, www.wantchinatimes.com/news-subclass-cnt.aspx?id=20111127000017&cid=1701.

된 중앙 정부의 프로그램은 교육부MOE, 인사부MOP, 과학기술부MOST, 공안부MPS를 포함한 몇몇 기관들과 연계되어 있다.[100] 제시되는 장려책들의 범위가 비록 넓기는 하지만, 다음과 같이, (1) 해외 중국인 학생과 학자의 과학과 교육에 대한 관여를 촉진하기 위한 정책, (2) 해외 학생들과 기업가들이 중국에서 회사를 설립하도록 유도하기 위해 고안된 장려책, (3) 중국으로 귀환하는 모든 학생과 전문가에게 제공되는 일반적인 특혜정책 등 크게 3가지로 분류할 수 있다.

귀환학생을 위한 중앙 정부의 특혜 정책 중 많은 정책들이 미국 및 기타 서양국가의 대학에서 과학과 공학 분야의 석 · 박사 학위를 취득한 많은 학생들을 대상으로 한다. 인사부MOP는 많은 장려 프로그램을 감독하는데, 여기에는 주요 연구 프로젝트에 참여하는 학생들에게 재정적인 지원을 하기 위한 몇몇 장려책이 포함된다.[101] 이 프로그램들에 할당되는 예산의 규모가 인상 깊다. 지난 15년 동안 귀환학생들이 과학연구에 참여하도록 유도하는 프로그램에 인사부가 사용한 예산은 2억 위안 이상이다.[102] 전하는 바에 따르면, 중국 정부는 중국으로 귀환하는 수백 명의 중국인 학자들을 모집하기 위한 프로그램에 6억 위안을 사용하였다.[103] 중앙 정부의 후원과 관리를 받는 프로그램 중에는 다음과 같은 것들이 있다:

---

100 이렇게 많은 조직들이 관계되어 다소 복잡한 관료체계 환경을 조성하고 정책 분석을 어렵게 만든다.

101 "New Policies to be Issued to Lure Overseas Students Home," *People's Daily*, July 29, 2000.

102 "China Allotted 200 Million Yuan for Students Returned from Overseas," *People's Daily*, January 22, 2002. 이 예산은 중국에 영구적으로 귀환한 4,000명의 학생들과 단기적으로 중국을 방문한 3,000명의 학생들에게 주어졌다.

103 Jasper Becker. "Research Revamp Aids IT Catch-Up," *South China Morning Post*, January 11, 2002.

- ***교육부***^MOE^ ***"양쯔학자 수상계획***^Yangtze Scholar Award Plan^***."*** 1998년 교육부와 홍콩의 사업가인 리카싱李嘉誠에 의해 구축된 이 계획은 3년에서 5년 사이 중요한 연구 분야의 교수들을 위해 수백 개의 특별 직책을 만들어내는 것을 목표로 자금을 제공한다. 또한 뛰어난 성취를 이룩한 학자들을 해마다 선별하여 상금을 지급한다.
- ***중국과학원***CAS ***"백인계획***百人计划***."*** 1994년에 시작된 이 계획은 과학연구에서 뛰어난 업적을 남긴 45세 이하 해외 중국인 박사들에게 직책을 제공한다.
- ***교육부***MOE ***귀환학생 과학연구 착수기금***Returned Student Scientific Research Start-up Fund***.*** 교육기관이나 과학연구 조직에서 일하기 위해 중국으로 귀환하는 해외 박사 혹은 박사 후 과정 연구원에게 재정적인 지원을 한다.
- ***중국과학원***CAS ***중국귀환업무자금***Return to China Work Fund***.*** 이 기금은 해외에서 유학한 50세 미만의 중국인 학생 및 방문학자에게 연구 착수금을 제공한다.
- ***인사부***MOP ***재정지원 프로그램들***Ministry of Personnel Financial Assistance Programs***.*** 이러한 프로그램들은 교육제도 밖의 영역에 종사하기 위해 중국으로 귀환하는 중국 학생들을 지원한다.
- ***박사 후 과정 국립과학기금***National Post-Doctoral Science Fund***.*** 이 기금은 중국으로 귀환하는 박사 후 과정 연구원들에게 재정적인 지원을 한다.
- ***우수청년 국립과학기금***National Outstanding Youth Science Fund***.*** 이 기금은 해외 학자들이 중국에서 일을 하거나 전공 분야에서 선도자가 되고 중국 자연과학계에서 기초연구와 응용연구를 수행하도록 장려한다.

중앙 정부의 또 다른 프로그램들은 유학생들이 새로운 사업, 특히 첨단 기술 분야의 사업을 시작하도록 중국 본토로 데려오는 것에 집중한다. 이와 같은 것을 목표로 하는 주된 노력들 중 하나로 귀환학생들을 위해 과학기술사업단지가 특별히 설계되어 설립되어 왔다. 공무원들은 중국 전역에 걸쳐 귀환학생들을 위한 수많은 "창업단지"를 개설하였다.[104] 많은 창업단지들이 인사부[MOP]와 지방 정부들에 의해 공동으로 설립되었으며, 지방 공무원들이 관리한다. 귀환학생들을 위한 특별지정 창업단지들은 인사부[MOP], 과학기술부[MOST], 교육부[MOE]로부터 지원을 받는다. 첨단기술에 대한 또 다른 장려책은 제3장에 더욱 자세히 논의되어 있다.

과학적 배경과 사업 경험을 가지고 있는 중국 유학생들에게 특별히 맞추어진 정책들에 더해서, 중앙 정부는 더욱 쉬운 중국으로의 귀환을 보장해주는 다양한 일반장려책을 만들었다:

- 정부는 귀환학생의 가족들이 일자리를 찾을 수 있도록 지원한다.
- 2000년 공안부[MPS]는 귀환학생들이 출국과 입국을 더욱 쉽게 할 수 있도록 하고, 거주 허가를 더욱 쉽게 취득할 수 있도록 하기 위한 특혜 정책들에 관한 안내문을 발행하였다. 특히 공안부 안내문에 상세히 기술된 특혜 정책들은 "첨단기술 관련 인재와 투자자"를 목표로 한다.[105]
- 교육부[MOE]와 공안부[MPS]에 의해 채택된 정책 하에서 외국 여권을 소지한 많은 귀환학생들은 출국과 입국을 쉽게 할 수 있다.[106]

---

104 Han Rongliang, "China Opens a Wider Sphere for Returned Students from Overseas to Make Careers," *People's Daily*, February 4, 2002.

105 "Returned Overseas Chinese, Relatives Encouraged to Develop High-Tech Industries," *Chinese Education and Research Network News*, April 2001.

106 Liu Wanyong, "PRC Simplifies Procedures for Returned Students to Work in China,"

- 인사부[MOP]는 중국 전역에 걸친 도시에 설립된 약 20개의 상담서비스 센터에 더불어 해외 중국인 학생과 학자를 위한 서비스센터를 설립하였다.
- 정부는 중국유학인재정보사이트[中国留学人才信息网, www.chinatalents.gov.cn]를 만들었다. 이 사이트는 장려책과 특혜정책들에 대한 많은 정보를 제공하고, 유학파들의 편리한 정보원으로서 역할을 하고 있다. 중국유학인재정보사이트는 중국으로의 귀환을 고려하는 학생들을 위한 온라인 지침을 제공한다.[107]
- 귀환학생들을 위해 세금을 공제한 수입은 외국의 통화로 전환될 수 있으며, 외국으로 송금할 수 있다.

또한 중국 정부는 유학생들을 중국 서부에 위치한 성[省]들에 끌어들이려 하고 있는데, 이는 서부 지역의 경제개발 속도를 높이기 위해 정부가 추진하는 노력의 일환이다. 시안, 청두, 충칭이 대상이 된 도시들에 포함되며, 여기서 정부는 수많은 첨단산업단지를 세워왔으며, 유학생들이 경제적으로 더욱 잘 발전되어 활발하게 돌아가는 해안의 성[省]에서 일하는 대신, 이러한 도시들로의 여행을 고려하도록 다양한 재정적 장려책을 제공한다.[108] 이러한 노력을 촉진하기 위해, 인사부[MOP]는 중국 서부에 위치한 성[省]에서의 기업 건설을 고려하는 유학생들을 위한 여행을 조

Zhongguo Qingnian Bao(*China Youth Daily*), March 1, 2002, in FBIS, March 1, 2002.

107 中国留学人才信息网—回国指南[중국유학인재정보사이트-귀국지침](Chinese Study Abroad Talent Information Network – Return to China Guide), www.chinatalents.gov.cn/hgzn/index02.htm.

108 "Western China: Where Returned Students Become Successful Businessmen," *People's Daily*, July 5, 2001. 이 기사에 따르면, "외국 대학에서 공부하고 귀환하는 많은 학생들이 중국 서부에서 성공적인 사업가가 되어 왔으며, 그들의 첨단사업은 번창하고 있다."

직하였다.

중국 정부는 위에서 언급한 정책들을 시행할 뿐만 아니라, 해외에 거주하는 중국인 학생들을, 특히 첨단기술 분야에서 일하게 하고 첨단기업에 투자하게 하기 위해, 중국으로 귀환하도록 장려하는 지방 정부의 노력을 지원한다. 공공문서에 따르면, 중앙 정부는 해외 학생들을 끌어들이기 위해, 귀환학생들을 위한 "훌륭한 업무 및 생활 여건"을 만들어주고자 하는 지방 정부 및 부서들을 지원하며, 경제 및 첨단기술 개발구와 귀환학생들의 산업단지가 토지이용, 감세, 비자 지원,[109] 관료주의의 완화와 같은 우대정책[优惠政策]을 사용하도록 장려한다.[110] 또한, 귀환학생의 지적재산권에 대한 보호는 중국으로 귀환하는 것을 더욱 매력적인 선택지로 만들어주는 또 다른 방법으로 보인다. 비록 중국이 지적재산권의 보호에 있어서 여전히 가야 할 길이 멀다는 것은 명백하지만 말이다.

지방 정부의 장려 정책

중앙 정부가 전반적인 귀환학생 수를 늘리고 서부의 성[省]들을 개발하기 위한 노력의 일환으로 일부 귀환학생들을 개발이 필요한 지역으로 보내 것에 주안점을 두는 반면, 지방 정부의 관심사는 최고의 유학파 인재들을 끌어들이려고 서로 경쟁한다는 점에서 중앙 정부의 정책과는 다소 다르다고 할 수 있다. 성[省] 정부에 의해 수립된 특혜 정책들 중에는 세금감면, 경우에 따라 귀환학생들이 설립한 회사들을 위한 세금면제, 귀환학

109 예컨대, 여러 차례의 일시적인 중국 방문을 할 필요가 있는 중국인 인사들은 유효기간이 5년까지인 복수 입국 "F" 비자를 받을 수 있으며, 중국에서 거주할 인사들은 복수 입국 및 출국 비자인 "Z" 비자에 더해 유효기간이 5년까지인 외국인거주허가권을 취득할 수 있다.

110 "Several Suggestions Concerning Encouraging Personnel Studying Overseas."

생들을 위해 특별히 편성한 자금, 귀환학생들이 설립한 기업 투자 장려책을 제공하는 특별구역 설립 등이 있다. 중국 전역의 지방 정부는 귀환하는 유학생의 투자를 끌어내기 위한 목적으로 40개 이상의 첨단기술단지를 설립하였다.[111] 귀환학생 창업단지를 설치한 직할시와 성 중에는 베이징, 상하이, 톈진, 헤이룽장, 지린, 랴오닝, 산시, 광둥, 산둥, 허난, 저장, 푸젠, 후난, 광시, 간쑤가 있다. 첨단기술단지에 기업을 세운 귀환학생들에게는 사무소로 쓸 수 있는 무료 공간보통 1년 동안 쓸 수 있음, 정착 자금, 낮은 이율의 대출이 제공된다. 지방 공무원들뿐만 아니라 첨단기술단지의 대표자들도 미국에서 모집행사를 빈번하게 개최한다. 대표자들이 실리콘밸리에서 주선한 세미나들은 미국 경기침체의 결과로 많은 참가자들을 끌어들여왔다. 귀환학생을 끌어들이기 위한 장려책을 가장 종합적으로 제공하는 도시들에는 상하이, 베이징, 항저우가 있다.

대부분의 지방 정부 장려정책이 사업적 기회를 위해 중국인 학생들을 귀환하도록 유도하는 것을 목적으로 삼는 반면, 몇몇 성省 정부는 성과 도시 정부의 직책을 채우기 위해 귀환학생을 모집하려 한다. 예컨대, 랴오닝Liaoning Province에서는, 랴오닝성 인사국 공무원들이 귀환하는 유학생들을 위해 50개 이상의 정부 직책을 남겨두었다.[112] 핵심적인 정부 직책을 채우기 위해 해외 인재를 살피는 또 다른 도시로는 선전이 있다. 2001년 후반 선전시 공무원들은 부책임자 수준의 몇몇 직책을 해외 중국인 지원자들을 위해 개방하였다.[113]

---

111 "China Acts to Attract Returned Students," *Xinhua*, September 4, 2001.

112 "Liaoning Recruits Government Officials among Returned Students," *People's Daily*, July 8, 2001.

113 Clara Li, "Shenzhen Looks Abroad for Talent," *South China Morning Post*, December 17, 2001. 이 기사는 공무원들이 선전첨단기술산업구역 행정사무소Shenzhen High-tech Industrial Zone Executive Office와 선전정보기술사무소Shenzhen Information Technology Office 직책을 해외 지원자로 채

단기 방문자들과 해외에서 지원하는 중국인들

앞에서 논의한 많은 장려책과 특혜정책은 유학생들이 중국에 귀환하여 장기적으로 머물도록 하는 것을 목적으로 한다. 하지만 중국 정부는 일시적인 중국 귀환에 관심 있는 학생들과 학자들, 심지어 해외에서 머물면서 전문지식을 통해 중국에 기여하는 이들에게도 장려책을 제공한다. 이러한 장려책들은 영구적으로 중국에 돌아오지 않고도 학생, 학자, 기업가들이 다양한 방식으로 "조국을 지원"할 수 있다는 것을 베이징이 인정하고 있다는 것을 나타낸다. 칭화대학의 관리자가 말했듯이, "어디에 사는지는 중요하지 않다." "그들은 모두 중국인이고 중국을 지원할 수 있을 것이다."[114] 예컨대, 인사부MOP, 교육부MOE, 과학기술부MOST, 공안부MPS, 재정부MOF에 의해 공동으로 발행된 공문서에 따르면, 해외에서 유학하는 중국 학생들은 실제로 중국을 지원하기 위해 중국으로 돌아올 필요가 없다:

> 해외 중국인 학생들은 강렬한 애국열정强烈的爱国热情과 조국을 지원하고자 하는 강한 열망을 지니고 있다. 몇몇은 중국으로 돌아와 교육과 과학기술 발전을 이끈다. 이와 동시에, 해외에 남아 있거나 공부를 마친 뒤 외국에서 일하는 많은 중국 학생들이 첨단과학기술 노하우와 경영기법에 대한 확고한 이해를 활용하여 중국을 지원하고, 중국의 경제 및 사회 발전에 기여한다. 지원 방식은 다음과 같다. (1) 중국 내에서 직책을 겸하거나 시간제로 근무한다. (2) 중국 내 과학자 혹은 연구소와 공동연구프로젝트를 수행한다. (3) 중국을 방문하여 강연한다. (4) 학술 및 기술 교류

우려 한다는 선전경제일보Shenzhen Economic Daily의 보도내용을 인용한 것이다.

114 다음에 인용되어 있다. Cheung, "Brain-Drain Fears Deepen as Graduates Join Foreign Exodus."

에 참가한다. (5) 중국에 회사를 설립한다. (6) 상담서비스를 제공한다. (7) 중개자로서의 역할을 한다. (8) 중국 경제와 사회 발전에 기여할 수 있는 또 다른 종류의 활동에 참여한다.[115]

몇몇 관련 장려책들은 해외 중국인을 끌어들여 고등교육기관, 과학연구기관, 국가중점실험실国家重点实验室, 기술연구센터, 기업에서 자문직 혹은 명예직, 겸임 직위 혹은 시간제 직위를 맡게 하려는 목적을 지닌다. 다른 몇몇 장려책들은 대학원 과정을 이수하기 위해 유학 간 중국인들이 중국의 대학, 연구기관, 기업 연구자 및 과학자와의 협력적 연구에 참여하게 하려고 계획된 것이다. 유학파들은 거주하고 있는 국가에서 연구를 하거나 단기적으로 중국을 방문하여 업무를 볼 수 있다. 또한 유학생들은 다음과 같은 것들을 하도록 장려받는다. (1) 중국 기업에 투자하거나 중국에 자신의 회사를 설립한다. (2) 중국 기업들이 직원들을 훈련 · 교육시키는 것을 돕는다. (3) 서부에 위치한 성省들의 발전을 촉진하기 위해 기술, 상담 서비스, 재정적 지원을 제공한다. (4) 외국의 투자와 기술을 중국으로 끌어오기 위해 중개기구中介机构를 설립한다. (5) 해외 전문가들이 중국 내 학술교류와 해외로 파견되는 중국 학문기술대표단과의 학술교류에 참여하도록 하기 위해 해외 전문가들과 접촉한다.[116]

아래의 계획들은 모두 샌프란시스코에 위치한 중국 영사관 웹사이트에 광고된 것으로,[117] 단기적으로 업무를 보기 위해短期回国服务 중국으로 귀환하는 학생과 학자를 끌어들이는 것을 명확하게 목적으로 하는 계획들

115 "Several Suggestions Concerning Encouraging Personnel Studying Overseas."

116 Ibid.

117 이러한 장려 프로그램들에 대한 정보는 샌프란시스코에 위치한 중국 영사관의 교육부서 웹사이트에서 가져온 것이다. 정보는 중국어로만 제공된다. http://sf.chinaconsulatesf.org/Education/0815/p8-ch-7.htm.

중 일부이다.

- ***봄볕계획*** 春晖计划. 1997년 교육부[MOP]에 의해 시작된 봄볕계획은 다음과 같은 활동을 하기 위해 단기적으로 중국을 방문하는 해외 중국인 학생들에게 재정적인 지원을 제공한다. (1) 학술대회에 참여한다. (2) 과학연구와 학술교류에 참여한다. (3) 국가 소유의 중대규모 기업에서 기술 발전을 지원한다. (4) 빈약한 분야에 기술을 도입한다.[118] 봄볕계획의 지원 하에, 600명 이상의 유학생들이 중국 방문에 대한 자금을 지원받아 학술대회에 참여하고, 다수의 협력연구프로젝트 및 공동교육에 참가하였다.
- ***봄볕계획 학술휴가*** 春晖计划学术休假. 이 프로그램은 해외에서 공부하거나 연구하는 학생들이 중국에서 수업할 목적으로 3개월에서 9개월의 휴가 동안 중국에 머물도록 하기 위해 자금을 지원한다. www.1000plan.org/qrjh/article/7527 참조.
- ***우수청년 국립과학기금 유형B 재정적 원조.*** 국가자연과학기금회 国家自然科学基金会, National Natural Sciences Fund Committee가 관리하는 이 프로그램은 연구프로젝트를 하기 위해 수년 동안 1년에 2개월 이상 중국을 방문할 용의가 있는 우수한 젊은 학자와 박사학위 소지자에게 자금을 제공한다.
- ***중국과학원 고급 방문학자 계획.*** 이 계획은 6개월에서 1년 동안 중국과학원[CAS]에서 방문학자로서 기여한 5년 이상의 연구경험을 가진 해외 중국인 박사들에게 주거비와 생활비를 제공한다.

---

118 봄볕계획에 대한 설명에서 이 계획이 주로 '박사 학위를 받고 자신의 분야에서 뛰어난 학술적 성과물을 남긴 학생들'을 위한 것이라 한다.

- ***국가자연과학기금회의 단기방문기금.*** 자연과학분야 회의에 참여하고, 강의하고, 연구를 수행하기 위해 중국을 방문할 용의가 있는 해외 중국인 박사들에게 재정적인 원조를 하는 데 이 기금이 사용된다.
- ***인사부 단기방문 재정원조 계획.*** 인사부MOP가 관리하는 이 계획은 회의에 참여하고, 강의하고, 협력연구에 참여하고, 국가, 부처/위원회, 성, 시 수준의 과학연구프로젝트에 참여하기 위해 중국을 방문하는 유학생들에게 자금을 제공한다. 계획의 목표에는 기술이전技术转让 촉진과 기술교류技术交流가 포함된다.
- ***중국과학원 학술대회 재정지원 계획.*** 중국과학원CAS이 관리하는 이 계획은 중국 내 젊은 학자와 중국과학원이나 중국 내 대학에서 적어도 2개월 동안 연구를 수행하는 해외 중국인 학생 사이의 교류와 접촉을 장려하기 위해 자금을 제공한다.
- ***왕콴청王寬誠 과학연구상.*** 중국과학원CAS과 홍콩에 기반을 둔 왕콴청교육재단Wang Kuancheng Education Foundation에 의해 설립된 이 상은 외국에서 박사학위를 받고 중국으로 귀환하는 중국인 학생들을 위한 국제회의여비에 자금을 제공한다.

귀환학자들이 직면하는 지속적인 문제들

귀환학자를 끌어들이는 데 쏟아붓는 정부의 막대한 재원과 에너지에도 불구하고, 여전히 많은 불만과 장애물이 있다. 중국 공산당 중앙조직부中共中央组织部, Central Organization Department의 의해 수행된 귀환자들에 대한 조사에 따르면, 학자들은 중국의 많은 연구자들이 여전히 연구프로젝트에 집중하기보다는 공무원 혹은 평가인과의 관계를 구축하는 데 시간을 할 애하는 것을 선호한다며 불평하였다.[119] 구축된 관계에 과도하게 의존하는 현재 체제를 대체할 수 있는 정부자금을 공평하게 분배하는 체제를 학자들은 요구한다.[120] 다른 몇몇 귀환학자들은 고용부서들이 약속한 것을 예정대로 이행하지 못하는 것과 외국 여권을 소지한 가족들의 거주자격에 대한 행정상의 번거로운 절차에 대해 불평한다.[121] 다른 문제들로는 중국의 악명 높을 정도로 형편없는 대기와 수질 환경, 식품안전, 사회보장, 의료보험 범위, 주요 도시의 하늘을 찌를 듯한 아파트 가격 등이 있다.[122] 동시에, 몇몇 학자들은 전염병처럼 걷잡을 수 없이 퍼진 중국 내 학문표절에 대해 비판한다. 이러한 학문표절은 자격에 대한 공신력을 약화시킨다.[123] 종합적으로 이러한 모든 요소들이 서양의 생활양식과 학문수준을 버려두고 중국으로 귀환하는 데 명백히 장애가 된다.

시사점

이번 장의 마지막 부분에서는 기술이전과 해외로 유학생을 보내 다시 귀환시키는 중국 정책이 방첩활동에 시사하는 점을 살펴보기로 한다. 중국 정부가 미국을 여행하거나 미국에서 거주하는 몇몇 중국인 학생과 과학자를 기술과 기술적 노하우의 노골적인 이전과 음성적인 이전의 잠재

---

119 "China lured back overseas talent to help steer national development," *Want China Times*.

120 Ibid.

121 Ibid.

122 Ibid.

123 Lousia Lim, "Plagiarism Plague Hinders China's Scientific Ambition," *National Public Radio*, August 3, 2011: www.npr.org/2011/08/03/138937778/plagiarism-plague- hinders-chinas-scientific-ambition.

적 조력자로 간주한다는 것은 오픈소스들을 살펴보면 명확해진다.

기술과 기술적 노하우의 노골적 이전

중국 정부는 해외 중국인 과학자들을 외국 기술과 기술 관련 전문지식을 이전하기 위한 잠재적 전달자로 본다. 이는 중국의 과학기술 관련 저널들에 실린 최근 몇몇 기사들을 보면 알 수 있다. 이러한 기사들은 해외에 거주하며 중국의 연구기관을 위해 연구를 수행하는 중국인 과학자들의 역할 확장을 지지한다.[124]

기술과 기술적 노하우의 음성적 이전

미국 연방수사국FBI의 전前 방첩책임자에 따르면, 미국과 다른 국가의 중국인 학자와 과학자가 특히 중국을 방문하여 회의에 참석할 때 목표가 된다.[125] 또한 중국 첩보기관들의 잠재적 목표대상이기도 하다. 몇몇 사례에서 중국 국가안전부Ministry of State Security, MSS는 미국에서 유학할 준비를 하는 중국 학생들이 출발하기 전에 은밀한 관계를 구축하기 위해 접근하였다.[126] 게다가 미국에서 유학하거나 미국을 방문한아마 다른 국가도 중국인 학생과 학자는 때때로 중국으로 귀환한 뒤 보고를 하며, 중국 국가안전부

---

124 다음을 참조하라. "China: Journals Urge Use of Overseas Scientists for Technology Transfer," FBIS Report, December 6, 2001. 이 참고문헌에서는 중국과학원CAS 저널 Keyan Guanli와 광둥성 정부가 출간하는 과학기술정책저널 Keji Guanli Yanjiu에 실린 기사들을 인용한다.

125 책임자의 말은 다음에 인용되어 있다. Vernon Loeb, "Espionage Stir Alienating Foreign Scientists in US," *Washington Post*, November 25, 1999.

126 Nicholas Eftimiades, *Chinese Intelligence Operations*, Annapolis, MD: Naval Institute Press, 1994, pp. 61-65.

MSS는 교육적 교류 프로그램의 구성원 혹은 과학대표단 단원으로서 해외에서 여행 중인 몇몇 중국인들을 모집 · 선발하고 이들에게 정보를 습득하고 또 다른 작전을 수행하라는 임무를 부여한다.[127]

127 Ibid., esp. pp. 27-32.

07
중국으로 기술 "돌아"오기

해외로 학생들을 보낸다고 해서 중국이 학생들의 기술로부터 혜택을 볼 수 있다는 확실한 보장은 아니다. 제6장에서 논의하였듯이, 대부분의 유학파들留学人员은 중국으로 돌아오지 않는다. 중국으로 귀환한 유학파들은 희박한 기술적·재정적 자원에 직면하게 되거나 국제적 동료들과의 관계가 단절되기도 하며, 중국 사회에 다시 적응하는 데 어려움을 겪기도 한다. 귀환자들에게 보장된 약속은 일할 중국 현지에 들어서는 순간 사라지게 된다. 외국에서 교육을 받은 전문가들은 중국 현지에서 관료제, 차별, 느슨한 기준, 혁신 등에 적대적인 문화와 같은 낡은 문제들에 부딪히게 된다.

이와 같은 이유로, 양측의 기대가 좌절된다는 충분한 증거가 있다. 이러한 수준 이하의 환경으로 돌아오고자 하는 중국인 과학자들의 수준이 항상 베이징이 찾고 있는 기대 수준에 맞는 것은 아니다. 그러므로 중국 정부 부처들과 지원기관들은 계속해서 유학파들에게 중국으로 돌아와 "조국을 지원할 것"을 호소하지만, 이러한 기관들의 정책 선언문에서 특정 기술에 대한 요청, 필요조건, 통고의 역류현상을 발견할 수도 있다. 한편, 중국은 유학파들이 외국에 머물면서 멀리 떨어진 채 지속적으로 기술 이전을 수행할 수 있도록 하는 "제자리에서 원조하기"라는 대안전략을 추진하였다. 이는 양측의 노출을 줄이는 각각의 서비스에 따라 보상을 지급하는 접근법이다.

외국 기술이 중국으로 흘러들어오는 것을 확실하게 보장하는 마지막 단계는 54개의 "국가첨단기술개발구国家高新技术开发区"의 중심부에 150개 이상의 "유학파창업단지留学人员创业园"를 세우는 것이었다. 이러한 초현대적 시설들은 귀환전문가들이 외국에서 습득한 기술을 "배양기술의 상업적 혹은 군사적 적용법을 연구"할 수 있도록 하고, 외국의 세금으로부터 재정적 지원을 받는 연구소들을 포함하는 해외 첨단기술 지역에서 일하는 중국인들의 단기방문을 지원할 수 있도록 고안되었다. 이러한 귀환자창업단지에는 해외에서 창조된 기술에 전적으로 의존하여 설립된 약 8,000개의 회사들이 있다.

유학파를 채용하기 위한 정책적 지원

중국은 한 세기를 넘는 기간 동안 외국기술을 이전하기 위해 해외 학자들에게 의존하여 왔다. 때때로 일본과 러시아가 선호되는 목적지일 때도 있었지만, 오늘날에는 미국이 제1의 선택지다. 서던캘리포니아대학교의 한 연구에 따르면, 2009년에서 2010년 사이에 229,300명의 중국 학생들이 해외로 유학을 갔으며, 이 중 128,000명의 학생들이 미국으로 유학을 갔다. 이 수치는 절대적으로 미국 내 외국인 학생 수에 비해 상대적으로 증가하고 있다.[1] 비록 중국으로 귀환하는 학생들의 비율이 증가하고 있

1 Vivian Lin, "Chinese Students Pour into the United States," US-China Today, November

기는 하지만, 이는 중국의 정책입안자들에게 이전보다는 덜 중요한 사안이 되었는데, 그것은 현재 중국이 해외에 남아있거나, 중국으로 귀환하거나, "단기적으로" 중국을 방문하는 유학파들을 이용할 수 있게 되었기 때문이다.

여기서 우리는 외국 기술의 획득 · 이전을 위해 중국이 어떻게 유학파 "인재"들을 보다 완전히 이용할 수 있도록 자리를 잡았는지를 살펴볼 것이다. 제6장에서 우리는 해외에 많은 중국 학생들이 있게 된 요인들을 살펴보았으며, 학생들이 공부하는 과목, 정부 장려책, 동기 부여, 직업 선택, 소재국의 방첩에 대한 시사점을 자세히 살펴보았다. 이번 장에서는 중국의 이주학자들, 즉 해외 중국인 학생들과 중국 밖에서 태어난 선임된 협력자들이 기술이전 과정에서 수행하는 역할에 대한 내부자의 관점으로 중국 정부부처들의 자료와 중국 학술연구에 근거하여 살펴보기로 한다.

해외 중국인 학자들에 관하여 베이징의 목적을 규정한 핵심문서로 1996년 공개된 인사부[MOP] 제75문서인 "9번째 5개년 계획이 시행되는 동안 인사체제 내에서 유학파들과 협력하기 위한 계획[“九五”期间人事系统留学人员工作规划]"이 있다. 유학파 관리에 대한 중국의 현재 접근법의 초석이 된 이 문서는 임무의 중요성을 인정하며 시작된다.

> 해외 중국인 학자들과의 협력은 중국 개혁과 발전의 중요한 요소이다. 해외 중국인 학자들은 귀중한 자원인 인재이다. 해외 중국인 학자들과 함께 업무를 완수하는 것은 우리나라 전체적인 발전과 인재 자원의 활용을 위한 중요한 과업이다.

이 문서에 따르면, 1977년에서 1995년 사이 중국은 25만 명의 학생들

18, 2010, www.uschina.usc.edu/w_usct/showarticle.aspx?articleID=16091.

을 해외로 보냈으며, 이 중 17만 명의 학생이 돌아오지 못했다. 양측, 즉 귀환자들과 아직까지 외국에 남아있는 학자들은 "세계적인 선진 과학기술을 보유하고 있다는 사실"을 고려해보면 모두 중요한 자원들이다. 그런 이유로, 이 문헌에서는 모든 "전쟁터"에서 뛰어난 공헌을 한 유학파들을 중국으로 끌어들이기 위한 노력을 지도하는 일련의 규정을 제정한다. 귀환자들 수는 여전히 해외에 머물며 "다양한 수단을 통해 중국을 지원"하는 이들의 수와 함께 계속해서 증가하고 있다.

이러한 성공은 잠시 제쳐두고, "앞으로 해야 할 일이 산더미 같다." 중국은 "사회주의 시장경제에 맞는 해외 중국인 학자들과의 협력을 위한 과학적 시스템을 구축[2]"하고, 세계의 선진 과학기술을 이해하는 모든 종류의 유학파를 양성해야 하고, "유학파와 협력할 유학인원업무팀留学人员工作队伍"을 결성해야 하고, 유학파들이 다양한 수단을 통해 중국을 지원하도록 장려해야 한다. 특히 우리는:

> 유학파들과 협력하기 위한 시스템과 관련된 정책, 법, 규정을 완성해야 한다. 세기를 걸친 유학파들의 대표단을 양성해야 한다. 유학파들의 지적 재능을 위한 정보시장을 구축해야 한다. 유학파들이 이용할 수 있는 첨단기업단지의 신설 · 개발을 지원해야 한다. 유학파들 활동을 위한 다양한 통로를 통한 자본집약적 기금의 신설 · 개발을 지원해야 한다. 유학파 협회 및 학술단체의 발전활동을 지원 · 지도해야 한다.

쉽게 말해 중국 정부는 해외 중국인 전문가들해외에 거주하는 전문가들과 중국에 영구적으로 혹은 일시적으로 돌아오는 전문가들을 기반으로 한 종합적인 기술이전 계획의

---

2 뉘앙스에 주의하라. 과학을 하는 시스템이 아니라 해외의 과학자들을 활용하기 위한 "과학적 시스템"이다.

구축을 고지하고 있는 것이다. 여기에는 기술전문가와는 구별되는 과학기술이전전문가들로 구성된 헌신적인 집단이 포함된다. 기술이전 전문가들이 맡는 업무는 해외 전문가들을 찾아내어 전문가들이 가진 정보가 무엇이든 그 용도를 찾아내는 것이다. 인사부MOP 제75문서는 이러한 범주 내의 특정한 업무들의 개요를 서술한다. 강조하는 업무들에는 다음과 같은 것들이 포함된다.

- 해외 학자들이 다양한 수단을 통해 중국을 지원할 수 있도록 업무제도工作制度를 구축할 것. 최고 수준의 유학파들의 상황을 파악하여, 그들이 짧은 기간 동안 중국을 방문하여 '강의하고, 협력하고, 기술적·지적 교류를 발전시킬 수 있도록' 장려하고 끌어들이는 정책을 채택하라.
- 유학파와 협력하여 해외에 있는 중국의 대사관 및 영사관과 정기적으로 정보를 교환하기 위한 시스템을 구축할 것.
- 해외학자들의 지적 기술에 대한 수요와 공급에 대한 정보를 중국과 해외에서 정기적으로 공개할 것. 이러한 정보는 2000년까지 전국적으로 체계화되고 온라인화되어야 한다.

귀환학자들이 연구개발 업무, 상품화, 사업 투자를 할 수 있도록 "기지基地"가 제공될 것이다. 이러한 창업단지이에 대해서는 이번 장의 뒷부분에서 설명하기로 한다는 "학자들이 해외에서 획득한 지식과 숙달한 기술, 축적된 경험과 연구결과를 도입하기 위해" 이용될 것이다.

인사부MOP 제75문서는 해외 중국인 "인재"를 이전하기 위한 초석을 깔아주고 중국 해외공관이 기술이전 과정에서 수행하는 역할에 대해 우리가 일찍이 언급하였던 사실들을 확인시켜 주는 것을 넘어, 제5장에서 논의한 외국에 기반을 둔 과학기술지지단체, 제6장에서 다룬 중국 학생회와 같이 해외에서 중국을 지원하는 단체의 독립성에 대해 중국 밖의 세계가 가지고 있을 수도 있을 만한 생각들을 철저히 잠재워버린다. 특히 이 계획은 다음을 요구한다:

- 해외 학자들의 학술적·기술적 교류활동을 체계화하기 위한 수단으로, 해외 학자들을 위한 다양한 종류의 친목회와 학술모임을 만들 것.
- 해외 학생 및 학자 협회와의 접촉을 늘리고, "협회들과 중국이 접촉하는 통로를 넓히기 위해 노력할 것."
- 이러한 친목회를 "해외 학자들을 중국 정부와 사회의 모든 측면 사이를 연결시켜 주는 다리이자 끈"으로 만들 것.

이 문서는 외국에서 교육받은 인재들을 활용하는 것이 장기적인 전략적 업무임을 주의시킨다. 모든 수준의 부서들은 이 작업의 중요성을 충분히 이해해야 하고, 부서들의 사무소가 제공하는 이점을 활용해야 하며, 이 프로젝트를 성공적으로 완수하기 위해 업무를 체계적으로 진행해야 한다. 일찍이 거론되었던 전문적 전달자의 필요성을 재차 언급하며, 이 문서는 과학기술, 법, 컴퓨터, 외국어에 대한 교육을 받은 "유학생을 관리하는 대표단^留学管理人员^"이 유학파들과 교류할 것을 요청한다.

인사부^MOP^ 제75문서가 발표되고 5년이 지난 뒤, 선두적인 중국과학정책저널의 2001년 7월호에 놀라울 정도로 선견지명이 있는 논문이 실렸다. 이 논문은 이주 중국인에 의해 습득된 외국 기술을 이용하기 위해 인사부와 기타 부서들이 수행하는 활동들을 요약하였으며, 해외 유학파들을 완전히 활용하기 위해 필요한 추가적인 단계들을 제시하였다.[3] "현재

---

3 Liu Yun(刘云리우윈) and Shen Lin(沈林천린), "海外人才资源开发利用的现状及发展对策해외

상황과 해외 중국인 인재라는 자원을 발전시키고 활용하기 위한 방안"이라는 이 논문의 두 저자 리우원[刘云, Liu Yun]과 천린[沈林, Shen Lin]은 다음과 같은 전제에 연구의 기반을 둔다:

> 해외 중국인 학자들과 중국인 전문가들의 몸은 해외에 있을지언정, 심장은 가족들과 모국에 속해 있다. 그들은 지속적으로 조국의 발전에 대해 걱정하며 … 중국을 지원하기 위해 그들이 배운 것을 활용할 의지가 있다. … 이 귀중한 지적 자원을 얼마나 더 효과적으로 발전시키고 활용하느냐에 따라, 그리고 다양한 수단을 통해 중국의 과학발전과 경제건설에 기여할 수 있도록 얼마나 더 효과적으로 장려하느냐에 따라, 격렬한 국제적 경쟁 속에서 중국이 활동적이고 전략적인 역할을 할 수 있을지 없을지 여부가 좌지우지될 것이다.[4]

리우[Liu]와 천[Shen]은 인사부[MOP], 교육부[MOE], 과학기술부[MOST], 중국과학원[CAS], 중국자연과학기금위원회[NSFC], 국가외국전가국[SAFEA]에 의해 수행되는 해외 중국인 인재들의 소재를 파악하여 중국의 업무에 연결시키는 작업을 여러 쪽에 걸쳐 설명한다. 이러한 노력에도 불구하고 그들은 다음과 같은 문제가 남아있다고 주장한다.

1. 해외 학자들의 유동성이 증가하여, 중국 정부가 지속적으로 추적하여 활용하는 것이 어려워지고 있다.
2. 정부의 다양한 부서들이 해외 학자들을 끌어오기 위해 각자의 업무

인력자원 개발이용 현황 및 발전대책"("The Current Situation and Countermoves on Development and Utilization of Overseas Chinese Experts Intellectual Resources") in 科研管理[과학연구관리](*Science Research Management*), vol. 22.4 (July 2001), pp. 115-125.

4 Ibid., p. 115.

를 수행하다 서로의 발에 걸려 넘어지고 있다. 조직화가 충분치 못하다.

3. 장기적 · 단기적 귀환을 위한 재정적 유인책이 충분치 못하다. 몇몇 계획들은 대상이 해외에 거주하는 중국 시민들로 제한되어 있고, "넓은 범위로 민족적으로 중국인, 중국계 화교학자들华裔华人学者을 끌어들이는 데에는 도움이 되지 않는다."
4. 모집된 학자들의 개인적인 요구를 만족시키기 위한 노력이 충분치 못하다. 보다 다원화多元化된 접근법이 필요하다.
5. 대부분의 관심은 대학과 연구기관에 소속되어 있는 해외 중국인 학자들에게 쏠려 있으며, 외국의 회사에서 근무하는 중국인 인사들에게 쏟는 노력은 부족하다.
6. 정책, 조직, 관리에 대한 메커니즘이 개선될 필요가 있다.[5]

이러한 문제에 대해 리우Liu와 천Shen이 제시한 해결책은 어떤 형태로든 결국 모두 시행되었다. 이런 이유로 우리는 이 논문의 목적이 공격성을 띤 제안들로 인해 중국 정부가 난처한 상황에 빠지는 것을 피하면서, 이미 받아들여진 정부의 결단을 전달하고 결단의 실행을 위해 여론을 조성하는 것이라고 믿는다.[6] 리우와 천의 권고는 자세히 설명될 만한 가치가

---

5 Ibid., p. 121.

6 유학파의 활용을 증진하기 위한 비슷한 제안이 몇 달 뒤 두 번째로 규모가 큰 '중국어로 된 과학기술정책저널'인 *과학기술관리연구*科技管理研究, *Keji Guanli Yanjiu*에 수록되면서, 리우와 천의 논문이 준공식 성명일 가능성이 높아졌다. 과학기술관리연구에 실린 논문은 "해외의 과학기술 인사의 모집 및 활용"에 재정적인 지원을 하고, 해외 중국과학기술협회와 함께 하는 활동을 후원할 것을 권고한다. 또한 리우와 천의 논문과 흡사하게 이 논문은 "'국제과학기술인사 정보데이터베이스,' '해외중국인전문가 데이터베이스,' '정보 네트워크 및 판단을 위한 지원체제'" 구축을 지지한다. Zeng Lu(曾路쩡루), "机遇与挑战—广东省对外科技合作的环境与对策기회와 도전-광둥성 대외과학기술협력 환경과 대책"("Opportunity and Challenge: International S&T Cooperation Environment and Measures for Guangdong Province"),

있다.

이 논문은 해외 인재들을 보다 완전히 공유하기 위해 "유학파데이터센터OCS data center"를 설립하고 "중개서비스와 정보네트워크"를 강화해야 함을 주장한다. 이러한 네트워크를 지원하는 데이터베이스는 해외 대사관과 영사관에 소속된 교육 및 과학 사무소들, 해외 비정부기구들아마 중국국제인재교류협회, 중국해외교류학회 등과 같은 위장조직들, "중국이 해외에 설치한 수많은 과학기술 관련 조직들의 거대한 네트워크책 제5장에서 논의한 과학기술지지단체"에 의해 제공되는 해외 중국인 전문가에 대한 정보를 담게 될 것이다. "정부의 지원을 받아 민간에서 운영되는民办政助" 중개기구들은 국가적 모집을 위한 다리로서 중국인 밀도가 높은 해외 지역에 설치되어야 한다.[7]

공식적인 산문에나 나올 법한 "전쟁에 관한 비유"를 사용하며, 이 논문은 해외에 거주하는 중국인 과학자들과 기술자들을 광대한 네트워크에 통합시키는 "해외과학기술군단海外科技兵团" 창설을 지지한다. 단지 현존하는 해외 조직들에만 의존하면서 14만 명의 미국 내 유학파와 함께 이룩할 수 있는 일에는 한계가 있다. 우리는 중국 정부로부터 명확한 지원을 받는 "중요한 선진국에 설치된 중국과학기술발전 관련 해외 자문위원회咨询委员会 지시에 따른 어떤 것"이 필요하다. 자문위원회는 모범적인 해외학자들로 구성된 다양한 전문위원회专业委员会를 통제할 것이다. 전문위원회 소속 해외학자들이 맡아야 할 책무는 "민족적으로 중국인인 전문가 및 학자와 연락하고 조직화하는 것"이며, 전문가 · 학자들이 "과학기술계획을 세우고 조언 및 평가를 제공함으로써, 이와 동시에 중국의 대외 과학기술 협력 · 교류를 촉진함으로써" 중국의 과학기술 사업에 기여하도록 요청

---

in *Keji Guanli Yanjiu*(科技管理研究과학기술연구관리), 2001. 5, October 2001.

7 Ibid., p. 122.

하는 것이다.[8]

그동안 중국은 해외 중국 과학기술 단체들을 충분히 활용해야 하며, 다양한 지역에 해외 전문가 자문위원회를 설치해야 한다. 해외 단체들이 수행할 역할은 다음과 같다. (1) 외국의 전문가들이 최신 과학기술에 대한 정보를 공유할 수 있도록 하기 위해 중국에서 열리는 "토론회"를 지원한다. (2) 중국 내 관련 조직들에게 "특별한 주제"에 대한 보고서를 전달한다. (3) 과학기술 협력 및 교류에 대한 중국 정부와 외국 기관들 사이의 회담을 위한 배경 정보를 제공한다. (4) 외국의 정부, 대학, 회사, 연구기관과 중국 사이의 연락을 수행한다. (5) "중국의 기술 도입을 돕는다." (6) 중요한 국가과학기술프로젝트에 대한 조언과 상담을 제공한다. (7) 중국 국가과학기술프로젝트를 평가한다. (8) "해외 전문가들과 중국 내 대응 기관들 사이의 직접적인 교류를 주선한다." (9) "영향력 있는 외국 과학기술 단체들의 담당자들이 교류방문, 강의, 상담을 하고, 적합한 수단을 통해 상대와의 과학기술 협력에 참여하도록 중국으로 초대한다."[9]

이 논문은 다름이 아니라 외국에 기반을 둔 중국인 과학자들에 대한 중국 정부의 통제와 조정을 지지하는 것이다. 또는 중립적인 의견으로 본다면, 중국의 발전을 지원하기 위한 외국으로 이주한 중국인 과학기술 전문가의 공동체와 중국 합병을 지지하는 것이다. 이 논문에서 나온 제안은 인사부[MOP]의 1996년 계획을 확장하였으며, 동시에 계획이 시행되는 동안 표면적으로 드러났던 격차를 줄였다. 이 논문의 또 다른 구절을 읽어보면, 말 그대로 놀라움을 금할 수 없게 된다. 설령 이것이 실제로 시행되지 않았을지라도 충격적인 것은 마찬가지다.

---

8 Ibid.

9 Ibid.

예컨대 리우Liu와 천Shen의 논문 123쪽에서 우리는 "해외의 연구를 중국으로 빠르게 이전하거나 이미 상품화가 완료된 중요한 기술발명 및 기술특허를 중국으로 신속히 가져오기 위해" 중국이 유학파에 대한 자금 후원资助을 확대해야 된다는 것을 알 수 있다. 마찬가지로:

> 상황이 허락한다면, 우리는 중국 발전에 매우 중요한 특정 분야를 찾아낼 수 있고, 계획된 프로젝트의 도움을 받아 최고 수준의 해외 학자들의 연구와 연구결과물을 중국으로 귀속归属하는 데 보조금을 지원하기 위해 해외에 연구개발시설을 설립할 수 있다.

리우Liu와 천Shen은 유학파를 중국으로 귀환하도록 설득하는 것이 항상 가능하거나 이로운 것이 아니라는 사실을 인정하면서, 해외 중국인 전문가들이 "조국을 지원"할 수 있도록 하는 더 많은 경로를 구축해야 한다고 주장하였다. "해외 중국인 학자들과 민족적으로 중국인인 전문가들이 가맹加盟에 가입하도록 유도"하려면 중국 내 기업들이 해외에 연구개발시설과 자회사를 설치하도록 장려해야 한다. 또한 중국은 해외학자들의 업무와 중국 내 연구개발 업무 사이의 유기적인 통합을 촉진하기 위한 이중기반两个基地 공식을 사용해야 한다.[10] 쉽게 말해, 중국 내의 "연구"는 전적으로 혹은 부분적으로 외국 연구소에서 진행되는 유사한 프로젝트로부터 정보를 제공받아야 한다는 뜻이다. 외국 연구소의 결과물은 외국 프로젝트를 수행하는 이주 학자들에 의해 아무런 비용도 들이지 않고 중국으로 이전된다.

중국의 기술이전에 대한 "이중 기반" 접근법은 뒤에서 자세히 다루기로 한다. 그동안 우리는 딱히 해석할 필요가 없는 리우Liu와 천Shen의 경고

---

10 Ibid., p. 123.

를 끝으로 논문에 대한 소개를 마치기로 한다.

> 해외 인재들의 개인적인 이익을 보호하기 위해, 중국은 인재 모집과 대외 과학기술협력에 있어서 "일은 더 많이, 말은 더 적게 하기多做少说" 정책 혹은 "침묵 속의 업무 진행" 정책을 특히, 민감한 분야에서 채택해야 하며, 모집 · 협력에서 우리가 거둔 성공이 국내외의 신문보도에 대규모로 실리는 것을 모든 수단을 동원해서 피해야 한다授人以柄, 주도권을 상대방에게 주다. 옮긴이. 이는 해외 인재들이 난처한 상황에 빠지고 취약해지는 것을 막기 위함이다.[11]

유학파 정책의 수정

위의 제안이 발표된 직후인 2003년 2월 유학파의 활용에 대한 "당과 국무원의 정책을 연구 · 시행"하기 위해서 인사부MOP 지원 하에 "유학인원귀국 근무업무부 연석회의留学人员回国服务工作部际联席会议"[12]를 개최한다는 것을 알리는 한 보고서가 인사부, 교육부, 과학기술부, 재정부, 외교부, 공안부, 대외무역협력부Ministry of Foreign Trade and Cooperation, MFTC, 국가계획위원회国家计划委员会, State Planning Commission, 국가발전개혁위원회(NDRC)의 전신. 옮긴이, 국가경제무역위원회State Economic and Trade Commission, 중국은행中國銀行, Bank of China, 중국과학원, 국가외국전가국에 의해 발표되었다. 연석회의는 다음과 같은 일을 하기 위해 연간 2회, 6개월에 한 번씩 소집되도록 지시받았다. (1)

---

11 Ibid., pp. 124-125.

12 2006년까지 국무원 해외교포관련업무사무실, 해관총서海关总署, General Administration of Customs, 국가세무총국国家税务总局, State Administration of Taxation, 국가발전개혁위원회NDRC가 추가되어 연석회의에 가입한 단체가 16개로 증가하였다. 2011년까지 가입조직은 22개가 된다.

유학파에 관련된 새로운 상황과 문제를 검토한다. (2) 유학파와 연결될 방안에 대해 논의한다. (3) 유학파의 상황을 보고한다. (4) 관련 업무를 수행하기 위한 수단을 제시한다. 리우Liu와 천Shen의 두 번째 의견에 근거하여, 연석회의의 각 조직들은 각자의 책임 분야 내에서 업무를 수행하도록 요청받았다.

인사부MOP는 1996년 포고령을 발표하고 난 지 10년 뒤인 2006년, "유학파들의 귀국업무 "11 · 5"계획에 관한 통지关于印发留学人员回国工作"十一五"规划的通知"라는 이름으로 두 번째 주요 통지를 발표하였는데, 이는 프로젝트의 범위를 훨씬 더 확장한 것이었다. 이 문건은 시작부터, 세계의 기술 발전 속도로 인해 이주전문가들을 활용하고자 하는 중국 노력이 여전히 불충분함을 지적하면서 시작한다. 그런 이유로, 인사부는 다음과 같이 약속하였다:

> 우리는 유학파가 중국을 지원하도록 하는 새로운 메커니즘을 끊임없이 구축할 것이고, 유학파와 단체가 중국으로 돌아와 중국을 지원할 기반을 구축하도록 장려할 것이며, 국내의 핵심적인 지역과 산업에서 필요로 하는 특별 개발 프로젝트와 유학파를 연결시키기 위한 지원을 할 것이다.

이 문건은 귀환자를 1만 명까지 수용하기 위해인원 한도는 2배가 되었다. 중국 전역에 걸쳐 있는 모든 수준의 유학파단지 수를 5년 동안 150개에 이르게 할 것을 요구하였다목표는 초과달성되었다. 이 중 40개에서 50개 사이 단지가 인사부와 지방 정부들에 의해 공동으로 설립될 예정이었다. 이와 동시에, 중국은 다양하고 적절한 수단을 통해 중국을 지원할 20만 명의 유학파를 목표로 세웠다. "유학파들이 어디에 사는가는 중요하지 않았고, 오직 중요한 건 어디에 쓰일 것인가이다不求所在但求所用." 보다 넓은 범주, 보다 넓은 지역, 보다 높은 수준으로부터 유학파 인재와 단체를 끌어들여 외국 기술을 이전하기 위한 통로이자 컨베이어 벨트의 역할을 "이중 직책, 공동연구, 중국에서의 강연, 학술적 · 기술적 교류, 상담 활동 및 현지 조사, 중개 서비스"와 같은 방법을 통해 하게 할 것이었다. 또한 문건은 단기적인 귀환자들을 위한 "거시적인 안내" 강화와 "고정된 기간 동안 교류"하는 체제를 명시하였다.

인사부는 협력 결과에 긍정적인 영향을 미치고, 자원과 협력서비스를 공유하고, 유학파 정보네트워크 및 데이터베이스를 확대하고, 전국적으로 통합된 해외 인재정보시스템을 구축하고, 유학파의 요구와 유학파 특유의 특징에 맞는 서비스프로젝트를 지속적으로 만들어내기 위해 상담 핫라인咨询热线, 네트워킹 플랫폼, 사용설명서, 매체 보급의 중개를 받아 유학파 조직을 충분히 활용할 것을 약속하였다.

중요한 것은, 이 문건 또는 협력자들이 중국으로 "가져오는" 정보와 기술의 질적 수준에 관심을 기울일 것을 요청하였다는 것이다. "혁신국가를 건설하기 위한 초석"으로서 다른 국가들이 발전하면서 겪어야만 했던 단계들을 "건너뛰기" 위해 높은 수준의 유학파를 끌어들이는 데에 새로운 초점을 맞추었다. "녹색통로绿色通道, 신속한 절차나 방식"라는 별칭을 가진 새 정책은 "효율성"과 유학파의 지원을 유도하기 위한 "유연하고 다양한 수단"을 요구하였다.

약 2005년부터 정부부처 수준의 포고령은 최고 수준의 유학파를 구하고자 하는 새로운 목표에 중점을 두었다. 초기 목표가 단지 세계의 과학발전을 따라잡는 것이었다면, 새롭게 등장한 전략은 세계적인 수준의 인재들을 모집함으로써 핵심적인 과학기술 분야에서 다른 국가들을 추월할 것을 요구하였다. 예를 들어, 2005년 인사부MOP에서 발표한 정책 공지는 "중국이 지원을 몹시 필요로 하는 분야에서 이례적일 정도의 전문지식을 갖춘" 해외 과학자들에게 특혜를 약속하였다从优安排, 우수한 것부터 안배하다[13].
인사부는 중요한 기술을 가진 사람들을 위한 추가적인 보상과 함께, 학문적인 배경과 성과에 따른 급여표를 제공하였다.

같은 해 인사부에서 발표한 또 다른 문건에서는 녹색통로를 통해 유학파의 수준을 한층 높였는데, 다음과 같은 유학파들만이 목표가 되었다:

- 자신의 분야에서 혁신자로서 공헌하여 알려진 과학자들.
- 유명한 대학에서 부교수 혹은 그 이상의 지위를 가진 교수들.
- 포춘지Fortune에서 선정한 500대 기업, 유명한 다국적 기업, 혹은 금융기관에서 일하는 높은 수준의 관리자들.
- 외국 정부나 유명한 비정부기구의 중간직 혹은 최고직의 관리자들.
- 자신의 전공 혹은 분야에 중대한 기여를 했거나, 유명한 저널에 영향력이 큰 논문을 게재하였거나 혹은 국제적인 수준의 상을 수여받아 자신의 성과물이 자신의 분야의 선두에 있는 전문가들과 교수들.
- 거대한, 국제적인 규모의 연구개발 혹은 공학 프로젝트를 이끌어 온 과학연구와 공학기술에 대한 풍부한 경험을 가지고 있는 전문가들, 학자들, 기술자들.
- 중요한 기술발명 및 기술특허 혹은 전문기술을 가진 사람들.
- 중국이 긴급히 필요로 하는 특정한 전문기술을 소유한 인재들.[14]

---

13 关于回国(来华)定居工作专家有关政策귀국정착 후 일하는 전문가 관련 정책에 관하여(Policies Relating to Experts Returning (or Coming) to China to Reside Permanently and Work), MOP, 2005.

14 关于在留学人才引进工作中界定海外高层次留学人才的指导意见유학인재 도입과정 중 해외 고급 유학인재 범위 확정 지도에 관한 의견(Guiding Opinions for Defining High-level Talent in Our Work to Bring in Overseas-educated Talent), MOP, 2005.

2007년 3월 29일 인사부MOP와 유학인원 귀국 근무업무부 연석회의에 가입된 또 다른 15개 조직들에 의해 발표된 문건에 "높은 수준의 유학파"에 대한 위와 같은 정의가 등장하였으며, 이 문건에서 이를 국가 정책으로 채택할 것을 명시하였다.[15] 중국의 계획에서 최고 수준의 유학파가 얼마나 중요한지는 공동 성명에 첨부된 질의응답 대본을 보면 알 수 있다. 이에 따르면, 놀랍게도 중국과학원 구성원 중 81%가 해외에서 유학을 하였으며, 중국의 "원자폭탄, 탄도미사일, 인공위성两弹一星" 프로젝트에 참여하여 상을 수여받은 23명 중 21명이 해외에서 유학하였다. 중국 전략무기프로그램에 대한 책임을 맡고 있는 높은 직위의 과학자들 대부분이 기술을 해외에서 습득하였다.

2007년 교육부MOE에서 "해외 우수 유학인재 유치 강화에 대한 의견"이라는 제목으로 최종적인 공고를 발표하였는데, 이 공고는 유학파를 관리하기 위해 중국이 시행하는 노력이 얼마나 폭넓고, 그러한 노력이 이주학자 단체들에 어느 정도로 스며드는지혹은 그러한 노력으로 이주학자조직이 얼마나 생겨나는지에 대한 우리의 이해를 더욱 확고히 하여 준다.[16] 이 문건에 따르면, 교육부는 "해외 대사관과 영사관, 중국유학네트워크中国留学网, Chinese Service Center for Scholarly Exchange[17], 국가유학네트워크国家留学网, China Scholarship Council[18], 신주학인神州学人, Chinese Scholars Abroad[19], 기타 조직들"을 포함한 "다양한 유

---

15 关于建立海外高层次留学人才回国工作绿色通道的意见해외 고급 유학인재의 귀국 후 일자리 찾기에 대한 신속한 처리 방안 건립 의견(Opinions on Building a Green Channel for the Return to China of High-level Overseas-educated Talent Abroad), MOP, 2007.

16 关于进一步加强引进海外优秀留学人才工作的意见해외 우수 유학인재 유치 강화에 대한 의견(Opinions on Further Strengthening Our Work to Bring in Outstanding Overseas- educated Talent Abroad), MOE, 2007.

17 中国留学网중국유학네트워크 www.cscse.edu.cn.

18 国家留学网국가유학네트워크 www.csc.edu.cn.

19 神州学人 www.chisa.edu.cn.

형과 통로"를 통해 중국이 필요로 하는 특정한 기술이 무엇인지에 관한 정보를 전달한다. 또한 교육부는 국내 고용주들과 유학파 사이 유대를 강화하기 위하여 "온라인 교류"와 "양방향의 소통을 위한 채팅방"을 지원한다.

2007년 문건에서 교육부[MOE]는 해외 유학파단체들에 대한 지도력을 강화하고, 유학파 단체들과의 "연결로 인한 효과"를 충분히 활용하고, 해외 지지단체 출신의 중국 고용주들에게 "요구사항에 대한 정보"를 제공할 것을 약속하였다. 또한 교육부는 "해외 대사관과 영사관에 소속된 교육사무소에서 사용하는 유학파 정보를 관리하는 시스템을 완성하고," 중국을 지원할 후보군으로 평가되는 숙련된 유학파들의 데이터베이스를 구축하고[정보기관들은 이를 "개발 중"이라 묘사함], 급히 지원이 필요한 분야의 선두적인 유학파의 모집을 위한 권고를 만들 것이었다[즉, 선두를 겨냥함]. 이 문건을 살펴보면, 우리는 중국 교육 담당관들이 "특정한 요구사항을 가진 중국의 고용주들에게 정보와 기타 지원을 활발하게 제공한다는 것"을 알 수 있다.[20]

교육부[MOE]는 반응을 보이는 인재를 찾는 것을 넘어서, "모든 종류의 국내 고용조직"의 요구사항을 조사함으로써 유학파의 기술에 대한 요구를 예측하려는 의도를 드러내었다. 교육부는 현재 포털 사이트와 중국 기업의 인적자원 담당인사로 구성된 "협의업무팀[洽谈工作团组]"을 통해 정보를 해외 인재풀에게 광고한다. 중국 기업의 인적자원 담당자들은 유학파들이 집약되어 있는 국가에 방문하여 유학파의 귀환에 대해 교섭한다. 인사부, 과학부와 마찬가지로, 교육부는 직접적으로 대면하는 기술교류, 귀환자

---

20 关于进一步加强引进海外优秀留学人才工作的意见[해외 우수 유학인재 유치 강화에 대한 의견](Opinions on Further Strengthening Our Work to Bring in Outstanding Overseas- educated Talent Abroad), MOE, 2007.

에게 보조금을 지원하는 프로그램, "현대의 과학기술적 업적을 거머쥐고 있는" 이주 전문가들을 위한 유학파혁신단지를 후원하며,[21] 이러한 많은 활동으로 인해 중국학술프로그램 운영자가 가장하고 있는 순진함은 상당수 없어지고 만다.

"이중 기반two bases"으로부터 중국에 공헌

중국은 유학파가 중국으로 돌아오도록 장려할 뿐만 아니라, 자신의 자리를 고수하며 중국을 지원하려 하는, 다시 말해 해외에 거주하며 중국의 기술요구에 화답해 주려는 해외 중국인들을 찾기도 한다. 해외에서 유학한 대부분의 중국인들이 귀환하지 않는 현실 속에서 어쩔 수 없이 부정적인 상황을 최대한 이용해보겠다는 취지에서 시작된 것이 "이중 기반两个基地, 두 개의 토대" 방식이지만, 중국이 자신의 이익을 위해 자발적으로 이 방식을 추구하게 된 것은 벌써 오래전의 일이다. 단도직입적으로 말하자면, 이 방식과 국가의 지원을 받는 스파이 활동을 구분하는 것을 거의 불가능하다.

"이중 기반"의 간단한 의미는 완전히 해외에서 거주하거나 대부분의 시간을 해외에서 보내며, 거주국의 시설에서 연구를 수행하며 획득한 지식을 노하우, 자료, 물질적인 표본의 형태로 중국에 무료로 보내거나 혹은 보상을 받고 제공하는 것을 의미한다. 이 주제와 관련된 중국 문건들에서는 유학파가 거주하는 나라가 유학파 연구자들이 기술을 소유하고 있는가 아니면 단지 기술에 접근할 수 있을 뿐인가와 같은 부차적인 사항

---

21 Ibid.

들을 별로 중요하게 생각하지 않는다.

우리가 조사한 "이중 기반" 관련 문건들에서는 오히려 기술이전 장소와 지속성에, 즉 어떻게 중국으로 정보를 "가져올" 것이며, 어떻게 정보이전을 지속시킬지에 초점을 맞춘다. "이중 기반" 공식은 학생들이 "점진적으로 연구의 핵심적인 사항을 중국으로 이전하며, 중국에 귀환하여 지원하기 위해 궁극적으로 '연착륙'을 달성한다와 같이 유순한 측면을 가지고 있긴 하지만, 리우Liu와 천Shen이 설명하듯이 이런 일반적인 표현은,

> 유학파가 중국에 제공하는 서비스가 "깊은 층을 이루고, 지속 가능한, 쉽게 관리되며, 효율적인" 방향으로 발전할 수 있도록, 한쪽 끝은 중국에 두고 또 다른 한쪽 끝은 외국에 두어, 보다 안정적인 중국 내 "기반"과 공동연구를 위한 토대를 제공하는 것을 의미한다.[22]

이중 기반 정책의 기원은 "1992년 8월부터 업무와 강의를 위해 중국을 단기적으로 방문하는 유학파에게 보조금을 지원하는 것을 목적으로 하는 전문적인 자금지원프로그램들을 실시한" 중국자연과학기금위원회NNSF를 추적함으로써 알 수 있다.[23] 이러한 프로그램들은 "엄청나게 성공적인" 것으로 보였다. 10년 뒤에도 여전히 기술을 증진하고 있던 이 위원회NNSF는 "이중 기반 공식을 계속해서 향상·발전시키기로" 결정하였다. 지원금 인상과 함께 "열정이 넘치는 단체와 안내"를 통해,

---

22 Liu Yun and Shen Lin, "The Current Situation and Countermoves on Development and Utilization of Overseas Chinese Experts Intellectual Resources," p. 123.

23 资助海外留学人员短期回国工作讲学해외 유학인재 단기 귀국 근무 강연 지원(Subsidizing OCS to Return for Short Periods to Work and Lecture). CAS, Institute of Mechanics, undated article posted to www.imech.ac.cn, viewed March 2010. 이 프로그램들은 유학파 단기 귀국 근무 강연 지원 전문 기금资助留学人员短期回国工作讲学专项基金과 해외학자 협력연구기금海外学者合作研究基金이었다.

위원회는 더 많은 유학파들이 "해외에서 하는 업무와 중국에서 하는 업무 사이의 유대를 강화하고 중요한 국내연구프로젝트에 연결될 수 있기를" 희망하였다.[24]

중국자연과학기금위원회[NNSF]가 이 개념을 성문화하고 나서 2년이 지난 뒤인 1994년, 중국 인사부[MOP]는 "이중 기반"과 과학을 각각 "단기방문"과 전반적인 중국의 발전으로 확장된 개념의 문건을 발표하였다. "교육제도 밖의 영역에서 업무를 보기 위해 단기적으로 중국을 방문하는 유학파에게 보조금을 지원하기 위한 임시방편에 대한 인사부 공고[关于下发《资助留学人员短期回国到非教育系统工作暂行办法》的通知]"라는 제목을 가진 이 조치는 중국을 지원할 다음과 같은 유학파들에게 자금을 제공할 것을 약속하였다:

- 뛰어난 학문적 업적을 가지고 있거나 자연과학 혹은 사회과학 분야에서 영향력 있는 상을 수여받은 유학파 또는 영향력 있는 학술지에 높은 수준의 학술논문 게재한 유학파.
- 중요한 발명을 하였거나 특허를 따낸 유학파.
- 중국이 긴급히 필요로 하는 첨단기술에 접근할 수 있는 유학파. 중국으로 귀환하여 협력 연구 혹은 발전적 교류를 수행할 의향이 있는 유학파.

단기귀환은 해외의 두 번째 "기반"에서 정기적인 직업을 가지고 있다는 것을 의미한다. 더 나아가 인사부[MOP]는 유학파의 적격성을 다음과 같은 의향을 지녀야 하는 것으로 정의한다:

---

24 Ibid.

• 국가, 위원회, 성, 직할시 수준의 과학연구에서 핵심적인 문제들을 솔직하게 지적할 유학파.
• 중국 내 고용조직이 매우 중요한 연구개발 문제를 해결할 수 있도록 지원할 유학파.
• 협력연구, 강의, 훈련, 프로젝트 개발, 기술이전, 기술교류를 위해 귀환할 유학파.
• 중국에서 열리는 중요한 국제회의 혹은 전국적인 수준의 중요한 학술대회에 참여하여 전문적인 내용의 보고를 할 유학파.
• 인사부MOP에 의해 공인된 또 다른 학문적 혹은 기술적 교류에 참가할 유학파.

관심 있는 유학파들은 중국 내 후원기관들을 통해 인사부MOP에 신청하거나 혹은 중국이 해외에 설치한 대사관 및 영사관에 소속된 교육사무소를 통해 일하도록 장려 받았다. 혹은 이와 반대로, 기술적인 문제를 지닌 중국 내 회사가 인사부에 신청할 수도 있었다. 그러면 인사부는 "중국 대사관 및 영사관에 소속된 교육사무소 및 기타 사무소를 통해 필요한 인사와 접촉할" 것이다. 중국 해외공관이 비공식적인 기술이전의 중개에서 수행하는 역할에 대한 이보다 명확한 설명을 찾기는 힘들다.

일본인 연구자 엔도 호마레Endo Homare는 중국 기술이전 조직들의 내부 업무에 특별히 접근할 수 있었던 인물로, 실제적으로 시스템이 어떻게 가동되는지에 대한 자세한 설명을 제공한다. 엔도Endo는 시안시 과학기술위원회가 주최한, 시안을 "단기"적으로 방문하는 유학파들의 모임을 다음과 같이 설명한다. 주최자가 학자들에게 아첨하면서 시작된 이 모임에서 유학파들은 그들이 가져온 기술과 특허에 대해, 그리고 이러한 기술과 특허가 어떠한 형태로 만들어져 사용될 수 있는지에 대해 자세히 설명하였다. 그러고 나서 위원회는 시안시가 필요로 하는 목록을 보여주었고, 이에 양측은 더욱더 깊이 세부적으로 파고들었다. 엔도Endo는 이때 제공된 기술이 의학과 생물학에 관련된 것이었다고 언급하였지만, 이에 대해 설명하길 꺼려했는데, 이는 비록 이러한 사항이 "완전한 기밀은 아니어도" 그들이 "중국 내의 깊은 곳"에서 협상을 하였기 때문인 것으로 보인다.[25]

세기가 바뀌면서, "이중 기반"은 "여러 가지 방법으로 중국을 위해 일하기以多种形式为国服务"로 확장되었다. 이 새롭고 확장된 공식에 대한 정의는 2001년 인사부, 교육부, 과학기술부, 공안부, 재정부에 의해 발표된 "해외 유학생들이 여러 가지 방식으로 나라를 위해 일하는 것을 장려하는 것에 관한 의견에 대한 통지关于印发关于鼓励海外留学人员以多种形式为国服务的若干意见的通知"라는 공동성명에서 찾아볼 수 있다:

> 외국에서 공부하거나 일하는 중국인들과 전문적인 조직은 중국의 사회적 · 경제적 발전을 촉진하기 위해 다양한 활동을 수행해야 한다. 여기에는 중국에서의 겸직, 국내 기관들이 정하는 바에 따라 중국내외에서 공동연구 수행, 귀환하여 강의, 학문적 · 기술적 교류, 중국 내에 기업 설립, 상담 업무, 현지 평가, 중개 서비스 등의 활동이 포함된다.

장소의 예로 주어진 것은 "중국의 대학, 연구기관, 국가중점실험실国家重点实验室 및 공학센터, 기업, 비산업기관에서 자문위원으로 근무하거나 겸임직과 명예직에 재직할 것"이었다. 더욱 중요한 것은:

---

25 Endo Homare, 中国がシリコンバレーとつながるとき중국과 실리콘밸리가 연결될 때(*When China Links Up with Silicon Valley*), Tokyo: Nikkei BP, 2001, pp. 266-270.

> 유학파들은 자신이 거주하는 국가의 첨단기술, 시설, 재정적인 지원을 이용함으로써 국내 종합대학, 단과대학, 과학연구기관, 산업체 기업과 공업기업 등과 협력연구를 하도록 장려받는다. … 연구는 해외에서 진행한 뒤 단기간 혹은 장기간에 걸쳐 국내로 들여와도 된다. 유학파들은 국내 조직과의 협력을 통해 중국과 외국에 연구개발 기반을 세우도록 장려받는다.

또한 중국을 지원하면 받을 수 있는 보상에 관한 내용이 언급되었다. "정부는 세계적인 수준과 국제적으로 경쟁력을 갖춘 협력연구개발프로젝트를 소개해주는 유학파들에게 재정적인 지원을 한다." 또한 "국가의 우선적 연구프로젝트에 참여하거나 단기적으로 중국을 방문하여 지원하는 유학파들은 중국 정부나 지방 정부, 고용단체로부터 비용을 지불받게 될 것이다." 또한 문건은 유학파들이 해외유학파창업단지海外留学人员创业园에서 "유학파들의 과학연구 결과물을 이전"하도록 장려한다. 해외유학파창업단지는 아래에서 논의될 것이다.

인사부MOP 대변인은 이 부서 공고를 전형적으로 따르는 "공식적인" 시간에서 보다 구체적인 요점을 제공하였다:

> "이중 직책"에는 다양한 종류의 합작회사와 합작사업에서의 직책, 자문직, 명예직뿐만 아니라 고등교육기관, 국가중점실험실, 공학기술연구센터에서의 직책도 포함된다. "협력연구"는 학교, 연구소 또는 기업에서 수행될 수 있거나 중국 혹은 해외의 협력연구개발 기반을 설립하는 것을 수반할 수 있다. "위탁 연구"는 중국이 유학파에게 해외에서 연구개발을 수행하도록 위탁하는 것을 수반한다.
>
> 유학파는 지적재산 혹은 과학연구결과물을 중국에서 상품이나 사업으로 전환할 수 있다. 혹은 해외에서 습득한 기술과 정보를 이용하여 전문적인 자문회사를 설립할 수 있다. 또한 유학파들은 중국 전문가들을 교육

하는 것을 도울 수 있으며, 자본과 기술, 프로젝트를 중국으로 가져오는 중개서비스를 수행할 수 있다. 그리고 중국인과 해외의 학문 및 기술 조직 사이의 관계를 구축할 수 있다.

유학파들은 거주국을 떠나지 않은 채로 혹은 짧은 기간 동안 중국을 방문하여 이 모든 것을 수행할 수 있다. 대변인은 계속해서 다음과 같이 말하였다. "물론, 중국을 지원하는 것은 위에 제시한 방법에만 국한되지 않는다. 실제로 우리는 유학파들이 중국을 더욱 잘 지원하기 위해 또 다른 적절한 방법을 찾아낼 것을 권장한다." 중국의 정책은 "지식借智과 두뇌借脑를 빌리는 것"이니, 협력을 바란다는 것을 알리며 세션이 끝났다.

과학단지와 유학파단지Science towns and OCS parks

인사부MOP가 "이중 기반" 공식을 채택하였던 1994년, 중국은 최초의 귀환자전용단지인 진링해외학생과학기술단지金陵海外学子科技园를 난징에 세웠다. 이는 난징시 인사사무소와 "난징첨단기술산업개발구Nanjing New and High Technology Industry Development Zone"의 공동사업이었다. 진링해외학생과학기술단지가 설립된 방법과 "독자적" 첨단기술개발을 위해 지정된 중국 지역 중 중심부라는 단지의 위치는 중국이 해외 귀환자들로부터 제공받은 정보에 크게 의존하여 국가적 과학기술 인프라를 세우면서 150번 이상 반복되는 모델이 되었다. 우리는 이처럼 멀리 떨어진 지역에서도 비슷한 구조를 가진 국가를 본 적이 없다.

여기에서는 이러한 귀환자센터의 법적인 기반에 대해 논의하고, 이어서는 단지의 조직, 배치, 기능의 예를 살펴볼 것이다. 하지만 우리가 먼저

해야 할 일은 유학파단지와 유학파단지 내 시설을 잇는 복잡한 관리구조를 이해하는 것이다. 유학파단지 내부 상위조직 중 가장 큰 조직은 "국가첨단기술개발구[国家高新技术开发区, National New and High Technology Development Zones]"로, 이러한 지역은 중국의 모든 주요 도시들에 분포되어 있으며 어떤 도시들은 이러한 과학단지[科学城]를 두 개 이상 가지고 있기도 하다. 또한 귀환자들이 가지고 "돌아오거나" 혹은 다른 수단[아래 글 참조]으로 획득한 기술을 상품화하기 위해 적어도 130개 국가적 수준의 첨단기술창업서비스센터[高新技术创业服务中心, Innovation Service Centers for New and High Technology]가 있다.

중국의 발전계획에서 귀환자들의 중요성이 커지면서, 이러한 조직들을 구분하는 분류체계가 허물어지기 시작했다. "해외유학파창업단지[海外留学人员创业园, Pioneering Parks for Overseas Chinese Scholars]"는 원래 첨단기술창업서비스센터나 국가첨단기술개발구[첨단기술창업서비스센터가 소속된다.] 내에 세워졌는데, 결국 상위조직 중 하나 혹은 둘 모두와의 경계가 사라지게 되었다. 예컨대, 광저우 첨단기술창업서비스센터 웹사이트는 오늘의 소식 2번째 보도자료에 유학파광저우창업단지[留学人员广州创业园]을 자랑하고 있다[이 둘은 하나의 조직이다].[26] 우시[Wuxi]에서는 하나의 명패에 첨단기술창업서비스센터와 유학파단지의 로고가 함께 새겨져 있으며,[27] 우리가 조사한 150개 정도의 사례 중 대부분에서 이러한 모습을 관찰할 수 있었다. 3개의 로고를 동시에 새겨놓은 경우는 드물었다.

다음은 대표적인 사례이다. 상하이쟈딩유학파창업단지[上海嘉定留学人员创业园]라고도 불리는 국가유학파쟈딩창업단지[国家留学人员嘉定创业园]는 1996년 상하이쟈딩 첨단기술단지구[上海嘉定高科技园区] 내에 설립되었다.[28] 이 첨단기

---

26 www.entrepark.com/WEB/gzstip/index.htm.

27 www.wxsp.gov.cn.

28 상하이장쟝첨단기술창업단지개발구 쟈딩단지[上海张江高新技术创业开发区嘉定园]로도 알려져 있으

술단지구는 1994년 상하이장쟝첨단기술단지구上海张江高科技园区 내 6개 지역 중 하나로서 시작되었다. 1992년 7월 상하이푸동지구Shanghai's Pudong District 중심지역에 세워진 상하이장쟝첨단기술단지구는 결국 중국의 과학단지 중 하나가 되었다.

유학파단지연맹 웹사이트OCS Park Alliance website에 게시된 설명에 따르면, 쟈딩Jiading은 과학기술부, 인사부, 교육부에 의해 지정된 최초의 국립유학파단지 중 하나였으며, "기업의 상업화를 관리하기 위해 두 개의 레이블-하나의 팀이라는 공식两块牌子-套班子을 사용한다." 즉, 쟈딩유학파단지와 쟈딩 단기술단지구의 활동은 통합되어 있으며, 심지어 완전히 같은 것일지도 모른다.[29] 이는 현재 귀환자단지의 표준이며 중국 과학기술 발전에서 귀환자단지가 얼마나 중요한지에 대해 많은 것을 시사해준다. 쟈딩 웹사이트에서도 유학파단지와 과학단지의 연관성을 인정한다. "국립과학단지와 유학파단지의 두 상표의 누적된 효과 덕분에, 단지 지역은 기업의 자주혁신을 지도하고 배양하는 기능을 수행하기 위한 중요한 수단이 되었다."[30] 다시 말해 귀환자들은 과학단지의 "혁신"을 지원한다.

첨단기술창업서비스센터高新技术创业服务中心

중국은 횃불계획火炬计划의 일환으로 1980년대 중반 기업창업보육센터企业孵化器[31]를 계획하기 시작하였으며, 1988년 8월 중국공산당중앙위원회中国共产党中央委員会와 국무원으로부터 허가를 받게 된다. "과학기술창업서비스

며 간단하게 상하이 장쟝첨단기술구 쟈딩단지上海张江高新区嘉定园라고도 한다.

29 www.rcsp.com.cn. Item number 28, viewed October 25, 2010.

30 www.jdhitech.com.

31 "과학기술 기업 창업보육센터科技企业孵化器"라고도 불린다.

센터S&T innovation service center, 주류 "기업창업보육센터"에게 붙여지는 이름"의 첫 본보기는 1987년 우한에서 나타났다.[32] 이에 따르면, 기업창업보육센터는 첨단기술구보다 1년 먼저, 유학파단지보다 7년 먼저 등장한 것이다. 비록 이런 구분은 쓸데없는 것이 되어버렸지만 말이다. 2001년쯤, 7,693개 기업이 입주한 250개 기업창업보육센터가 중국에서 운영되고 있었다. 과학기술부MOST는 그중 1,000개의 기업이 2005년까지 살아남을 것이라 예측하였다.[33]

2006년 12월 과학기술부는 "과학기술기업창업보육센터첨단기술창업서비스센터를 승인하고 관리하기 위한 방법"이라는 문건에서 지역적으로 자금을 지원받는 기업창업보육센터들을 국가사업으로 인정하기 위한 법적인 기반을 제공하였다.[34] "혁신" 센터첨단기술창업서비스센터의 목적은 "과학기술 성과물의 전환"이라고 문건 앞쪽에 정의되어 있는데, 이는 중국 관점에서 보지 않는다면 모순되는 말처럼 들릴 것이다. 문건의 나머지 부분에서는 국가적 승인을 위한 요구사항이 제시되었다. 이러한 국가적 승인을 받으면 센터 내 입주자들은 넓은 범위의 정책과 재정적 장려책으로부터 혜택을 받을 수 있다. 특히, 첨단기술창업서비스센터는:

> 혁신 위험과 자금을 낮추고 생존성과 성공률을 높이기 위해, 정책, 법률, 재정, 자금, 시장 활성화, 훈련서비스와 함께 연구개발, 시험생산, 운영 및 관리를 위한 장소와 공용시설을 제공함으로써 기술 관련 중소기업을 지원한다.

중국 기술이전시설의 상호연관성에 대한 우리의 주장이 맞다는 것을 분명

---

32 高新技术创业服务中心概论첨단기술창업서비스센터개론(Introdution to Innovation Service Centers for New and High Technology). Yuan Huan(袁环위엔환), Huang Cuiqin(黄翠琴황추이친), Zhang Lili(张莉莉장리리), and Zhang Li(张力장리), October 1995.

33 关于"十五"期间大力推进科技企业孵化器建设的意见"10 · 5" 기간 중 과학기술 기업 창업보육센터 건설 적극 추진에 관한 의견(Opinions on Construction of Incubators for Technological Enterprises During the Tenth Five Year Plan), MOST, July 9, 2001.

34 科技企业孵化器(高新技术创业服务中心)认定和管理办法과학기술 기업창업보육센터(첨단기술창업선비스센터) 인정과 관리방법 (Means for Accrediting and Managing S&T Commercial Incubators (Innovation Service Centers for New and High Technology)), MOST, December 7, 2006.

히 나타나면서, 과학기술부는 "보육센터 내의 기업들이 근처 연구개발기관, 대학, 기업, 기업서비스메커니즘을 통한 연구, 실험, 측량, 생산의 기회를 충분히 활용할 것"을 요구한다.[35] 오늘날 거의 모든 국가첨단기술창업서비스센터들은 유학파창업단지와 같은 지역에 위치하거나 동일시된다.[36]

2001년 유학파단지^OCS parks^의 약 10%가 "창업보육센터"로 공동 지정되었으며, 이 비율은 몇 년에 걸쳐 상승하였다. 하지만 중요한 점은 유학파단지가 명목상 무엇을 하는가가 아니라,^목적과 출발점은 어느 경우에나 공유된다^ 한 개 이상의 부서가 유학파단지를 예컨대 "국가적 수준의 유학파단지"로 승인함으로써 시설에 보조금을 지원하는가의 여부이다. 이 단지들의 중복되는 기능과 실질적으로 구분하는 것이 불가능하다는 것을 염두에 두고, 중국의 과학도시^science towns^와 도시 내의 유학파단지의 구축을 지원하는 문건들을 살펴보기로 하자.

1991년 3월 6일 국무원은 "국가첨단기술산업개발구역과 관련 정책 및 규정 비준에 관한 통지^国务院关于批准国家高新技术产业开发区和有关政策规定的通知,^"를 발표하였으며, 이는 공동 발행된 부속문서와 함께 1988년부터 지역적으로 가동되어온 26개 개발구역을 승인하였다. 중국의 "과학도시^science towns^"는 이렇게 탄생하였다. 개발구역은 위치한 도시 혹은 성^省^과 과학부에 의해 공동으로 관리되었으며, 과학부는 개발구역의 물리적인 경계를 지정하였다. 1992년 25개 개발구역이 추가되어, 결과적으로 개발구역 수는 54개로 안정화되었다.[37]

이 통지는 5개년 계획의 개발대상 지역들에 맞는 약 11개 기술규율을

---

35 Ibid.

36 www.kscyy.com.cn.

37 2013년 초까지, 중국 내 지정된 "과학도시"의 수는 80개를 넘어섰다.

개발구역의 범위 내로 규정하였다. 과학도시는 그 시초부터 새로운 기술을 "***만들기***" 위해서가 아니라 "첨단기술의 성과물을 더욱 빨리 상업화하고 산업화하기 위해" 구축된 것이다. 이는 해외의 "인재"와 다른 사람들의 아이디어 접근에 의존하는 완전히 다른 임무였다. 개발구역들을 관리하는 것이 정부의 역할이긴 하지만, 이 통지는 누가 개발구역을 운영하는가를 명확히 하였다:

> 기업을 책임지고 있는 사람은 기업 내 연구, 개발, 생산, 상품 판매에 정통한 과학자들과 정규직 직원들이 책임자가 되어야 한다.[38]

중앙위원회와 국무원이 1999년에 공동으로 발표한 문건,[39] 1999년[40]과 2002년[41]에 과학기술부가 발표한 문건은 첨단기술 성과물을 만들어내기 위해서가 아니라 "첨단기술 성과물을 변형하기 위해" 과학도시를 이용한다는 기본적인 정책을 계속해서 밀고나갔다. "혁신"은 다른 이들의 눈부신 발전을 중국의 산업화와 국제적 경쟁력에 직접적으로 보탬이 될 수 있

---

38 国家高新技术产业开发区高新技术企业认定条件和办法국가첨단기술산업개발구 첨단기술기업인정조건과 방법(Conditions and Measures for the Designation of High and New Technology Enterprises in National High Technology and New Technology Industry Development Zone), Section 3, March 6, 1991.

39 中共中央、国务院关于加强技术创新, 发展高科技, 实现产业化的决定중국공산당 중앙위원회, 국무원의 기술창조, 첨단기술발전, 산업화 실현에 관한 결정(Decision of the Chinese Communist Party Central Committee and State Council on Strengthening Technical Innovation, Developing High Technology and Realizing Industrialization), August 22, 1999.

40 关于加速国家高新技术产业开发区发展的若干意见국가첨단기술산업개발구 가속발전에 대한 소견(Various Opinions on Speeding up the Development of National New and High Technology Development Zones), MOST, August 11, 1999.

41 关于国家高新技术产业开发区十年发展情况的报告국가첨단기술산업개발구 10년 발전 정황 보고(Report on the Status of Ten Years of Development of National New and High Technology Development Zones), MOST, March 15, 2002.

는 상품으로 개작改作한다는 보다 좁은 의미로 일관되게 이해되었다. "실험 자체를 위한" 실험은 단념시켰으며, 해외에서 가져온 아이디어를 각색하는 "실용적이고 현실적인" 접근법이 선호되었다.[42]

개작改作은 중국 내 과학도시에서 수행되거나, 해외에 있는 중국의 대리인을 통해 수행될 수 있었다. 2002년에 발표된 첨단기술구역에 대한 3번째 과학기술부 문건에 따르면,

> 해외에 있는 중국 과학기술 기관들의 역할은 흡수 · 혁신되어야 하는 해외 첨단기술을 국가첨단기술구역 기업들이 도입하는 것을 지원하기 위해, 전면적으로 수행되어야 한다.[43]

2001년 중국과학기술정책 저널에 실린 "솔선적 혁신과 모방적 혁신"이라는 제목의 설득력 있게 주장된 연구는 과학부의 생각을 잘 보여준다.[44] 이 논문은 중국 과학이 10년 전에 따르던, 심지어 오늘날에도 따르는 방향을 아주 잘 설명하고 있기에 인용되었다. 이 논문의 저자들에 따르면 혁신에는 두 종류가 있다. 바로 "솔선적 혁신率先创新"과 "모방적 혁신模仿创新"이다. 사람들은 후자를 무시하는데, 사실 모방적 혁신이 경제를 확장하는 데 있어서 핵심적인 요소이다. 생산적인 솔선적 혁신이 기업의 재정

---

42 关于国家高新技术产业开发区管理体制改革与创新的若干意见국가첨단기술산업발전구 관리체제 개혁과 혁신에 대한 소견(Various Opinions on the Reform and Innovation of the Administration System of the National New and High Technology Development Zones), MOST, March 8, 2002.

43 关于进一步支持国家高新技术产业开发区发展的决定국가첨단기술산업개발구 발전 지지에 대한 결정(Decision on Further Supporting the National New and High Technology Development Zones), MOST, January 31, 2002.

44 吴琼우치웅(Wu Qiong), 郎锡君랑시쥔(Lang Xijun), 吴海西우하이시(Wu Haixi), "率先创新与模仿创新솔선적 창조[혁신]과 모방적 창조[혁신]"("Leading Innovation and Imitative Innovation"). In 科技 · 人才 · 市场과학기술 · 인재 · 시장("Scientec, Talent, Market"), April 2001.

을 향상시킬지도 모르지만, 나라 전체에 대한 효과는 "극히 미미하다微于其微, 사소한 것의 더 사소한 것"고 저자들은 주장하였다.[45]

저자들은 중국이 모방적 혁신에 자원을 집중시켜야 하는 중요한 이유를 제시하였다. "얼리 어답터early adopter" 이론을 각색한 저자들의 주장은 혁신자가 아닌 첫 번째 이용자가 성공하게 될 것이라 상정한다. 위험은 최소화되며, 실용적인 상품을 만드는 것은 더욱 쉽다. 투자에 대한 보상은 더욱 빠르게 돌아온다. 일반적으로 인적자본이 취약하고 충분한 기술 기반을 가지고 있지 않으며 "스스로 무언가를 만들어 낼 능력이 없는" 후발 개발도상국들중국과 같은에게 보다 적합하다. 누구도 나쁜 혁신을 모방하지 않기 때문에, 사회의 전반적인 기술적 수준은 향상된다.[46]

모방이 지적재산권을 침해할 위험이 있음에도 불구하고 논문은 적절한 법적인 체제와 구매, 인허가 등에 내재하는 교환 협정에 대한 올바른 평가가 있다면, 이는 필연적인 결과가 아니라고 주장한다. 저자들은 전략으로서의 모방에 대한 한 가지 분명한 문제점으로 신기술의 소유자가 신기술이 확산扩散되는 것을 바라지 않을지도 모른다는 것이라고 말한다. 하지만 기술의 "독점 보호적 특성"이 아닌, "강제적 양도强制转让"를 위한 기회와 함께, 기술이 공개되고 이전 가능한 측면에 집중함으로써 문제를 극복할 수 있다.[47] 이를 고려해보면, 창조성에 무게중심을 두는 것은 잘못된 것이다. 중국은 "맹목적인 솔선적 혁신을 추구해서는 안 된다." 그렇게 하는 것은 자원과 기회의 낭비이다.[48]

한편 지금까지 과학부는 기술 혁신을 "국제화"할 필요성을 강조해왔

45 Ibid., p. 8.
46 Ibid., pp. 9-10.
47 Ibid., p. 11.
48 Ibid., p. 9.

다. 다음은 첨단기술구역의 발전을 위한 과학기술부 2006-2010 계획에서 가져온 몇 가지 항목이다.

- 중국은 "국제적 협력 및 교류를 확장해야 하고, 국제적 산업 및 연구개발을 이전할 기회를 붙잡아야 한다."
- 국제기술에 대한 정보를 수집하고 이전하는 것은, 11번째 5개년 계획이 진행되는 동안 첨단기술산업을 만들기 위해 우리가 수행하는 과업의 일부이다.
- "중국 내 다국적 기업의 과학기술 자원을 충분히 활용하고, 다국적 기업이 국내기업과 기술협력을 하도록 다양한 수단을 통해 장려하라."
- 우리는 중국 첨단기술산업의 발전을 위한 기반으로서 국제적 "과학기술 정보업무"에 집중해야 하며, "국내 기업이 다양한 수단을 통해 외국의 혁신자원을 활용할 수 있도록 지원해야 한다."[49]

또한 과학기술부의 계획은 "중국혁신네트워크[中国创新网络]"의 구축을 필요로 한다. 중국혁신네트워크는 기술이전을 촉진하기 위해 첨단기술구역, 기술보육센터, 기술이전조직, "국제혁신역참기구[国际创新驿站机构]"를 세계적으로 이어준다. 비록 공식적인 통계자료를 보면, 유학파들[중국으로 귀환하는 사람들과 중국을 드나드는 사람들]의 구심점이 명확하게 드러나긴 하지만, 중국혁

---

49 关于印发国家高新技术产业化及其环境建设(火炬)十一五发展纲要和国家高新技术产业开发区十一五发展规划纲要的通知국가첨단기술산업화 및 환경건설 (횃불) 11 · 5 발전 요강과 국가 첨단기술산업개발구 11 · 5 발전계획 요강에 관한 통지(Notice on Promulgating the Eleventh Five-year Development Program for National New and High Technology Commercialization and Its Infrastructure (Torch) and the Eleventh Five-year Developmental Planning Program for National New and High Technology Development Zones), MOST, April 4, 2007.

신네트워크는 이미 모호해진 이러한 조직들 사이의 구분을 더욱더 모호하게 만들 것이다.

과학기술부MOST에 따르면, 2006년 당시 국가첨단기술개발구역은 약 22,000명의 유학파를 끌어들여 왔다.[50] 이 수치는 과학기술부가 주장한 2000년의 9,700명에서 증가한 것이며,[51] 유학파단지연맹이 제시한 2009년 20,000명에 근접하였다.[52] 국가첨단기술개발구역을 유학파단지가 점유했다는 사실은 과학도시의 귀환자들 대부분이 결국 유학파단지에 남게 되었으며, 유학파단지가 모든 면에서 국가첨단기술개발구역과 병합되었고, 또는 단지 귀환자들이 밀집되는 곳이 유학파단지 자체로 정의된다는 것으로 결론지을 수 있다.

이러한 "유학파창업단지"는 직할시와 성의 후원 하에 1994년에 처음으로 등장하였으며, 인사부MOP가 1996년에 발표한 "9번째 5개년 계획이 시행되는 동안 인사체제 내에서 유학파들과 협력하기 위한 계획"九五"期间人事系统留学人员工作规划"에 언급되었다.[53] 2000년 3개의 부처가 공동으로 발표한 "국가유학파창업단지의 시범적 건설을 조직하고 발전하기 위한 시험적 업무에 관한 통지"라는 문서에서 유학파단지는 국가적인 지위를 얻게 된다:

---

50 2006年国家高新区发展态势2006년 국가 첨단기술구 발전 태세(Developmental Status of National New and High-tech Zones for 2006), MOST, June 28, 2007.

51 国家高新技术产业开发区"十五"和2010年发展规划纲要국가 첨단기술산업 개발구 "10 · 5"와 2010년 발전 계획 요강(National New and High Technology Development Zones Tenth Five-year and 2010 Developmental Planning Program), MOST, September 12, 2001.

52 bbs.533.com/viewthread.php?tid=109549.

53 "九五"期间人事系统留学人员工作规划"9 · 5" 기간 인사 시스템 유학파 업무 계획(Plan for Working with Overseas Scholars in the Personnel System during the Ninth Five-year Plan), MOP, 1996.

국가가 개방된 이후 약 30만 명의 중국인이 해외에서 공부하였으며, 10만 명 이상이 귀환하여 중국 첨단기술사업의 발전을 위한 중요한 자원이 되었다. 15번째 당 회의에서 "유학파가 중국으로 돌아와 업무를 보거나 다양한 수단을 통해 조국을 지원하도록 장려하라는" 장쩌민Jiang Zemin 총서기의 명령을 시행하기 위해, 과학기술부와 인사부, 교육부는 유학파를 중국으로 끌어들여 기업을 세우고 중국을 지원하도록 몇 년에 걸쳐 다양한 활동을 실행하였다. 한편 지역 조직들은 국가첨단기술개발구역과 첨단기술창업서비스를 이용하여 30개 이상의 유학파창업단지를 세워, 유학파가 귀환하여 기업을 세우기 위한 훌륭한 환경과 조건을 조성하였다. 이런 새로운 조건 하에서 유학파창업단지 구축을 가속화하기 위해 과학기술부, 인사부, 교육부가 공동으로, 기존에 존재하던 유학파단지를 토대로 첫 번째 집단인 시범적 국립유학파창업단지를 구축하는 것을 승인하였고, 단지의 발전을 전국적으로 지도하였으며, 유학파가 귀환하여 기업을 세우기 위해 보다 선호되는 환경을 조성하기 위해 협력하였다.

1. 10개 정도의 보다 적절한 유학파단지가 시험적으로 첫 번째 집단으로 선택될 것이며, 경험이 축적되면 선택된 단지들은 개발 단계에 있는 전국의 유학파창업단지의 모델로서 역할을 할 수 있을 것이다.
2. 기존 단지들은 성 혹은 지방 정부의 추천을 받아 모델 단지로 신청하면, 3개 부처에 의해 선발될 것이다.[54]

이 문서는 중국정부가, 유학파 "인재"를 관리할 책임을 맡는 3개의 부서를 통해, 무게중심과 자금을 귀환자단지프로젝트에 두고 있었다는 것을 나타내고 있다. 지역적으로 세워진 전도유망한 유학파단지는 국가의 자금을 받고 활동하는 단체들에 선발되었다. 다음 해 과학기술부는 기술 "보육센터"에 대한 2001년 7월 문서에서 유학파단지에 대한 말을 덧

54 关于组织开展国家留学人员创业园示范建设试点工作的通知국가유학파창업단지 시범단지 건설 조직 확대에 관한 통지(Notice on Trial Work to Organize and Develop the Model Construction of National OCS Pioneering Parks), MOST, MOP, MOE, June 21, 2000.

붙였다.

> 새로운 계획 하에, 훨씬 더 많은 유학파를 중국으로 끌어들이기 위해 인사부, 교육부, 국가외국전가국SAFEA과 협력하여 유학파창업단지의 건설을 활성화하는 것이 우선사항이 될 것이다. 또한 우리는 군용과 민간용으로 모두 쓰일 수 있는 이중용도 기술의 전환을 위한 창업단지를 밀고 나갈 것이다.[55]

7월 문서는 계획에서 국가외국전가국SAFEA이 수행하는 역할을 인정한다. 또한 문서는 군사프로젝트를 위해 귀환자를 이용한다는 보기 드문 언급을 하였다. 몇 년 뒤 교육부가 발표한 아래의 문서에는 교육부가 직접적인 관여를 한다는 것을 암시하고 있다.

> 현대의 과학기술적 업적과 자신만의 지적재산권, 현대적 경영기술을 가진 유학파들을 끌어들여 국내 고용주들과의 협력과 외국 첨단기술과 국내자원의 효과적인 통합을 촉진하기 위해, 교육부는 유학파창업단지를 건설하고, 단지의 보육적 기능을 완성하고 있다.[56]

단지들을 통합하려는 노력의 일환과 계획의 성숙을 보여주는 지표로서, 과학기술부, 교육부, 인적자원사회보장부Ministry of Human Resources and Social Security, 인사부의 전신는 2008년 44개 귀환자단지로부터 "중국기술창업협회 유학파창업단지연맹中国技术创业协会留学人员创业园联盟"을 만들었다.[57] 연맹의

---

55 关于"十五"期间大力推进科技企业孵化器建设的意见"10·5" 기간 중 과학기술 기업 창업보육센터 건설 적극 추진에 관한 의견(Opinions on Construction of Incubators for Technological Enterprises During the "Tenth Five-year Plan"), MOST, July 9, 2001.

56 关于进一步加强引进海外优秀留学人才工作的意见해외 우수 유학인재 유치 강화에 대한 의견 (Opinions on Further Strengthening Our Work to Bring in Talented OCS), MOE, February 2, 2007.

57 2009년 말까지 149개의 유학파단지 중 61개가 연맹에 가입하여, 국가적 수준의 귀환자단

목적은 다음과 같다:

> (1) 귀환자 기업의 발전을 지원한다. (2) 귀환자들의 과학기술 성과물의 전환을 가속화한다. (3) 귀환자와 정부, 상업적 · 학술적 · 연구적 분야의 상호작용을 촉진한다. (4) 국제화된 서비스를 제공하는 귀환자들의 능력을 향상시킨다. (5) 수준 높은 숙련자들을 중국으로 끌어들인다.[58]

유기적으로 유학파창업단지연맹은 가입된 유학파단지를 국가적 수준 및 지역적 수준의 정부 기관들과 연결하는 발판으로서 역할을 하고 있다. 또한 연맹은 "귀환자와 중국 유학파 광저우 과학기술 교류회中国留学人员广州科技交流会, 유학파 창업 주간Overseas Chinese Scholars Business Founding Week과 같은제4장 참조 국내 행사 사이의 협력을 강화하는 것"을 목표로 한다. 즉, 이미 중국으로 넘어온 귀환자들이 여전히 가장자리에 앉아 있는 유학파들을 설득하도록 장려한다.[59]

유학파창업단지연맹이 데이터베이스에 주안점을 두는 것을 보면 연맹이 매일매일 수행하는 활동에 대한 통찰을 어느 정도 얻을 수 있다. 이러한 데이터베이스에는 "과학기술 성과물科技成果库에 대한 데이터베이스," 어려운难题 기술적 문제에 대한 데이터베이스, "과학기술 성과물을 이전하기 위한 공공서비스플랫폼"이 포함된다. 또 다른 데이터베이스는 "부속단지의 기업과 인적자원을 사회와 통합"하기 위해 중국 내에 기업을 둔 귀환자들에 대한 정보가 수록된다. 2010년 당시, 유학파창업단지연맹은 소속 단지의 이해관계자들에게 "기술의 필요성과 입수 가능성에 대한 정

지의 76%가 연맹에 가입되게 된다.

58 "Introduction" from the Alliance website, www.rcsp.com.cn, dated October 25, 2010.

59 Ibid.

보를 전파"하는 시스템을 배치하고 있었다.[60]

"귀환학자를 위한 조직들"이 유학파단지 내에 물리적으로 입주할 필요 없이 유학파창업단지연맹에 가입할 수 있도록 허용하는 2010년의 결정으로, 연맹 구조상의 작지만 중요한 변화가 나타났다. 귀환자들의 기술단기적으로 귀환하는 이주중국인의 지원을 포함을 중개하는 유학파협회 및 비정부기구는 현재, 유학파단지의 정책을 결정할 역할을 맡고 있다.[61] 과학기술부 횃불센터창업보육관리처火炬中心孵化器管理处 처장이 이끄는 유학파창업단지연맹은 국가의 과학기술 계획을 지원하는 방식으로 유학파단지가 발전하는 것을 보장할 것이다.[62]

유학파단지의 핵심적인 역할

귀환자단지는 중국 과학도시 내의 고립된 섬이 아니라, 과학도시의 구조적 계층에 포함되어 있으며, 주위 구성요소와 통합되어 있고, 과학도시의 가장 중요하고 지속적인 구성요소이다. 한 예로 중관춘Zhongguancun, ZGC, 中关村을 들 수 있다. 중관춘은 베이징 북서쪽에 위치한 7개의 분할지역을 둔 과학도시로 16개 유학파단지가 있다. 이러한 유학파단지 중 몇몇은 "회사"로서 운영된다.

베이징 중관춘 국제창업보육 유한공사北京中关村国际孵化器有限公司는 과학기술부MOST에 의해 국가첨단기술창업서비스센터国家高新技术创业服务中心, 첨단기술산업 창업보육기지高新技术产业孵化基地, 베이징 유학파 창업단지北京留学人

60 Ibid.

61 Alliance website ⟨www.rcsp.com.cn⟩. Information dated October 8, 2010.

62 Ibid.

员创业园의 후원자로 인정받았다. 이 회사는 기존에 존재하던 몇몇 기관들에 의해 2000년 12월 설립되었다. 이 기관들에는 3개 정부조직, 4개 국유기업, 원래 베이징유학파창업단지가 포함된다. 원래 베이징유학파창업단지는 새로운 조직들이 기반이 되었다. 이 회사는 전적으로 유학파에 초점을 맞춘다.[63]

이와 비슷하게, 중관춘 소프트웨어단지 창업보육 서비스 유한공사中关村软件园孵化服务有限公司는 기존에 존재하던 중관춘 소프트웨어단지 유학파 창업단지中关村软件园留学人员创业园와 중관춘 소프트웨어단지 창업보육센터中关村软件园孵化器에 의해 2001년 11월에 설립되었다. 이 회사는 2002년 베이징시 과학기술위원회에 의해 첨단기술산업 창업보육기지로 인정되었으며, 2004년 1월 중관춘 과학도시에 의해 정식으로 유학파창업단지로 지정되었고, 2006년 12월 과학기술부에 의해 국가첨단기술창업서비스센터로 인정되었다. 이러한 5개 이름들은 각각 웹사이트의 오늘의 소식 발행인란에 표기된다.[64] 2007년 베이징 인사사무소와 베이징시 과학기술위원회는 이 회사를 베이징 유학파 창업단지수도권에 단독으로 위치한 27개 귀환자단지 중 하나로 인정하였다.[65]

중관춘에 위치한 또 다른 유학파단지는 중국 광업대학 유학파창업단지中国矿业大学留学人员创业园로, 2007년 중관춘 과학도시와 중국 광업대학에 의해 공동으로 설립되었다. 이 단지의 웹사이트는 2개의 로고를 표기하고 있는데, 그중 하나는 중관춘 에너지 및 안전 과학기술단지中国村能源与安全科技园의 로고이다.[66]

---

63 www.incubase.net.

64 www.zgcspi.com.

65 北京留学人员创业园达27家베이징 유학파 창업단지 27곳(Beijing's OCS Pioneering Parks Reach 27 Units), December 18, 2008, www.chinaqw.com/lxs/cytd/200812/18/142735/shtml.

66 www.zgces.com.

중관춘의 또 다른 예로 중국과학원CAS에 의해 운영되는 중국과학원 중국자동화 유학파 창업단지中科院中自留学人员创业园, CASIA Incubator Park가 있다.[67] 이 단지는 2004년 4월 중국 자동화 과학기술산업 창업보육 유한공사中自科技产业孵化器有限公司에 의해 시작되었다. 이 유한공사는 중국과학원CAS과 베이징 유학차 창업단지와 동일시되는 베이징중관춘 국제창업보육 유한공사위 참조에 의해 설립되었다. 중국과학원 중국자동화 유학파 창업단지는 유학파단지로서의 현재의 이름과 지위를 2005년에 획득하였다.[68] 이 단지는 베이징 국가기술이전센터北京国家技术转移中心와 협력하여, "연구개발 결과물의 전환, 과학기술 자원의 통합, 국제 과학기술 교류, 대기업 프로젝트와의 연결 등과 같은 전문화된 서비스를 귀환하는 유학파에게 제공"한다.[69] 만약 단지가 "개척"을 전혀 하지 않았다면, 설명에 명확하게 나타나지 않는다.

위에서 설명한 자딩국가유학파창업단지 외에도, 상하이는 적어도 6개 유학파단지가 추가적으로 위치하고 있다. 하나는 상하이 유학파 차오허칭 창업단지구上海留学人员漕河泾创业园区로, 1996년 상하이의 차오허칭 신기술 개방경제구역Shanghai's Caohejing New Technology Open Economic Zone과 상하이 인사부서에 의해 설립되었다. 이 단지는 유학파창업단지, 국가첨단기술창업 서비스센터, 중국 기업이 "과학기술 성과물을 상업화하는 것"을 지원하기 위해 설치된 국제기업보육센터의 삼위일체三位一体이다. 2011년 단지는 유학파가 세운 95개 기업을 "육성하고 있었다." 이 중 절반이 미국에서 유래되었다.[70]

---

67 단지의 영문명에서는 중국어 명칭인 中科院中自留学人员创业园중국과학원 중국자동화 유학파 창업단지에 제시된 "유학파창업단지"라는 용어를 포착할 수 없다.

68 www.rcsp.com.cn.

69 Ibid.

70 www.cscse.edu.cn/publish/portal0/tab888/info5888.htm and www.chinatalents.gov.

중국 첨단기술발전계획에서 귀환자단지의 중요성을 제일 잘 보여주는 예로 유학파 광저우 창업단지留学人员广州创业园가 있다. 과학부, 교육부, 과학도시인 "광저우개발구Guangzhou Development District"에 의해 1999년에 세워진 유학파 광저우 창업단지는 30개 지역 대학 및 연구시설과 연합하여, 귀환자들의 기술을 상업화하는 것을 지원하였다. 이러한 연구소와 대학 대부분은 교류를 촉진하기 위해 단지 내에 센터를 둔다. 또한 유학파 광저우 창업단지는 유학파와 중국 기업 사이의 "다양한 협력"을 중개한다.[71]

유학파 광저우 창업단지를 구성하는 6개의 "단지"의 영문명은 Science Town Consolidated R&D Incubation Zone, Guangzhou International Incubator for Technological Enterprises, Science Town Information Building, Guangzhou Development District Western Zone, Guangzhou Software Science Park, Guangzhou Technology Innovation Base와 같다. 이러한 6개의 단지는 단순히 유학파광저우창업단지에 소속된 것이 아니라, 귀환자들이 혜택을 볼 수 있도록 유학파광저우창업단지가 설립建成한 것이다. 귀환자들은 지금까지 약 455개 첨단기업을 육성해왔다.

선전의 과학도시인 선전첨단기술산업단지Shenzhen Hi-tech Industrial Park와 함께, 선전의 인근지역에는 같은 곳에 위치한 선전 유학생창업단지深圳留学生创业园가 있다. 이 시설은 룽강Longgang유학파단지로서 2001년에 시작되었으며, 2004년 인사부MOP에 의해 현재의 모습으로 승인되었고, 2008년 과학기술부MOST에 의해 첨단기술창업서비스센터로 지명되었다. 이 시설은 2만5천 평방피트에서 72만 평방피트로 확장되었다.

보다 전문적인 흥미를 지닌 독자들은 멘양Mianyang, 시안Xi'an, 허페이Hefei

---

cn/lxcyyq/shanghai.htm.

71 www.entrepark.com.

에 위치한 거대한 방위연구센터와 유학파단지 사이의 지리적, 조직적, 인사적 교차점을 표시해보는 것이 유용할 것이다. 우리의 목적은 중국 과학기술발전에 있어서 유학파단지와 귀환자들이 전반적으로 중심적인 위치를 차지하고 있다는 것을 단순히 보여주는 것이다.

중국 학자들이 해외에서 습득한 기술을 무기와 경쟁력 있는 상품으로 전환하기 위한 중국의 정책 지원과 중국내 인프라에 대한 우리의 조사를 이렇게 마무리하기로 한다. 이번 장은 해외 중국인 학생들을 다룬 6장에서 제시된 자료를 보완하고, 베이징이 해외에서 교육받은 인재들과 함께 실제적으로 무엇을 하는지에 대한 끊임없는 질문에 막을 내린다. 다음 장에서는 중국의 기술이전과정에서 전통적인 스파이가 수행하는 역할을 살펴보기로 한다.

08

중국의 전통적인 스파이활동

선견지명은 점(占)이 아닌 인간의 마음에서 나온다.

—선지*Sun Zi*

중국에 대한 파워포인트 브리핑 가치는 선지Sun Zi의 글이 인용되는 수에 반비례한다.

—멀베넌의 제3법칙*Mulvenon's Third Law*

바로 이전 제7장에서는 외국 과학기술 정보를 수집하고 활용하기 위한 중국의 비전통적인 접근방식에 대해 자세히 살펴보았던 반면, 이번 장에서는 국가안전부Ministry of State Security, MSS, 중국인민해방군PLA 군사정보부제2부서 혹은 2PLA라고도 불린다., 중국인민해방군 신호정보조직제3부서 혹은 3PLA라고도 불린다.을 포함한 중국의 전통적인 정보기관들의 역할을 살펴보기로 한다. 제8장은 방첩 및 정책 관련 미국 고위임원들의 설명에 따라, 먼저 미국 내에서 행해지는 중국 스파이활동의 범위와 위협에 대해 개괄적으로 살펴볼 것이다. 중국의 스파이활동에 대한 대부분의 문헌들이 너무 오래되었거나 신화와 잘못된 정보에 의해 치명적으로 훼손되었기 때문에, 이번 제8

장에서 중국 스파이기술을 바라보는 만연한 몇몇 관점들을 비평적인 시각으로 검토할 것이다. 특히 이 새로운 틀은 거대한, 점점 더 증가하고 있는 많은 중국의 기술 스파이활동 사례들에 적용될 것이며, 이러한 사례들에서 공통점과 차이점을 밝혀낼 것이다.

문제의 범위와 규모

지난 10년에 걸쳐 미국 정부 관료들은 중국 정보기관들로부터 발생하는 심각하고 점점 증가하는 위협들, 특히 경제적 · 기술적 스파이에 대해 지속적으로 경고해왔다. 일찍이 2005년 당시 미국 연방수사국FBI 방첩부에서 관리자를 맡고 있던 데이브 새디Dave Szady는 *월스트리트저널*에서 "중국의 스파이활동은 오늘날 미국에게 있어서 가장 거대한 위협이다"[1]고 말하였다. 2008년에 마이다즈 사건Chi Mak case, 샌프란시스코의 해군기지에서 근무하던 중국계 선박엔진 연구원 마이다즈(麥大志)가 스텔스 관련 기밀을 절도한 혐의로 체포되었던 사건. 옮긴이.이 발생하면서 미국 연방수사국 대변인 윌리엄 카터William Carter는 다음과 같이 선언하였다:

> 중화인민공화국 정보기관들은 국가안보와 미국의 중요한 국가 자산에 막대한 위협을 가한다. … 오늘날 세계 경제에서 경쟁하기 위해 중국은 군사력과 경제를 향상시키기 위한 노력을 하고 있으며, 이에 중국은 오랜 기간 동안 커다란 위협으로 남아있을 것이다.[2]

---

1 Jay Solomon, "FBI Sees Big Threat from Chinese Spies," *Wall Street Journal*, August 10, 2005, p. A1.

2 Joby Warrick and Carrie Johnson, "Chinese Spy 'Slept' in US for Two Decades," *Washington Post*, April 3, 2008, www.washingtonpost.com/wp-dyn/content/article/

이러한 견해는 2010년 8월 *60분*^60 Minutes, 미국 CBS방송 시사프로그램, 옮긴이^ 내용에서 전현직 공무원들에 의해 입증되었다. 여기서 국가방첩관실Office of the National Counterintelligence Executive, NCIX의 전前 책임자 미셸 반 클리브Michelle Van Cleave는 인터뷰 진행자에게 다음과 같이 말하였다:

> 중국은 우리 미국이 갖고 있는 가장 큰 골칫거리로, 우리가 중국에게 기울이는 관심 수준은 중국이 우리를 향해 쏟는 노력 수준에 비할 바가 못 된다.… 미국이 통제하는 기술 목록에 올라 있는 모든 기술들이 사실상 한번쯤은 중국인들의 목표였다. … 감지기와 광학 … 생물학 및 화학적 과정들 … 군사적 활용 가능성을 내재하는 것으로 확인된 모든 것들 … 나는 우리가 중국인과 다른 사람들을 위한 사탕가게인 것 같다.[3]

그녀의 후임자로 국가방첩관실NCIX에서 근무하는 조엘 브레너Joel Brenner 역시 공식적으로 그녀의 말에 동의하였다:

> 중국인들은 이 분야에서 전면적인 압박을 가하고 있다. … 중국인들은 가능한 한 빨리 세계를 정복할려고 시도하고 있다. … 이러한 과정을 가속화하기 위한 방법 중 하나가 경제적 스파이활동이다. 무언가를 직접 알아내지 않고 훔칠 수 있다면, 수년의 세월을 절약하게 된다. 이득을 보게 되는 것이다.[4]

브레너Brenner와 다른 이들이 산업국가에게 있어 기술절도가 "정상"

2008/04/02/AR2008040203952.html.

3 Michelle Van Cleave on *60 Minutes*. See also "Caught on Tape," *CBS News*, August 30, 2010, www.cbsnews.com/8301-18560_162-6242498.html.

4 David Lynch, "Law Enforcement Struggles to Combat Chinese Spying," *USA Today*, July 23, 2007, www.usatoday.com/money/world/2007-07-22-china-spy-1_N.htm.

적인 것을 인정하지만, 중국은 가장 적극적인 국가로서 부각되었다.[5]

보고되지 않거나 발각되지 않는 문제를 고려해보면, 위협을 수치화하는 것은 어려운 일이지만 문제의 규모와 시간의 흐름에 따른 위협의 성장세에 대한 신뢰할 만한 추정치를 정부 정보원에 근거하여 계산할 수 있다. 2007년 당시, 미국 연방수사국 방첩부 책임자였던 브루스 칼슨[Bruce Carlson]은 *유에스에이 투데이*[*USA Today*]에서 "모든 경제 스파이 조사의 약 1/3이 중국의 정부조직, 연구기관, 또는 기업과 관련되어 있으며,[6] 2000년과 2005년 사이에 중국인들의 경제적 스파이에 대한 고발 건수가 매년 15% 증가하였다"[7]고 말하였다. 이에 대응하여 미국 연방수사국은 중국 방첩활동 정보원 수를 2001년 150명에서 2007년 350명으로 늘렸다.[8]

중국의 스파이활동이 점점 증가하는 형세는 미국에만 국한된 것이 아니다. 유출된 2010년 MI-5 보고서에 따르면, 중국은 "영국을 가장 크게 위협하는 스파이활동 국가이다."[9] 독일 남서부에 위치한 바덴뷔르템베르크주[Baden-Wurttemberg] 국내정보부 책임자인 요한네스 슈말츨[Johannes Schmalzl]은 "경제 스파이 혐의의 60%가 중국과 관련되어 있다"고 말하였다.[10] 2007년 5월 상원위원회 회의에서 당시 캐나다 보안정보부[Canadian Security Intelligence Service, CSIS]의 책임자였던 짐 저드[Jim Judd]는 "중국은 우리의 방첩 프로그램에서 50%에 가까운 비율을 차지한다"라고 말하였다.[11]

---

5 Ibid.

6 Ibid.

7 Solomon, "FBI Sees Big Threat from Chinese Spies."

8 Lynch, "Law Enforcement Struggles to Combat Chinese Spying."

9 David Leppard, "China Bugs and Burgles Britain," *The Sunday Times*, January 31, 2010.

10 "Merkel's China Visit Marred by Hacking Allegations," *Spiegel Online International*, August 27, 2007.

11 J. Michael Cole, "Friendship is No Bar to Espionage," *Taipei Times*, November 1, 2009, www.taipeitimes.com/News/editorials/archives/2009/11/01/2003457356.

중국 스파이활동이 명백히 세계적인 성공을 거두었기에 우리는 베이징이 수행하는 스파이활동의 전술, 기법, 절차를 자세히 살펴볼 필요가 있다. 언뜻 보기에, 중국의 정보기구는 스파이활동과의 깊은 문화적 관련성, 성공적인 활동의 길고 유서 깊은 역사, 그리고 우리가 제9장에서 살펴보게 될 것처럼 사이버 스파이와 같은 새로운 수집 방법을 이용하는 인상적인 능력을 갖고 있는 것처럼 보인다. 하지만 중국의 스파이활동에 관한 오래된 잘못된 개념, 오해, 신화로 인해 우리는 중국의 방법과 목표를 제대로 이해하기 힘들어진다. 이런 잘못된 개념들은 중국 스파이활동에 관하여 영어로 작성한 방대한 문헌에 의해 영구화되었다. 다음의 내용에서 이러한 개념들을 차례로 살펴보고, 50년 이상의 사례들에서 가져온 잘 알려진 경험적 증거를 참고하여 평가하기로 한다.

진실, 신화, 구식? 중국 스파이활동에 대한 몇몇의 일반적인 믿음에 대한 평가

중국 스파이활동에 대한 담론은 중국 정보기관이 미국에서 기밀을 수집하기 위해 이용하는 전술, 기술, 절차에 대한 일련의 핵심적인 믿음들(이하 '오래된 믿음Old School'이라 칭함)에 의해 오랫동안 지배되어 왔다. 매티스Mattis의 주장에 따르면, 오래된 믿음은 미국연방수사국의 전 방첩분석가인 폴 무어Paul Moore의 논문과 특집기사, 데이비드 새디David Szady, 조엘 브레너Joel Brenner, 루디 게린Rudy Guerin, 브루스 칼슨Bruce Carlson, 미셸 반 클리브Michelle Van Cleave와 같은 "은퇴한 미국 관료들의 언론매체 인터뷰"에 의해 두르러지는 경향이 나타났다.[12] 오래된 믿음에서 핵심적으로 주

12 Peter Mattis, "Beyond Spy vs. Spy: The Analytic Challenge of Understanding Chinese

장하는 바는 중국 정보부가, 특히 미국과 러시아의 보다 고전적인 접근방식과 비교해봤을 때, 정보수집에 있어서 근본적으로 다른 접근방식을 채택하고 있다는 것이다.[13] 오래된 믿음의 주요 사항은 다음과 같다. 중국 정보부는:

- 실력 있는 첩보원을 통해 공식적인 작전을 수행하기보다 많은 수의 비전문적 수집가들 "1,000개의 모래알"이라고도 알려진을 활용하는 것을 선호한다.
- 훔친 기밀을 사지 않고, 기밀을 가진 사람들이 기밀을 내어 주도록 유도한다.
- 민족적으로 중국인 정보원 모집을 선호한다.
- 문제가 있거나 상처받기 쉬운 성격의 사람들을 이용하기보다는 "좋은 사람"을 모집하는 것을 선호한다.
- 데드 드랍 dead drop, 스파이 기술 중 하나로, 두 사람 사이에 전해줄 물건이 있을 때 직접 만나지 않고 장소를 정하여 물건을 놓아두고 찾아가는 것을 말한다. 일명 '던지기 수법'이라고 한다. 옮긴이, 비밀통신과 같은 전통적인 첩보 기법을 이용하지 않는다.

사실 이렇게 받아들여진 모든 오래된 믿음들은 자세히 살펴봐야 하고, 심지어 실증적으로 반박될 여지가 있다. 이번 장에서는 이러한 믿음을 차례로 살펴본 뒤, "층을 이룬" 수집의 새로운 틀과 현재 스파이활동을

Intelligence Services," *Studies in Intelligence* 56, no. 3, September 2012, www.cia.gov/library/center-for-the-study-of-intelligence/csi-publications/csi-studies/studies/vol.-56-no.-3/pdfs/Mattis-Understanding%20Chinese%20Intel.pdf. See also Peter Mattis, "Chinese Intelligence Operations Revisited: Toward a New Baseline," MA Thesis, Georgetown University, 2011.

13 Paul Moore, "Spies of a Different Stripe," *Washington Post*, May 31, 1999, p. A23.

설명하는 분석, 특히 과학기술 수집에 대해 알아볼 것이다.

1,000개의 모래알

중국 첩보문헌에서 스파이활동에 대한 중국의 접근법에 대한 약칭으로 가장 흔하게 사용되는 말은 "1,000개의 모래알"로, "모자이크",[14] "다수", "인해전술", "진공청소기"로 설명되기도 한다.[15] 특히 전통적인 스파이활동과 대조하여 "1,000개의 모래알" 전법에 대해 설명해주는 폴 무어Paul Moore의 고전적인 이야기는 다음과 같다:

> 만약 특정한 해변의 모래가 세계국가들에 의해 스파이활동의 목표가 된다면, 몇몇 국가들은 문제를 해결하기 위해 해변 근처에 잠수함을 파견할 것이다. 밤이 되면 특공대가 잠수함에서 나와, 고무보트를 타고 노를 저어 해변에 다다르고, 한 개 혹은 두 개의 양동이에 모래를 담아 잠수함으로 돌아갈 것이다. 양동이 속의 모래에 대한 분석은 방대한 분량의 자료를 만들어 낼 것이다. 다른 국가들은 하늘 높이 떠있는 인공위성에 부착된 적외선 기술과 분광 사진술을 활용한 정교한 장치를 이용하여, 해

---

14 "모자이크" 견해의 전형을 보려면 다음을 참조하라. Paul Moore, "How China Plays the Ethnic Card: Beijing's Strategy of Targeting Chinese Americans is Hard to Counter With US Security Defense" *Los Angeles Times*, June 24, 1999; Stein, "Espionage without Evidence: Is It Racism or Realism to Look at Chinese-Americans When Trying to Figure Out Who's Spying for China?"

15 "Special Report: Espionage with Chinese Characteristics," StratFor Global Intelligence Report, 24 March 2010; Paul Moore, "How China Plays the Ethnic Card"; Paul Moore, "Chinese Culture and the Practice of 'Actuarial' Intelligence," in Douglas Daye, *A Law Enforcement Sourcebook of Asian Crime and Cultures: Tactics and Mindsets*, Boca Raton, FL: CRC Press, 1997, pp. 377-382; Neil Lewis; "Chinese Espionage Cases Raising Concerns in Washington," *New York Times*, July 10, 2008.

> 변 위의 모래들을 분석해 방대한 분량의 자료를 얻어낼 것이다. 하지만 중국은 만 명의 중국 시민들을 그 해변에서 하루를 보내도록 함으로써 문제해결에 접근할 것이다. 해질녘이 되면, 중국인들은 모두 집으로 돌아가 간단하게 들고 간 수건을 털어낼 것이며, 결국 중국은 다른 국가들보다 더 많은 모래알과 더 많은 자료를 얻게 될 것이다.[16]

미군의 전 방첩사관이자 대중국 방위 담당자인 래리 워츨Larry Wortzel은 이에 동의하며 다음과 같이 주장하였다. 중국은 "수천 명의 사람들에게 제한된 임무를 부여하여 목표 국가에 보내 그 국가를 인파의 홍수 속에 담가버린다."[17] 이러한 관점에서 보면, "누구든지 잠재적인 정보원이나 협력자가 될 수 있다."[18] 수많은 비전문적 정보수집가들을 이용한다는 것은 스파이활동에 많은 시간이 소요되고, 이러한 스파이활동에 대비한 방첩활동을 크게 유발하지 않는다는 것을 의미한다. 무어가 주장하듯이, "보통 중국은 매일 우리에게 야금야금 손실을 안겨 준다."[19]

하지만 이 방식이 효과적일까? 실질적으로 이는 어떻게 작용하고 있을까? 정부 분석가로 근무하였던 피터 매티스Peter Mattis는 2011년 작성한 논문 "스파이에 대한 연구Studies in Intelligence"에서 "1,000개의 모래알"이라는 접근법에 대한 메커니즘에 대해 간략히 설명하였다.

> 중국 정보부는 이질적이며 겉보기에 중요하지 않거나 사소한 데이터로

---

16 Moore, "Chinese Culture and the Practice of 'Actuarial' Intelligence."

17 Mark Magnier, "China's Style of Espionage in Spotlight," *Los Angeles Times*, July 17, 2005, reprinted in Seattle Times, http://seattletimes,nwsource.com/html/nationworld/2002386112_chinaspy17.html.

18 Simon Cooper, "How China Steals US Military Secrets," *Popular Mechanics*, August 2009, www.popularmechanics.com/technology/military/3319656.

19 Peter Grier, "Spy Case Patterns the Chinese Style of Espionage," *Christian Science Monitor*, November 30, 2005, www.csmonitor.com/2005/1130/p01s01-usfp.html.

부터 종합적인 그림을 그려낸다. … 중국 정보기관은 "작은 조각의 정보들"을 수집하여, 보다 크고 종합적인 형태로 조립한다. 이는 중국 정보부가 정보수집의 수준이 매우 낮으며, 기밀 정보이든 아니든 상관없이 모든 정보를 닥치는 대로 수집한다는 것을 의미한다.[20]

무어Moore와 같은 방첩 전문가들에게 있어서 이러한 방식은 "특이하고, 전문적이지 못하며, 미심쩍은" 행동이다.[21] 그는 계속해서 비판하며:

관련된 인원, 구심점과 통제의 부족에 의해 유발되는 상대적으로 부족한 보안, 대부분의 참가자들이 하는 쓸모없는 활동들이나 통제의 어려움, 많은 사람들로 하여금 조각난 정보들을 수집하게 함으로써 발생하는 내재적인 부자연스러움과 같은 면에서 중국의 정보수집 활동은 종종 극단적으로 비효율적인 것처럼 보인다. 내가 생각하기에, 이러한 정보수집 활동은 비효율적이다. 왜냐하면 정말로 비효율적이기 때문이며, 정보수집의 수단으로서의 ***연줄*** guanxi, 관시에 대한 의존이 비효율성을 유발하기 때문이다.[22]

무어Moore에게 있어서, "***연줄*** 네트워크*guanxi* networks는 큰 결함이 있는 첩보 메커니즘"으로, 스파이활동을 위해 "빌려온" 것으로 보았다. 이 네트워크는 문제와 관련된 충분한 사람들을 끌어들였을 때에만 성공할 수 있다. 무어는 자신의 논문 "보험계리적 정보수집Actuarial Intelligence"에서 "만약 당신이 충분히 많은 사람과 함께 일한다면, 당신은 개개인의 활동을 감독할 필요가 없다. 왜냐하면 '보험계리의 원리'가 지배적으

---

20 Mattis, "Beyond Spy vs. Spy." See also Mattis, "Chinese Intelligence Operations Revisited."

21 Moore, "Chinese Culture and the Practice of 'Actuarial' Intelligence."

22 Ibid.

로 작용할 것이기 때문이다"와 같이 결론을 내렸다.[23] 고도로 통제를 받는 서양의 정보수집 모델과의 차이점이 두드러지지는 않는다. 무어는 "중국은 시장주도형 정보 프로그램market-driven intelligence program이 아닌 계획경제를 가지고 있다. … 우리는 단지 정반대의 시스템을 취고 있을 뿐이다"[24]라고 간결하게 지적하였다.

"1000개의 모래알"이라는 관점이 수십 년 동안 지배적이었지만, 매티스Mattis와 다른 새로운 분석가들은 중국의 스파이규칙에 관한 오래된 믿음들에 대해 점점 더 비판적인 태도를 취하게 된다. 그들은 베이징이 훈련을 받지 못한 많은 비전문적 정보수집가들을 활용한다는 것을 부정하지는 않지만, 이러한 분석의 핵심적인 전제에 대해 의문을 제기한다. 매티스는 "인해전술"이라는 전략에 대해 반론을 펼치며 다음과 같이 주장하였다:

> 소위 비전문적인 "인해전술"의 수집전략에 대한 중국 정보부의 의존은 아마 모든 상투적인 전략에서 가장 신뢰하기 어려운 방법일 것이다. 스파이에 대한 정의에서 영구적으로 빠지지 않을 요소는 전문성이다. 비록 전문성을 발휘하는 수준이 임의적인 수준에 미치지 못할지라도 필수요소로 다뤄진다. 이 [1,000개의 모래알]이라는 전략으로부터 중국 정보기관들은 베이징의 정보요구와는 거의 관련이 없다는 말을 논리적으로 도출할 수 있다. … 게다가, 비전문적인 정보수집가들이 모든 모래알을 쓸어 담는다는 것은 중국의 정보기관이 신중한 의도를 가지고 정보를 수집하지 않는다는 것을 의미한다.

---

23 Ibid.

24 Josh Gerstein, "Prosecutors Reverse Course in China Spy Case," *New York Sun*, April 12, 2007.

실제로, 실증적인 기록들은 전문지식, 요구사항, 업무 부여 사이의 명확한 관련성을 반복적으로 드러내고 있다. 예를 들어, 마이다즈麥大志 사례를 살펴보면, 정부는 그의 집에서 발견한 2개의 증거물을 제시하였다. 하나는 마이다즈가 전문가협회에 합류하고 고등연구"특별한 주제"에 대한 세미나에 더 많이 참석하도록 촉구하는 인쇄된 중국어 문서였다. 다른 하나는 중국이 관심을 가지는 어휘, "항공모함 전자시스템", "잠수함 추진 기술", "우수발사 자기부상 플랫폼" 등이 포함되어 있는[25] 기술 목록이었다. 이 2개의 문서는 찢어져 조각난 채로 휴지통에 버려져 있었다.[26] 이와 비슷한 방식으로, 중국 스파이들은 로크웰Rockwell과 보잉Boeing의 기술자 동판 청Dongfan Chung에게 우주공학기술 및 군제에 대해서 중국에서 강의하고 자료를 제공하도록 업무를 부여하였다.[27] 고발장에 따르면,

> 로크웰과 보잉의 직원인 피고 청Chung이 가져간 문서들은 중국 관료들이 과거 피고 청에게 보낸 편지와 업무목록에 포함된 특정한 기술에 대한 요구사항과 일치한다. 피고 청은 중국 정부에게 문서에 있는 정보를 제공함으로써 중국 정부에게 이익을 안겨줄 목적으로 문서를 가져갔다.[28]

또한 매티스Mattis는 "진공청소기" 접근법의 또 다른 측면을 비판하였다. 그는 중국 시스템이 수평적인 통합이 가능하다는 잘못된 전제를 하고 있다고 평가하였다:

---

25 Lynch, "Law Enforcement Struggles to Combat Chinese Spying," and Grier, "Spy Case Patterns the Chinese Style of Espionage."

26 Warrick and Johnson, "Chinese Spy 'Slept' in US for Two Decades."

27 United States v. Dongfan "Greg" Chung, SA CR 08-00024, United States District Court, Central District of California, February 6, 2008.

28 United States v. Dongfan "Greg" Chung.

"진공청소기"라는 전략은 많은 분량의 수준이 낮은 자료들로부터 통찰을 이끌어 낼 수 있는 탄탄한 가공 및 분석 능력을 기본적으로 전제한다. 그리고 "1,000개의 모래알"이라는 개념은 컴퓨터 통신망이 널리 사용되기 이전에 등장하였다. 하지만 우리는 그러한 강력한 분석능력에 대한 증거를 발견하지 못했으며, 오히려 그 반대를 보여주는 인상적인 증거를 가지고 있다. 둘째로, 분석가들은 개방된 정보 환경을 방해하는 중국 체제의 구조를 평가하지 않았다. … 국가안전부MSS가 성省에 설치한 부서들과 적어도 몇 개의 직할시直轄市 수준의 부서들이 문서상으로 존재한다는 것은 국가안전부가 이러한 문제들로부터 자유롭지 못하다는 것을 보여준다.[29]

실제로 중국 관료주의의 역기능과 효과적으로 수평적 혹은 수직적 통합을 하지 못하는 중국 체제에 대한 매티스의 분석은 리버설Lieberthal, 옥센버그Oksenberg 및 기타 전문가들의 저작물에 예시된 대로, 의심할 여지가 없는 강력한 중국학 문헌에 의존한 것이다.[30] 이러한 전문가들은 계급체계 내에서 권력의 수직적인 구분과 논리적인 각 정부 부처 간의 수평적인 관계 사이의 핵심 구조적 붕괴를 강조한다. 이 구조적 붕괴는 조직화와 정보 공유에 관한 문제를 야기하고, 결과적으로 차선의 정책 입안이라는 문제가 발생한다. 리버설Liberthal에 따르면, "중국 체제의 한 가지 핵심적인 원칙이 있는데, 그것은 같은 등급의 조직에게 서로 명령을 내릴 수가

29 "State Security Department Set Up in Fujian," *BBC Summary of World Broadcasts*, October 17, 1983; "Anhui Sets Up State Security Department," *BBC Summary of World Broadcasts*, June 5, 1995; "Sichuan Arrests Falun Gong Follower for State Secrets Leak," *BBC Summary of World Broadcasts*, November 5, 1999; Erik Eckholm, "Researcher for *The Times* in China Is Detained," *New York Times*, September 24, 2004; "China Releases Last of Four Japanese Charged With Military Zone Intrusion," *Xinhua News*, October 9, 2010.

30 Kenneth Lieberthal, *Governing China: From Revolution through Reform*, New York: W.W. Norton and Company, 1995, pp. 169-170.

없다는 것이다."[31] 다시 말해 중국 정부의 관료 체제를 하나의 통합체로 볼 수 없다는 것이다. 예컨대, 국가안전부MSS와 국가안전부를 구성하는 국가 수준 혹은 지역 수준의 모든 부서들이 정보조직체제 내에서, 군사정보부2PLA 내에 있는 대응조직들과 함께 활동을 조직화하고 정보를 공유하거나 협력하기 위한 구조적인 원칙 혹은 장려책을 가지고 있지 않다는 것을 의미한다. 저명한 연구와 인터뷰 프로젝트, 그리고 중국인 학자들이 중국 체제의 역기능에 대해 자발적으로 설명함으로써 확인된, 이러한 지배적인 중국 관료체제의 행동 모델은 "1,000개의 모래알"이라는 모델의 기반을 치명적으로 약화시킨다. 중국의 관료체계 환경 속에서 조직화하고 실행할 수 있는 방안을 찾아내는 것이 불가능하다면 이 "1,000개의 모래알" 전략을 실행에 옮기는 것은 어려울 것이다.

중국의 정보 및 과학 관련 기관들은 매우 다양한 종류의 정보수집가들을 고용하여 작은 조각의 정보들을 수집하고 있지만, 한편으로 이러한 수집물들은 고립되고 조각화되어 있기 때문에 최대한 활용할 수 있도록 재조립하는 것은 어려운 일이라고 말하는 것이 보다 정확한 표현일 것이다.

기밀 훔치기 vs 사람들이 기밀을 내어 주도록 유도하기

전통적인 중국 스파이문헌에 의하면, 개인들이 베이징에 정보를 제공하는 이유에 대해서도 특이한 견해를 가지고 있다. 문헌에 따르면, 베이징은 민족적 정체성에서부터 인간의 진보를 위한 초국가적인 과학적 관

---

31 Kenneth Lieberthal, "China's Governing System and its Impact on Environmental Policy Implementation," Wilson Center China Environment Series 1, 1997, p.3, www.wilsoncenter.org/sites/default/files/ACF4CF.PDF.

심에 이르기까지 각양각색의 명분을 동원하여, 사람들이 기밀을 내어 주도록 "유도"하는 것만큼, 기밀을 "훔치지" 않는다고 주장한다. 또 다시, 무어Moore는 기준을 제시한다:

> 거의 모든 정보수집 활동에서 중국은 정보를 훔치기 위한 기회를 엿보기보다는 … 당신이 이러한 정보 중 적어도 몇 개를 기꺼이 주겠다는 결론에 도달할 수 있도록 하는 모든 종류의 기회를 고안해낸다. … 우리의 목숨을 앗아가는 것은 화려한 스파이 작전이 아니라, 매일매일 겪게 되는 일상적인 접촉이다.[32]

이를 완성하기 위해, 중국 정보기관은 공식적인 모집을 일절 하지 않은 채 목표물을 설득하여 유용한 정보를 얻어낼 적절한 때가 올 때까지 기꺼이 여러 해를 기다린다. 이러한 견해에 따르면, 심지어 목표물은 자신이 "개발되고" 있는 상태라는 것을 모를 수도 있다.[33] 미국 중앙정보국CIA의 전前 지국장이자 미국의 중국 대사인 제임스 릴리James Lilley에 따르면, 중국 정보기관은 '협력자'와 '첩보원' 사이에 서 있는 다소 모호한 방식을 선호한다.[34]

종종 이러한 "협력"을 위한 접촉은 목표물이 중국으로 여행을 할 때 발생한다. 중국의 중개인들은보통 과학적 동료 혹은 "친구" 목표물로부터 정보를 끌어내기 위해 시차증jet lag, 화려한 연회, 술, 접대 중의 호혜적 요구 등을 지

---

32 Solomon, "FBI Sees Big Threat from Chinese Spies."

33 Jeff Stein, "Espionage without Evidence: Is It Racism or Realism to Look at Chinese-Americans When Trying to Figure Out Who's Spying for China?" *Salon.com*, August 26, 1999: www.salon.com/news/feature/1999/08/26/china/index.html.

34 Mark Magnier, "China's Style of Espionage in Spotlight," *Los Angeles Times*, July 17, 2005, reprinted in *Seattle Times*, http://seattletimes.nwsource.com/html/nationworld/2002386112_chinaspy17.html.

렛대로 이용할 수 있다.[35] 무어Moore는 다음과 같이 주장한다:

> 중국이 추구하는 것은 누설이라고 할 수 있다. … 그러한 정보는 기밀이 아니어도 되며, 단지 도움이 되기만 하면 된다. 그리고 중국은 그러한 정보가 일반적으로 얻는 것보다, 자신들이 자격이 주어졌을 때 확보할 수 있는 정보보다 더 고급 정보이길 바란다. 그게 바로 중국이 게임을 진행하는 방식이다. 중국은 "X-plus"를 원한다. 나는 이를 무분별한 스파이 활동이라 부른다.[36]

이런 상황 속에서, 고드프리Godfrey는 목표물이 정보를 제공할지 말지에 대해 스스로 결정하게 만드는 수동적인 방법의 활용을 강조한다:

> 보통 중개인들이 협력자들에게 접근을 할 때, 중국에 있는 목표물의 가족과 목표물이 가질 수 있는 사업적인 기회들에 대한 언급을 하며 미묘한 압박을 가한다. … 중개인들은 목표물이 자신의 길을 선택하도록 이끌어 가는 경향이 있다. 그건 마치 낚시와 같다. 중개인들은 모든 이들을 찔러보고, 그중 몇몇은 미끼를 문다.[37]

게다가 무어Moore와 다른 이들은 "중국은 스파이가 제공해준 정보에 대해 값을 좀처럼 지불하려 하지 않는다"라고 주장한다.[38] 오래된 믿음에 따르면, 중국이 정보에 대한 보상을 지불할 때 그 보상이 현금인 경우

---

35 Dan Stober and Ian Hoffman, *A Convenient Spy: Wen Ho Lee and the Politics of Nuclear Espionage*, New York: Simon and Schuster, 2002, p.77.

36 Stein, "Espionage without Evidence."

37 William Overend, "China Seen Using Close US Ties for Espionage: California Activity Includes Theft of Technology and Surpasses That of Soviets, Experts Believe," *Los Angeles Times*, November 20, 1988, http://articles.latimes.com/1988-11-20/news/mn-463_1_chinese-espionage.

38 Moore, "How China Plays the Ethnic Card."

는 거의 없다. 고드프리Godfrey는 다음과 같이 주장한다:

> 중국이 보상을 지불하는 방식 또한 아주 교묘하다고 할 수 있다. … 데드 드랍dead drop을 통해 세탁된 돈을 일시불로 주는 대신, 합법적인 사업 기회를 제공한다. 이러한 모든 것들은 중국이 관여하는 사건을 고발하기 어렵게 만든다.[39]

기록이 확실한 실증 사례에서 미국 시민들, 보통 과학자들이 중국 공무원과 과학적 동료들에게 기밀 또는 민감한 정보를 외견상 무료로 제공하는 것을 보여주는 많은 사례가 존재한다. 중국계 미국인이자 핵 과학자인 피터 리Peter Lee는 1985년 1월 베이징의 한 호텔 방에서 중국공정물리연구원CAEP 소속 첸 넹쿠완Chen Nengkuan이 접근하여 중국은 "가난한 국가"임을 강조하며, 자신의 도움을 요청하였음을 시인하였다.[40] 법정 기록에 따르면, 피터 리는 핵폭발 모의실험을 위해 관성밀폐 핵융합을 사용하는 것에 대한 자신의 연구 내용을 중국 과학력이 미국을 따라잡길 바라는 마음으로 중개인에게 전달하였음을 미국 연방수사국FBI에 시인하였다.[41] 그 후 피터 리는 1995년 다시 중국을 방문하여 베이징 응용물리 및 계산수학 연구소IAPCM에서 또 다른 과학자 집단에게 잠수함 추적 기술에 대한 자신의 연구 내용을 말해주었다.[42] 피터 리는 두 사례 모두 숙박비와 여행 경비를 보상으로 지급받았음을 인정했지만, 1997년 정부 검찰관은 피터 리가 그런 행동을 한 데 있어서 돈이 주된 동기가 아니었다고 밝혔다.[43]

---

39 Overend, "China Seen Using Close US Ties for Espionage."

40 David Wise, *Tiger Trap: America's Secret Spy War with China*, Boston, MA: Houghton Mifflin Harcourt, 2011, p. 158.

41 Jeff Gerth and James Risen, "Reports Show Scientist Gave US Radar Secrets to China," *New York Times*, May 10, 1999.

42 Wise, *Tiger Trip*, p. 155.

43 William Claiborne, "Taiwan-Born Scientist Passed Defense Data: Ex-Los Alamos Worker

또 다른 많은 사례들이 이러한 중국 정보기관의 정보수집 방식을 보여준다. 리원허李文和, Wen Ho Lee와 부인 실비아Sylvia는 1986년과 1988년에 중국의 베이징 응용물리 및 계산수학 연구소IAPCM에서 열린 회의에 초대받았다. 베이징 응용물리 및 계산수학 연구소는 기능과 구성원이 미국의 핵무기 연구소와 대략적으로 유사한 기관이다. 1988년 중국의 핵무기 설계자 휘시드Hu Side와 또 다른 최고 수준의 무기 과학자가 리원허의 호텔 방에 와서, 미국의 수소폭탄 설계에 대한 기밀 정보를 넘겨줄 것을 요구하였음을 시인하였다.[44] 이와 비슷하게, 1985년 6월 그렉 동판 청Greg Dongfan Chung은 "정부의 통제를 받는 대학들과 중국의 항공기 제조사들로부터 항공기와 우주선 관련 기술에 대한 강의를 초대받았다."[45] 청Chung의 강의주제에는 "우주왕복선 내열성 타일, 간략한 소개, 응력 해석", "일반 항공기의 디자인과 피로 수명", "F-15 전투기"가 포함되어 있었으며, 그는 중국의 과학자들에게 질문을 받고 더 많은 추가정보를 제공할 수 있는 질의응답시간을 가졌다.[46] 청Chung은 미국으로 돌아오고 나서 한 달 뒤 난창항공기회사Nanchang Aircraft Company로부터 추가적인 질문을 받았고, 1985년 12월 이메일을 통해 회사의 최고 책임자에게 B-1 폭격기와 여타 군용 항공기에 대한 27개 매뉴얼을 수집하기 시작하였음을 알렸다. 이후 그는 샌프란시스코에 있는 중국 영사관의 교육담당 영사를 통해 자료를 전달하였다.[47] 2001년 4월 청Chung은 중국을 방문하였는데, 그때 우주왕복선 프로

Gave Secrets to China," *Washington Post*, December 12, 1997.

44 리Lee는 기밀문서를 넘겨주지 않았다고 하였으며, 이후의 거짓말 탐지기 테스트를 통과하였다. 다음을 참조하라. Wen Ho Lee, with Helen Zia, *My Country Versus Me: The First-Hand Account by the Los Alamos Scientist Who Was Falsely Accused of Being a Spy*, New York: Hyperion, 2001.

45 United States v. Dongfan "Greg" Chung.

46 Ibid.

47 Ibid.

그램에 대한 추가적인 강의를 하였다. 2003년과 2006년에 청은 다시 중국을 방문하였다.[48]

중국의 이러한 접근법을 살펴봄으로써 얻을 수 있는 최종적인 결론은 중국이 "증거를 남기지 않고 스파이활동"을 수행할 수 있다는 것이며, 그로인해 심지어 정보원들은 자신이 귀중한 자료를 제공하고 있다는 것을 알아차리지 못할 수도 있다는 것이다.[49] 무어Moore와 다른 이들은 중국 스파이가 피터 리와 다른 과학자들에게중국인이든 아니든 상관없이 기밀 자료를 내려받아 베이징에 전달하는 모습을 상상조차 할 수 없었다. 왜냐하면 그런 행동에는 너무 많은 위험이 따르기 때문이다.[50] 중국 정보기관 관료들은 "서류 가방 속에 들어있는 정보를 원하는 것이 아니라, 귀와 귀 사이에 있는 정보를 원한다."[51] 방첩 공무원들과 연방 검사들에 따르면, 이러한 전략은 미국의 방첩활동과 검사에 대한 중국 스파이활동을 방어해주는 "방탄"으로 만들어준다.[52]

> 스파이활동이 필연적으로 증거를 남긴다고 생각하는 것은 훌륭하지만, 사실은 아니다. … 중국은 미국에 대항하여 스파이활동을 수행할 수 있는 길을 찾아내었다. 즉, 성공적인 수사와 기소가 이뤄질 수 있는 충분한 증거를 남기지 않는 방법을 찾아내었다.[53]

그러나 중국 정보기관이 돈을 주고 기밀을 사기보다는 주로 사람들로 하여금 기밀을 내어주도록 유도하는 것이 진실일까? 사실, 돈을 지불하

---

48 Ibid.
49 Stein, "Espionage without Evidence."
50 Ibid.
51 Ibid.
52 Ibid.
53 Ibid.

고 기밀을 사는 것에 대한 실증적 증거 또한 존재한다. 진우다이金无怠, Larry Wu-Tai Chin는 중국 정보기관으로부터 "약 100만 달러"를 받았다.[54·55] 노시르 고와디아Noshir Gowadia는 상담을 해준 대가로 스위스에 있는 은행으로의 송금 또는 현금, 둘 중 하나의 형태로 11만 달러를 받았다.[56·57] 글렌 더피 슈라이버Glenn Duffie Shriver는 미국 국무부에 들어가는 데 요구되는 외무고시에 두 번 떨어졌는데도 불구하고 중국으로부터 3만 달러를 받았으며, 2007년 미국 중앙정보국 비밀공작부CIA National Clandestine Service의 직책에 지원을 한 뒤 4만 달러를 추가로 받았다.[58·59] 카트리나 륭Katrina Leung은 양상쿤楊尙昆, 중국의 제4대 국가 주석, 옮긴이이 "그녀를 좋아했기" 때문에 중국 정보기관으로부터 10만 달러를 받았음을 미국 연방수사국에 시인하였다.[60] 미국 연방수사국은 카트리나 륭의 집을 수색하여, 3개 기밀문서를 찾아내었다. 하나는 중국에게 정보를 제공하여 1998년에 기소된 과학자 피터 리에 대한 미국 연방수사국의 조사에 관련된 문서였다. 피터 리가 중국에

---

54 Wise, *Tiger Trap*, p. 202.

55 In the Case of United States v. Larry Wu-tai Chin. United States of America, Plaintiff-appellee, v. Cathy Chin, Defendant-appellant (United States Court of Appeals, Fourth Circuit. - 848 F.2d 55, Argued Nov. 6, 1987. Decided May 27, 1988).

56 Noshir Gowadia Convicted of Providing Defense Information and Services to People's Republic of China (DOJ press release, 9 August 2010).

57 Hawaii Man Sentenced to 32 Years in Prison for Providing Defense Information and Services to People's Republic of China (DOJ press release, 25 Jan 2011).

58 Bill Gertz, "Spy's Arrest Underscores Beijing's Bid for Agents," *Washington Times*, October 25, 2010, www.washingtontimes.com/news/2010/oct/25/spys-arrest-underscores-beijings-bid-for-agents/.

59 In the Case of United States v. Glenn Duffie Shriver (United States District Court for the Eastern District of Virginia, Case 1:10-cr-00402-LO).

60 Wise, *Tiger Trap*, p. 149. 이중 스파이 혹은 삼중 스파이로서 륭은 실제로 양측으로부터 돈을 받았다. 륭은 미국 연방수사국FBI 작전요원으로 일하며 170만 달러를 받았다. 미국 연방수사국이 1991년 그녀가 국가안전부MSS에게 정보를 넘겨주고 있다는 것을 알아챈 뒤에 받은 95만1천 달러가 여기에 포함된다. 이 중 120만 달러는 수반된 비용에 대한 보상이었으며, 52만1천 달러는 정보를 넘겨준 대가였다.

게 제공한 정보를 이용해 중국은 핵무기 프로그램을 발전시켰을 것으로 추측된다. 두 번째 문서는 두 명의 중국인 첩보원 루오Luo와 마오Mao 사이의 "국가 안보와 관련된 문제"에 대한 대화를 도청한 것이었다. 세 번째 문서는 미국 연방수사국의 기밀 전자통신으로 알려져 있다.[61·62·63·64]

중국을 위해 스파이활동을 한 것으로 기소된 국방안보협력국Defense Security Cooperation Agency 직원 그렉 버거슨Greg Bergersen 사례에서 협력자이었던 쿠오 타이션Kuo Taishen은 베이징에 전화를 하거나 이메일을 통해 중국인 인맥에게 자료를 전달해준 대가로 5만 달러를 받았다.[65] 버거슨Bergersen의 자동차 내부를 감시하여 유명한 미국 연방수사국의 동영상을 보면, 쿠오Kuo는 정보제공자의 윗옷 주머니에 돈뭉치를 찔러 넣는다.[66] 또한 쿠오는 버거슨을 식당으로 데려가 식사를 대접했으며, 라스베이거스의 공연장과 도박장에 데려가 비용을 지불해주었다.[67] 그 대가로, 쿠오는 버거슨에게 미국 국방부의 GIGGlobal Information Grid, 미군과 미국의 정보기관이 해킹의 위험에서 벗어날 수 있도록 미국국방부를 중심으로 최첨단 네트워크를 구축하는 것을 목적으로 하는 프로젝트, 옮긴이 "로드맵"과 타이완으로의 무기수출의 전망에 관련된 기밀자료를 제공해줄 것을 요청하였다. 첫 번째 요청에 응하여, 버거슨은 (1) GIG 실

---

61 "They Let Her Clean the China," *The Economist*, May 15, 2003.

62 Statement of the US Attorney on the Guilty Please Entered by Katrina Leung (DOJ, 16 Dec 2005).

63 A Review of the FBI's Handling and Oversight of FBI Asset Katrina Leung, Special Report (DOJ/IG, 24 May 2006).

64 Former Defense Department Official Sentenced to 57 Months in Prison for Espionage Violation (DOJ Press Release, 11 July 2008).

65 Jerry Markon, "Man Gave Military Secrets To China," *Washington Post*, May 14, 2008.

66 "Caught on Tape," *CBS News*.

67 United States v. Tai Shen Kuo, Gregg William Bergersen, and Yu Xin Kang, "Affidavit in Support of Criminal Complaint, Three Arrest Warrants and Three Search Warrants," United States District Court for the Eastern District of Virginia, Alexandria Division.

행, (2) GIG Tactical Edge Networks Engineering 기술백서 Version 0.4[2005년 8월 26일 발행, "오직 공식적으로만 사용될 수 있음, 초안"], (3) GIG and NNEC[나토 네트워크]의 발전, (4) Information Operations Roadmap[2003년 10월 30일 발행, "기밀"로 표기됨, 2006년 1월 기밀 해제, 기밀이 해제되었을 때 strikeout이 추가됨], (5) GIG 전사적 시스템 기술 업데이트[Enterprise-Wide Systems Engineering Update, 2007년 5월 16일 발행, 계약업체선정평가위원회(Source Selection Evaluation Board, SSEB)의 예비결정-분배제한" 표기][68] 등과 같은 문서들을 쿠오에게 제공하였다. 두 번째 요구에 응하여, 버거슨은 2007 재비츠 보고서[2007 Javits Report]의 타이완 부문을 쿠오가 적어 가도록 허락하였다. 이 보고서는 기밀로 분류되며, "외국에 대한 미국 군사 장비의 잠재적인 군사력과 직접적인 상업판매를 스프레드시트 형식으로 목록화"한 것이다.[69] 쿠오의 또 다른 정보제공자 제임스 폰드런[James Fondren]은 자신의 집을 기반으로 한 컨설팅 사업을 통해 한 장당 350달러에서 800달러 사이의 금액을 받고 소견서를 판매하였다.[70]

요컨대 중국 정보기관이 사람들, 주로 과학자들로 하여금 기밀이거나 민감한 정보를 비공식적인 상황에서 무료로 넘겨주도록 유도하는 데 성공을 거둬왔다는 것이 사실인 것으로 드러났지만, 중국 정보기관이 정보제공자들의 스파이활동에 대한 금전적 보상의 중요성도 이해하고 있다는 것이 명백하다[몇몇 사례에서는 아주 후하게 보상하였다].

---

68 United States v. Tai Shen Kuo, Gregg William Bergersen, and Yu Xin Kang.

69 Ibid.

70 "Defense Department Official Charged with Espionage Conspiracy," Department of Justice Press Release, May 13, 2009, www.justice.gov/opa/pr/2009/May/09-nsd-469.html.

민족적으로 중국인 채용을 선호하는 중국

오래된 믿음 중 가장 논란의 여지가 있는 사항은 중국이 외국인을 고려 대상에서 배제하고 민족적으로 중국인 스파이를 채용하는 것을 선호한다는 것이다:

> 수년에 걸쳐 중국은 중국 민족성을 물려받은 개개인으로부터 가능한 한 많은 정보원을 모집하려는 강한 열망을 드러냈다. 그리고 스파이를 채용할 때면, 그 대상은 거의 언제나 변함없이 중국계 인물들이다.[71]

IOSS^Interagency OPSEC Support Staff^에 의해 출판된 *2004 정보 위협 안내서*^*2004 Intelligence Threat Handbook*^에 따르면, 국가안전부^MSS^가 시행하는 채용의 약 98%는 중국계 미국인 공동체를 목표로 한다.[72] 이와 대조적으로, 소련의 휴민트^HUMINT: human intelligence, human, intelligence의 합성어로 인적 네트워크를 활용해 얻은 정보 혹은 그러한 정보를 수집하는 방식, 옮긴이.^ 관련 활동 중 1/4 이하의 활동만이 민족적으로 러시아인 스파이들을 채용하는 것을 목표하였다.[73]

베이징이 오직 중국계만을 채용한다는 믿음은 효율성에서부터 문화 혹은 민족주의에 기반을 둔 근거에 이르기까지 대개 다양한 방식으로 설명된다. 효율성 때문이라는 주장은 폴 무어^Paul Moore^에 의해 다음과 같이 요약된다:

---

71 Moore, "How China Plays the Ethnic Card."

72 Centre for Counterintelligence and Security Studies, *Intelligence Threat Handbook*, 2004, p. 21. 이 책은 '이전의 IOSS'의 원조 하에, 공식적으로만 사용될 수 있는 비기밀 문서로서 준비 · 출판되었다. 책의 복사본은 www.fas.org/irp/threat/handbook에서 볼 수 있다.

73 Centre for Counterintelligence and Security Studies, p. 21.

중국이 중국계 미국인들을 다른 집단보다 접근하기에 취약한 것으로 여기고 있다는 증거는 없다. 다른 배경을 가진 사람들보다 민족적으로 중국인인 사람들에게 훨씬 더 효과적으로 접근할 수 있기 때문에 중국이 중국계를 목표로 하는 독특한 첩보 정책을 채택하고 있는 것 같다.[74]

효율성을 근거로 하는 또 다른 주장에서는 가치가 높은 과학기술 부문에서 일하는 불균등한 중국계 인원 수를 지적한다. 예를 들어 한 정보통에 따르면, 중국계 미국인이 인구에서 차지하는 비율은 1%뿐이지만, 연구개발 공동체에서는 15% 이상을 차지한다.[75] 두 번째 근거는 문화적 예외주의의 성향으로, 베이징이 "공통된 문화, 언어, 역사를 가진 개인들을 추구하는 것이 더 편안하다"고 주장한다.[76] 세 번째 근거는 목표물의 애국심 또는 국수주의에 대한 의무감을 이용하는 것에 중점을 둔다:

> 일반적인 중국의 채용 작전이 갖는 장점은 민족성에의 호소 그 자체가 아니라, 목표물들이 중국, 중국에 있는 가족들, 중국에 있는 오랜 친구들 등에게 가지고 있을지도 모르는 모든 종류의 의무감에 대한 것이라고 할 수 있다. … 중국 접근법에서 가장 중대한 쟁점은 알고 있는 약점을 이용하려고 시도하는 것이 아니라, 어떤 방식을 써서라도 중국을 도우려는 개인들의 열망에 호소를 한다는 점이다. 이유야 어떻든, 의무감을 유발하기 위해 같은 민족을 겨냥하는 이러한 방식이 중국 첩보 작전의 가장 독특한 특성이다.[77]

---

74 Ibid.

75 Paul Moore, "How China Plays the Ethnic Card: Beijing's Strategy of Targeting Chinese Americans is Hard to Counter With US Security Defense," *Los Angeles Times*, June 24, 1999, www.articles.latimes.com/1999/jun/24/local/me-49832.

76 Moore, "How China Plays the Ethnic Card."

77 Centre for Counterintelligence and Security Studies, p. 21.

이 접근법은 목표물을 중국 정보부의 공식적인 정보제공자로 만드는 경직된 채용이라기보다는, 오랜 기간에 걸쳐 "중국의 친구"로 만드는 "부드러운 채용"이라고 설명된다.[78] 한 분석가가 말했듯이, "베이징은 대부분의 노력을 언젠가, 어디에서, 어떤 방식으로든 이익으로 작용할 수 있도록, 가능한 한 많은 중국계 미국인들과의 관계를 발전시키는 데에 쏟는다."[79] 애국심에 호소하는 것이 그 방향에 있어서 긍정적일지 몰라도, 몇몇의 경우에서 중국의 친족들에 대한 언급은 위협으로 비춰질 수 있다. 이러한 언급은 베이징이 "잠재적인 협력자의 가족에게 압력을 가하기 위해" 권위주의적인 안보기구를 이용할 수도 있다는 인상을 준다.[80]

이러한 관점을 비판하는 사람들은 지지자들이 민족적으로 편향된 프로파일링과 노골적인 인종차별을 하고 있다고 비난한다.[81] 오래된 믿음의 지지자들은 특정 민족에 대한 자료 수집을 하는 것이 사실상 베이징이라고 반박한다. 1995년에 은퇴하였던 미국 연방수사국 방첩부의 전前 책임자 해리 브랜든Harry Brandon의 의견을 살펴보도록 하자:

> 중국계 미국인이 중국인이기 때문에 정부가 겨냥한다는 이유로 비판자들은 우리 정부를 인종차별주의자라고 한다. … 그에 대한 대답을 하자

---

78 Moore, "How China Plays the Ethnic Card."

79 Stein, "Espionage without Evidence."

80 Moore, "How China Plays the Ethnic Card"; Paul Moore, "Spies of a Different Stripe," *Washington Post*, May 31, 1999, p. A23; "Special Report: Espionage with Chinese Characteristics," StratFor: p. 5; *2009 Annual Report to Congress*, USCC, pp. 149-150; Eftimiades, *Chinese Intelligence Operations*, pp. 60-61.

81 아시아계 미국인의 반응을 보려면 다음을 참조하라. Wang Ling-chi, "Spy Hysteria," *Asian Week* 20 (March 25, 1999); Helen Zia, "I am not a Spy - Are You?" *Asian Week* 20 (June 10, 1999); Email Amok, "The Everyman Spy: The New Yellow Peril," *Asian Week*, August 19, 2005; George Koo, "FBI's Ongoing Racial Profiling Hurts National Interest," *FinalCall.com News*, August 29, 2005; George Koo, "Warning to Chinese Americans: FBI Still Obsessed with Chinese-American 'Spies,'" *New America Media*, May 17, 2007.

> 면, "그렇다"이다. 베이징이 그들을 겨냥하기 때문에 우리는 그들을 겨냥한다. … 여기서 인종적으로 편향되어 있는 것은 다름 아닌 중국 정보기관이다. 중국 정보기관은 중국계 미국인이 단지 중국계라는 이유로 지속적으로 겨냥한다. … 하지만 아마 99.99%의 중국계 미국인들은 중국 스파이활동과 아무런 관련이 없을 것이다.[82]

심지어 이 전략의 몇몇 비판가들은 베이징 방식이 자신들을 의심과 고발에 쉽게 노출될 수 있도록 만들 수 있음을 인정하지만, 미국 연방수사국이 충성스러운 중국계 미국인과 반역자들을 구분할 수 있도록 하는 더 나은 도구를 갖춰야 할 필요가 있다고 말한다.

실증적인 사례 기록들을 살펴보면, 베이징이 민족적으로 중국계 사람을 채용하는 것을 선호한다는 것을 지지해주는 많은 증거들이 있다. 베이징의 정보 수집을 지원해온 중국계 미국인들의 수동적인 과학적 원조에서부터 본격적인 정보제공자 채용에 이르기까지 다양한 수많은 사례를 열거할 수 있다. 진우다이[金無怠],[83] 피터 리,[84] 마이다즈[麥大志]의 사례를 살펴보면, 문화, 민족주의, 혹은 세계적 과학지식의 "공정"한 분배에 대한 호소가 일관적임을 알 수 있다. 동판 "그렉" 청[Dongfang "Greg" Chung] 사례에서 미국 정부는 청[Chung]과 중국의 중개인 사이 편지의 일부 내용을 소개하였다. 1978년 청[Chung]은 중국의 상류 기술대학으로 중국 군대 및 방위산업 기반과 밀접한 관계를 맺은 하얼빈 공업대학[Harbin Institute of Technology]의 쿠천렁[Ku Chenlung]에게 편지를 보냈다:

> 저는 제가 국가를 위해 무엇을 할 수 있는지 잘 모르겠습니다. 중국인 동

---

82 Stein, "Espionage without Evidence."

83 Wise, *Tiger Trap*, pp. 202-213.

84 Wise, *Tiger Trap*, pp. 154-166.

> 포로서 30년 이상을 살아왔고 조국을 위해 노력한 동포들이 자랑스럽지만, 저는 아무 것도 기여한 것이 없기에 후회스럽습니다. … 중국의 4대 현대화the Four Modernization of China에 도움을 주고 싶습니다.[85]

쿠Ku는 1979년 9월 9일, 청Chung에게 다음과 같이 답장을 보냈다:

> 우리는 당신의 애국심에 매우 감동받았습니다. 당신은 수년 전부터 문서들을 재구성하는 데에 엄청난 시간을 쏟아 부었습니다. 우리가 필요로 하는 정보를 찾아주고 복사해주었으며, 조국의 4대 현대화에 기여하기 위해 활발히 활동하였습니다. 당신의 정신은 우리를 고무시키고 우리에게 힘을 줍니다. 우리는 위대한 사회주의 국가의 건설을 위해 해외 동포들과 손을 마주잡길 원합니다.[86]

이 주제에서 가장 논란이 많은 사례는 리원허Wen Ho Lee의 사례로, 그는 민족성 때문에 자신이 정부의 목표가 되었다고 주장한다.[87] 리원허는 자신의 책에서 다음과 같이 단호하게 말하였다. "내가 중국인이 아니었다면, 나는 스파이활동으로 고발당하지도 않았을 것이며, 징역의 위협을 받지도 않았을 것이다."[88] 찰스 워싱턴Charles Washington과 1987년부터 1998년까지 로스앨러모스 국립연구소Los Alamos National Laboratory의 방첩책임자였던 로버트 브루먼Robert Vrooman은 리원허의 주장을 지지한다. 이 둘은 리원허가 "그의 민족성 때문에 스파이활동에 대한 혐의로 조사를 받게 되었음"을 주장하는 진술서를 작성하였다.[89] 하지만 법무부에서 내놓은 수사결

85 United States v. Dongfan "Greg" Chung.

86 Ibid.

87 Lee, *My Country Versus Me*.

88 Ibid., p. 327.

89 Ibid., p. 288.

과에 대한 검토안인 벨로스 보고서Bellows Report는 "중국계 미국인만을 목표로 한 것은 사실이 아니다"라고 결론을 내렸다.[90] 당시 법무장관이었던 자넷 레노Janet Reno는 12명의 용의자 중 오직 절반만이 아시아계 미국인이 쓸 법한 성surnames을 가지고 있었다고 증언하였다.[91] 노트라 트룰락Notra Trulock과 지지자들은 방첩에 대한 여러 위험 요소 때문에 리Lee가 용의자가 되었다고 지적하며, 전문가로서 중국 출장, 개인적인 방문, 중국 핵 과학자들과의 만남을 보고하지 않은 것에 대한 시인, 조사를 받고 있던 또 다른 과학자와 1982년에 접촉한 것이 여기에 포함된다.[92] 이와 같은 지지자들은 리원허에 대한 기소가 결렬된 것은 증거가 부족하기 때문이 아니라, 미국 연방수사국과 검사들에 의한 일련의 실수 때문이라고 주장한다.

리Lee가 실제로 유죄인지 무죄인지에 관계없이, 리Lee는 현재 미국 방첩기구에 의해 행해지는 중국계 미국인 민족에 편향된 수사에서 상징적인 인물이 되었으며, 이 사례에서 느껴지는 부당성으로 인해 이후의 중국계 미국인들의 스파이행위에 대한 모든 수사에서 이 사례는 경고적인 우화가 되었다. 사례의 타당성을 떠나, 현재 리Lee의 사례는 진정으로 부당한 사례인 미사일 과학자 첸쉐썬Qian Xuesen 사례와 한 쌍이 되었다. 첸쉐썬은 1950년대에 매카시즘McCarthyist, 1950년대 미국의 극단적이고 초보수적인 반공주의 열풍, 옮긴이.의 열렬한 추종자들에 의해, 미국 국방연구 구축에 참여하지 못하고 쫓겨났으며, 결국 중국으로 가서 미사일 프로그램을 구축하였다. 그리고 그 결과물은 현재 미국을 겨냥하고 있다.[93]

---

90 Bellows Report, p. 385.

91 Reno testimony, pp. 7, 15.

92 Notra Trulock, *Code Name Kindred Spirit: Inside the Chinese Nuclear Espionage Scandal*, San Francisco: Encounter Books, 2003, pp.178-179.

93 Perla Ni, "Author Denounces Cox Report: Iris Chang tells conventioneers that her

그러나 중국의 스파이활동에 대한 최근의 글들은 중국계를 목표로 두는 문제에 대한 수정주의적인 관점을 제시한다. 먼저, 매티스Mattis는 중국계를 목표로 삼는 것은 의도적인 전략이 아닐 수 있다고 강력하게 주장하면서, 이러한 믿음이 실질적으로 미국의 방첩활동을 어떻게 약화시킬 수 있는지를 보여준다:

> 우리가 발견한 중국 스파이들이 모두 중국인이었던 것은 사실이지만, 이것은 단지 중국이 중국인 스파이를 채용하는 데에 성공했다는 것을 의미하지, 그들에게 초점이 맞추어진 것은 아니다. "죽의 장막"bamboo curtain, 1949년 이래 중국의 비공산권 국가들에 대한 배타적 정책을 가리키는 용어로 중국과 자유진영의 국가들 사이에 가로놓인 장벽을 중국의 명산물인 대나무에 비유한 것, 옮긴이. 뒤에 숨어서, 설사 외국인들에게 노출된다 해도 거의 노출되지 않은 채로 성장한 정보원들이 같은 문화적 이해를 공유하는 스파이들을 채용하는 데 더 많은 성공을 거둔다는 것에 정말 그렇게 놀라야 하나? 이러한 논리적인 오류는 미국 방첩부의 고뇌를 끝내주지 못했다. 아시아계 미국인 공동체로부터 나오는 거부반응에 대한 관습적인 반박중국 정보부가 먼저 자료 수집을 했다는은 의혹을 더욱 증폭시킬 뿐이다. 방첩과 대테러의 분야에서 국가 안보에 위험을 끼치는 사람들을 판별해내기 위해 당국은 종종 지역 공동체의 지원을 필요로 한다. 명확한 사고의 부족으로 시민들의 믿음이 뿌리째 흔들리는 일은 없어야 한다. 실증적인 기록이 우리에게 근본적으로 다른 것이 있다고 말해주지 않는 이상, 우리는 이제부터 이 세 번째 오래된 믿음을 중국 스파이활동에 대한 논의에서 배제해야 하며, 중국이 잠재적인 자원들을 정보 요구에 어떻게 끼워 맞추는지에 초점을 두어야 한다.[94]

---

research was misused," *Asiaweek*, June 3, 1999, www.asianweek.com/060399/news_irishchang.html.

94 Mattis, "Beyond Spy vs. Spy." See also Mattis, "Chinese Intelligence Operations Revisited."

둘째, 심지어 오래된 믿음에 대한 분석가들조차도 중국인들을 대상으로 하는 전략이 항상 성공하는 것은 아님을 인정하는데, 이로 인해 분석가들이 주장했던 근거인 효율성은 그 의미가 무색해진다. 무어[Moore]는 중국인들이 "가능한 한 많은 친구들을 만들고자" 하며, "아주 사소한 긍정적인 반응"에도 만족해한다고 주장하였다. 더욱이 "중국인들의 요구사항은 대단치 않으며 위협적이지 않기에, 심지어 이전에는 도움이 되지 않았던 친구들에게도 지속적으로 접근할 것이다."[95] 매티스[Mattis]는 추가적으로 "자국과 외국에 거주하는 민족적으로 중국인 사람들에게만 집중하는 것은 중국 정보원들이 수집할 수 있는 정보의 종류를 크게 제한한다"고 주장하였다.[96] 한편,

> 민족적으로 중국인 사람들을 겨냥하는 것이 필수가 되는 특정한 임무들이 존재한다. 예컨대, 타이완의 반체제 인사를 추적하는 것, 이주 중국인들을 관찰하는 것과 같은 임무를 들 수 있다. 이러한 모든 임무들은 중국 공산당의 권력을 보호하는 것과 관련되어 있다. 거의 30년 전에 언론과 망명자가 제공해준 정보에 따르면, 이것이 중국 정보부의 최대 중요한 목적이다.[97]

마지막으로, 불충분한 자료로 인해 관찰자들이 인과관계보다 상관관계를 강조하게 되었음을 암시하는 순환 논리가 일상적인 논쟁에 존재한다. 예컨대, 무어[Moore]는 다음과 같이 주장한다:

---

95 Moore, "How China Plays the Ethnic Card."

96 Mattis, "Beyond Spy vs. Spy." See also Mattis, "Chinese Intelligence Operations Revisited."

97 Ibid.

중국 스파이활동에 연루된 것으로 보이는 인물들이 항상 민족적으로 중국인인 이유는 일반적으로 중국만이 그들에게 도움을 요청하기 때문이다. 이유는 그저 그렇게 단순하다.[98]

누군가는 반드시 질문해야 한다. 이 이론이 중국 정보기관의 비중국인 채용을 어떻게 설명할 수 있나?

사실, 중국 정보부가 민족적으로 중국인 사람들을 채용하는 명확한 역사적 패턴이 존재하지만, 보다 최근 사례들은 베이징이 전통적인 방식을 넘어서고 있다는 것을 강력하게 보여준다.[99] 두 명의 백인 그렉 버거슨Gregg Bergerson과 제임스 폰드런James Fondren은 미국과 타이완 사이의 국방 관계에 관련된 정치적이며 군사적인 정보를 획득하기 위한 "위장작전"에 소집되었다.[100·101] 이 둘은 각각 미국 안보협력국Defense Security Cooperation

---

98 Moore, "How China Plys the Ethnic Card."

99 론 몬타페르토Ron Montaperto의 사례는 어렵다. 한편으로, 몬타페르토는 기밀로 판단되는 문서들을 자신의 집에 보관함으로써, 중국의 군사장교 및 정보인사와의 접촉을 보고하지 않음으로써 보안규칙을 명백히 위반하였다. 다른 한편으로, 몬타페르토는 중미관계의 한 순간에 중국의 군사장교 및 정보인사와 협력하도록 지시받았으며, 정책이 변화된 후에 그러한 관계들을 유지한 것으로 처벌받았다. 마찬가지로, 그가 집에 보관하였던 몇몇 문서들은 소급적으로 기밀로 분류된 것으로 나타났다. 이러한 딜레마는 통관 수속을 마친 정부계약 관련 공무원에게 흔하게 발생한다. 이러한 인사들은 정기적으로 중국으로 여행가서 공식적인 혹은 정부와의 계약에 대한 이유로 중국인민해방군의 인사와 교류하지만, 복잡하고 지적인 정보분류에 강제적으로 참여하게 되며, 그로 인해 중국의 군사 관련 인사와의 모든 교류를 의심스럽게 바라보는, 자신에게 배정된 방첩인사에 의해 면밀히 조사받을 것을 자연스럽게 걱정하게 된다. 마지막으로 몬타페르토 사례의 비판가들은, 특히 몬타페르토가 주정주의와 가톨릭적 죄책감을 애호하는 것으로 잘 알려진 것을 고려해보면, 거짓말 탐지기로 그의 자백을 이끌어낸 미해군범죄수사대NCIS의 계략은 함정수사의 냄새가 난다고 믿는다. 돈 카이저Don Keyser의 사례와 마찬가지로, 기밀문서를 잘못 처리하였다는 것에 대한 주장은 거의 없으며, 각 협의자가 외국 정보부가 소집한 스파이였는지에 대한 강렬한 의견충돌이 있다.

100 July Convicts Defense Department Official James W. Fondren Jr. of Unlawful Communication of Classified Information and Making False Statements (DOJ Press Release, 25 September 2009).

101 Defense Department Official Pleads Guilty to Espionage Charge Involving China (DOJ

Agency과 미태평양통합군사령부US Pacific Command에서 근무하였는데, 자신들의 직위로 인해 베이징이 원하는 정보에 접근할 수 있었으며, 이 때문에 중국은 이들에게 접근하였다. 관련 기관들에서 근무하는 중국계 미국인과 타이완계 미국인이 동일한 정보에 접근할 수 있었음에도 불구하고 이 둘에게 접근하였다. 최근의 사례 중 가장 흥미로운 사례는 미시간의 백인 남성 글렌 더피 슈라이버Glenn Duffie Shriver 사례로, 그는 중국 정보부로부터 돈을 받고 미국 국무부와 중앙정보국CIA 둘 중 한 곳에 들어가 스파이로 활동할 것을 요청받았다.[102·103] 슈라이버 작전은 실패로 돌아가 베이징의 입장이 난처해지긴 했지만, 아마도 이는 중국이 중국인들을 겨냥한다는 미국의 추정에 대응하여 나온 작전으로 보인다. 아마 백인 지원자들이 중국인들보다 주목을 덜 받을 것이라 믿었던 것이다.

요컨대, 주로 문화적이고 언어적인 친밀감 때문에 중국 정보기관이 중국인들을 겨냥해왔음을 보여주는 강력한 역사적 기록들이 존재하지만, 보다 최근의 사례를 살펴보면 중국은 비중국인 또한 채용하기 위해 스파이 기술을 확장시켜왔음을 알 수 있다. 아마도 미국 방첩활동에 혼란을 야기하기 위한 것으로 보인다.

전통적인 스파이 기술의 부재

중국 스파이활동에 대한 또 다른 통념은 중국은 냉전 기간 동안 미국과 소련 스파이가 사용하였던 전통적인 스파이 기술을 사용하지 않는다는

Press Release, 31 March 08).

102 Gertz, "Spy's Arrest Underscores Beijing's Bid for Agents."

103 In the Case of United States v. Glenn Duffie Shriver (United States District Count for the Eastern District of Virginia, Case 1:10-cr-00402-LO).

것이다. 폴 무어Paul Moore가 말하듯이, 중국인들은 "신이 의도한 대로 스파이활동을 하지 않는다."[104] 특히 오래된 믿음 관점에 따르면, 중국 정보기관 정보원들은 좀처럼 외교적인 장막을 사용하지 않으며, 외교적 장막을 사용할 때는 스파이를 채용하거나 가동하지 않는다. 더욱이 오래된 믿음은 중국의 정보기관 인사들은 데드 드랍dead drops을 사용하지 않고, 심지어 미국 또는 중국 본토에서 스파이와 중개인 사이에 어떠한 종류의 은밀한 접촉도 이루어지지 않도록 하며,[105] 좀처럼 기밀문서의 출처를 묻지 않는다고 주장한다.[106] 대신 중국 정보기관들은 과학자들을 활용하여 회의와 사적인 대화를 통해 미국을 상대로 "작은 조각의 정보"를 끌어내는 것을 선호한다고 무어와 다른 이들은 주장한다.[107]

사실, 실증적인 기록들은 이를 반증하는 사례들로 가득 차 있다. 스파이활동을 위한 외교적 장막의 이용에 관해 살펴보면, 군사담당관 호우데셩Hou Desheng과 영사관 직원 장 웨이추Zhang Weichu는 "외교적 신분에 부합하지 않는 활동"에 연루되어 체포된 이후, 1987년 후반 미국을 떠났다.[108] 호우Hou와 장Zhang은 ***외교상 기피 인물****persona non grata*로 선고되지 않았었지만, 위장 근무를 하던 미국 연방수사국 수사관이 건네준 미국 국가안보국NSA 기밀문서를 진짜인 것으로 믿고 건네받아 "현장에서 체포되었다."[109]

---

104 Bill Gertz, "Chinese Espionage Handbook Details Ease of Swiping Secrets," *Washington TImes*, December 26, 2000.

105 Stein, "Espionage without Evidence."

106 Ibid.

107 Ibid.

108 James Mann and Ronald Ostrow, "US Ousts Two Chinese Envoys for Espionage," *Los Angeles Times*, December 31, 1987, www.articles.latimes.com/1987-12-31/news/mn-7581_1.

109 Mann and Ostrow, "US Ousts Two Chinese Envoys for Espionage."

중국 스파이들은 암호화 및 기타 비밀통신기법과 같은 전문적인 대감시기술뿐만 아니라, 전문적인 탈출기법을 사용하다가 붙잡혔다. 진우다이[Larry Wu-Tai Chin]는 "직장에서 빼낸 문서들을 담은 35mm 미현상 필름통으로 정보를 제공하였다."[110] 62세 바브로 마이허수티[Babur Maihesuti]는 위구르족의 건강, 여행 패턴, 정치적 성향에 대한 정보를 저널리스트와 외교관(사실은 중국의 정보기관)에게 넘긴 것으로 유죄판결을 받았다.[111] 마이허수티[Maihesuti]는 망명한 위구르들을 위한 세계위구르의회[World Uighur Congress]의 정치적 핵심에 침투하였으며, "특별한 통화시스템"의 도움을 받아 접촉자에게 정보를 은밀하게 넘기곤 했다.[112] 노시르 고와디아[Noshir Gowadia]는 중개인과 연락하기 위한 은밀한 이메일 주소를 사용하였다.[113] 마이다즈[Chi Ma]와 가족들은 자신들의 활동을 파악하기 어렵게 만들기 위해 첨단 암호화 기술을 활용하였다. 재판이 진행되는 동안 검사는 배심원단에게 다음과 같이 설명하였다:

> 이건 프라이스[Fry's]나 오피스디포[Office Depot]에 가서 구입할 수 있는 암호화 프로그램이 아니다. 이건 손수 제작된 암호화 프로그램이며, 중국이 만든 것이다.[114]

검사는 마이다즈 동생의 집을 수색하여 암호에 대한 113개의 핵심문

---

110 Centre for Counterintelligence and Security Studies, *Intelligence Threat Handbook*, 2004, p. 21.

111 "Sweden Jails Uighur Chinese Man for Spying," Reuters, March 8, 2010, www.reuters.com/article/idUSTRE6274U620100308.

112 "Sweden Jails Uighur Chinese Man for Spying."

113 United States v. Norshir Gowadia, United States District Court for the District of Hawaii, CR 05-00486 HG-KSC, October 25, 2007.

114 Josh Gerstein, "Prosecution: Spy Case Shows China's Effort to Steal US Secrets."

자[115]를 발견하지 못했다면, 미국 수사관들은 암호화를 해제할 수 없을 것이라 하였다.[116] 법정문서에 따르면, 마이다즈 일가는 탐지를 피하기 위해 디스크를 암호화하였으며, 중국인 첩보원에게 암호화된 디스크를 전달하기 위해 암호화된 단어를 사용하였다. 한 전화통화에서 마이다즈 동생인 마이다홍麥大泓은 부인과 "보조자"라고 설명한 세 번째 동행자와 함께 여행갈 것임을 알렸다. 검사들의 말에 따르면, 이는 자신의 가방 속에 숨겨진 디스크를 언급한 것이었다.[117] 버거슨과 폰드런Bergersen and Fondren의 사례에서 쿠오Kuo는 공식적으로 판매되는 암호화 프로그램인 PGPPretty Good Privacy를 이용하여 암호화된 이메일 메시지를, 법정문서에 "중국 공무원 A"라고 설명된 사람에게 전달하였으며, 3개의 서로 다른 인터넷 서비스제공자ISP를 통해 중국 공무원 A, 강위신Kang Yuxin, 버거슨Bergersen에게 메시지를 전달하였다.[118] 동일한 중국 공무원이 조작된 이름으로 등록한 야후Yahoo!와 핫메일Hotmail의 계정을 통해 쿠오와 연락하였으며, 5개의 다른 전화번호를 유지하였다.[119]

또 다른 중국 정보제공자들은 중국의 정보중개인들과 거래할 때 전통적인 대감시기술counter-surveillance techniques을 사용하였다. 카트리나 륭Katrina Leung은 중국의 중개인과 연락하기 위해 가명인 "루오Luo"를 사용하기 시작하였으며, 그녀의 중개인은 "마오Mao"라는 가명을 사용하였다.[120] 륭

---

115 Josh Gerstein, "Prosecutors Reverse Course in China Spy Case," *New York Sun*, April 12, 2007.

116 Gerstein, "Prosecution: Spy Case Shows China's Effort to Steal US Secrets," *New York Sun*, March 29, 2007, www.nysun.com/national/prosecution-spy-case-shows-chinas-effort-to-steal/51450/.

117 Warrick and Johnson, "Chinese Spy 'Slept' in US for Two Decades."

118 United States v. Tai Shen Kuo, Gregg William Bergersen, and Yu Xin Kang.

119 Ibid.

120 "A Review of the FBI's Handling and Oversight of FBI Asset Kartina Leung," Department of justice Office of the Inspector General, May 2006, www.justice.gov/oig/special/

Leung은 샌프란시스코에 있는 중국 영사관 공무원에게 긴급히 어떤 누구도 듣지 않았으면 하는 전할 것이 있으니 공중전화로 그녀에게 전화를 걸어달라고 하였다. 아마 그녀는 미국 연방수사국이 샌프란시스코 영사관을 외국정보활동감시법Foreign Intelligence Surveillance Act, FISA의 감시 하에 있었다는 것을 알고 있었을 것이다.[121] 1980년대 유죄판결을 받은 스파이 마이다즈Chi Ma는 처음에는 또 다른 중국인 정보제공자인 그렉 동판 청Greg Dongfan Chung을 위한 운반수단으로서의 역할을 하였다. 마이다즈는 그렉의 자료를 베이징으로 전달하기 위한 안전장치로서 활동하였다. 버거슨과 폰드런Bergersen and Fondren 사례에서, 쿠오Kuo는 중국 시민이자 미국영주권자인 강 위신Kang Yuxin[122]을 2명의 정보제공자와 접촉하고, 상품을 "중국 공무원 A"에게 전달하기 위한 안전장치로서 이용하였다.[123] 쿠오는 중국 공무원 A에게 미국이 "중국 스파이활동"을 주시하고 있기 때문에 조심할 필요가 있다고 하였다.[124] 중국 공무원 A가 쿠오에게 수행한 업무에 대해 보상하고 있으며, 쿠오는 결과적으로 그 돈을 강Kang을 지원하는 데 쓰고 있다는 것을 강Kang에게 한번은 말했기 때문에, 강Kang은 자신의 역할에 대해 잘 알고 있었다. 중국이 안전장치를 사용한 사례 중 가장 별난 사례로, 중국 정보기관이 마크 청Mark Cheung과 진우다이Larry Wu-Tai Chin의 긴급한 접촉을 제공한 사례가 있다. 마크 청은 중국에 결혼한 부인을 두었음에도 불구하고 미국에서 합법적으로 임명된 가톨릭 신부로서 활동하

---

s0605/final.pdf.

121 "A Review of the FBI's Handling and Oversight of FBI Asset Kartina Leung."

122 "Defense Department Official and Two Others Arrested on Espionage Charges Involving China," Department of Justice Press Release, February 11, 2008, www.justice.gov/opa/pr/2008/February/08_nsd_105.html; and United States v. Tai Shen Kuo, Gregg William Bergersen, and Yu Xin Kang.

123 United States v. Tai Shen Kuo, Gregg William Bergersen, and Yu Xin Kang.

124 Ibid.

는 스파이였다.[125]

아마 중국 대감시 스파이기술의 가장 중요한 요소는 미국 밖에서 정보제공자와 만나는 것을 선호하는 것이다. 미국 밖의 장소라 하면 보통 중국이나 홍콩, 마카오와 같은 중국에 소속된 지역이다. 미국의 한 공무원이 1988년 *로스앤젤레스 타임스*[Los Angeles Times]에 말했듯이, "명백한 보안상의 이유 때문에 중국인들은 실질적인 채용을 중국에서 하는 것을 선호한다."[126] 사례는 풍부하지만, 일관성 있는 메커니즘을 보여주는 사례는 소수이다. 1987년 5월의 편지에서 중국항공공업집단공사[AVIC] 공무원 구웨이하오[Gu Weihao]는 그렉[Greg]에게 광저우로 올 것을 요청하였다. 구[Gu]는 광저우의 "안전한" 장소에서 모임을 주선할 수 있었다. 편지는 중국방문을 위한 "허위 명분들"을 제안하였다. 여기에는 화가인 피고 청[Cheung]의 부인을 미술관에 초대하여 중국을 방문한다는 내용이 포함되었다. 또한 구[Gu]는 미국 내의 기술자 마이다즈를 통해 정보를 전달하는 것이 "더 빠르고 더 안전하다"고 하였다. 노시르 고와디아[Noshir Gowadia]가 상담업무를 하는 동안 정보를 전달하기 위해 중국을 방문하였을 때, 중국 내 중개인은 그의 여권에 찍히는 도장을 고치거나, 여권에 도장을 전혀 찍지 않고 여권 심사대를 통과시키며, 여행보안의 추가적인 업무를 추가하였다.[127] 진우다이[Larry Wu-Tai Chin]는 중개인인 오우 치밍[Ou Qiming]을 만나기 위해 홍콩을 빈번히 방문하였으며,[128] 나중에 중개인들을 토론토, 홍콩, 마카오, 베이징에서 만났다.[129] 그가 여행을 가는 부차적인 목적 중 하나는 스파이 활동으로 획득한 금전적 이익을 숨기는 것이다. 그는 1978년 12월부터

---

125 Wise, *Tiger Trap*, p. 206.

126 Overend, "China Seen Using Close US Ties for Espionage."

127 United States v. Noshir Gowadia.

128 Wise, *Tiger Trap*, p. 202.

129 Ibid.

1983년 6월까지 19만2천 달러 이상의 금액을 금, 미국 달러, 홍콩 달러로 홍콩 은행의 계좌에 예치하였다.[130] 마이다즈의 동생 마이다홍은 정보를 담은 암호화된 디스크를 전달하기 위해 중국으로 여행을 갔으며, 광저우에서 중개인 푸 페이리앙[Pu Peiliang]을 만났다. 광저우에서 푸 페이리앙은 군사정보부[2PLA] 후원을 받는 중산대학 중국아태연구소에서 작전연구원으로 근무하였다.[131] 쿠오[Kuo]는 정기적으로 베이징으로 여행을 갔으며, 베이징에 한 사무소를 유지하였다.[132] "중국 공무원 A"는 쿠오가 베이징에 올 때마다 만났으며, 쿠오로 하여금 "중국공산당 중앙위원회는 나를 돌보기 위해 그를 배정하였다"고 결론을 내리도록 만들었다.[133]

요컨대, 수십 년 동안 중국 스파이활동은 정보제공자와 중개인 양쪽에서 스파이기술의 막대한 증거를 드러내며, 오래된 믿음 관점이 틀렸다는 것을 강력히 보여준다.

오직 좋은 사람들로부터만 정보를 수집하는 중국

중국 정보관련 문헌 내에는 중국 정보기관은 복수심, 재정적인 문제, 감정적인 문제, 혹은 기타 취약성에 의해 동기가 유발된 사람들을 채용하지 않지만, 오직 "좋은 사람들"로부터 정보를 수집한다는 통념이 있다. 폴 무어[Paul Moore]는 간결하게 말한다: "중국은 미국에 대한 다른 국가들의 스

---

130 Ronald Ostrow, "Accused Spy Chin Faces New Charges," *Los Angeles Times*, January 3, 1986, http://articles.latimes.com/1986-01-03/news/mn-23858_1_foreign-broadcast- information-service.

131 Lynch, "Law Enforcement Struggles to Combat Chinese Spying."

132 United States v. Tai Shen Kuo, Gregg William Bergersen, and Yu Xin Kang.

133 Ibid.

파이활동의 핵심인 개인적인 혹은 재정적인 문제를 가진 개인들을 절대 찾지 않으며, 접근하지 않는다."[134]

그러나 사실 기록은 그 반대를 보여준다.

최고의 사례들은 중국의 능숙한 미인계 사용과 관련되어 있으며, 장기적으로 정보를 획득하기 위해 종종 결혼한 사람들, 보통 남성의 불순한 욕망을 이용한다. 가장 특이한 사례는 프랑스 외교관 베르나르 부르시코Bernard Boursicot와 오페라 공연자이자 정보제공자인 쉬 페이푸Shi Peipu 사이의 길고 긴 관계에 관한 것으로, 이후에 M. 버터플라이M. Butterfly로 극화되었다. 부르시코는 쉬 페이푸를 여자라고 믿고 이성적인 관계를 적극적으로 유지하였다. 쉬Shi는 부르시코Boursicot의 아이를 가졌다고 주장했지만, 사실 남자였다.[135] 2004년 5월 도쿄의 상하이 영사관에서 암호계로 근무하던 46세 일본인은 중국 정보원으로부터 바텐더와의 불륜으로 협박을 받고 있다는 것을 일본의 주간지 *슈칸 분슌Shukan Bunshun, 週刊文春*에 폭로한 뒤, 자살하였다. 이 외교관은 유서에서 협박에 굴복하느니 차라리 죽는 게 낫다고 하며, "나는 내 국가를 팔아넘길 수 없다"고 밝혔다. 그는 외교관들의 이름과 기타 정보, 암호화된 기밀문서를 일본으로 수송하는 데 이용되는 비행기의 번호를 제공하도록 협박받았다.[136]

중국의 또 다른 성공적인 미인계로 하룻밤의 성관계 혹은 이와 비슷하게 짧은 만남이 있다. 2008년 영국 총리의 보좌관 고든 브라운Gordon Brown은 상하이 호텔 디스코장에서 접근한 중국인 여성의 꼬임에 넘어간 뒤 블

---

134 Moore, "How China Plays the Ethnic Card."

135 Joyce Wadler, "The True Story of M. Butterfly－The Spy Who Fell in Love with a Shadow," *The New York Times Magazine*, August 15, 1999, www.nytimes.com/1993/08/15/magazine/the-true-story-of-butterfly-the-spy-who-fell-in-love-with-a-shadow.html?pagewanted=all.

136 Justin McCurry, "Japan Says Diplomat's Suicide Followed Blackmail by China," *Guardian*, December 20, 2005, www.guardian.co.uk/world/2005/dec/29/japan.china.

랙베리 휴대폰을 도난당했다.[137] 같은 해 런던의 부시장 이안 클레멘트Ian Clement는 베이징의 파티에서 만난 매력적인 여성에 의해 마취를 당했다.[138] 전하는 바에 따르면, 그가 정신을 잃고 난 뒤 그녀는 방을 조사하여, 서류가방에서 런던의 운영과 사업거래에 관한 정보를 수집하였으며, 블랙베리 핸드폰으로부터 자료를 다운로드받았다. 그의 지갑에서는 아무것도 가져가지 않았다.[139]

중국의 정보중개인들은 또 다른 도덕적인 문제를 지닌 정보제공자들을 채용하는 것을 선호하는 것으로 나타났다. 쿠오는 정기적으로 그렉 버거슨을 라스베이거스에 데려갔는데, 거기서 쿠오는 도박을 위한 많은 카지노칩을 그렉에게 제공한 것으로 관찰되었다.[140] 전하는 바에 따르면, 진우다이는 "성적 노리개를 애호하여 수많은 여자친구를 두었으며, 라스베이거스에서 수만 달러의 도박을 하였다."[141] 그는 아파트 세탁실에서 10대 소녀를 성폭행한 혐의로 고소되었지만, 고소는 나중에 취하되었다.[142] 전하는 바에 의하면, 그는 뉴욕에 있는 "조카"와 정기적으로 폰섹스를 하였으며, 그녀와 가끔씩 짧은 만남을 가졌다.[143] 그는 이러한 결혼생활상의 문제 때문에, 아내에게 돈을 주고 이혼하기 위해 중개인에게 15만 달러를 요구하였지만 베이징은 이를 거부하였다.[144]

---

137 David Leppard, "China Bugs and Burgles Britain," *The Times of London (Online)*, January 31, 2010, www.timesonline.co.uk/tol/news/uk/crime/article7009749.ece.

138 Kate Mansey, "Boris Johnson's deputy: 'I had sex with a Chinese spy'," *Sunday Mirror*, November 29, 2009, www.mirror.co.uk/news/top-stories/2009/11/29/boris-johnson-s-deputy-i-had-sex-with-a-chinese-spy-115875-21858098/.

139 Ibid.

140 Wise, *Tiger Trap*, p. 222.

141 Ibid., p. 202.

142 Ibid., p. 206.

143 Ibid., p. 209.

144 Ibid., p. 206.

오래된 믿음 관점과는 대조적으로 중국 정보기관들은 상당한 도덕적 결함을 지닌 정보제공자를 채용하는 데 아무런 거리낌이 없으며, 세계 정보기관들과 마찬가지로 자신들의 이익을 위해, 정보원의 취약성을 이용한다는 것이 증거를 통해 드러난다.

미국에 3,000개의 위장회사를 두고 있는 중국

중국 스파이활동에 관한 가장 지속적인 전설 중 하나는 베이징이 미국에 3,000개의 위장회사를 관리한다는 혐의이다. 이러한 혐의는 1990년대 후반 콕스위원회[Cox Commission]에 대해 보도한 매체에서 처음 공식적으로 나타났다. 미국 내에 중국의 위장회사가 그렇게 많지 않다는 것을 콕스위원회에게 납득시키려는 진보와 보수 정치진영의 양측 연구자들의 노력에도 불구하고, 콕스보고서의 최종안은 다음과 같은 주장을 하게 되었다:

> 1997년 같은 날 상원 증언에서 국방부는 미국 내에서 사업을 하는 중국 인민해방군 회사를 단지 2개 발견할 수 있었다고 하였던 반면, 미국노동총연맹산업별조합회[AFL-CIO]는 적어도 12개, 워싱턴에 기반을 둔 싱크탱크는 20개에서 30개 사이 위장회사를 발견하였다. 특별위원회[콕스위원회]는 발표된 3개의 수치가 모두 실제 수치보다 훨씬 낮다고 판단하였다.
> 특별위원회는 미국에 3,000개 이상의 중국 기업이 있으며, 몇몇은 국가정보기구라 할 수 있는 중국인민해방군과 연결되어 있거나 기술 목표와 획득의 역할을 수행하고 있다고 결론 내렸다.[145]

145 *Report of the Select Committee on US National Security and Military/Commercial Concerns with the People's Republic Of China* (Cox Commission Report), Washington, DC: Government Printing Office, 1999, p. 34.

콕스위원회는 "위장회사"를 서양 기술을 획득하고, 스파이들을 숨기고, 돈을 세탁하거나 모금하고, 혹은 미국 정부에게 영향을 주기 위해 세워진 중국 정부, 중국 정부 보안기관들, 혹은 중국인민해방군과 무장군인과 관계된 모든 것이라 정의하였다.

콕스보고서에 인용된 워싱턴에 기반을 둔 싱크탱크는 랜드연구소RAND corporation이며, 증언을 했던 인물은 제임스 멀베넌James Mulvenon이다. 제임스 멀베넌은 랜드연구소의 정부 고객들을 위한 사안에 대한 몇몇의 내부 연구뿐만 아니라,[146] 중국군의 국제적 사업에 관한 책[147]을 썼다. 1998년의 증언에서 멀베넌Mulvenon은 PTK International, Inc., Poly USA, Inc., Dynasty Holding Company, JF&D International, H&D International, Novell International, Xingxing의 여러 자회사들과 같이 중국군과 확실히 연계될 수 있는 최소한 14개 회사를 강조하였다. 이 회사들은 모두 1990년대 중반 언론의 부정적인 평가와 기소, 또는 1998년 중국의 투자 철수 후에 해산되었다.[148] 마찬가지로 멀베넌은 당시의 군수품 생산 방산 업체인 NORINCO 자회사 12개를 폭로하였으며, 이중 대다수는 화학 약품, 광학기기, 조명 기구, 스포츠용 총, 월마트와 기타 체인점을 위한 자동차 부품을 생산하고 있었다.[149] 당시 미국노동총연맹산업별조합회의AFL-CIO 대표자는 식품무역부Food and Allied Trades Department 책임자였던 제프리 L 피들러Jeffrey L. Fiedler였다. 식품무역부는 중국인민해방군 계열사가 미국 내에서 사업을 하도록 허용하는 것을 반대하는 캠페인을 수년 동안 주최

---

146 James Mulvenon, *Chinese Military Commerce and US National Security*, Santa Monica, CA: RAND, 1997, MR-907.0-CAPP.

147 James Mulvenon, *Soldiers of Fortune: The Rise and Fall of the Chinese Military–Business Complex, 1978–98*, Armonk, NY: M.E. Sharpe, 2001.

148 Mulvenon, *Chinese Military Commerce and US National Security*.

149 Ibid.

한 조직이다. 1990년대 식품무역부는 "미국에서 중국인민해방군 쫓아내자Kick the PLA Out of the USA"라는 웹사이트를 후원하였다. 이 웹사이트에는 중국인민해방군에 대한 증언과 보고서, 관련 회사들이 미국에서 사업하는 것을 금지하는 상정안으로 연결되는 링크가 게시되어 있었다. 수년 동안 함께 친밀하게 근무하였던 멀베넌Mulvenon과 피들러Fiedler는 매우 다른 의제에도 불구하고, 중국 위장회사의 규모에 대해 대략적으로 의견의 일치를 보였으며, 위원회 구성원들에게 미국 내에서 가동되는 중국 위장회사 수를 엄청나게 과장되었다고 말하였다.[150]

출판 직후, *로스앤젤레스 타임스*는 이러한 협의를 조사한 기사를 실었으며, 이러한 수치는 "미국에서 운영되는 민간기업, 군기업, 방위산업체를 하나로 합쳐야만 나올 수 있는 수치이며, 이 모든 기업들이 똑같이 중국 군부 또는 정보기관에 소속되어 있을 확률은 거의 없다"고 결론 내렸다.[151] 이 기사는 콕스보고서가 3,000개의 "위장회사" 목록을 나열하지 못하며, 어떻게 그러한 수치에 도달하게 되었는지를 설명하지 못했음을 지적한다.[152] 기사에서 많은 중국 및 무역 전문가들이 주장을 반박하였다. 현재 피터슨 국제경제연구소Peterson Institute for International Economics 선임연구원 닉 라디Nick Lardy는 "이러한 회사들의 대부분이 국가안보기관에 의해 설립된다는 것은 말이 안 된다"고 하였다.

이러한 수치가 미국 정부의 고위관료들에 의해 변함없이 반복적으로 언급됨에도 불구하고, 중국 정부가 "3,000개의 위장회사"를 미국에서 운영한다는 증거는 없으며, 이러한 도시형 전설urban legend, 확실한 근거가 없는데도 사

---

150 James Mulvenon, Testimony before the Select Committee on US National Security and Military/Commercial Concerns with the People's Republic of China, October 15, 1998.

151 Hael A. Hiltzik and Lee Romney, "Report's Claim on China 'Front' Firms Disputed,' *Los Angeles Times*, May 27, 1999.

152 Ibid.

실인 것처럼 사람들 사이에 퍼지는 놀라운 이야기, 옮긴이은 주로 중국 스파이활동에 대한 국가적 담론이 국가안보와 기술경쟁력에 대한 보다 심각한 위협에 주의를 집중하지 못하도록 만든다. 미국에서 대부분의 합법적인 회사들이 일반적으로 중국 정부 기관들과 맺는 비공식적인 관계중국 정부가 설립하는 것과는 다른를 심각한 위협에 포함시키기 때문이다.

과학기술 스파이

지금까지 중국의 현재 스파이활동에 대한 "오래된 믿음" 관점의 적용 가능성에 의문을 제시하였는데, 여러 원칙들이 민감한 과학기술 정보를 얻고자 하는 베이징의 노력에 대한 방향성을 지속적으로 결정한다. ***2004 정보위협안내서*** *2004 Intelligence Threat Handbook*에 따르면, 과학기술 목표물에 대한 중국의 작전은 일반적으로 "중국 정보기관들의 지시와 통제를 받지 않는다."[153] 미국 정부의 정보원이 "기술수집 작전을 운용할 책임을 맡는 국가안전부MSS 특정 부서가 존재한다는 것"을 인정하긴 하였지만, "국가안전부가 미국의 기술을 수집하기 위한 은밀한 작전을 조직하는 것에 뚜렷한 활동을 보이지 않는다는 것"이 눈에 띈다.[154] 대신, 연구소 혹은 공장과 같은 과학기술정보의 "소비자들"이 수집 요구사항을 결정하고, 수집전략을 설계하며, 수집을 실행한다. 예컨대,

---

153 Centre for Counterintelligence and Security Studies, *Intelligence Threat Handbook*, 2004, p. 18.

154 "Report to Congress on Chinese Espionage Activities against the United States by the Director of Central Intelligence and the Director of the Federal Bureau of Investigation," December 12, 1999.

몇몇 사례에서, 중국 대표단은 미국 내 중국 영사관을 방문하고, 대표단이 관심을 가지는 기술 또는 정보를 생산하는 회사를 확인한다. 정보기관 관료들은 대표단에게 돈독한 관계를 맺고 있는 회사 직원들의 이름을 제공하며, 대표단은 그들에게 제한된 품목을 획득하는 데 은밀한 도움을 줄 것을 호소한다. 성공한다면, 대표단은 품목을 중국으로 배달하기 위해 영사관이 외교행낭diplomatic pouch을 이용하도록 요청할 수도 있다.[155]

다른 사례들에서 중국 대표단 내 과학자들과 기술자들이 정찰자로서 활동한다.

중국 대표단들과 중국 학생들 혹은 연구자들이 미국 연구소 또는 첨단 연구시설과 접촉할 때, 보통 제한된 정보를 훔치거나 은밀하게 획득하려는 시도를 하지 않는다. 그들은 단순히 필요로 하는 것을 확인하며, 많은 지식을 갖춘 사람들을 중국으로의 호혜적 방문에 초대한다. 거기서 중국의 주최 측은 미국의 손님들이 제한된 정보를 이야기할 수 있도록 설득하려 할 것이다. 중국 학생들 또는 대표단의 구성원들은 이와 같이 정보를 훔쳐내는 매개체가 아닌, 미국 전문가들이 기술적 지식을 내어줄 수 있도록 설득하는 매개체가 된다.[156]

표 8.1 중국과 관련된 기술 스파이 사례들(2007-2011)[157]

유죄 판결 날짜	사건유형	피의자	기술
2011년 10월	수출통제	Li Li, Xian Hongwei	위성용 방사선 강화 마이크로칩
2011년 3월	수출통제	Lian Yang	위성용 방사선 강화 마이크로칩
2011년 3월	수출통제	Sixing Liu	항해 장치 정확성

155 Centre for Counterintelligence and Security Studies, p. 18.

156 Ibid.

157 이 사례 요약은 미국 연방수사국에 의해 제공되었다. 다음을 참조하라. www.justice.gov/nsd/docs/summary-eaca.pdf.

유죄 판결 날짜	사건유형	피의자	기술
2011년 2월	영업비밀	Wenchyu Liu	탄성중합체
2011년 1월	수출통제, 국방정보 전달	Noshir Gowadia	저신호 순항 미사일 배기 시스템, B-2 폭격기에 대응하기 위한 적외선 미사일 잠금 범위
2011년 1월	수출통제	Yuefeng Wei, Zhenzhou Wu, Bo Li	단계별 레이더, 전자전 미사일 지침 및 군사 위성 통신 구성요소
2010년 10월	수출통제	York Yuan Chang, Leping Huang	아날로그-디지털 변환기
2010년 9월	수출통제	Chi Tong Kuok	군사 암호, 통신과 세계 위치 시스템 장비
2010년 9월	수출통제	Phillip Andro Jamison	전투급 야간 장치, 레이저 조준 장치
2010년 8월	영업비밀	Kexue Huang	생명공학기술
2010년 5월	수출통제	Sam Ching Sheng Lee	열 화상 카메라
2010년 3월	수출통제	Hok Shek Chan, Wong Fook Loy, and Ngo Tek Chai	C-130 군용 비행 모의 비행장치를 위한 지시등 회전 속도계 자동 제어 장치
2010년 2월	경제 스파이	Dongfang "Greg" Chung	델타 4호기 우주선과 관련된 정보
2009년 10월	수출통제	Jianwei Ding(Singapore), Kok Tong Lim(Singapore), Ping Cheng(USA)	항공기, 로켓, 우주선 및 우라늄 농축에 사용되는 탄소 섬유 소재
2009년 8월	수출통제	William Chai-Wai Tsu	군용 레이더 시스템에 사용하는 통합 회로
2009년 7월	수출통제	Zhiyong Guo	열 화상 카메라
2009년 7월	수출통제	John Reece Roth	UAV용 플라즈마 스텔스
2009년 7월	수출통제	Bing Xu(PRC)	야간 투시 기술
2009년 5월	수출통제	Joseph Piquet	조기 경보 레이더와 미사일 표적 획득 시스템의 고출력 증폭기
2009년 4월	영업비밀	Yan Zhu	환경 소프트웨어
2009년 4월	수출통제	Fu-Tian Lu	마이크로 웨이브 증폭기
2009년 4월	수출통제	Quansheng Shu	우주 발사 기술 자료 및 극저온 연료 시스템

유죄 판결 날짜	사건유형	피의자	기술
2009년 3월	수출통제	Yaming Nina Qi Hanson, Harold Dewitt Hanson	무인 항공기(UAV) 자동 조종 장치
2009년 1월	수출통제	Michael Ming Zhang	Cisco 구성 요소 및 탱크 관련 전자 장치 위조
2008년 12월	경제 스파이	Hanjuan Jin	모토로라의 군사 관련 기술 데이터
2008년 11월	영업비밀	Fei Ye and Ming Zhong	반도체 기술
2008년 9월	수출통제	Qing Li	군용 가속도계
2008년 8월	수출통제	Desmond Dinesh Frank	C-130 군용 항공기 훈련 장비
2008년 6월	수출통제	Xiaodong Sheldon Meng	전투기 조종사 훈련을 위한 군사 소스 코드
2008년 3월	수출통제	Chi Mak	저소음 전기 운행 기술을 포함한 해군 전함기술
2007년 12월	수출통제	Ding Zhengxing, Su Yang, and Peter Zhu	디지털 라디오 및 무선 영역 네트워크용 증폭기
2007년 12월	수출통제	Philip Cheng	야간 투시 카메라
2007년 8월	수출통제	Fung Yung	마이크로 웨이브 집적 회로

이러한 사례들은 중국의 대학, 연구기관, 공장이 미국 측에서 "스파이 사업가"라고 불리는 자들, 또는 폴 무어와 다른 사람들이 "가내공업cottage industry"이라 칭하는 것들에 의해 빈번히 지원받는다는 사실을 보여준다. 이러한 사람들은 보통 거주지에서 소규모 자영업을 하는 중국계 또는 타이완계 시민들이다. 이들은 중국의 고객들이 찾는 기술 혹은 구성요소에 접근하기 위해 적극적으로 대대적인 조사를 펼치며, 중국으로 불법적으로 이전하기 위해 미국 수출통제법상의 예상 밖의 허점을 이용한다. 1998년이라는 이른 시기에, 이미 미국 서해안의 모든 불법적인 기술이전사례의 약 50%에서 중국은 이미 미국 관세원들의 주요 목표대상이었다.[158]

---

158 William Overend, "China Seen Using Close US Ties for Espionage: California Activity Includes Theft of Technology and Surpasses That of Soviets, Experts Believe," *Los*

이 기술들이 때때로 최첨단이긴 하지만, 중국의 특정 프로그램에 필수적인 품목임에도 불구하고 첨단이지 않은 경우도 많다. 전前 수출통제 집행 공무원에 따르면, "중국은 레이저 요격위성 기술 등의 최첨단기술을 추구하지 않는다." "중국은 자동차 생산 공장을 가동하는 컴퓨터와 같이 군사적으로도 민간용으로도 활용될 수 있는 중간급의 이중용도 기술을 주로 찾는다."[159] 찾는 사람들은 중국의 지시를 받는 스파이가 아니며, 거의 돈이 이유가 된다. 미국 연방수사국의 전前 방첩부국장 브루스 칼슨Bruce Carlson이 말했듯이, "전체 프로그램의 기반은 돈이다. 미국 내의 사람들은 돈을 벌려 한다. 중국은 소비할 돈을 가지고 있다."[160]

한 발 물러서서 지난 40년에 걸친 모든 중국의 기술 스파이활동 사례를 분석하고자 한다면, 경제 및 기술 스파이활동의 다른 방식을 체계적으로 분류하는 것이 도움이 된다. 매티스Mattis는 정부 또는 정보기관이 다양한 수준으로 연루된 적어도 5개 유형을 발견하였다.

1. 국가 지원을 받아 산업발전을 위해 정보기관이 경제기밀을 수집하는 것.
2. 전략 경제정보뿐만 아니라 군사정보 및 군사기획을 위해 정보기관이 기술을 수집하는 것.
3. 국가 지원을 받는 산업을 위해 정부의 후원을 받는 비정보기관에 의한 수집.
4. 경제적 객체가 자신의 이익을 위해 경쟁자의 기밀을 훔치는 것.

Angeles Times, November 20, 1988, http://articles.latimes.com/1988-11-20/news/mn-463_1_chinse-espionage.

159 Overend, "China Seen Using Close US Ties for Espionage."

160 Lynch, "Law Enforcement Struggles to Combat Chinese Spying."

5. 위에 언급된 개체 중 누구에게라도 팔아넘기기 위해 또는/그리고 스스로 사업을 하기 위해 경제기밀을 훔치는 기업인들.

이 체계를 이 책 부록에 있는 사례들에 적용해보면, "확실하게 중국과 연관된 사례들이 경제스파이 및 기술이전의 5가지 유형을 보여준다는 것"이 명백해진다.[161] 첫 번째 유형으로, 1993년 우 빈Wu Bin과 2명의 다른 중국인들은 수출통제를 받는 장비를 국가안전부MSS의 지휘 하에 중국으로 밀수한 것으로 기소되었다.[162] 두 번째 유형으로, 2명의 공식 외교관한명은 2PLA에 보고하는 군사담당관은 미국 연방수사국의 함정수사에서 암호화 자료를 구입하려 시도하여 1987년 미국에서 추방되었다.[163] 세 번째 유형으로, 중국군은 외국의 이중용도 기술 구입을 용이하게 하기 위해 보리과기유한공사保利科技有限公司와 같은 수출입회사들을 소유하였거나 소유하고 있다.[164] 네 번째와 다섯 번째가 결합된 유형으로, 2명의 실리콘밸리 기술자 예 페이Ye Fei와 종 밍Zhong Ming은 선마이크로시스템스Sun Microsystems와 트랜스메타Transmeta로부터 기술 도면을 절도하려 한 것으로 2002년에 기소되었다. 예Ye 와 종Zhong은 중국에서 자신만의 기업을 시작하길 원했다. 법

---

161 Ibid.

162 Cox Commission Report, pp. 69-70.

163 Eftimiades, *Chinese Intelligence Operations*, pp. 37, 93-94; Mann and Ostrow, "US Ousts Two Chinese Envoys for Espionage."

164 Kan Zhongguo, "Intelligence Agencies Exist in Great Numbers, Spies Are Present Everywhere; China's Major Intelligence Departments Fully Exposed." *Chien Shao* (Hong Kong), January 1, 2006, p. 27; Cox Commission Report, p. 65. 영리기업에 대한 강압적인 군사투자 철수가 중국군이 기술을 획득하기 위해 이용하는 회사들에게 어느 정도로 영향을 주었는지가 불명확하다. 다음을 참조하라. Michael Chase and James Mulvenon, "The Decommercialization of China's Ministry of State Security," *International Journal of Intelligence and Counterintelligence* 15, No. 4, November 2002, pp. 481-495; and Mulvenon, *Soldiers of Fortune*.

정서류에 의하면, 그들은 국가기술현대화계획인 863계획을 통해 국가의 자금지원을 받으려 하였다.[165] 다섯 번째 유형으로, 2005년 후반 빌 무[Bill Moo]는 F-16 전투기를 위한 제너럴일렉트릭의 최신엔진을 수출하기 전에 체포되었다. 전하는 바에 따르면, 무[Moo]는 이 엔진을 중국군에 판매하여 백만 달러를 받았다고 한다.[166]

결론

너무도 오랫동안 중국 스파이활동에 대한 문헌은 일련의 오래된 속담과 케케묵은 믿음에 의존하여 왔다. 매티스[Mattis]가 최근 출판물에서 설득력 있게 주장하듯이, "각각의 전략들은 관습적인 관점의 기록과 비교하기 전에 다루어야만 하는 내적 논리의 심각한 결함, 무모한 가정, 위험한 영향력을 내포한다."[167] 실증적 기록들을 통해 오래된 믿음을 체계적으로 평가하여 본 결과는 놀랍지 않게도 복합적이다. 중국이 기밀에 대가를 지불하지 않는다거나, 전통적인 스파이기술을 이용하지 않는다거나 또는 오직 "인성적으로 좋은 사람들"만을 모집한다는 것과 같은 몇몇의 진부한 믿음들은 사실과는 전혀 부합하지 않는 것처럼 보인다. 다른 오래된 믿음 관점들, 특히 민족적 중국인 채용에 대한 집착은 과거보다 덜 확고한 것으로 나타났지만, 무분별한 민족적 자료 수집을 하지 않으려면, 이

---

165 Terence Jeffrey, "Two Silicon Valley Engineers Indicted for Economic Espionage Aiding China," *Human Events*, January 13, 2003, pp. 1, 8.

166 Simon Cooper, "How China Steals US Military Secrets," *Popular Mechanics*, August 2006, www.popularmechanics.com/technology/military/3319656.

167 Mattis, "Beyond Spy vs. Spy." See also Mattis, "Chinese Intelligence Operations Revisited."

를 보다 세밀한 관점에서 살펴봐야 한다. 유명한 "1,000개의 모래알"과 같이 세간의 관심을 이끄는 전략들 중 몇몇은 내적 논리에 결함이 있으며, 중국 관료제도를 잘못 묘사한 것으로 드러났다. 이는 핵심적인 자료 부재에 직면하여 우리의 인지적 부조화를 줄이기 위한 시도로부터 나왔을지도 모른다는 것을 시사한다. 또한, 중국이 비공식적인 장소에서 과학자들로 하여금 민감한 정보를 넘겨주도록 설득하는 것에 집중한다는 것과 같은 핵심적인 오래된 믿음 중 몇몇은 건재한 것으로 나타났다.

결국, 중국 스파이활동에 대한 증거들은 현대적인 스파이 기술을 통한 전통적인 작전에서부터 거주지를 기점으로 활동하는 "아마추어 스파이" 기업가들에 이르기까지 다양한 "정보수집에 대한 수준을 이룬 접근법"이라는 매티스Mattis의 생각을 뒷받침한다. 하지만, 정보기관들이 작전에 대해 독점적인 통제를 하는 전통적인 모델보다 다층적인 접근법이 명백히 미국의 방첩활동을 더욱더 어렵게 만든다. 전前 미국연방수사국 데이브 새디Dave Szady가 주장하듯이, 중국은 "매우 다양한 수준에서 활동하기에 러시아에서 발생하는 위협보다 억누르기가 더욱 어려울지도 모른다."[168] 더욱이 다음 장에서 살펴보면 알겠지만, 중국의 전통적인 정보수집활동은 편의성, 진술거부성, 놀라울 정도로 뛰어난 효과성이 있는 사이버 정보수집에 의해 미국이 빠르게 추월당하고 있다.

---

168 Solomon, "FBI Sees Big Threat from Chinese Spies." p. Al.

09

중국 사이버 스파이

문제의 규모

중국의 스파이활동에서 사이버 스파이는 가장 파괴적인 형태의 최신식 스파이활동으로, 미국의 군사적 이익과 기술경쟁력에 치명적인 위협을 가한다. 미국 국가안보국NSA 책임자이자 미국 사이버사령부USCYBERCOM의 지휘관인 키스 알렉산더Keith Alexander 장군은 중국에 대한 언급 없이 2012년 7월 26일 아스펀 안보포럼Aspen Security Forum에서 사이버 스파이가 "역사상 최대의 부Wealth를 이전하고"있다고 하였다. 다른 정부 기관들은 베이징의 사이버 절도행위를 좀 더 과감하게 지적한다.[1] 국가방첩관실NCIX의 2011년 보고서 ***사이버공간에서 미국의 경제 기밀을 훔치는 외국 스파이들***에서는 "중국인들은 세계에서 가장 활동적이고 집요한 경제 스파이다"라고 대담하게 주장하였다.[2] 언론매체가 2005년부터 대규

1 "General Warns of Dramatic Increase of Cyber-Attacks on US Firms," *Los Angeles Times*, July 27, 2012.

2 Office of the National Counterintelligence Executive, *Foreign Spies Stealing US Economic Secrets in Cyberspace: Report to Congress on Foreign Economic Collection and Industrial Espionage, 2009–2011*, October 2011, www.dni.gov/reports/20111103_report_fecie.

모 사이버 침투에 관한 루머를 보도하기 시작했지만,[3] 미국 관료들은 2006년 8월까지 자료 유출을 공식적으로 인정하지 않았다. 2006년 8월 펜타곤Pentagon, 미국 국방부로 육군, 해군, 공군을 포괄하는 최고의 군사기관, 옮긴이은 중국 내에서 활동하는 적대적인 민간 사이버 단체들이 NIPRNET국방부 대금 결제, 부대 이동, 전투기 배치, 공무원 이메일 등 기밀로 분류되지 않았지만 민감한 정보를 다루는 미군의 전산망, 옮긴이을 공격하여 최대 20테라바이트terabytes 분량의 자료를 다운로드했다고 주장하였다.[4] 2007년 3월 당시 합참부의장이었던 카트라이트Cartwright 장군은 미중경제안보검토위원회US-China Economic and Security Review Commission에게 중국이 사이버 정찰을 하여 미국 기관들과 기업들의 컴퓨터 네트워크를 조사하였다고 말하였다.[5] 국방수권법National Defense Authorization Act에 따라 펜타곤은 매년 ***중국 군사력에 대한 보고서*** *China Military Power Report*를 작성하는데, 2007년 보고서는 "미국 정부가 보유한 네트워크를 포함하여 세계의 다양한 컴퓨터 네트워크들이 중국에서 기인한 것으로 보이는 침투를 받았다"고 밝히므로 이런 주장에 힘을 실어준다.[6] 미국 백악관과 국토안보부DHS 전前 사이버담당 폴 커츠Paul Kurtz는 *비즈니스위크* *Business Week*에 중국은 "엄청난 규모의 스파이활동"을 한다고 말하였다.[7] 노스럽 그러먼Northrop

---

pdf.

3 Tom Espiner, "Chinese Hackers Breach US Military Defences," *Silicon.com*, November 2005; and Bradley Graham, "Hackers Attack Via Chinese Web Site," *The Washington Post*, August 2005.

4 Dawn Onley and Patience Wait, "Red Storm Rising: DoD's Efforts to Stave Off Nation-State Cyber Attacks Begin with China," *Government Computer News*, August 2006.

5 See general James E. Cartwright, in hearing, *China's Military Modernization and Its Impact on the United States and the Asia–Pacific*, US-China Economic and Security Review Commission, 110th Congress, 1st Sess., March 29-30, 2007, p. 90, at www.uscc.gov/hearings/2007hearings/transcripts/mar_29_30/mar_29_30_07_trans.pdf.

6 Shane Harris, "China's Cyber Militia," *National Journal*, May 31, 2008.

7 Brian Grow, Keith Epstein and Chi-Chu Tschang, "The New E-spionage Threat,"

Grumman은 미중경제안보검토위원회를 위한 2009년 연구에서 "미국에서 행해지는 중국 스파이활동은 현재 미국 기술에게 가장 거대한 위협이라 할 수 있으며 … 과학기술 혁신 및 경쟁력에서 미국이 오랜 기간 동안 유지해왔던 세계적인 선구자로서의 위치를 잠식할 가능성이 있다"는 결론을 내렸다.[8] 시간이 지나면서 문제는 더욱 악화된 것으로 나타났다. 미국 국토안보부DHS 사이버 안보 담당 최고책임자 로버트 재미슨Robert Jamison은 2008년 3월 기자회견에서 "침투가 더욱 빈번해지고 예리해지고 정교해질 것이 우려된다"고 하였다.[9] 2009년과 2010년 구글과 여타 실리콘 밸리 기업들에 대한 오퍼레이션 오로라Operation Aurora, 중국인민해방군과 유대를 맺고 있는 '베이징에 기반을 둔 엘더우드 그룹(Elderwood Group)' 등에 의한 일련의 사이버 공격, 옮긴이가 발생한 후, 정부 관료들은 중국이 침투를 확대하고 있음에 대해 염려하게 되었다. 이전의 침투 활동은 정부와 군의 네트워크를 겨냥하여 미국의 군사적 이익과 정부의 정책에 위협을 가했던 반면, 새로운 침투 활동은 국가와 국가 간의 스파이를 넘어서 미국의 기술경쟁력과 경제적 번영을 위협한다.

근본적인 증거들이 기밀이었기 때문에, 정부와 군 관료들은 중국 정부와 군에 대한 혐의가 사실임을 보여주는 자세한 증거들을 제공할 수 없었으나, 자연스럽게 침투의 근원이 중국임을 밝히기 위한 철저한 조사로 이어졌다. 미국 사이버사령부USCYBERCOM의 현재 지휘관인 알렉산더Alexander 장군은 확인증언문답confirmation testimony questions에서 "침투가 중국으로부터 시작되었다는 혐의를 밝히는 것이 매우 어려울 수 있음"에 동의하였다.[10]

Business Week, April 21, 2008, pp. 32-41.

8 Bryan Krekel, *Capability of the People's Republic of China to Conduct Cyber Warfare and Computer Network Exploitation*, published by the US-China Economic and Security Review Commission, October 9, 2009.

9 Harris, "China's Cyber Militia."

10 "Advance Questions for Lieutenant General Keith Alexander USA, Nominee for

미국 국토안보부에서 사이버보안 고위직 관료로 근무하였던 그렉 가르시아Greg Garcia는 2009년 3월 *뉴욕타임스*에 "혐의를 중국에게 돌리려는 시도는 거울로 가득 찬 방을 헤매는 것과 같다"라고 비유하였다.[11] 미국 국토안보부 국가사이버보안국DHS's National Cyber Security Division의 초대 책임자 아밋 요란Amit Yoran은 "내가 생각하기에 침투의 출처가 중국임을 나타내는 모든 것들이 중국에서 왔다고 보는 것은 순진한 것 같다"라고 주의를 주었다.[12] 하지만 다른 관료들은 침투의 근원지가 중국임에 대해 더욱 확신하고 있었다. 2008년 당시 미국 국가정보국 국가방첩관실의 책임자였던 조엘 브레너Joel Brenner는 *내셔널저널National Journal*에 다음과 같이 말하였다:

> 몇몇 사이버공격이 정부의 후원을 받는 사이트들로부터 왔음을 우리는 강하게 확신한다. … 중국은 우리처럼 정부기관을 통해 활동하기도 하지만, 이러한 사이버군대와 같은 국제적 해킹 활동에 관여하는 다른 조직들이 특정한 지시를 받는지 아닌지에 상관없이 후원을 통해서도 활동을 펼친다. … 믿기 어려운 일들이 아주 많이 발생하고 있다.[13]

이러한 시각은 사이버 정보회사 마디나Madiant의 2013년 2월 보고서에서 재차 확인할 수 있다. 보고서는 주요한 네트워크 침투 사건들의 근원지가 상하이에 위치한 중국 군사정보부대라는 것을 아주 정밀하게 기술한다.[14]

Commander, United States Cyber Command," published by Senate Armed Services Committee, accessed at http://armed-services.senate.gov/statemnt/2010/04%20April/Alexander%2004-15-10.pdf.

11 Shaun Waterman, "Chinese Cyberspy Network Pervasive," *Washington Times*, March 30, 2009.

12 Harris, "China's Cyber Militia."

13 Ibid.

14 http://intelreport.mandiant.com/ 참조. 혐의를 중국으로 돌리는 것에 대한 다양한 관점

중국 사이버 스파이의 전략적 맥락: 중국 국력을 위한 노골적인 수단으로서의 사이버

떠오르는 강국으로서, 중국 국익은 경제력, 정치력, 외교력, 군사력이 성장함에 따라 필연적으로 확대되고 있다. 하지만 중국 부흥은 미국이 여전히 일방적으로 지배하고 있는 세계 체제 내에서 일어난 것이다. 이러한 불균형 때문에, 중국은 자연스럽게 불균형적인 이점을 찾아 나서게 되었으며, 첫눈에 사이버 공간은 정보 시스템에 대한 미국의 과도한 의존 때문에 미국이 불균형적으로 취약할 수밖에 없는 국력의 한 분야로 보였다. 더욱이 중국은 특히 여전히 사이버 작전을 대단히 비밀스럽고 기밀적인 능력으로 취급하는 미국과 비교했을 때, 정당하고 노골적으로 국력의 수단으로서 사이버능력에 훨씬 더 편안함을 느끼는 것으로 보인다. 노골적인 이용이라는 게 무슨 말일까? 1990년대 후반 수많은 중국의 "애국 해커patriotic hacker" 사건들, 2007년 에스토니아와 2008년 조지아에서 러시아에 의해 발생한 사이버 분쟁에서 나타나듯이, 중국, 러시아와 같은 국가들은 심지어 국가를 대신하여 활동하는 비국가조직들에 의한 사이버 분쟁을 노골적으로 이용하는 데에 보다 거리낌이 없어 보인다.

을 보려면 다음을 참조하라. Krekel, *Capability of the People's Republic of China to Conduct Cyber Warfare and Computer Network Exploitation*; McAfee® Foundstone® Professional Services and McAfee Labs™, *Global Energy Cyberattacks: 'Night Dradon'*, February 10, 2011; Shishir Nagaraja and Ross Anderson, "The Snooping Dradon: Social-Malware Surveillance of the Tibetan Movement," UCAM-CL-TR-746, University of Cambridge Computer Laboratory Technical Report 746, March 2009; Dmitri Alperovitch, *Revealed: Operation Shady RAT*, McAfee, August 2011; and Information Warfare Monitor, *Tracking GhostNet: Investigating a Cyber Espionage Network*, Toronto: SecDev and Citizen Lab, March 29, 2009.

베이징과 모스크바는 이러한 사건들에 중국과 러시아의 연루가능성이 다루어질 때, 네트워크상의 특성으로 인해 관련 사실부인이 중국과 러시아의 연계성과 공격에 대한 대의명분을 가리기에 충분하다고 믿는 것으로 나타났다. 이와 대조적으로, 얼라이드 포스ALLIED FORCE, 코소보 전쟁에서 유고슬라비아 연방 공화국(Federal Republic of Yugoslavia)을 겨냥했던 군사작전, 옮긴이 중 밀로셰비치Milosevic와 산업제어시스템을 공격하는 바이러스인 2011년 스턱스넷Stuxnet에 대해 가능한 컴퓨터 네트워크를 활용한, 있을 수 있는 활동들을 미국이 공식적으로 언급할 때 논리가 맞지 않는 것에서도 볼 수 있듯이, 심지어 워싱턴은 사이버 능력에 대한 공식적인 논의를 한마디도 제대로 하지 못한다.

왜 사이버 스파이활동을 하는가?

사이버를 국력의 수단으로 바라보는 중국 정부의 관점을 나타내는 지시문을 살펴보면, 이 새로운 차원이 특히 정보수집, 기술경쟁력, 전장 정보 분석, 정책입안자들을 위한 전략정보와 관련하여 베이징에게 특정한 핵심적인 전략적 이점들을 제공하는 것이 분명하다.

정보수집의 이점

사이버 스파이활동은 주로 자료운반의 이점과 그럴듯한 부인권의 보장 때문에 현재 중국이 선호하는 스파이 기술이다. 먼저 조엘 브레너Joel Brenner는 다른 전통적인 형태의 스파이활동과 비교했을 때 사이버 스파이활동이 상대적으로 쉽다는 것을 강조한다. "사이버 네트워크는 방첩의 새로운 국경이다. … 멀리서 네트워크를 공격함으로써 정보를 훔치거나 조직을 방해할 수 있다면, 무엇하러 힘들게 스파이를 투입하겠나?"[15] 제8장에서 논의하였던 그렉 동판 청의 사례를 예로 살펴보자. 청을 이용하는 것은 정보장교, 비밀통신, 송금, 여행 준비를 포함한 상당한 제도적 자원을 필요로 했다. 결국 청은 붙잡혔고, 범죄자로서 "포토라인에 서고", 공식적인 재판을 받게 되면서, 중국 정부는 난처한 입장에 처하게 되었다. 이제 다음을 상상해보자. 네트워크 침투에 대한 그럴듯한 부인권으로 보호받는 컴퓨터 네트워크를 활용한 정교한 작전을 통해 하루 저녁에 보잉Boeing 또는 로크웰Rockwell의 컴퓨터 네트워크에서 같은 양의 정보가 유출된다. 이 두 가지 형태 중 하나를 골라야 한다면, 정보기관이 덜 위험하고, 더욱 저렴하고, 보다 빠른 방식을 점점 더 많이 선택하게 되는 것은 지극히 자연스러운 일이다.

기술경쟁력의 이점

30년 이상의 기간 동안 세계의 집회장이자 수출가공구역으로서의 역할을 한 베이징은 "독자적 혁신"을 장려함으로써 중국의 경제개발을 변형시키기로 명확하게 결정하였다.[16]

2006년 이후 제임스 맥그리거James McGregor와 다른 이들은 "중국의 정책과 계획은 외국 기술을 유용하여 살짝 변형하여 세계 시장에 돌아올 중국의 '독자적 혁신'을 창조하기 위해 중국의 시장력을 이용하는 동시에, 보조금과 특혜정책을 통해 '국가적 일류' 기업들을 건설하는 것을 목표로

---

15 Harris, "China's Cyber Militia."

16 James McGregor, *China's Drive for Indigenous Innovation: A Web of Industrial Policies*, Washington, DC: US Chamber of Commerce, July 2010.

하였다는 것"을 강조해왔다.[17] 맥그리거는 정보기술 분야에서 "중국 정부는 반도체칩, 소프트웨어, 통신 하드웨어와 같은 중요한 인프라의 핵심적인 외국기술을 10년 안에 중국 기술로 대체할 것을 지시하였다." 이 목표를 달성하기 위해 적극적으로 사용되는 수단들 중에는 다음과 같은 것들이 있다:

> 외국인에게 초점을 맞춘 독점금지법, 강압적인 기술이전, 의무적인 기술인허가, 부정적인 방향으로 조작된 중국의 표준과 시험 규칙, 국산부품 사용요건local content requirement, 자국 내에서 생산되는 물품과 서비스 안에 국산부품을 일정 비율 포함할 것을 정한 요건, 옮긴이, 암호화 코드를 드러내도록 명령, 과학적 허가와 기술 특허에 대한 과도한 폭로, 차별적인 정부조달정책, 지적재산권을 적절히 보호하는 것에 대한 지속적인 불이행.[18]

그러나 이 대단한 목록에는 전통적인 기술 스파이와 전문적인 사이버 스파이가 빠져 있다. 많은 기업들은 사이버 스파이가 이미 기술적 이점을 침식하고 있을 것이라 믿는다. 사이버 스파이의 접근법에 대한 논리는 미국 연방수사국 방첩부서Counterintelligence Unit의 책임자였던 데이비드 새디David Szady에 의해 분명하게 약술된다. "만약 사이버 스파이가 기술을 훔쳐 5년 안에 해낼 수 있다면, 무엇하러 기술을 개발하기 위해 더 많은 시간을 소모하려 하겠는가?"[19] 전前 국가정보국장 매코널McConnell의 주장에 따르면, 중국 기관들은 "사이버전"을 통해 미국 경쟁력을 파괴하기보다는, "데이터를 파괴하고 피해를 주기 위해서가 아니라 정보적 이점을

---

17 James McGregor, "Time to rethink US-China trade relations," *Washington Post*, May 19, 2010. See also McGregor, *China's Drive for Indigenous Innovation*.

18 Ibid.

19 Nathan Thornburgh, "The Invasion of the Chinese Cyberspies (and the Man Who Tried to Stop Them," *Time*, August 29, 2005.

위해, 예컨대 방위산업체 무기시스템의 특징 혹은 플라스마 물리학에 대한 학술연구를 살펴보기 위해 우리 시스템을 활용한다."[20]

과학기술을 획득하기 위한 중국 사이버 스파이의 사례들은 내부자와 외부자라는 2개의 넓은 범주로 나누어질 수 있다. 2011 국가방첩관실 보고서는 내부자에 의한 사이버 위협에 관한 3가지 사례를 제공한다:

> 벨스파 기업Valspar Corporation의 화학자 데이비드 옌 리David Yen Lee는 2008년과 2009년 사이 기업 내부의 컴퓨터 네트워크에 접근하여 페인트와 코팅을 위한 약 160개의 기밀공식을 이동식 기억장치에 내려받았다. 리Lee는 중국 상하이의 닛폰 페인트Nippon Paint에서 새로운 직업을 얻기 위해 특허 정보를 이용하였다. 리Lee는 2009년 3월에 체포되어 한 차례의 영업비밀 절도에 대해 유죄를 시인했으며, 2010년 12월 15개월의 형량을 선고받았다.
>
> 듀폰DuPont의 화학연구원 멩 홍Meng Hong은 2009년 중반 유기발광다이오드OLED에 관한 특허 정보를 개인 이메일 계정과 USB에 내려받았다. 홍Hong은 이 정보를 베이징대학에 전송하려 하였다. 홍Hong은 베이징대학에서 교수직을 부여받았으며, 유기발광다이오드 연구의 상업화를 위해 중국 정부에게 자금을 제공해줄 것을 요청하였다. 그는 2009년 10월에 체포되어 한 차례의 영업비밀 절도에 대해 유죄를 시인했으며, 2010년 10월 14개월 형을 선고받았다.
>
> 포드자동차Ford Motor Company의 제품기술자 시앙동 위Xiangdong Yu(Mike Yu)는 중국 자동차 회사에 들어가기 위한 목적으로 포드자동차의 약 4,000개의 문서를 외장하드에 복사하였다. 그는 2009년 10월에 체포되어 두 차례의 영업비밀 절도에 대해 유죄를 시인했으며, 2011년 4월 70개월의

---

20 Nathan Gardels, "China is Aiming at America's Soft Underbelly: The Intetnet," *The Christian Science Monitor*, February 5, 2010, accessed at www.csmonitor.com/Commentary/Global-Viewpoint/2010/0205/China-is-aiming-at-America-s-soft-underbelly-the-Internet.

형량을 선고받았다.[21]

중국에서 시작한 것으로 믿어지는 과학 및 산업 관련 데이터에 대한 외부의 사이버 위협은 외주업체outside vendors에 의해 작성된 보고서에 잘 나타나 있다. 몇몇 사례를 살펴보자면:

> 맥아피McAfee는 회사의 *나이트 드래곤Night Dragon* 보고서에서 "세계적인 석유, 에너지, 석유화학 기업들에 대한 은밀하고 조직화된 사이버공격이 감행되어," "민감하고 경쟁력 있는 독점사업, 오일 및 가스 분야의 호가 및 사업에 관한 프로젝트 파이낸싱project-financing 정보를 목표화 · 획득하였다"고 기록하였다.[22]
>
> 맥아피의 드미트리 알페로비치Dmitry Alperovitch는 *쉐이디 래트Shady Rat* 보고서에서 13개 방위산업체, 13개 정보기술회사, 6개 제조사가 포함된 일련의 침투에 의해 위태롭게 된 71개 기관들을 확인하였다.[23]
>
> 2010년 1월 구글은 "중국으로부터 우리 기업 인프라를 대상으로 한 매우 정교한 공격을 받아 소스코드를 포함한 지적재산을 절도당했다"고 보고하였다.[24] 구글은 "인터넷, 재무, 기술, 미디어, 화학을 포함한 폭넓은 사업 분야의 적어도 20개의 또 다른 대기업들"도 침투의 대상이 되었다고 주장하였으며, 어도비Adobe가 이에 대해 별도로 시인하면서 입증되었다.[25]
>
> 인포메이션 워페어 모니터Information Warfare Monitor의 연구자들은 *고스트넷GhostNet* 보고서에서 딜로이트 앤 투쉬Deloitte and Touche의 뉴욕사무소와 같은 정치적, 외교적, 경제적 목표조직들의 컴퓨터를 포함하여 103개 국가

---

21 Office of the National Counterintelligence Executive, *Foreign Spies Stealing US Economic Secrets in Cyberspace*.

22 McAfee, *Night Dragon*.

23 Alperovitch, *Operation Shady RAT*.

24 http://googleblog.blogspot.com/2010/01/new-approach-to-china.html.

25 http://blogs.adobe.com/conversations/2010/01/adobe_investigates_corporate_n.html.

1,295개 컴퓨터가 감염된 것을 발견하였다.[26] 후속보고서 *쉐도우스 인 더 클라우드*Shadows in the Cloud는 허니웰Honeywell을 포함한 추가적인 목표물들을 확인하였다.[27]

이렇게 보고된 각각의 침투들을 추적하면 중국에 있는 IP주소가 나오며, 회사들이 데이터 누출을 공식적으로 보고하길 꺼려한다는 것을 고려해보면, 침투들의 대부분은 알려진 해킹의 일부에 불과하다.

전장 정보 분석Intelligence preparation of the battlefield, IPB

사이버 스파이에 대한 중국의 관심을 베이징이 사이버 스파이를 이용해 어떻게 위협을 유발시키고 다룰 것인지에 대한 잠재적인 무력충돌 시나리오를 살펴보는 것도 중요하다. 중국 지도부가 보기에, 가장 중요한 정치적인 군사적 문제와 중미분쟁에 대한 가장 가능성이 큰 발화점은 타이완 또는 남중국해이다. 1990년대 후반부터 중국인민해방군PLA은 지도부의 대비책을 개선하고, 선진 군사작전 원칙을 개발하며, 점점 더 복잡해지는 훈련과 연습 속에서 시험하고, 새로운 독자적 무기체제와 수입한 무기체제를 통합하기 위해 노력하였다.

그러나 사이버 작전 또한 이러한 시나리오에서 중요한 역할을 할 것으로 기대되며, 사이버 전장 정보 분석을 필요로 한다. 전략적인 수준에서 중국군 시나리오 작성자들은 타이완 시나리오에 두 개의 주요한 무게중

---

26 Information Warfare Monitor, *Tracking GhostNet: Investigating a Cyber Espionage Network*, Toronto: SecDev and Citizen Lab, March 29, 2009, accessed at www.scribd.com/doc/13731776/Tracking-GhostNet-Investigating-a-Cyber-Espionage-Network.

27 Information Warfare Monitor and Shadowserver, *Shadows in the Cloud: Investigating Cyber Espionage 2.0*, Toronto: SecDEv and Citizin Lab, April 6, 2010, found at www.shadows-in-the-cloud.net.

심이 있으며, 두 가지 모두 기타 동적 · 정적 능력과의 협력을 통한 컴퓨터 네트워크 작전의 공격을 받을 수 있음을 글로 제시하였다. 무게중심 중 하나는 군사훈련, 중요한 인프라에 대한 사이버 공격, 미사일 공격, 특수부대 작전 및 심리적인 것에 작전의 초점이 맞춰진 그 외의 작전을 통해 타이완인의 의지를 약화시키는 것이다. 타이완에서의 공식적인 여론조사뿐만 아니라 1995년과 1996년 사이의 군사훈련에 기인한 평가를 근거로 하여, 중국은 타이완인들이 전쟁할 생각이 전혀 없기 때문에 아주 작은 고통을 겪기만 해도 평화를 요청할 것이라고 결론을 내린 것으로 보인다. 두 번째 무게중심은 중국과 타이완 관계에 결정적으로 개입할 수 있는 미국의 의지와 능력이다. 전략적으로, 중국은 미국 본토를 타격할 수 있는 대륙 간 탄도 미사일ICBM이 미국의 개입을 제지하거나 적어도 개입이 확대되는 것을 막을 것이라고 전통적으로 믿어 왔다.[28]

국경과 인접하여 중국인민해방군은 주둔지에 있는 미국 항모타격단 사령관에 대응하기 위해 대함 탄도미사일, 장거리 순항미사일, 잠수함 등과 같은 적합한 "개입 방지" 능력을 구입하면서, 적극적인 군사장비 현대화 프로그램에 관여해왔다.[29] "맹신자들true believers"로 예측되는 일원에 따르면, 위에서 확인한 두 가지의 무게중심은 컴퓨터 네트워크 작전을 통해 공격받을 수 있다. 첫 번째 무게중심과 관련하여, 중국의 정보작전 공동체는 컴퓨터 네트워크 작전이 인프라와 경제 활력을 공격함으로써 타이완인들의 의지를 약화시키는 데 유용한 심리적 역할을 할 것으로 믿는다. 두 번째 무게중심과 관련해서, 중국의 정보작전 공동체는 기밀로 분류되지 않은 NIPRNET 및 NIPRNET의 자동화된 로직스틱스 시스템logistics

---

28 Office of the Secretary of Defence, *Annual Report to Congress: Military and Security Developments Involving the People's Republic of China 2011*, p. 3.

29 Ibid., pp. 2-4, 28-29.

systems에 대한 컴퓨터 네트워크 공격을 군사적 우발사태에 대한 미국의 개입을 막거나 지연시키고, 이로 인해 베이징이 최소한의 싸움으로 정치적인 목적을 달성할 수 있게 하는 효과적인 방법으로 본다. 두 경우 모두에서, 중국은 전장 정보 분석을 위해 실질적인 컴퓨터 네트워크 활용군사적인 용어로 사이버 스파이 행위을 수행해야 하며, NIPRNET 컴퓨터시스템에 심어진 것으로 보이는 침투는 이러한 군사적 요건을 충족하는 것으로 나타났다.

중국군이 미군 작전의 전개 단계, 특히 군수물자 전개를 위한 기밀로 분류되지 않은 NIPRNET의 사용을 취약점으로 보고 여기에 우선적인 초점을 맞추는 이유는 무엇일까? 1990년대 초반 데저트 스톰DESERT STORM, 걸프전에서 다국적군에 의해 수행된 군사작전, 옮긴이 이후 중국인민해방군은 종종 "첨단기술을 가지고 있는 적"이라고 완곡해서 표현하는 자들의 작전을 분석하는 데 막대한 자원을 소모해왔다.[30] 중국 전략가들이 미국의 전개에 영향을 줄 수 있는 방법에 대해 고민할 때, 자신들이 현재 갖추고 있는 재래식 부대의 한계에 직면하게 된다. 재래식 부대는 일본 열도를 넘어 미국의 시설과 자산을 파괴할 충분한 사정거리를 가지고 있지 않았다.[31] 핵무기라는 선택지는 이론적으로는 가능할지 몰라도, 분쟁의 초기에 사용되기에는 규모를 극단적으로 확대시키는 너무도 과한 수단이다.[32] 재래식 탄두와 핵탄두의 혼용으로 이어질 수 있는 전역미사일시스템Theater missile systems은 일본이나 괌을 상대로 사용될 수 있지만, 이 탄두의 특성에 관한 불확실성은 핵무기 시나리오와 비슷한 반응을 일으킬 가능성이 크다.[33] 대신

---

30 Ibid., p. 22.
31 Ibid., p. 31.
32 Ibid., p. 34.
33 Ibid., pp. 29, 78.

미국의 군사작전을 분석하는 중국 분석가들은 핵심적인 취약점은 전개 방식 그 자체라는 통찰력 있는 결론을 내렸다. 특히, 중국 저자들은 미국 국방부DoD가 민간 통신망과 NIPRNET으로 알려진 기밀로 분류되지 않은 컴퓨터 네트워크의 사용을 필요로 하는 것이 "아킬레스건"임을 강조하였다. 미국 국방부가 이러한 네트워크가 필요한 것은 세계적 세력투사도global power projections에 필요하기 때문이다. 분석가들은 미국 태평양 사령부PACOM가 태평양에 대해 가지고 있는 "거리에 따른 장애"[34]를 고려하여 태평양에서의 작전이 정밀하게 조직화된 운송, 통신, 물류네트워크에 심하게 의존한다는 사실을 인식하기도 한다. 중국인민해방군 분석가들은 이러한 시스템이나 이에 연계되는 민간 시스템에 대한 파괴적인 컴퓨터 네트워크 공격이 중국이 어느 정도의 그럴듯한 부인권을 유지할 수 있게 하는 동시에 잠재적으로 지역에 대한 미국의 부대전개를 지연시키거나 저하시킬 수 있을 것이라고 믿는다.

중국인들이 기밀화된 통신망과는 달리, NIPRNET을 매력적이고 접근가능한 목표물로 강조한 것은 적절하다. NIPRNET은 지극히 중요한 시차별 부대전개목록"tip-fiddle"이라고 알려진에서 중요한 부대전개 정보를 포함·전송하기에 매력적이다. NIPRNET은 미국의 군사작전에 관한 정보수집뿐만 아니라 파괴적인 공격으로 돈벌이가 되는 목표물이라는 점에서 가치가 있다. 접근성이라는 측면에서 보면, 적어도 9.11 이전에는 오픈소스open sources로부터 NIPRNET에 관한 데이터를 수집하는 것이 상대적으로 쉬웠다. 게다가 NIPRNET이 비록 보호받는 게이트웨이를 통해야 하지만, 비기밀화되어 있으며 세계 네트워크에 연결되어야 한다는 세계 강대국

---

34 이 문제에 대한 PACOM/J4의 관점을 보려면 다음을 참조하라. www.navsup.navy.mil/scnewsletter/2009/jan-feb/cover1.

의 요구 때문에, 이 시스템은 그 자체가 취약성을 가지고 있다.[35]

반면, 미국 국방부DoD의 기밀화된 네트워크는 중국에게 매력적이긴 하지만 보다 접근하기 힘든 목표물이다. 한편으로 이러한 네트워크들은 정보의 금광이자, 컴퓨터 네트워크를 활용하여 우선적으로 겨냥해야 할 목표물인 듯하다. 다른 한편으로, 이 네트워크의 막강한 방화벽을 뚫는 것이 어렵기 때문에, 컴퓨터 네트워크 공격의 목표물로서 보다 매력적이지 못하기도 하다. 위기나 전쟁 시 이러한 네트워크를 뚫는 것에 대한 고도의 성공을 기반으로 하는 전반적인 중국의 군사전략은 위험성이 큰 모험이며, 용인할 수 없을 정도로 전반적인 노력이 실패할 확률을 증가시킨다.

로지스틱스 네트워크에 대한 중국의 컴퓨터 네트워크 활용 작전 혹은 컴퓨터 네트워크 공격작전은 미국 작전에 있어 군수물자 지원에 악영향을 미친다. 미군의 로지스틱스 네트워크를 겨냥한 컴퓨터 네트워크를 활용한 중국의 활동은 전개되는 함선의 명칭, 다양한 부대의 준비상태, 전개의 시기와 목적지, 집결 일정과 같은 부대전개에 관한 정보를 알아 낼 수 있다. 평화로운 시기에 중국은 군사전개 정보의 주요 출처로서 미군의 웹사이트와 신문을 활용하기 때문에, 이는 특히 위기 시 중국인들에게 중요하다. 예컨대 2001년 10월 *인민일보*에 실린 한 기사는 남중국해에서 군사훈련을 실시하는 2개의 항공모함전투단의 기원, 목적지, 목적에 관한 정보를 위해 미해군의 웹사이트들을 인용하였다.[36] 공개적인 웹사이트에 올라오는 군사전개 정보의 수준과 분량이 9.11 테러 이후 격감되었기 때문에, NIPRNET 이용에 의한 정보 이득NIPRNET의 필요성이 무엇보다 중

---

35 기밀로 분류되지 않은 요약을 보려면 다음을 참조하라. www.disa.mil/Services/Network-Services/Data/SBU-IP.

36 "Whom, If Not China, Is US Aircraft Carriers' Moving onto South China Sea Directed Against?" *Renmin Ribao*, August 24, 2001.

요하게 되었다.[37] 또한 컴퓨터 네트워크 공격은 물품, 연료, 군수품을 엉뚱한 곳으로 보내고, 물품 목록을 담은 파일을 조작하거나 삭제할 수 있으며, 그로 인해 임무 수행력을 저해함으로써 현장에 재보급을 지연시킬 수 있다.

이러한 전략은 많은 이점이 있다. (1) 중국인민해방군이 빠른 시일 내에 시행할 수 있다. (2) 중국인민해방군이 공중과 해상으로 타이완을 물리적으로 공격·침입할 것을 요구하지 않는다. (3) 공격이 추격을 막을 정도로 정교하다면, 합당한 수준의 부인권을 갖는다. (4) 사고가 발생하는 것을 극도로 꺼려하는 성향, 부대방호에 대한 과도한 집중, 태평양에서 거리에 따른 장애, 정보체제에 대한 의존과 같은 표면적으로 인지되는 미국의 문제를 이용한다. (5) 미국의 반응 저지 및 전개 와해라는 바람직한 작전적·심리적 효과를 거둘 수 있다. 중국인민해방군 분석가들이 1995년이라는 이른 시기에 최우선적으로 네트워크 공격을 감행해야 할 대상이라고 정한 NIPRNET 시스템에 대한 10년 이상의 중국발 침투를 돌아보면, 침투의 논리는 보다 명확해진다.

전략 정보

사이버 스파이활동의 또 다른 동기는 미국 정부와 정당의 내부 논쟁뿐만 아니라 군사적·비군사적 관료들의 의도와 정책에 관한 전략정보이다.

---

37 국방부의 개정된 웹사이트 관리 지침(www.defenselink.mil/webmasters/policy/dod_web_policy_12071998_with_amendments_and_corrections.html에서 볼 수 있다)은 특히 다음을 금지한다. "3.5.3.2. 군사자산의 민감한 이동을 드러내거나 장소에 관한 불확실성이 군사계획의 요소일 때 부대, 설비, 인력의 위치를 드러내는 '기밀로 분류되지 않은 정보'에 대한 언급."

1. 2006년 6월 국무부 워싱턴 본부와 해외 지부들이 사이버 침투를 당했다. *AP*Associated Press통신에 따르면, "해커들은 민감한 정보와 패스워드를 훔쳤으며, 돌아올 수 있도록 기밀화되지 않은 컴퓨터들에 '백도어back doors'를 심어놓았다." 국무부 직원들은 *AP*에 국무부 동아시아태평양담당국East Asian and Pacific Affairs Bureau이 특히 심한 침투를 받았으며, 이는 침입자들이 아시아에 관련된 정보에 특별한 관심이 있었음을 보여준다고 밝혔다.[38] *비즈니스위크*Business Week의 두 보도기자가 사건의 내용을 들려준다:

공격은 2006년 5월에 시작되었다. 이때 국무부 동아시아태평양담당국의 직원은 겉보기에 진짜인 것처럼 보이는 이메일의 첨부파일을 의도치 않게 클릭하였다. 악의적인 코드가 의회연설을 담은 워드문서에 심어져 있었으며, 코드를 만든 사람이 국무부의 사적인 네트워크를 들여다볼 수 있도록 트로이목마 바이러스를 통해 "백도어"를 개방하였다. 곧 사이버 보안 기술자들이 전 세계에 걸친 국무부 컴퓨터에 대한 침투가 더 있음을 발견하기 시작했다. 컴퓨터 파괴 소프트웨어는 이전에는 알려지지 않았던 마이크로소프트 운영체제의 취약점을 이용하였다. 충분히 빠르게 패치를 만들 수 없었기 때문에, 기술자들은 국무부 데이터가 백도어를 통해 인터넷으로 유출되는 것을 무력하게 지켜보았다. 비록 취약점을 고칠 수는 없었지만, 전문가들은 더 이상의 감염발생을 차단하는 임시방편을 고안해 냈다. 또한 전문가들은 인터넷 연결을 차단하였다. 당시 현장에 호출되었던 비상팀의 한 구성원은 해커에게 보고하는 "비컨beacon"을 사이버 보안 전문가들이 제거했다고 생각했던 매 순간마다 또 다른 비컨이 나타났다고 회상하였다. 그는 이를 두더지 때려잡기Whack-A-Mole 게임에 비유하였다. 국무부는 감염을 근절하였다고 발표했지만, 실제로는 많은 감염된 컴퓨터와 서버를 청소하고, 패스워드를 교체하고 난 이후에나 가

38 "Computer Hackers Attack State Dept.," *Associated Press*, July 12, 2006.

능했다.[39]

2. 2007년 침입자들이 국방장관 로버트 게이츠Robert Gates 사무실의 이메일 시스템에 침입하였으며, 펜타곤은 공격이 지속된 일주일 이상의 기간 동안 약 1,500대의 컴퓨터를 정지시켰다. 직원들은 *파이낸셜타임스Financial Times*에 "내부조사를 통해 침투가 중국인민해방군으로부터 온 것임이 드러났다. 미국의 한 선임 직원은 펜타곤이 공격의 정확한 근원을 찾아내었다고 하였다. 이 사건에 대해 잘 알고 있는 또 다른 전문가는 '중국인민해방군이 주도했음을 아주 강하게 확신 … 기정사실이라고 봐도 된다'고 하였다"라고 말하였다.[40]

3. 2008년 여름 미국 연방수사국FBI은 오바마Obama와 매케인McCain에게 컴퓨터 시스템이 침입을 받았음을 알렸다. *뉴스위크Newsweek*는 미국 연방수사국 수사관이 양측에게 한 말을 그대로 인용하였다. "당신은 스스로 생각하는 것보다 훨씬 큰 문제를 가지고 있습니다 … 당신은 위태로워졌으며, 당신의 시스템으로부터 엄청난 양의 파일이 유출되었습니다."[41] 이후에 *파이낸셜타임스Financial Times*에서 "수사관들은 공격이 중국에서 왔음을 밝혀냈지만, 정부의 후원을 받는 것인지 아니면 단지 독립적인 해커들인지 알아내지 못했다고 주의를 주었다"고 인용되었다.[42] 대통령 임기 초기의 사이버 보안정책

---

39 Grow, Epstein and Tschang, "The New E-spionage Threat."

40 Sevastopluo, Demetri, "Chinese Hacked into Pentagon," *FT.com*, September 3, 2007.

41 Evan Thomas, "Center Stage," *Newsweek*, November 6, 2008; David Byers, Tom Baldwin and Tim Reid, "Obama computers 'hacked during election campaign'," *Times Online*, November 7, 2008.

42 *Financial Times*, November 2008.

연설에서, 오바마는 이 사건을 언급하였다:

> 사생활 침해가 저와 제 주변의 사람들에게 일어난 적이 있기 때문에, 어떤 느낌인지 압니다. 우리의 전략을 변화시키기 위해 제 대선운동에서 인터넷과 기술을 사용한다는 것은 모두가 알고 있습니다. 잘 알려지지 않은 것은 대선기간 동안 해커들이 용케도 우리의 컴퓨터 시스템을 뚫었다는 것입니다. 우리 대선운동에 기부한 모든 사람들에게 하고 싶은 말은, 해커들이 우리의 모금 사이트에는 손대지 않았으니 안심해도 된다는 것입니다. 고로 여러분의 개인적이고 재정적인 기밀정보는 보호되었습니다. 하지만 8월과 10월 사이 해커들은 정책발표 문서부터 여행 계획에 이르는 다양한 대선운동 파일과 이메일에 접근했습니다. 그리고 우리는 미국 중앙정보국CIA, 연방수사국FBI, 비밀경호국Secret Service과 긴밀하게 협력하였으며, 우리 시스템의 보안을 복구하기 위해 보안컨설턴트를 고용하였습니다.[43]

이 세 가지 사례는 베이징이 명백히 사이버를 미국 정부의 최고 수준의 전략정보를 획득하기 위한 수집 방식으로 보고 있다는 것을 보여준다.

중국 정부의 부인denials

> 여자가 너무 지나치게 사랑을 맹세하는 것 같구나.
>
> –셰익스피어, 맥베스*Shakespeare, Macbeth*

워싱턴 방첩사무실에서는 종종 다음과 같은 문구를 찾아볼 수 있다.

---

43 "Remarks by the President on Securing our Nation's Cyber Infrastructure," Office of the Press Secretary, The White House, May 29, 2009.

"아무것도 인정하지 말고, 모든 것을 부인하고, 활발하게 역으로 협의를 제기하라." 사이버 침입에 연루될 수도 있는 상황에 관해서라면, 중국은 이 철학을 고수한다. 먼저, 중국은 아무것도 인정하지 않으며, 모든 것을 부인한다. 예컨대 독일 수상 앙겔라 메르켈Angela Merkel의 사무실 네트워크에 대한 중국 침투에 대한 질문을 받았을 때, 베를린 중국 대사관은 국가의 지휘를 받는 해킹에 대한 협의제기를 "한 치의 증거도 없는 무책임한 추측"이라 하였다.[44] 중국이 지금까지 한 조치 중 아마도 가장 부조리한 조치는 아주 자세하게 작성된 2013 *맨디언트*Mandiat 보고서에 대한 중국 정부의 반응으로, 사진, 지도, 기타 중국이 했다는 것을 나타내는 명확한 증거가 보고서에 있음에도 불구하고, 사이버 스파이활동에 관여한다고 지정된 91638 군사부대가 존재한다는 자체를 부인하였다.[45] 또한 중국 정부 관료들은 중국이 연루되는 것을 막아주는 철저한 방패막으로서 중국 법을 들먹인다. 2010년 1월 구글이 폭로한 침입이 중국 해커들의 소행이라는 협의제기에 대하여, 외교부 대변인 장위Jiang Yu, 姜瑜는 "중국 법은 어떤 형태의 해킹 활동도 금지한다"라고 반박하였다.[46] 2011년 국가방첩관실NCIX에서 "*의회에게 전달하는 외국의 경제수집 및 산업스파이에 대한 보고서*Report to Congress on Foreign Economic Collection and Industrial Espionage"를 발표한 뒤, 중국 관료들은 "종합적인 조사를 시행하지 않고 공격자가 누구인지에 대해 추론하지 않은 채 공격자를 식별하는 것은 전문적이지 못하며 무책임하다"고 주장하며 분석의 수준을 폄하하였다.[47] 그러고 나서 중

---

44 "Merkel's China Visit Marred by Hacking Allegations," *Spiegel Online International*, August 27, 2007.

45 "Former Defence Official Denies Chinese Hacking," *Xinhua*, 3 March 2013.

46 Miguel Helft and John Markoff, "Google Alerted Activists of Attacks," *New York Times*, January 15, 2010.

47 "China Rebuts US Accusation of Hacker Attacks," *China Daily*, October 31, 2011.

국 정부는 혐의 제기자들의 동기에 의문을 제기하며, 역으로 혐의를 제기하였다. 외교부 대변인 친강Qin Gang, 秦刚은 고스트넷GhostNet에 관한 응답에서, 외국인들이 아직도 "냉전시대의 마음가짐"을 가지고 있다고 비판하였다:

> 지금 문제는 몇몇의 해외 사람들이 이른바 "중국 사이버 스파이 네트워크"에 대한 루머를 날조하는 데에 열중한다는 것이다. 이 혐의는 전혀 근거 없는 것이다. … 냉전이라는 이름의 유령과 중국 해외위협설이라는 바이러스가 존재한다. 몇몇은 이러한 유령에 빙의되고, 바이러스에 감염되어, 때때로 병에 걸린다. 중국을 깎아내리는 루머를 이용하고자 하는 이들의 시도는 결코 성공할 수 없을 것이다. 우리는 마땅히 이 바이러스와 유령을 폭로해야 한다.[48]

워싱턴에 위치한 중국 대사관 대변인 왕바오둥Wang Baodong, 王保東은 "반중국 세력"이 혐의의 배후에 있다고 위협스럽게 뜻을 내비쳤다.[49] 미중경제안보검토위원회US-China Economic and Security Review Commission가 중국 사이버 스파이에 관한 노스럽 그러먼Northrup-Grumman의 보고서를 발표하고 난 뒤, 친강Qin Gang은 격분하였다:

> 이 보고서는 진정한 상황을 고려하지 않았다. … 보고서는 편견으로 가득 차 있으며, 이면의 숨은 동기로부터 나온 것이다. 우리는 미중경제안보검토위원회에게 색안경을 끼고 중국을 바라보지 말고, 중국의 국내 문제를 방해하고 중미관계를 약화시키는 행위를 하지 말 것을 촉구한다.[50]

---

48 "China Denies Allegations on 'Cyber Spy Network'."

49 Grow, Epstein and Tschang, "The New E-spionage Threat."

50 Mark Clayton, "Google cyber attack: the evidence against China," *Christian Science Monitor*, January 13, 2010.

마지막으로, 중국은 스스로를 사이버 침투의 희생자라고 언급한다. 중국 사이버 스파이가 *비즈니스위크*Business Week에 상세하게 폭로된 후, 왕바오둥Wang Baodong은 *비즈니스위크* 편집자들에게 중국은 "특정 국가들의 해커에 의해 빈번한 침투와 공격을 받는다"고 주장하는 이메일을 보냈다.[51] 중국으로부터 해킹을 당했다는 구글의 불만에 대한 질문을 받았을 때, 외교부 대변인 마자오쉬Ma Zhaoxu, 马朝旭는 중국 기업들도 역시 해킹을 당했다고 하였으며, 중국은 해킹에 결사적으로 반대한다는 말을 추가적으로 하였다.[52] 또 다른 중국 관료들은 세계 봇네트botnet의 대부분이 미국 내에 있는 서버들로부터 통제를 받는다는 사실을 언급하며, 워싱턴은 해킹으로 다른 국가를 비난하기 전에 먼저 자신의 사이버안보부터 정리할 필요가 있다는 뜻을 넌지시 내비쳤다. 결국 중국은 사이버에 대한 "군사적인" 접근법을 취하는 미국과는 달리 스스로가 세계 사이버 안보를 지지하는 것처럼 포장하려 하기에 이른다. "중국은 다른 국가들과 함께 평화롭고 안전하고 개방된 사이버 시스템을 구축할 준비가 되어 있다."[53] 1999년의 베오그라드Belgrade의 중국 대사관 폭격, 2001년의 EP-3A 인질극 등의 위기 시에 중국이 보여준 보여주기식 멘트에서도 볼 수 있듯이, 베이징의 전략적인 의사소통 스타일이 사이버 스파이에만 한정된 것은 아니지만, 중국 관료들의 반응은 의혹을 증가시키는 의도치 않은 결과를 유발한다.

---

51 Grow, Epstein and Tschang, "The New E-spionage Threat."
52 "China Says Google, Foreign Firms Must Respect Laws," *CIOL*, January 19, 2010.
53 "China Rebuts US Accusation of Hacker Attacks," *China Daily*, October 31, 2011.

중국 사이버 스파이가 얼마나 뛰어난가? 또는 뛰어난 것이 문제가 되는가?

중국 사이버 스파이 능력을 측정하는 것은 새로운 공격 도구 또는 익스플로잇exploits, IT 시스템의 취약점을 공격하여 보안을 위협하는 방법, 옮긴이를 생성하는 단체나 국가의 능력에 대한 평가와 연관되어 있다. 대부분이 프로그래머인 외부 분석가들은 매우 뛰어난 프로그래머를 풍부하게 갖춘 러시아와 같은 국가들을 일반적으로 떠올리는 경향이 있으며, 단순히 기존의 "아마추어script kiddie" 도구를 사용하거나 취약성이 알려진 프로그램을 사용하는 국가와 개인을 낮춰보는 경향이 있으며, 스스로 "제로데이zero-day" 취약점을 발견하는 보다 진보된 사이버 활동가들을 높게 평가한다.[54] 실제로 중국의 침투를 자세하게 검토한 분석가들은 침입의 명확한 증거, 때때로 심지어는 행위자가 누구인지에 대한 정보를 남기는 중국의 상대적인 정교함 부족, 특히 엉성한 스파이기술 등을 자주 언급한다.[55] 예컨대, 에너지 기업들에 대한 중국의 사이버 침투 가능성을 검토하였던 분석가들은 중국의 해커들이 "믿을 수 없을 정도로 엉성하고," "매우 정교하지 못하며," "실수를 하고 많은 증거를 남긴다"고 결론을 내렸다.[56] 아마 중국의 사이버 행위자들은 현재의 세계 네트워크 구조가 제공하는 그럴듯한 부인권에 너무 확신을 가져서 더욱 효과적으로 감출 필요성을 느끼지 못하거나, 아마도 중국어를 사용하고 있기 때문에 통신이 안전하다고 믿는 것 같다.

---

54 http://en.wikipedia.org/wiki/Zero-day_attack

55 Keizer, Gregg, "Chinese Hackers Called Sloppy but Persistent," *Computerworld*, February 12, 2011.

56 Ibid.

이 두 가지는 어느 정도 사실이며, 특히 후자의 경우 정말 그렇다. 많은 중국인들은 어려운 중국어를 실제적으로 국가의 1차 방어선이자 암호화의 1단계라고 확실히 인지하고 있으며, 이러한 장막을 관통할 수 있는 기술이나 대역폭을 갖춘 외국인들이 실제로 거의 없기 때문이다. 하지만 무엇보다 중요한 것은 중국이 운용방식을 개선할 필요가 없다고 생각한다는 것이다. 하지만 가장 중요한 것은 중국이 상대적으로 원시적이고 엉성한 노력이 지금까지 걷잡을 수 없을 정도로 성공을 거둬왔으므로, 변화할 필요성을 느끼지 못하기 때문이다. 사실, 지금까지 중국의 사이버 스파이가 거둔 성공은 중국 측의 내재적인 능력 때문이라기보다는 미국 시스템의 취약성이 작용한 결과라고 볼 수 있다. 하지만 시간이 지나면서, 특히 중국에서 기인한 침투에 대한 정보가 보다 널리 퍼지고 피해자들이 스스로를 보호하기 위해 구체적인 조치를 취하게 되면서 중국의 능력이 향상될 것으로 기대된다. 이러한 견해는 2008년 *내셔널저널*[National Journal]에서 중국 해커들은 "매우 뛰어나며 계속해서 성장하고 있다"라고 밝힌 국가방첩관이었던 조엘 브레너[Joel Brenner]에 의해 지지된다.[57]

57 Harris, "China's cyber Militia."

10
맥락 속의 중국 산업스파이

외국의 기술을 이전하기 위한 중국의 프로그램들은 서로 분리되어 있지 않으며 상호작용하는 요소들의 집합이다. 설명을 하기 위한 목적으로 우리는 초기 역사, 오픈소스 이용, 중국에서 외국의 연구개발, 중국 기반 기술이전조직, 미국 기반 조력자, 해외 학생과 학자의 역할, 중국의 정책과 계획, 기술이전에 대한 음성적 지원, 중국의 사이버공간 악용을 다루는 각각의 장에서 이러한 통합된 체제가 별개인 것처럼 설명하였다. 전체적인 그림은 보다 복잡하기에 편의상 이런 구분을 한 것이다.

이와 같은 이유에서, 앞의 장chapter들은 중국이 활용하는 이전 관행을 미미하게 보여줄 뿐이다. 우리의 주된 도전과제는 공개적으로 볼 수 있는 방대한 분량의 자료를 처리할 수 있는 규모로 줄이는 것이었다. 몇몇 사례에서 우리는 다른 이들이 민감하게 취급하는 정보를 되풀이하는 오픈소스에서 가져온 최신의 사례들을 버렸다. 이러한 요소들이 어떻게 상호작용하는지, 외국 기술이 어떻게 입수의 대상이 되는지, 기술이 어떻게 설계에서 실행으로 이행하는지가 우리가 거의 손대지 않은 문제들이다. 우리는 이 연구가 정부 안팎에서 보다 폭넓은 연구를 고취시키기를 바란다.

결론 부분을 통해 우리는 아직 논의되지 않은 몇 개의 기술이전 계책을 언급할 것이며, 미국이 지구상에서 기술이전을 위한 중국의 유일한 목표물이라는, 우리가 독자들로 하여금 갖게 하였을지도 모르는 오해를 바로잡을 것이다. 이 문제는 모든 선진국에서 발생한다. 우리는 이 마지막 장에서 이러한 행위를 설명하고자 할 것이다. 발전을 위한 지름길로서 중국이 대용물proxies을 이용하는 것은 필연성 또는 설계의 결과물인 만큼 문화와 사고방식의 산물이기도 하다. 이러한 특유의 "차용"의 원인을 밝히는 것이 관행을 깨는 데 필수적이다.

서양인의 관점에서는 이러한 기생충 같은 관행을 넘어서는 것이 이치에 맞겠지만, 중국이 현재의 관행을 고수하는 데에는 이유가 있다만약 중국이 아무런 불이익 없이 그럴 수 있다는 가정 하에. "어부지리taking the fisherman's profit, 漁翁得利"를 얻으려는 중국의 접근법이 좋은 사례를 만들어 낼 수 있는 데도 불구하고, 서양에서는 근본적인 창조가 성공을 위한 기준이라고 생각한다. 적어도 단기적으로 점점 더 많은 중국 자산을 중국 정권에게 이익을 안겨줄 수 있는 독자적인 업무로 돌리는 동시에, 외국 기술을 이용하며 평소처럼 사업을 계속하는 것이 중국의 계획임에도 불구하고, 중국 밖에서는 혁신에 대한 중국 정책입안자들의 최근 요구를 사회 전반에 걸친 공유와 창조성으로 나아가는 것이라고 오해할 가능성이 크다.

또 다른 기술이전 방식들

앞에서 우리는 중국으로 기술을 이전하는 미국 기반 중국 회사들의 역할을 다뤘다. 중국 회사들은 시장 확대, 기술 발견, "격식에 얽매이지 않는" 기술획득을 포함한 다양한 동기를 가지고 미국에 들어선다. NORINCO과 같은 방위산업, Poly, USA와 같은 군대, 이와 관련된 몇몇 회사들을 포함하는 범주의 회사들은 주로 중국의 민간 상품들이 월마트와 같은 체인점에서 소매될 수 있도록 하는 상업적 판로로서 역할을 하며, 중국으로의 기술이전에는 관여하지 않는 것으로 알려졌다. 미국 화웨이[Huawei USA] 및 퓨처웨이[Futurewei], 하이얼[Haier]과 같은 두 번째 범주의 회사들은 중국산이라는 오명을 줄이기 위한 목적과 세계적인 브랜드를 구축하기 위해 미국 시장을 뚫고 들어가 큰 성공을 거두기 위한 목적으로 미국 내에서 문호를 개방하고 있다.

마지막으로, 회사의 기술이전 활동이 이 책의 부록에 실려 있는 UTI와 같은 회사들이 있다. 중국으로부터 옮겨 가거나 미국에서 학생으로 시작한 중국 시민들에 의해 시작된 이러한 유형의 회사들은, 정도의 차이는 있지만 중국으로 기술을 가지고 "돌아가기" 위해 기술 획득에 집중한다. 우리는 이런 회사 중 대다수가 불법적으로 운영되고 있다고 주장하는 것이 아니다. 중국은 중간 위치에서 업무를 볼 수 있는 무수히 많은 방법을 가지고 있기 때문에, 중국의 운용 적법성은 상관없다는 것이 우리의 주장이다. 미국 내에서 얼마나 많은 "위장회사"를 중국이 운영하는가에 대해 논의하는 것은 의미가 없다. 이러한 개념은 중요하지 않기 때문이다. 중요한 것은 충성과 사업관행이다.

미국의 혁신구조에 스스로가 스며들 수 있도록 하는 신기술 분야 및 신흥기술 분야에 집중하는 중국 정부와 유대를 맺고 있는 지식 기반 회사들의 성장이 새롭게 우려되는 분야이다. 엄밀히 따지면 독립되어 있지만, 대출, 세금 우대 조치, 정치적 지원과 같은 형태로 중국 정부로부터 상당한 지원을 받는 두 종류의 "하이브리드[Hybrid]" 회사들이 여기에 포함된다.

이러한 회사들 중 몇몇은 주로 귀환자들에 의해 중국에서 시작되며, 특별한 능력을 구축함으로써 특정한 산업에 돈을 써서 들어가기 위한 목적으로, 정부의 보조금을 이용한다.[1] 현재 세계에서 가장 뛰어난 유전자염기서열분석능력을 보유한 베이징 유전체학연구소Beijing Genomics Institute가 그러한 회사 중 하나로, 중국으로부터 자금을 대여 받는다.[2] 베이징 유전체학연구소는 거의 일주일마다 서양의 주요 과학저널에 논문을 게재하며,[3] 게놈 데이터에 접근할 잠재력을 세계 어느 곳보다 많이 갖추고 있다.[4]

우리 연구는 미국에 연구를 위한 거점을 구축하기 위해 선호되는 방식으로 유명한 미국 대학과 공동연구소를 설립하는 것이라고 제시하였다. 예를 들면, 녹스빌Knoxvile에 위치한 테네시주립대학의 '생태계 및 환경변화를 위한 중미공동연구센터'를 들 수 있다.[5] 에너지부DOE로부터 자금을 지원받는 오크리지 국립연구소Oak Ridge National Laboratory와 테네시주립대학의 연구자들이 "기후 변화와 인간 활동이 결합되어 지역과 세계의 생태계에 미치는 영향을 검토하고, 저하된 환경의 복구를 위한 기술을 조사"하기 위해 2006년부터 중국과학원CAS과 협력하였다.

중미공동연구센터의 연구는 베이징의 국가산업정책의 주요 목표 중

---

1 Huiyao Wang, David Zweig, and Xiaohua Lin, "Returnee Entrepreneurs: impact on China's globalization process," *Journal of Contemporary China* 20, no. 40 (May 2011): 413-431; Wenxian Zhang, Huiyao Wang, and Ilan Alon (eds), *Entrepreneurial and Business Elites of China: The Chinese Returnees Who have Shaped Modern China*, Bingley, UK: Emerald Group Publishing, 2011.

2 863계획을 포함한, 베이징 유전체학연구소의 국가적 자금원에 대한 예를 보려면 다음을 참조하라. www.plosbiology.org/article/info:doi/10.1371/journal.pbio.1000533.

3 베이징 유전체학연구소가 게재한 인상적인 논문들의 목록은 다음에서 찾아볼 수 있다. http://en.genomics.cn/navigation/show_navigation.action?navigation.id=97.

4 베이징 유전체학연구소의 데이터베이스가 보유한 자료는 다음에서 찾아볼 수 있다. http://en.genomics.cn/navigation/show_navigation.action?navigation.id=99.

5 http://jrceec.utk.edu/.

하나인 "녹색기술" 혁명의 중심에서 있는 과학에 집중하였다. 센터 웹사이트는 기술이전이라는 주제에 딱 맞는 3개의 목표를 제시한다. (1) 국제적인 과학 · 공학 연구를 조직 · 시행한다. (2) ***과학정보교류를 위한 센터가 된다.*** (3) 국제적인 교육과 기술훈련을 제공한다.[6] 계속해서 웹사이트는 공동연구프로젝트, 학술 교류, 학생 교육, "***기술이전 및 훈련***"을 포함한 이러한 목표를 성취하기 위한 협력 메커니즘의 개요를 서술한다.[7] 이러한 메커니즘은 외국 시장에서 판매하기 위해 자신이 가진 기술을 적용한다는 서양이 해외에 설치한 연구소의 임무와는 근본적으로 다르다. 외국 기술을 획득하기 위한 해외 "연구소"의 이익에 관한 중국의 한 연구에서 "호랑이 굴에 들어가지 않고서는 호랑이를 잡을 수 없다不入虎穴, 焉得虎" 라고 언급하였다.[8]

호랑이를 잡기 위한 또 다른 방법은 상품을 훔침으로써 개발과정을 완전히 우회하는 것이다. 기술이전 그 자체가 아니라, 중국에서는 위조가 너무 흔해서 이 역시 똑같은 실질적인 효과를 갖는다. 국제표준화기구ISO에 반하는 벤치마킹,[9] 디자인을 수정한다고 해도 약간 수정하여 중국에서 다시 특허로 등록되고 정부의 보호를 받아 "합법적으로" 생산되는 특허 연구,[10] 역공학reverse engineering,[11] 혁신이 있거나 없는 "모방적 혁신模仿创

---

6 http://jrceec.utk.edu/about.html.

7 Ibid.

8 Zhou Wei(周伟저우웨이), "我国企业对外直接投资战略分析우리나라[중국]기업의 대외 직접 투자전략 분석" (Analysis of China's strategy for corporate foreign direct investment"), 科技进步与对策과학기술진보와 대책 (*Science & Technology Progress and Policy*), 2004. 11, p. 56.

9 이를 지적해준 Robert Skebo Sr.에게 감사한다(개인적 소통).

10 Zeng Zhaozhi(曾昭智쩡자오즈), Niu Zhengming(牛争鸣니우쩡밍), and Zhang Lin(张林장린), "利用专利文献促进科技创新특허문헌을 이용해 과학기술 창조를 촉진하다"("Using patent resources to promote scientific and technological innovation"), 技术与创新管理기술과 창조관리 (*Technology and Innovation Management*), 2004. 6, pp. 46-48.

11 Cai Meide(蔡美德차이메이더), Du Haidong(杜海东두하이시), and Hu Guosheng(胡国胜후궈성),

新"[12] 또는 "모방적 개조(模仿改造)"로도 불림[13] 불법 복제된 상품을 원본 로고를 달거나 땐 채로 시장에 내놓는 것[14] 등 미묘한 것에서부터 노골적인 것에 이르기까지 전략의 범주는 다양하다. 2006 한신 스캔들Hanxin(chip) scandal, 2006년 상하이교통대학의 교수 첸진(陈进)은 중국에서 독자적으로 개발된 최초의 DSP칩인 한신을 공개했지만, 조사결과 모토로라의 칩을 베낀 것으로 밝혀졌다, 옮긴이이 대표적인 사례이다. 독자들은 수천가지 가능한 방법으로 위조하는 중국의 사례를 찾아볼 수 있을 것이다.

지적재산권 문제를 청산하기 위한 중국의 공식적인 약속과 진지한 노력의 한 가운데서 당혹스러운 것은 이러한 행동을 정당화하는 권위 있는 중국저널들의 궤변이 서로 상충된다는 점이다. 과학부의 공식적인 신문사인 *과학기술일보*科技日报에 실린 1996년의 기사는 서양이 중국에서 "과학기술 혜택의 불공평한 분배"를 강요하며, 중국의 "합법적인 권한"을 빼앗아간다고 주장하였다.[15] 다른 이의 특허에 관해서라면? *중국무역보*中国贸易报에 실린 1998년의 한 기사는 "산업스파이"가 중국의 도의상의 권한 내에 있음을 태연하게 선언하였다.[16] 또 게재된 다른 주장들

"反求工程原理在高职课体系创新中的应用상위 레벨 시스템 혁신 중의 역엔지니어링 원리의 응용"("Using the principle of reverse engineering for innovation in high-level knowledge processes and systems"), 科技管理研究과학기술관리연구 (*Science and Technology Management Research*), 2005. 7.

12 Peng Can(彭灿평찬), "基于国际战略联盟的模仿创新국제전략연맹에 기초한 모방적 창조[혁신]" ("Imitative innovation based on international strategic alliances"), 科研管理과학연구관리 (*Science Research Management*), 2005. 2, pp. 23-27.

13 Zhang Ying(张莹장잉) and Chen Guohong(陈国宏천궈홍), "跨国公司在中国的技术转移问题及对策分析중국의 다국적회사 기술이전문제 및 대책 분석"("Analysis of the problem of technology transfer of multinational corporations in China and measures for dealing with it"), 科技进步与对策과학기술 진보 및 대책 (*Science & Technology Progress and Policy*), 2001. 3, p. 134.

14 See e.g., Brett Kingstone, *The Real War Against America*, Specialty Publishing/Max King, LLC, 2005.

15 "International S&T cooperation and the sharing of intellectual property," *Keji Ribao*, May 13, 1996.

16 "The international economic intelligence war," *Zhongguo Maoyi Bao*, November 19,

은 중국의 느슨한 지적재산권 제도를 서양이 화약, 나침반,[17] 인쇄술을 도용한 것과 동등한 것으로 간주한다.[18]실크로드를 통해 화약, 나침반, 인쇄술 등이 중국에서 서양으로 넘어갔으므로 지적재산권 제도를 느슨하게 유지하면서 서양의 지적재산권을 도용하는 것도 정당화될 수 있다는 주장임, 옮긴이.

같은 맥락에서 *과학기술관리연구*科技管理研究, 높은 수준의 과학기술정책저널는 중국이 소비자가격과 경제발전에 대한 효과의 측면에서 사전에 지적재산권 시행 비용을 결정해야 한다고 주장하였다.[19] 이를 준수하는 것은 편의상의 문제이다. 또 다른 주류 정책저널 *과학연구관리*科研管理는 미국이 이끄는 "전략기술동맹"이 "세계의 과학기술 관련 지식"을 독점하고, 지식의 분배를 통제한다고 비난하였다.[20] 특허와 지적재산권은 세계 기술이 개발도상국, 특히 중국의 손아귀에 들어가는 것을 막기 위해 서양에 의해 고안된 것이다. 그러므로 이를 우회할 필요가 있다. 세 번째 과학기술정책저널 *과학기술진보와대책*科技进步与对策은 "서양이 아닌 곳의 이념과의 분쟁을 끝내기 위한 도구로서 과학기술을 이용"한다고 미국을 비난하였다.[21] 이 저널은 계속해서 주장하였다:

1998.

17 Hong Kong AFP dispatch. June 3, 1996.

18 Zhou Zhu(周竺저우주) and Huang Ruihua(黄瑞华황루이화), "知识产权保护的全球化, 中国面临的挑战及对策지적재산권의 국제화, 중국이 당면한 도전과 대책"("The globalization of IPR protection: challenges facing China and their countermeasures"), 科技管理研究과학기술관리연구 (*Science and Technology Management Research*), 2004. 3, p. 67.

19 Ibid., pp. 66-68.

20 Bao Sheng(宝胜바오성), "论经济全球化背景下企业间的策略性技术联盟경제국제화배경하의 기업간 책략성 기술연맹을 논함"("On strategic technical alliances by corporations against the background of economic globalization"), in 科研管理과학연구관리(*Science Research Management*), 2002. 9.

21 Peng Yixin(彭宜新펑의신), Wu Xinwen(吴新文우신원), and Zou Shangang(邹珊刚저우산강), "国际技术保护主义与我国高技术产业发展국제기술보호주의와 우리나라[중국] 첨단기술산업 발전"("International technology protectionism and the development of China's high-tech in-

> 선진국의 기술 소유자들은 서로 전략동맹네트워크를 점점 더 많이 구축하고 있으며, 이러한 국가의 지적재산권 시스템은 지속적으로 보호받고 있다. 그 결과, 기술 독점에 대한 경향이 강화된다.[22]

권위 있는 중국 매체에서 찾아볼 수 있는 이런 논평들과 이와 비슷한 논평들은 중국의 많은 이들이 지적재산권과 특허 보호에 대한 서양의 집요함에 분개한다는 것을 제시한다.

또 다른 "기부" 국가들

외국 기술에 대한 중국의 욕망, 격식에 얽매이지 않는 기술획득을 위한 중국의 네트워크는 미국을 훨씬 넘어 확장된다. 개인적인 편견으로 인해 우리는 은밀한 전략에서부터 창조적 자원에 편승하는 것까지 미국이 직면한 문제에만 연연했지만, 중국의 이웃국가를 포함한 모든 선진국들이 이러한 문제를 마주하게 된다.

미국을 겨냥한 중국 기술이전 관행에 관해 우리가 썼던 모든 것들은 일본에도 똑같이 적용된다. 과학기술부 중국과학기술교류센터에 따르면, 중국이 주선하는 일본과의 몇몇 과학기술 "협력" 사업의 목록은 다음과 같다.

> 1982년 이후 우리는 미쯔비시Mitsubishi, 33개의 회사, 스미토모Sumitomo, 22개의 회사,

---

dustry"), 科技进步与对策과학기술진보와 대책(*Science & Technology Progress and Policy*), 2001. 8, p. 59.

22 Ibid., p. 58.

산와[Sanwa, 72개의 회사], 미쓰이물산[Mitsui & Co.], 히타치[Hitachi], 소니[Soni]와 같은 일본의 다국적 기업들과의 과학기술교류협약을 맺었다. 동시에 일본인과의 과학기술교류의 발전을 촉진하기 위해 우리는 일본경제단체연합회[Japan's Keidanren], 일본연방경영자협회[Japanese Federation of Employers Associations], 일본국제교류단체[Japan International Trade Society], 일본국제기술서비스산업협회[Japan International Technology Service Industry Association, JISA], 아시아일본과학기술협력단체[Asia-Japanese Society for Cooperation on Science and Technology], 일본기술자봉사협회[Japan Skilled Volunteers Association], 일본과학기술단체[Japan S&T Society], 중일과학기술협회[Sino-Japanese S&T Association] 등과 같은 많은 비정부단체들과의 영구적인 과학기술교류관계를 구축하였다.

이는 성 및 도시 지역 수준까지 계속 이어진다.[23] 두 국가의 기술력 차이의 불균형을 생각해보면, 기술적인 관점에서 일본이 이러한 "교류"로부터 어떤 혜택을 볼 수 있는지에 대해 분명히 의문이 들 것이다. "중국과 일본 정부의 협력"에 대한 과학기술부 중일기술협력센터[과학기술협력센터의 부속조직]의 설명에 따르면, 이러한 협력으로 일본이 얻는 이점은 없지만, 중국 측에게는 다음과 같은 작용을 한다.

협력을 통해, 우리는 많은 실용적이고 진보된 기술과 공정을 일본으로부터 도입했으며, 많은 효과적인 프로젝트를 중국에서 시작하였다. 일본의 기술과 자금으로 우리는 실용기술의 연구와 증진을 위한 다양한 높은 수준의 연구소들을 구축·확장해왔다. 결과적으로 이는 과학기술에 대한 보다 폭넓은 중일 협력을 위한 발판이 되었다.[24]

위에 제시된 내용은 공식적·비공식적 과학기술 관계와 관련 있다. 또

23 www.cstec.org.cn.
24 Ibid.

한 12개 이상의 과학기술지지단체, 일반적이고 특정한 기술 등 공식적으로 기록되지 않은 비공식적 요소들이 있다. 과학기술지지단체는 일본 대학의 중국인유학생협회에도 기대되는 것처럼 즉각적인 다양한 방법을 제시하거나 알 수 있는 것이 제한적인 기술교류를 통해 중국의 성장과 개인의 발전을 위해 헌신한다.[25] 중일과학기술지지사이트Sino-Japanese S&T advocacy sites에 게시된 자료는 이상할 정도로 상대국인 미국에서 게시한 자료들과 유사하다.

다음은 중일지지단체 중 하나인 중국재일동학총회中国留日同学总会, All-Japan Federation of Overseas Chinese Professionals 소개의 핵심 내용이다.[26]

> 일본에서 공부하고 있는 수천 명의 중국 학생들이 졸업 후 일본의 회사, 대학, 연구소에 들어가기 위해 머무른다. 또한 중국은 개혁을 경험하고 있다. 여기에는 "해외 중국인 학자가 나라에 기여할 새로운 임무, 새로운 상황에 적응하기 위해서 중국에서 취직한 해외 중국인 학자들 사이의 유대를 강화하고 중국에 도움이 되기 위해 업무를 발전시키며, 중일 교류 활동을 우호적으로 장려하기 위해 중국재일동학총회는 1998년 2월 1일 설립되었다."[27]

총회 헌장에도 똑같이 밝히고 있다. 단체의 목표는:

> 해외 중국인 학자들의 지적 재능과 이점을 활용하며, 해외 중국인 학자

---

25 An abbreviated list with hotlinks to association websites is available at www.acskp.org/link/acs.html.

26 All-Japan Federation of Overseas Chinese Professionals(中国留日同学总会중국재일동학총회) underwent a name change on October 22, 2000 from its original 全日本在职中国留学人员联谊会전일본 재직 중국 유학생 친목회, which more closely matches the English.

27 www.obsc.jp

들을 중국으로 데려오고 다양한 수단을 통해 중국에 도움을 줄 수 있도록 조직 · 장려하고, 중국을 발전시키는 데 적극적으로 참여할 수 있도록 하며, 중일교류를 우호적으로 증진시킬 수 있도록 하는 것이다.[28]

회원들 가입조건 중 하나는 반드시 "조국을 열렬히 사랑하고, 중화민족을 열렬히 사랑해야 한다.热爱祖国, 热爱中华民族" 명백한 것은 일본을 사랑할 필요는 없는 것이다.

이 말을 들어본 적 있는 것 같은가? 총회는 일본에서 중국외교부대표, 교육인사부, 통일전선공작부, 다양한 중국의 청년단체, 귀환학자협회제5장 참조의 큰 지지大力支持와 전면적인 지도全面的指导를 인정하고 있는 것이다.[29]

재일중국과학기술자연맹在日中国科学技术者联盟, Association of Chinese Scientists and Engineers in Japan, ACSEJ은 중국과 회원들의 이익을 위해 운영되는 또 다른 조직이다. 재일중국과학기술자연맹ACSEJ은 중국재일동학총회가 설립되기 5년 전인 1993년 5월 15일 설립되었다. 연맹의 회원 수는 1,300명으로 "90%가 박사학위 소지자"라고 주장한다. 이는 지식 역량과 집결성이 매우 높음을 의미한다.[30] 수년간 재일중국과학기술자연맹은 다음과 같이 말했다:

중국 정부와 비공식적인 중일 친선단체가 다양한 종류의 과학기술 박람회와 중국에 기업을 설립하기 위한 귀환자들의 여행을 관리할 수 있도록 도와주며, 현장조사를 수행하고 중국에 기여할 수 있는 교류활동에 참여한다. '서비스'의 정신이 가득 채운 재일중국과학기술자연맹ACSEJ은 회원

---

28 Ibid.
29 Ibid.
30 www.come.or.jp/acsej.

들이 시찰여행, 단기 근무, 공동연구를 위해 중국으로 '돌아올 수' 있도록 중재하는 많은 일을 해오고 있다. 연맹의 활동들은 중국 과학기술부, 인사부, 국무원에 소속된 국무원 해외교포관련업무사무실OCAO, 중화전국귀국화교연합회, 중국자연과학기금회, 중국과학원, 모든 수준의 정부 및 대학 조직들이 입을 모아 칭찬하게 만들었다.[31]

이 책 제5장에 미국에 기반을 둔 중국 과학기술지지단체들과 관련 있는 몇몇 중국 조직들에 대한 설명이 있다. 세 번째 중일과학기술단체인 일본에 있는 전일본중국인박사협회全日本中国人博士协会, Chinese Association of Scientists and Engineers in Japan, CASEJ로 중국 과학기술의 발전과 중국과 일본 사이의 학술적 교류의 가교를 구축하기 위해 1996년 설립되었다. 이 협회의 규칙은 이러한 목적에 맞게 "중국 과학기술정책을 만드는 것을 지원하고, 중국의 새로운 첨단기술의 발전을 지원하며", 협회 회원들이 학술적 교류를 후원하고, 중국 연구기관에서의 이중협약 체결을 지원하고, 공동연구프로젝트를 마련하는 것을 포함한다.[32]

전일본중국인박사협회CASEJ는 자체적인 "외교담당부서"와 "중국사무판공실"을 운영하고 있다. 협회는 국무원 해외교포관련업무사무실OCAO, 과학기술부, 인사부로부터 후원을 받는 기술교류프로젝트에 참여하기 위해 일본의 중국대사관 업무를 수행하고 있다.[33] 전일본중국인박사협회와 재일중국과학기술자연맹ACSEJ은 다른 단체임에도 불구하고, 중국과 일본에서 열리는 중국이 후원하는 행사에 공동으로 참가한다. 중국 대사관 주최 행사에는 미국에서 열리는 행사처럼 과학기술을 중국으로 이전하기 위해 애국심과 서로의 임무를 확인한다. 단체의 구조, 목적, 활동적 측면

---

31 Ibid.

32 www.casej.jp/newpage.

33 Ibid.

에서 미국의 중국지지단체와 일본의 중국지지단체는 구별되는 부분이 있다.

이러한 형태는 호주, 캐나다, 영국, 유럽, **한국**, 싱가포르, 러시아에서도 비슷하다. 유럽의 네트워크를 잠깐 살펴보면, 미국이 아닌 중국의 과학기술 발전에 "기부하는" 국가를 살펴볼 수 있다. 가장 중요한 중국-유럽 과학기술지지단체는 유럽의 전유럽중국인전문가협회연합회全欧华人专业协会联合会, Federation of Chinese Professional Associations in Europe, FCPAE로 2001년 "중국의 개혁 및 발전을 위한 지식인들의 학문간 융합"을 위한 10개 남짓한 중국-유럽 중국인 전문가협회들에 의해 프랑크푸르트Frankfurt에서 설립되었다.[34] 오늘날 단체 회원들은 호주 출신 1명, 벨기에 출신 3명, 덴마크 출신 1명, 영국 출신 4명, 프랑스 출신 6명, 독일 출신 13명, 네덜란드 출신 3명, 포르투갈 출신 1명, 스웨덴 출신 1명, 스위스 출신 3명으로 구성되어 있으며, 미국의 주요 중국인 과학기술지지단체의 수와 비교되는 37개의 조직이자 정보기술 전문가들로 구성된 전 유럽을 아우르는 협회도 포함되어 있다.

연합회는 "목표"가 오직 "중국을 위해 일하는 것为国服务"임을 분명히 한다. 중국을 위해 일하는 것이 이 연합회의 전부이다. 연합회의 헌장은 다음과 같이 설명한다.:

> 긴 해외생활은 조국의 강함과 위대함 없이는 개인의 자부심에 대해 말할 것도 없으므로 깊은 감사함을 느끼게 만든다. 중국으로 돌아갈지 말지의 여부를 떠나 우리는 중국에 기여할 것이다.[35]

---

34 www.fcpae.com.
35 Ibid.

이런 동화assimilation는 선택도 아니며, 자부심을 위한 길도 아니다. 이 연합회는 "중국을 위해 계책들을 내놓으면为国献计献策", 끊임없이 조국에 기여함으로써 보답하는 것에 맹세하였다.[36] 연합회가 설립된 2001년, 과학기술부 중국 과학기술교류센터는 증가하는 중국-유럽 과학기술 관계를 관리하고, 연구와 기술 발전을 위한 유럽연합의 중국-유럽 프레임워크 프로그램에 중국인이 참여할 수 있도록 장려하기 위해 중국-EU과학기술합작촉진사무실中国-欧盟科技合作促进办公室, China-EU Science and Technology Cooperation Promotion Office을 만들었다.[37]

대표적인 유럽연합조직으로 1992년 설립된 전프랑스중국과학기술자협회全法中国科技工作者协会, Association des Scientifiques et des Ingenieurs Chinois en France, ASICF가 있으며, "주요 업무"는 "프랑스에 있는 중국인 과학기술 종사자를 연합하고, 과학기술 교류활동을 조직하며, 중국과 프랑스 사이의 다리 역할을 하는 동시에 이 두 나라의 교육 및 기술에 대한 협력을 증진시키도록 하는 것"이다.[38]

협회는 많은 회원들이 "유명한 대학교수, 국가연구개발센터 연구자, 기업가, 일류 기술자"라고 주장한다. 몇몇 자금은 중국의 창장Changjiang 학자프로젝트长江计划, 근본적으로 중국으로의 단기귀환과 디브리핑(공작임무를 마치고 귀환한 공작원이 공작관에게 공작상황을 보고하는 과정을 말하며, 공작지에 파견되었던 공작원이 귀환하는 즉시 시작한다, 옮긴이)에 대한 보수를 위한 프로그램로부터 나온다. 협회에 따르면, 프랑스에 있는 중국대사관 내 교육부서로부터 지원을 받으며, 중국의 프로젝트를 위한 기술적 지원을 하는 교육부의 "봄볕정책春晖计划, Spring Light"의 자금을 받는다.[39]

---

36 Ibid.

37 www.ceco.org.cn.

38 www.asicef.org.

39 Ibid.

정신병리학 또는 예리한 전략?

19세기 중반 이후약 150년 혹은 그 이상, 과학기술분야 세계에서 중국의 역할은 주는 이가 아니라 받는 이였다. 심지어 이 사실은 중국 내에서도 의심의 여지가 없었다. 우리가 제시한 세계 공동체와 공유하기 위해 스스로 아이디어를 만들기보다는 이미 "존재하는" 다른 이의 기술을 얻고 실제로 적용시키기에 열중하는 중국의 모습은 최소한 모든 중국 정책입안자부터 중국의 실정을 이해한 누구도 문제를 제기하지 않는다. 이에 대한 증거는 넘쳐난다.

지금부터 10년, 50년, 100년 후 중국이 과학기술 강국이 될 것인지 여부는 알 수 없다. 우리는 과학자, 중국에서 실제 경험을 한 과학자, 연구기관 연구자, 특허 전문가, 법률집행가, 노벨상 수상자를 포함한 정부 내외의 중국, 일본, 유럽, 미국 전문가들에게 물어보았다. 대답은 낙관적인 대답부터 "절대 안된다"라는 비관적인 대답까지 매우 다양하였다. 명확한 것은 돈은 있으며, 지도부의 의지 역시 주어져 있고, 지적 능력 또한 엄청나다. 틈새 시장에서 대부분의 중국 대학들과 사업들이 혁신사회로 발전하기 위해 창조성을 지니는 것은 엄청난 일이 될 것이다.

우리는 이 맥락에서 정확히 "중국"은 무엇인가? "혁신적인"이 진짜 의미하는 바가 무엇인가?와 같은 정의를 내리는 데 혼란을 겪었다. 고유한 과학기술 성취가 있는 중국의 잠재력에 대한 평가에도 불구하고, 일부 사람들은 미국과 유럽 연구소에서 대학원과 박사 후 연구과정을 마치고 국외에 거주하는 중국인 과학자들의 창의적인 기술을 폄하한다. 그러나 이것이 중국인가? 어느 정도는 맞다. 우리가 설명하기에 어려움을 겪었던 것은, 일을 마친 해외 중국인 학자들이 종종 집과 해외에서 마친 일들을 구분하여 삭제할 수 있도록 설계된 메커니즘을 복잡한 웹으로 전환하여 중국으로 "돌려" 보낸다. 마찬가지로 중국 회사와 연구소에 일을 하고 감독하던 서양인들의 결과물 역시 "중국인" 과학자의 것으로 계산해야 하는가?

우리는 중국인과 서양인들이 종사하고 있는 위치 때문에, 과학기술 결과물에 대한 "중국인" 과학자를 구별해내기 위해 통계를 사용하는 것은 불가능하다고 결론지었다. 중국의 성과물과 해외에서 가져온 것에 대한 구별은 너무 불명확하며, 연관성 역시 뒤섞여 있다. ***현실정치*** *realpolitik*의 관점에서, 중국 내 과학 수준에 대해 접근하고자 할 때와 외국의 것을 "가져오는 것"이 혁신과 같다고 생각하는 나라의 집착에 대해 설명하고자 할 때 문제가 많다. 중국 과학은 ***현재***까지 다른 곳에서 들여온다는 근본 개념으로 점점 변화하는 것에 집중하고 있다.

또한 여기서 핵심은 세상에 새롭고, 새로운 것을 중국으로 가져와 "수정하는" 것을 포함한 혁신을 추구하는 중국의 목적이 무엇인가를 고려해 봐야 한다. 우리는 계급 없는 교육시스템과 사회를 구축하고, 전략적인 목적에 창의적인 목표를 둔 틈새 분야에 대해 혼동하지 말아야 한다. 최근 연구에 엄격하게 주입하고 있는 개혁과 시도는 양적 통계에 주력하고 있지만, 조금이나마 말할 수 있는 중국의 차이점은 학술적 표절에 대한 집요한 문제들을 만들고 있다는 것이다.[40]

사실 세계 과학의 대부분은 같은 방식으로 "동시에 벽돌을 쌓는 것으로", 창의적인 것은 어떤 문화에서도 잘 발견하기 어렵다. 그러나 중국인 한족이 선호하는 안전성에 대한 추구와 이에 대한 구체적인 행동은 연역

---

40 Lousia Lim, "Plagiarism Plague Hinders China's Scientific Ambition," *National Public Radio*, August 3, 2011, www.npr.org/2011/08/03/138937778/plagiarism-plague- hinders-chinas-scientific-ambition.

적 종류의 창의성에 대한 중국의 편견이자 전통적인 문화에 의해 이루어진다(사회생물학적 용어로 "유발된다"). 연역적 종류의 창의성이란 다른 인지적 분야 중 두 개의 분야를 합친 추상적인 형태로, 관련된 것의 도입을 기초로 전형적인 것을 깨부수는 창의성 대신에, 알고 있는 체제의 요소들을 구축하는 것을 말한다.[41] 많은 부분에서 사회 전체에 기여하고 있는 규모를 증명하는 것이 어려움에도 불구하고, 창의적 분야의 이 "2번째 종류"에 대한 성취는 중국이 점점 증명하고 있듯이 선택된 분야에서는 불가능하다.

이는 오늘날의 지식 풍토를 만드는 강력한 성명이지만, ***중국에서*** 중국인들은 진보적인 성향의 창의성을 갖고 있지 않으며, 순수과학 분야를 그들 스스로 구분하지 않는 것을 증명하는 3,000년의 역사가 있다.[42] 통계를 부인하는 것은 어렵다. 예술과 과학 분야의 결과물에 대해 기록한 연구인 유명한 찰스 머레이(Charles Murray)의 "벨 커브(Bell Curve)"를 논박하기 어렵다. 찰스 머레이는 800년에서 1950년까지의 기록들을 토대로 3,000개가 넘는 "유효한 숫자들"을 발견하였다. 머레이의 국가와 지역에 따른 분야별 파이어니어(pioneers, 어떤 분야에서 다른 사람보다 앞서거나 새로운 영역을 처음 열어 나가는 사람, 옮긴이.) 통계를 살펴본다면, 차이가 두드러짐을 알 수 있을 것이다(표 10.1).[43]

---

41 In Brick's (1997) schema: "intrarepresentational" and "interrepersentational," respectively.

42 Hannas' Law of Chinese historiography predicts that every 20 years, 1,000 more are added to "Chinese history." The count is now at 5,000 years and rising. This formulation complements Mulvenon's Third Law on Sunzi quotations proposed earlier.

43 We include Murray's statistics on Japan, which was not known historically for break-through science either and by many accounts struggles even today to overcome a "creativity problem." William C. Hannas, *The Writing on the Wall: How Asian Orthog—raphy Curbs Creativity*, Philadelphia: University of Pennsylvania Press, 2003,

누군가는 머레이의 자료가 서양 연구자의 편견을 반영한다고 할 수 있겠지만, 이 반론은 머레이가 제시한 예술 및 문학 분야에 대한 동아시아의 업적 수를 비교하면 타당하다고 할 수 없다.

표 10.1 국가와 지역에 따른 파이어니어

구분	서양*	중국	일본
천문학	120	1	0
생물학	193	0	0
화학	203	0	1
지구과학	85	0	0
물리학	210	0	2
수학	182	3	0
의학	154	0	2
기술학	236	2	0
예술	479	111	81
문학	835	83	85

주: *은 유럽, 러시아, 미국[44]

그러나 중국에 우호적인 신뢰받을 만한 학자이자 비난을 넘어선 조지프 니덤Joseph Needham에 대해 살펴보기로 하자. 니덤Needham은 중국과학 사학자로 수백 개의 중국 발명에 대해 문서화하는 데 인생을 바친 사람이다. 그는 높은 열정과 "높은 수준의 기술적 과정이 성취되었음에도 불구하고", 중국에서 이론과학이 부족한 것에 대해 고민을 했다.[45] 마지막에

pp. 8-33, 91-97.

44 Adapted from Charles Murray, *Human Accomplishment:: The Pursuit of Excellence in the Arts and Sciences, 800 B.C. to 1950*, New York: Harper, 2003, pp. 515-573.

45 Joseph Needham, *Science and Civilisation in China: History of Scientific Thought*, New York: Cambridge University Press, 1956, p. 11.

니덤은 중국에서 이루어진 "***실제***" 과학과 서양에서 이루어진 "근대" 과학을 구분하였으며, 특징은 다음과 같다:

> 자연에 대한 수학적 가설의 적용, 완벽한 이해와 실험방식의 이용, 제1성질과 2성질의 구분, 공간의 기하학연구, 현실의 역학모델의 도입.[46]

이 모든 것들이 옛 중국Middle Kingdom에 사라졌다. 니덤Needham의 연구를 보완한 것은 물리학자이자 지성사가知性史家, intellectual historian 첸 원위안Qian Wenyuan이며, 그는 중국에 대한 솔직한 염려로 다음과 같은 결론에 도달하였다. "근대과학의 발전을 중국이 수용하지 못하는 것은 인지적으로나 공식적으로 너무 확실하며, 계속 끌고나가고 있음에도 불구하고 발전하지 못하는 단계에 있다."[47] 첸Qian의 학문은 학계에서 무시되었으나, 관찰한 것이 사실임은 피해갈 수 없다. 또 다른 아시아 사학자이인 하지메 나카무라Hajime Nakamura 또한 "실제"이지만 이론을 기초로 하지 않는 중국 과학에 대한 부정적 의견으로 인해 동료들과 갈등을 경험하였다.[48]

나아가 나카무라Nakamura는 순수과학의 발전에 대한 중국의 실패를 중국인이 "즉각적으로 인식될 수 없는 것에 중국이 마지못해 찬성한다"라는 말로 떠넘겼다.[49] 이러한 학자들과 다른 많은 학자들 사이에 공통된 맥락은 중국 과학의 발전이 실용성을 넘어서서 작업 자체의 본질을 추상

---

46 Joseph Needham, *The Grand Titration: Science and Society in East and West*, London: George Allen & Unwin, 1969, p. 15.

47 Wen-yuan Qian, *The Great Inertia: Scientific Stagnation in Traditional China*, London: Croom Helm, 1985, p. 50.

48 Hajime Nakamura, *Ways of Thinking of Eastern Peoples: India, China, Tibet, Japan*, Hono-lulu: University of Hawaii Press, 1964, pp. 189-190.

49 Ibid., p. 180.

적으로 생각하려는 현재 실행자들의 의욕에 좌절된다는 것이다.[50] 과학기술에 대한 중국의 편견과 비범한 성취 능력의 점진적 발전은 구체적이고 추상적인 성취를 평가 절하하는 특별한 사고방식의 결과다. 이것이 항상 따라잡기 모드에 있는 국가의 결과인지 여부는 두고 볼 일이다.

지금까지 살펴본 것들이 얼마나 멀리 있는가? 심리학자 리처드 니스벳 Richard Nisbett은 동양과 서양의 사고인 인지적 선호도에 대한 구별을 연속적 대 분리적, 장소 대 물체, 관계 대 범주, 변증법 대 논리, 실험을 기초로 한 지식 대 추상석인 분석, 상호의존성 대 독립성, 집단적 대 개인적과 같은 요소로 후에 "통합적" 대 "분리적" 생각으로 분류된 통제 실험을 통해 증명했으며, 한 세기 동안 태평양 양쪽 지역의 일반화를 이루어냈다.[51]

이 연구는 더욱 흥미로운 것을 찾아냈다. 니스벳Nisbett의 연구에서 많이 인용된 신경과학자 조안 차오Joan Y. Chiao와 블리자스키Katherine D. Blizinsky의 "개인주의와 집단주의의 문화 · 유전자 공진화Culture-gene coevolution와 세로토닌 전달체 유전자"는 동아시아사람들에게 집중적으로 나타나는 감정과 인지적 편견에 영향을 줄 수 있는 향정신약 세로토닌 위한 코드인 유전자변이주genetic variant와 집단적 행동의 공진화에 대한 명확한 사회생물학적인 설명을 제시하고 있다. 그들의 말에 따르면:

---

50 Richard Baum (ed), *China's Four Modernizations: The New Technological Revolution*, Boulder CO: Westview Press, 1980, p. 1170; Richard Suttmeier, "Science, Technology, and China's Political Future - a Framework for Analysis", in Simon and Goldman (eds), *Science and Technology in post–Mao China*, Cambridge, MA: Harvard University Press, 1989, p. 379; Robert K. Logan, *The Alphabet Effect*, New York: Morrow, 1986, p. 49.

51 Richard E. Nisbett, Kaiping Peng, Incheol Choi, and Ara Norenzayan, "Culture and Systems of Thought: Holistic Versus Analytic Cognition," *Psychological Review* 108.2 (April 2001), pp. 291-310, pp. 193-194, and Richard F. Nisbett, *The Geography of Though: How Asians and Westerners think differently...and why*, New York: The Free Press, 2003, pp. 56, 88.

> 우리는 동아시아인들과 대부분의 유럽인이 갖고 있는 세로토닌 전달체 유전자는 마음과 생각에서 각각 집단주의적과 개인주의적 문화적 규범을 저장하고 전달하는 능력을 강화시키는 최소 두 종류의 정보처리 편향을 가지고 있을 것으로 추측한다.[52]

차오[Chiao]와 블리자스키[Blizinsky]는 동아시아인들이 불안과 우울증과 같은[가치판단을 배제하는 것 없이, 두 가지 심리학적 상태 모두는 과학에서 두 번째 유형의 창조성과 연관성이 깊다] "정신병리학"을 극복하기 위한 동아시아인들의 능력과 관련된 5-HTTLPR S 유전자 분배를 연관시킨다. 그들은 계속해서 다음과 같은 사실을 말한다:

> S유전자는 사회적 순응을 위한 집단주의적 문화적 규범을 유지하게 하는 좁은 사고와 인지초점에 관련 있는 부정적 인지편향과 관련 있는 한편, L 유전자는 자기표현과 자주성이 대표적인 개인주의적 문화적 규범을 증진시키는 열린, 창조적인 사고와 위험을 감수하고자 하는 의지가 상대적으로 많은 긍정적 인지편향을 나타낸다.[53]

개인주의가 동료들로부터 부정적인 영향을 받지만 주로 집합적인 지혜로부터 벗어나는 것을 포함한 정의로, 급진적 창의성을 뒷받침한다는 것은 오래 전부터 분명해왔다. 또는 다른 의미로 "사회 환경 속에서 외적인 통제가 대부분의 시간 동안 내적인 동기에 의한 창조성에 끊임없이 부정적인 영향을 미치는 핵심적인 요소임에는 의심할 여지가 없다[Hennessey와 Amabile]".[54] 새로운 발견을 억제하는 창조성 문헌에서 인용된 다른 요소는 획일화된

---

52 Joan Y. Chiao and Katherine D. Blizinsky, "Culture-gene coevolution of individualism-collectivism and the serotonin transporter gene (5-HTTLPR)," *Proceedings of the Royal Society B:Biological Sciences 277*, no. 1681, 2010, pp. 529-537.

53 Ibid.

54 Beth A. Hennessey and Teresa M. Amabile, "The conditions of creativity," in Robert J. Sternberg(ed), *The Nature of Creativity*, New York: Cambridge University Press, 1988, pp. 11-38, p. 34.

교육제도, 사생활 부족과 정치적 중앙집권주의,[55] 민족적 동질성,[56] 인터넷 제한과 같은 "다양한 사회문화적 환경"의 고립[57]이 있다. 우리에게 이 모든 것은 중국을 나타내는 것 같다.

중국의 창조성에 또 다른 장애물은 한자표기체제이다. 학습자가 자연적으로 음절을 추상적인 음소에 넣어 분석하고, 다른 종류를 만드는 분석적 판단을 할 수 있게 하는 서양의 알파벳에 비해, 한자hanzi는 음절과 직접 연결되어, 주변의 추상적이고 자연적인 것들을 인공적으로 만들어서, 이를 넘어설 수 있는 초기 인생변화의 기회를 아이들에게서 뺐고 있다. 말에 없는 추상적 단어들도 글자에서 찾아볼 수 없다. 대부분 의미가 불명확하고 모호한 단어들의 글자는 명확하지 않게 결합한다.

이 말은 한문이 효과가 없다는 것을 말하는 것이 아니다. 이는 다른 철자법과 같이 언어로 표현되지만, 분석적인 사고를 시작하는 것보다 열심히 암기하기 위해 20배 이상 투자해야 한다. 그 자체가 중국의 축소판으로, 이 시스템은 추상성에 대한 복잡성을 대체한다. 어떠한 이유에서든 추상적인 개념을 소홀히 한 대가로 "즉각적으로 인지하는" 수준부터 조금 더 높은 단계인 다른 이의 능력을 비판적으로 받아들이는 창의적 사고에 대해 부정적으로 영향을 미치는 것이다.[58] 이것이 어디에서부터 시작되었는지 알 수 없지만, 이것이 중국이 창조성을 이용하고 막는 것의 작

---

55 Dean Keith Simonton, "Creativity, leadership, and chance," in Robert J. Sternberg(ed), *The Nature of Creativity*, New York: Cambridge University Press, 1988, pp. 386-428, pp. 404-415.

56 Kevin Dunbar, "How Scientists Really Reason: Scientific Reasoning in Real-World Laboratories," in Robert J. Sternberg and Janet Davidson(eds), *The Nature of Insight*, Cambridge, MA: MIT Press, 1995, pp. 384-385.

57 Scou C. Findlay and Charles J. Lumsden, "The Creative Mind: Toward an Evolutionary Theory of Discovery and Innovation," *Journal of Social and Biological Structures* 11, no. 1, January 1998, pp. 3-55, p. 17.

58 Hannas, *The Writing on the Wall*.

은 근거가 될 수 있을 것이다.

여기에 문제가 있는가? 아마 없을 것이다. 우리는 심각한 지적재산권 침해 문제로 인해 벌금을 물었음에도 불구하고 나라의 번영에는 연관시킬 필요가 없는 급진적 창조성에 대한 우리들의 믿음을 설명하기 위해 머레이Murray 자료위에 제시된의 일부에 일본을 포함하였다. 국가는 급진적 창조성 없이 번영할 수 있고, 급진적 창조성이 경제적 성공으로도 연결되지 못할 수도 있다. 더 핵심적인 것은 창조물을 만드는지의 여부가 아니라, 실제 삶에 적용하는 능력이다. ***널리 퍼져있는 것을 사용하는 것은 위험하지 않으나, 증명된 혁신의 초기 적용자는 위험하다.*** 이처럼 중국의 천재성은 국가프로젝트에 아이디어를 적용시키는 실용적 기술을 활용하는 시스템을 만들고 있으며, 동시에 아이디어를 만들지 못하는 것을 조금씩 빠르게 비용 없이 수입함으로써 상쇄한다. 창조성을 아웃소싱함으로써, 중국은 반대를 억제하고, 경제와 정치권으로 확장하는 것에 주력할 수 있다.

물론 강력한 조합은 세계가 추상적으로 만드는 것을 실질적으로 응용하는 방안을 구축할 수 있고, 동시에 결과를 바꾸는 돌파구로 선정한 과학과 공학 분야에 대한 자체적인 능력이 나타나고, 조국을 떠난 이들의 네트워크에 집중하는 문화이다. 이것이 오늘날 중국이 따르고 있는 과정이며, 우리가 가장 우려하는 부분이다.

중국의 공격적인 정책은 미국이 오랫동안 과학적인 창조국가로서 누려온 몇 가지 해택을 위협하고 있다. 최근 과학기술 분야에서 고급 학위를 취득한 미국 학생들이 감소하는 경향과 연구개발에 대한 투자가 감소하거나 아마 앞으로 더 낮아질 것이며, 뿐만 아니라 제조 산업공동화가 되고 있다.[59] 다른 이들의 발견을 활용함으로써 과학적으로 더욱 능숙한

---

59 World Economic Forum, "US Competitiveness Ranking Continues to Fall; Emerging

중국과 미래 미국의 경쟁력은 문제가 된다. 중국은 지난 몇 십년간 과학 기술발전을 최우선 과제로 삼고 있으며, 앞으로도 그러할 정치적 의지를 갖고 있는 것으로 보인다. 이는 현재 진행하고 있는 연구개발 자금 프로그램, 몇몇 경우에는 다른 나라에서는 볼 수 없는 핵심적인 과학적 기반시설에 대한 투자, 국가적인 과학에 기초를 둔 산업정책을 통해 입증된다.[60]

좋은 과학은 진공상태에서 나타나지 않으며, 세계적인 시설을 갖춘 중국은 국제적 과학공동체를 위한 "미끼"의 종류를 만들고 있다. 중국은 이러한 시설을 세계적 공동체에서 중요한 일부라 여기며, 과학연구에 대한 세계의 중심지가 중국으로 옮겨질 것이라 보고 있다. 이러한 영향은 우리가 더 이상 미국의 경쟁력을 세계의 똑똑한 사람들이 나오는 끊임없는 샘물로 보지 않게 만든다. 그저 중국이 외교문제에서 다극화에 대한 중요성을 주장하는 것은 세계 위대한 사람들의 목적지가 되고 싶은 것이다.[61] 이미 변화의 조짐이 일어나고 있으며, 2011년 공중 보건을 위협한 독일 슈퍼박테리아 확산*E. Coli* outbreak에 중국이 독일을 지원한 것이 가장 큰 증거가 될 수 있다. 엄밀히 말하면, 고상한 서양 국가들이 미국 대신에 중국에 도움을 청한 것이다. 다른 어떤 증거가 필요한가?

우리는 어떻게 기술적으로 정상에 올라왔는지 잊어버린 것 같다. 이는 배운 것들을 다음 세대에 전달하고 전문가들을 훈련하고 함으로써 이루어진다. 나라는 이로써 발전한다. 기술과 기반시설은 하룻밤 사이에 구

Markets Are Closing the Gap," September 7, 2011, www.weforum.org/news/us-competitiveness-ranking-continues-fall-emerging-markets-are-closing-gap.

60 Ibid.

61 See most recently Richard Haas, "The Age of Nonpolarity," *Foreign Affairs* 87, no. 3, May-June 2008, pp. 44-56; Kishore Mahhuhani, "The Case against the West," *Foreign Affairs*, 87, no.3, May-June 2008, pp. 111-124; Fareed Zakaria, *The Post−Amarican World*, New York: W. W. Norton, 2008.

축될 수 없으며, 일을 하는 사람이 결국 혁신을 만들어 낸다. 제조업 전분야 및 기술이 양도되는 것을 입증하는 것과 같은 일을 하지 않는다면, 급변하는 변화와 혁신을 만들지 못할 것이다. 그리고 크게 도약할 수 있는 능력을 갖추는 것이 아니라 단지 침체될 뿐이다.

결 론

위험을 감수하고 혁신을 수용하는 나라들은 다른 나라들이 비용을 들이지 않고 접근하려는 시도와, 자국 내에서 연방국의 비용에서 수익을 얻는 사람들의 투자와 이익을 반드시 보호해야만 한다. 우리는 이에 대처하는 몇 가지 방법을 제안하겠다.

국제사회에서 "사기꾼cheaters" 관리

우리는 우리가 발명한 것을 제조함으로써 경쟁력을 회복할 수 있고 우리의 경쟁력에 의존하는 과학적 토대를 재건할 수도 있다. 우리가 다른 사람들이 부담하는 혁신 비용을 건너뛰는 사람들을 다루지 않는다면, 국가 재건을 위한 우리의 노력은 낭비될 것이다. 앞에서 살펴보았듯이, 현재 우리의 지적재산에 대한 방어는 세계 최악의 범죄자로서 중국이 부인하고 있는 도용盜用에 대응하기에 효과적이지 못했다. 아무리 과학적 토대를 새로 세워야 한다지만, 우리의 강점이 우리 밑에 있는 이들에게 빠져나가고 있는 이때 과학적 기반을 재건한다는 것은 말이 되지 않는다.

이 문제를 해결하기 위해 그 원인에 대해 자세히 살펴봐야 한다. 한편으로 의심스러운 의도를 지닌 외국 국가가 어떻게 우리의 기술에 접근하고, 미국의 제조업체들을 시장 밖으로 밀어낼 수 있었는지에 대해 공식적으로 면밀히 조사해야 한다. 조사가 끝나면, 이러한 일방적인 거래로부터 수익을 얻는 소수인들에게 미국의 이익이 빼앗기지 않는 것을 보장하는 조치가 취해져야 한다. 반면에 우리는 문제의 근본적인 원인이 다름 아닌 우리의 개인주의에 있다는 것을 인정해야 하며, 공동의 위협에 집단행동으로 대응하는 방법을 찾아야 한다. 왜냐하면 우리가 새로운 것을 잘 만들어 낸다는 것이 우리로 하여금 국익을 보호하기 어렵게 만들기 때문이다.

인간이 지닌 본성으로 행해진 것, 즉 사회비용으로 이익을 얻는 "사기꾼cheaters"을 좌절시키기 위해 사회의 다른 구성원들이 협력한다는 것은 국가로서 너무 과하게 대응하는 것으로 모순적이다. 집단의 생존을 위한 적응이라는 인간들의 선천적인 특성은 진화심리학에 설명되어 있으며, 국가가 그 스스로를 보호하기 위해 제정하는 법에 의해 실행된다. 성공적인 집단은 구성원들이 집단을 위해 이타적으로 행동할 것이라 기대한다. 그러나 우리와 같은 개인주의적 사회에서 이타심은 눈앞의 이익에 의해 묻힐 수 있다. 훔친 기술로 만들어진 값싼 물건을 피한다면 개인적으로 얻을 수 있는 것이 무엇인가? 우리는 낮은 가격을 통해 이익을 보지 않았는가? 어떻게 중국이 브렛트 킹스톤Brett Kingstone의 회사를 훔쳤는지에 대한 글을 읽고 당신이 정말 신경 쓰는지 자신에게 솔직하게 물어보아라.[1]

미국에서 국익에 대한 논쟁이 힘든 싸움이라는 것을 인식하면서, 우리는 다음 몇 가지 고려해야 할 사항을 제안하겠다.

---

1 Brett Kingstone, The Real War Against America, Max King LLC, 2005.

첫째, 우리는 학교에 많은 외국인 학생들을 입학시키는 것의 이익과 외국인 학생들이 지불하는 비용에 대해 더 잘 이해할 필요가 있다. 우리는 앞서 미국 대학에 대략 194,000명의 중국 학생들이 있는 것이 무조건적인 이득이 아닌 많은 이유를 설명하였다. 우리 모두는 정당성을 알고 있다. 미국 학생들은 과학 공부를 하지 않는다. 미국 대학은 중국 학생들을 받지 않고서는 운영될 수 없다. 중국 학생들은 주어진 만큼 해내는 뛰어난 연구자들이다. 중국 학생들은 중국으로 돌아가 미국에 대한 호의와 민주주의를 전파한다. 또한 중국 학생들이 미국에 있음으로 우리는 중국에 무슨 일이 일어나고 있는지, 기타 등등을 알 수 있게 해준다.

이러한 주장은 과장된 것이며, "대학에 학생이 부족하기empty chair" 때문이라는 주장은 이민 온 학생들이 해결해야 할 문제를 지속시키는 데 일조한다. 또한 미국 납세자들이 미국 내 중국 학생들의 교육에 자금을 지원하는 것 외에도, 중국 학생들과 관련된 쉽게 해결할 수 없는 두 개의 명백한 정책적 문제가 있다. 첫 번째는 단순히 중국 학생들의 활동을 조사할 필요가 있을 때, 어디에 있거나 공부하고 있는지를 아는 것이다. 유학생관리시스템Student and Exchange Visitor Information System, SEVIS으로[2] 알려진 현재 시스템은 "학교와 교육과정, 학생, 교환방문자와 동행자를 추적하고 감시하며, 동시에 미국 교육프로그램 참여를 승인받았는지 확인하기 위해" 설계되었다. 시스템SEVIS은 미국에 공부를 목적으로 방문하는 사람

---

2 General Accounting Office, "Homeland Security: Performance of Information System to Monitor Foreign Students and Exchange Visitors Has Improved, bur Issues Remain," GAO-04-69, June 2004, accesed at: www.gao.gov/new.items/d04690.pdf. SEVIS was mandated by the Illegal Immigration Reform and Immigrant Responsibil-ity Act(IIRIRA) of 1996 and augmented by the USA Patriot Act of 2001, Enhanced Border Security and Visa Entry Reform Act of 2002, the Cyber Security Research and Development Act of 2002.

들에게 지급되는 비자소지자들을 대상으로 성과 이름, 주소, 생년월일, 출생국가, 동행자에 대한 정보, 국적/시민권, 자금, 학교, 프로그램 이름과 종료 날짜, 최종학력, 교내취업에 대한 허가에 대한 정보를 수집한다.[3]

좋은 소식은 미국 연방수사국FBI이 유학생관리시스템SEVIS에 포함된 학생들의 모든 정보에 접근할 수 있으며, 더 이상 외국 학생들에 대한 수사를 시작하기 위해 미국 국토안보부Department of Homeland Security, DHS 허가가 필요하지 않다는 것이다.[4] 나쁜 소식은 유학생관리시스템을 다루는 법, 규정, 지침에는 프로그램을 관리하기 위해 중요한 것으로 여겨지는 정보임에도 불구하고 몇몇 추가적인 중요한 정보를 요구하지 않는다는 것이다. 미국회계감사원General Accounting Office, GAO에 따르면,

- 비이민자 비자번호, 비자만료일, 여권발행일에 대한 정보기입은 선택사항이며, 학교 또는 교환방문자 프로그램을 통해 입국했을 때만 정보수집이 가능하다.
- 비이민자의 운전면허번호와 면허발급국에 대한 정보는 유관기관이 갖고 있으며, 수사 활동에 지원된다.
- 비이민자 여권번호, 여권만료일, 여권발행국에 대한 정보기입은 선택사항이며, 학교 또는 교환방문자 프로그램을 통해 입국했을 때만 정보수집이 가능하다.[5]

---

3 www.ice.gov/doclib/sevis/pdf/quarterly_rpt_mar2011.pdf.

4 Matthew Gruchow, "FBI Gets Access to SEVIS," Minnesota Daily, accessed at: www.mndaily.com/nuevo/2004/09/22/fbi-gets-access-sevis.

5 General Accounting Office, "Homeland Security: Performance of Information System to Monitor Foreign Students and Exchange Visitors Han Improved, but Issues Remain," GAO-04-69, June 2004, accessed at: www.gao.gov/new.items/d04690.pdf.

이러한 문제들이 해결되었는지 여부는 오픈소스open sources를 통해 확인하기 어렵지만, 비필수 자료선택 정보는 학생들에 의해 발생할 수 있는 불법 기술이전 가능성을 평가하고자 하는 연방 법집행기구에겐 중요한 핵심 수사자료이다.

두 번째 주요 정책적 문제는 간주수출제도deemed export system, 미국은 수출관리규정(EAR)에 따라 국내에서 외국인에게 기술의 내용을 알게 하거나 구두 설명을 통해 내용을 공개하는 경우로 여겨 수출로 간주(Deemed Export)한다. 또한, 미국과 캐나다를 제외한 제3국의 외국인에게 미국산 기술을 공개하는 경우도 외국인의 모국으로 기술이 재수출된 것으로 간주해 관리한다, 옮긴이 하에 중국 학생이 통제된 기술에 접근하는 것이다. 미국 상무부Commerce Department에 따르면, 간주수출은 다음과 같이 정의된다. "기술 또는 소스 코드암호화 소스 코드 제외의 수출은 미국 내 외국인에게 기술을 공개했을 때 수출로 '간주된다'."[6] 이 규정은 대학 또는 연구소가 "단순히 외국인 대학원생임을 나타내는 자격증이나 허가증을 더 이상 필요로 하지 않게 하지만", 만약 "제한된 기술을 외국으로 이전할 계획이 있고, 그 기술이 외국인의 고국으로 수출된다면 간주수출허가증이 필요하다.

다음으로 "미국 내 외국인들에게 민감한 기술이 이전되는 것을 막지 못하는 간주수출통제제도"라는 제목의 2004 미국 상무부 조사국US Department of Commerce Office of Inspector General, OIG 보고서의 권고사항에 따라 2005년 3월 28일 *연방 정부의 공보Federal Register*에서 "사전 규제 도입안 공고Advance Notice of Proposed Rulemaking, ANPR: 간주수출 관련 규제 요건의 개정 및 명확화"를 게재하였다.[7] 주로 대학과 연구소에서 부정적인 여론이 쏟아

---

6 For the authoritative FAQ on deemed exports, see www.bis.doc.gov/deemedexports/deemedexportsfaqs.html.

7 US Department of Commerce Office of Inspector General (OIG) Report entitled "Deemed Export Controls May Not Stop the Transfer of Sensitive Technology to Foreign Nationals in the US," (Final Inspection Report NO. IPE-16176 - March 2004).

지자, 상무부는 사전 규제 도입안 공고를 철회하고 2006년 5월 31일 "간주수출 관련 규제 요건의 개정과 명확화RIN 0694-AD29"를 발표하였다. 이는 "현재 산업보안국BIS의 간주수출과 관련된 허가정책은 적절하며, 기존의 '이용use'에 대한 용어 정의가 수출통제규정Export Administration Regulations, EAR에서 수출통제정책의 논거를 적절히 반영하고 있음을 확인하였다."[8] 하지만 중국으로 통제된 기술의 지속적인 유출과 미국회계감사원GAO의 대학 관리문제에 대한 연구결과가 중국으로 "흘러들어 가는" 기술이 조금도 줄어들고 있지 않다고 나타나,[9] 2004 조사국OIC의 권고사항을 재검토해야 한다는 것을 강하게 시사한다.

둘째, 중국과의 과학기술 협력은 중미관계의 친선뿐만 아니라 중국이 부족하여 여전히 도움이 필요한 능력을 쌓을 수 있도록 도와주기 때문에, 베이징에 중요한 것이며 원하는 것이다. 여기서 미국의 강점이 긍정적 효과를 위해 이용되는 듯하다.

셋째, 탈냉전시대에서 증명된 약점들, 격차, 실행상의 문제들을 고려할 때, 균형을 회복하는 또 다른 방법은 수출통제제도를 개정하는 것이다. 2009년 오바마Obama 대통령은 "현재의 위협에 주력하고 변화하는 경제 및 기술 환경에 적응해 나감으로써, 국가안보와 미국의 주요 제조업과 기술 분야의 경쟁력을 강화하는 것을 목표로 미국 수출통제제도의 개혁을 지시하였다."[10] 간단히 말해, 백악관은 "현 제도의 네 가지 영역 모두, 즉 우리가 통제해야 하는 것, 우리가 통제하는 방법, 이러한 통제를 실행하는 방법, 우리가 통제를 관리하는 방법 등에 대한 근본적인 개혁을 추

---

8 http://edocket.access.gpo.gov/2006/pdf/E6-8370.pdf.

9 General Accounting Office, "Export Controls: Agencies Should Assess Vulnerabilities and Improve Guidance for Protecting Export-Controlled Information at Universities," GAO-07-70, accessed at:www.gao.gov/new.items/d0770.pdf.

10 www.bis.doc.gov/news/2011/bis_press06162011.htm.

구한다."[11] 더욱 구체적으로,

> 수출통제개혁안은 누군가의 악용이 미국의 국가안보에 위협이 될 수 있는 핵심 품목들 주변에 높은 장벽을 세우는 것을 목표로 한다. 가까운 동업자와 동맹국들과 무역을 촉진함으로써, 미국 상무부는 가장 민감한 품목의 대부분이 유출되어서는 안 되는 곳에 가지 않도록 자원을 집중하는 것에 더욱 주력할 수 있다.[12]

구체적으로 살펴보면, 개혁안은 두 개의 기존 통제목록인 군수품목Munitions List과 상무부 통제목록Commerce Control List이 통합된 것으로 다음과 같은 내용을 담고 있다:

- 다른 목적지, 최종 사용용도, 최종 사용자를 고려해 통제의 엄격 또는 완화 수준이 정해져야 하는 목록의 유형을 구분하기 위해 "단계화"된다.
- 두 개의 현재 통제목록 사이에 "명백한 구분선"을 만들어 어떤 품목이 통제되고 있는지의 여부를 명확히 하고, 특정 품목이 국무부 또는 상무부의 통제 하에 있는지 여부에 대한 정부와 산업계의 불확실성을 줄인다.
- 두 통제목록은 구조적으로 정렬되어 있어서 잠재적으로 단일 항목 목록으로 결합될 수 있다.[13]

---

11 White House Office of the Press Secretary, "President Obama Announces First Steps Toward Implementation of New US Export Control System," December 9, 2010, accessed at: www.whilehouse.gov/the-press-office/2010/12/09/president-obama-announces-first-steps-toward-implementation-new-us-export.

12 www.bis.doc.gov/news/2011/bis_press06162011.htm.

13 White House Office of the Press Secretary, "president Obama Announces First Steps

또한, 이 목록들은 광범위하고, 개방적이고, 주관적이고, 일반적이며, 또는 설계의도 기반의 기준보다는 객관적인 기준예를 들면, 마력이나 마이크로론 같은 기술적 변수을 사용하여 통제된 목록을 설명하는 "긍정적인 목록"으로 변환될 것이다.[14] 이러한 기준을 적용한 후, 목록은 다음 세 가지 단계로 구분된다.

1. 높은 단계에 있는 품목은 미국에 매우 중요한 군대에 제공되거나, 미국에게 이익을 제공하고 미국이 거의 독점적으로 이용할 수 있는 정보이며, 또는 대량살상무기나 이에 관련된 것이다.
2. 중간 단계에 있는 품목은 중요한 군대에 제공되거나, 미국에게 이익을 제공하고 다자간 협력국가와 동맹국이 거의 독점적으로 이용할 수 있는 정보에 관한 것이다.
3. 낮은 단계에 있는 품목은 군대에 제공되거나, 미국에게 이익을 제공하지만 더 광범위하게 이용 가능할 수 있는 정보에 관한 것이다.[15]

이 개혁안 입안자들은 이 제도가 "제품의 수명 주기에 걸쳐 정부가 제품의 성숙도와 민감도에 근거한 대상과 최신 목록을 유지하기 위해 적시에 제어장치를 조정할 수 있도록 허용하기를 바란다."[16] 일단 통제 품목이 한 단계에 들어가면, 이에 따른 허가정책이 배정되며, 이는 민감한 품목에 대한 관련 기관의 검토에 초점을 맞추기 위함이다. 행정청은 이중용도품목dual-use item에 대해 제안된 허가정책의 초기의 설정을 개발하고

Toward Implementation of New US Export Control System."

14 Ibid.

15 Ibid.

16 Ibid.

있다:

- 일반적으로 모든 목적지까지 최상위 단계에 속하는 품목에 대해서는 허가가 필요하다. 두 번째 단계에 있는 많은 품목들은 허가 면제 또는 일반 허가 하에 다자간 협력사와 제휴사에 수출할 수 있게 허가될 것이다. 덜 민감한 품목의 경우, 모든 목적지는 아니지만 일부에 대해서는 허가가 필요하다.
- 허가 없이 수출될 수 있는 품목에 대해서는 승인되지 않은 목적지로 변경되어 가게 되는 것을 방지하기 위해 해당 품목의 재수출에 대한 새로운 제한이 부과된다.[17]

한편, 이러한 개혁은 수출 통제 관료주의의 효율성을 크게 향상시켜, 빈틈을 통해 일부 기술이 중국으로 빠져나가는 것을 방지할 것이다. 개혁은 특히 빠르게 움직이는 정보기술과 관련하여 이전 제도의 주요 문제였던 기술적 변화에 따라 제도와 통제품목을 보다 유연하고 효율적으로 대응할 수 있게 되었다. 반면 첨단 연구의 상당 부분이 아직 연구소에 있는 동안 통제되지 않고 있기 때문에, 중국은 선진 제도에 흡수한 실적과 새로운 혁신의 핵심을 만들 수 있는 이중용도기술 통제를 완화하는 것을 나타낸다.

넷째, 2010년 회계감사원GAO 보고서에서 정의한 바와 같이, 미국외국인투자위원회Committee on Foreign Investment in the United States, CFIUS는 경제에서 외국인 투자가 국가안보에 미치는 영향을 감시 · 감독할 수 있도록 대통령을 보좌하는 부처간 합동위원회이다.[18] 중국의 경제와 금융 비중이 커짐

17 Ibid.

18 James K. Jackson, "The Committee on Foreign Investment in the United States," CRS

에 따라, 미국외국인투자위원회는 증가하고 있는 중국 회사의 미국 회사와 인프라 합병 제안을 검토하였다. 이러한 합병 제안들 중 많은 수가 언론과 의회의 높은 관심을 받았으며, 대부분의 유명한 사건은 거절이나 거래를 포기하도록 유도하는 강한 방해들로 끝이 났다:

- 2005년 중국해양석유회사China National Offshore Oil Company, CNOOC가 유노컬 석유회사Unocal oil company에 대한 합병제안을 중단한 이유는 미국외국인투자위원회CFIUS의 거래조사가 임박하다는 우려 때문이기도 하다.[19]
- 2008년 2월 베인캐피털Bain Capital과 화웨이Huawei Technologies는 네트워크 및 소프트웨어 회사인 쓰리콤3Com을 22억불에 인수하겠다는 제안을 했으나, 미국외국인투자위원회CFIUS의 안보위협 완화협정mitigation agreement을 성공적으로 협상하지 못해 제안을 철회하였다. 베인캐피털은 민간 소유 자산운용회사이며, 화웨이는 중국 최대 네트워크 및 통신 장비 공급업체이다. 쓰리콤은 네트워크 장비와 미 국방부의 일부 DoD 네트워크를 보호하기 위해 사용되는 티핑포인트Tipping Point, 기술이름, 어떤 것이 균형을 깨고 한순간에 전파되는 순간 네트워크 침입방지 소프트웨어에 특화되어 있는 공기업이다. 전해지는 바에 따르면, 베인캐피털과 화웨이는 미국외국인투자위원회와 안보위협 완화협정에 대해 합의하지 못하고 제안을 철회하고, 2008년 후반 거래를 재조정하여 제출하겠다고 알려졌다.[20]

Report RI. 33388, July 29, 2010, Congressional Research Service, Washington, D.C., available at www.fas.org/sgp/crs/natsec/RL33388.pdf(accessed June 13, 2011).

19 Jackson, "The Committee on Foreign Investment in the United States."

20 Ibid.

- 2009년 12월 중국 노스웨스트 비철금속 국제투자회사Northwest Nonferrous International Investment Corp는 중국의 최대 알루미늄 생산업체의 자회사로 미국에 본사를 둔 퍼스트골드Firstgold를 인수하고자 했으나, 퍼스트골드의 자산이 민감한 미국기지와 근접해 있다는 이유로 미국 재무부US Department of the Treasury 반대에 부딪혀 실패하였다.[21]
- 2010년 6월 중국의 탕산 차오페이뎬 투자회사Tangshan Caofeidian Investment Corporation는 광섬유와 태양광 패널 부품을 만드는 엠코Emcore를 인수할 계획이 있었으나, "규제 우려"의 이유로 철회하였다.[22]
- 2010년 5월 화웨이Huawei는 파산한 쓰리리프3Leaf 서버 기술회사의 지적재산권을 2백만 불에 사들였으나, 그 해 11월까지 미국외국인투자위원회에 신고하지 않았다.[23] 화웨이는 2011월 2월까지 거래에서 손을 떼겠다고 말해 자산 매각에 대한 압력에 굴복하였다.

미국외국인투자위원회 절차는 이러한 거래들을 막음으로써 민감하거나 불법적인 기술이전 사건들을 방지할 수 있지만, 중국인들이 세계무역을 통해 얻을 수 없는 기술들을 스파이활동을 통해 정보를 훔치도록 강요하는 의도하지 않은 효과가 생길 수 있다.

다섯째, 균형을 회복할 수 있는 마지막 방법은 전략경제회담Strategic and Economic Dialogue, S&ED과 전략적안보회담Strategic Security Dialogue, SSD을 포함한 중국과 미국, 양국의 회담일 수 있다. 글레이저Glaser와 프리맨Freeman은 회담

---

21 Ibid.

22 Stephanie Kirchgaessner, "US Blocks China Fibre Optics Deal Over Security," *Financial Times*, June 30, 2010.

23 Sinead Carew and Jessica Wohl, "Huawei Backs Away From 3Leaf Acquisition," Reuters, Februry 19, 2011, accessed at: www.reuters.com/article/2011/02/19/us-huawei-3leaf-idUSTRE71I38920110219.

의 기원과 목적을 다음과 같이 요약한다:

> 미중 전략경제회담S&ED은 2009년 4월 버락 오바마Barack Obama 대통령과 후진타오Hu Jintao 중국 국가주석이 첫 회담을 갖고 수립되었으며, 이 회담은 두 나라 사이의 광범위한 지역적 · 국제적 문제를 논의하는 최고 수준의 양자 포럼을 개최하고 있다. 업그레이드된 메커니즘은 처음 조지 워커 부시George W. Bush 정부에서 이루어진 초기 회담과 전략경제회담을 대체하였다. 오바마 행정부는 경제와 안전부분을 통합함으로써, 기후변화, 개발, 에너지 안보와 같은 범분야 이슈cross-cutting issue를 더욱 효과적으로 다루기 위해 미국과 중국 정부 내에 존재하는 장벽을 허물기 위해 노력하였다.[24]

기술 안보와 거래와 관련된 문제들은 실제로 미중 전략경제회담S&ED과 이 회담의 새로운 구성요소 중 하나이인 민간과 군인의 공동회담인 전략적안보회담SSD에서 다루기에 가장 적합하다. 물론, 여기에는 중요한 장애물이 있다. 첫째, 중국 측은 국가 간 수준에서 기술 스파이에 대해 논의하는 것을 강하게 반대하며, 협의의 내용을 부인하고 "냉전적 사고Cold War mentality"에서 비롯되었다고 비난할 것이다. 둘째, 중국이 이를 논할 의사가 있다고 해도, 미국 기업들은 자신들의 손실에 대한 자세한 내용 공개와 중국 시장을 포기한다는 확실한 위협을 할 의지가 없기 때문에, 공개하는 것을 꺼려한다. 어떤 의미로는 오직 구글Google만이 중국을 떠날 수 있으며, 이는 구글이 실제 매장이 존재하지 않고 소매유통관계를 맺을 필요가 없는 기업구조이기 때문이다. 전 세계에 있는 시스코Ciscos와 마이크

---

24 Charles Freeman and Bonnie Glaser, "The US-China Strategic and Economic Dialogue," May 11, 2011, accessed at: http://csis.org/publication/us-china-strategic-and-economic-dialogue-0.

로소프트Microsofts는 구글과 같은 여유가 없으며, 양국 경제회담에 의해 기반이 약해질 위험이 있다.

중국의 오래된 관습

여기서 중국의 "비공식적" 기술이전관행에 대한 우리의 연구를 완성한다. 우리의 주제가 논쟁의 여지가 있고, "공산당Communist Party은 비판을 두려워하지 않는다"[25]는 것에 힌트를 얻어, 우리는 예상되는 불평에 답하는 형식으로 결론을 맺는다.

1. 정상적인 사업 관행*It's normal business practice*

중국은 스스로 "특별한 사례"라 칭하며 세계에서 엄청난 추진력을 얻고 있으며, 우리도 이 부분에는 동의하는 경향이 있다. 다른 어떤 국가들도 외국의 기술 자원에 불법 침입하는 것에 대한 중국의 노력과 성공을 따라갈 수 없다. 이것은 "정상"도 "사업"도 아니지만 정부가 지원하는 외국 발명에 대한 공격이며, 스파이활동을 포함한 모든 회피행위부터 위법행위까지를 말한다. 그 후 약탈품이 제품에 들어가는 것을 보장하는 "기술이전 센터" 굴락Gulag을 통해 스파이활동은 끝난다.

---

25 党不怕批评당은 비판을 두려워하지 않는다.

2. 중국이 "비공식적으로" 이전한 외국 기술을 사용한다는 증거는 없다

이는 2001년 9월 도입되어 2007년 12월 "국가기술이전팀 행동실시촉진 방법国家技术转移组促进行动实施办法, National Technology Transfer Promotion Implementation Action Plan"을 통해 정책에 수립된 중국 국가기술이전센터들国家技术转移中心 National Technology Transfer Centers, NTTCs 또는 국가기술이전모범기구国家技术转移模范机构, National Technology Transfer Demonstration Organizations의 정확한 기능이다. 국가기술이전센터NTTCs에 대한 사례는 제4장에 나와 있다. 오늘날 약 202개의 "시연" 센터가 존재하며, 76, 58, 68이라는 3개의 "단체"가 센터 내 존재한다. 이러한 센터들은 다른 기술이전시설들의 경쟁을 위한 ***모델***이 되며, 우리는 정확한 수치를 알 수 없다는 것을 명심해야 한다. 그들의 헌장에는 "국내외 기술"을 "상업화"하는 것을 명시화하고 있다.

3. 중국은 창조적인 국가로 변하고 있다: 또는 반대로 중국은 전혀 창조적이지 않다

중국이 무엇을 만들고, 빌렸으며, 훔쳤는지가 불명확하므로 중국의 창의적인 생산물을 평가하기는 어렵다. 중국의 많은 특허와 출판물과 같은 생산물에 대한 근본적이고 전통적인 평가는 얼마나 창의적인지의 정도를 고려하지 않는다. 외국 특허를 수정하고 중국 외부에서 가져온 패러다임의 확장은 고유한 창조물과는 다르게 평가되어야 한다. 또한 중국의 과학기술 리더십은 원칙적으로 혁신을 받아들이는 반면, 최근까지 중국은 실용적인 결과에 대한 필요성을 상기시키며 혁신의 수용을 회피해왔다. 이러한 접근이 중국 교육시스템과 연구소 문화를 변화시키는 일부 분야에서 얼마나 영향을 미쳤는지 불명확하다. 중국의 노력이 어떤 분야에서는 가능하겠지만 성공을 거두었다고 가정할 때, 스스로 규칙을 만드는 경쟁자들로부터 우리 자신을 보호하는 것이 더욱 중요해지고 있다.

4. 이 책은 중국에 대한 서양의 "인종차별"의 또 다른 사례이다

우리는 국가적 관행에 초점을 맞췄다. 만약 일본인이 이와 같이 말한다면 "인종차별"일까? 그럼에도 불구하고 미국에는 콕스보고서Cox Report와 이문화李文和, Wen Ho Lee 사건을 이야기하는 100인 위원회Committee of 100, 1960년대의 영국에서 핵무장에 반대하여 직접적인 항의 행동을 한 좌익 집단; 원래 100명으로 구성된 위원회가 지도적 입장에 있었음, 옮긴이"와 같은 단체들이 우리의 일을 매도하고 있다. 이들은 미국 정부를 3세계의 독재자로 비유하였다.[26] 이런 모순이 있어 반어법에 즐겁지 않을 수 없다. 우리는 이러한 단체들의 비난을 두려워하지는 않지만, 이 책에서 제공하는 정보와 단체들의 헌장에서 언급하는 건설적인 관계 조성을 고려하여, 우리는 중국 정부가 이 문제를 해결하고 미국의 경쟁력을 보호하기 위해 ***중국 정부가 영향력을 행사해 왔듯이*** 중국 정부도 객관성을 증명하도록 촉구한다. 또한 우리는 미국의 이익을 위해서라고 말할 수 있다.

5. 양국 관계와 수천억 만 불의 양국 무역이 "더욱 중요하다"

주로 현실주의적 시각으로 미중관계에 접근하는 몇몇 분석가들은 미국의 이익을 위해서는 두 나라의 대립을 줄이고 더욱 협력해야 한다고 주

---

26 October 13, 2000 by George Koo Member, Committee of 100 Remarks before the China Institute, New York, from Committee of 100 website.

장한다. 이런 자유방임적 관점에 대한 찬성 의견은 미국 장기 전략의 핵심요소로 현재 성장률과 필연적인 동등성의 격차라고 말한다:

> 우리는 사실을 고려해야 한다. 중국은 미국에 비해 4배에서 5배 빠르게 성장할 것이다. 30년도 채 되지 않아 중국 국내총생산량GDP은 미국과 같아질 것이며, 우리는 힘이 동등한 두 강대국의 세계에서 살 것이다.[27]

세계 경제 불황의 시기에는 이런 사실들이 훨씬 더 결정적으로 변하고 있는데, 전략적 긴장은 무역 흐름을 저해하고, 미국의 고용성장에 피해를 입히며, 국가의 번영을 감소시킬 수 있기 때문이다. 이러한 현실주의자들은 "큰 그림"을 보지 않고 불필요한 갈등을 일으키는 영역을 다룬다는 이유로 이 책을 반대할 것은 분명하다. 그러나 우리에게 큰 그림은 오랜 시간 중국이 과학기술을 획득하고 이용하도록 고안된 장기적이고 헌신적인 중국 전략들이 근본적으로 미국의 군사적 강점, 기술 경쟁력, 미래 경제번영에 피해를 입힌다는 것이다. 이러한 점에 있어 우리는 현실주의자들이 미래가 아닌 단기간 비용에만 너무 집중한다고 믿는다.

6. 대부분의 사례는 스파이활동이 아니라 세계화와 시대에 뒤떨어진 미국의 기술정책에 따른 결과이다

우리는 전통적인 의미에서 스파이활동을 생각하는 것을 넘어서, 스파이활동이 미국에 미치고 있는 영향을 근거로 이 문제를 바라봐야 한다. 세계화는 우리가 세계화의 이익을 같은 범위로 가지고 있는 경우에만 효

27 William Owens, "America Must Start Treating China as a Friend," *Financial Times*, November 17, 2009.

과가 있을 것이다. 앞선 장들에서 보여줬듯이, 중국 정부는 여전히 공동 연구를 앞서나가는 방법으로만 이용할 뿐 공유하지 않는다. 우리는 공동 연구의 필요성을 인식하고 과학적 노력의 일부라는 것에 동의하지만, 투명하지 않은 "공동연구"는 일방통행일 뿐이다.

7. 중국인 과학자들과 사업가들은 우리와 비슷하고 자신들을 위해 일한다

중국은 지난 10년 동안 변화하고 있으며, 중국인들은 다른 어떤 시대보다 개인적 자유를 즐기고 있다. 그러나 미 국방부DoS에 의해 기록된 중국의 인권 기록을 살펴보면 끔찍하며,[28] 최우선으로 여겨지는 중앙정부 프로그램에 참여하지 않을 개인의 자유의지가 없다는 것에 놀라게 된다. 해외에서 공부하거나 일하는 중국 학생들과 과학자들은 중국으로 돌아온 후 종종 의무적으로 보고를 해야 한다.[29] 중국을 강하게 만든다는 분명한 목적이 있는 해외 기반 지지자단체의 활동에 대한 사실을 혼란스럽게 하는 조직은 강력한 혼합체이다.

8. 왜 중국은 불필요하게 화를 내나?

중국이 세계대표단을 만드는 이유는 이익을 취하기 위해 강경한 자세

28 미국 국무부 2010년 중국 인권보고서에 따르면, "정부가 시민사회, 특히 인권 옹호와 공익 문제에 관여하는 단체와 개인들을 통제하기 위한 추가적인 조치를 취하였고, 언론, 인터넷, 인터넷 접속을 통제하려는 시도가 증가함에 따라 국가 인권 기록이 중요 분야에서 부정적인 추세가 지속되고 있다."

29 see Nicholas Eftimiades, *Chinese Intelligence Operations*, Naval Institute Press, 1994, pp. 61-65.

를 취하고 힘을 유리하게 활용해야 하기 때문이다. 만약 중국에 접근하거나 심지어 비자를 받기를 원한다면, 중국의 규칙을 받아들여야만 하는데, 이는 중국의 '친구'가 되었다는 것을 의미하며 지도자를 난처하게 만들지 말라는 의미이다. 이는 최근 중국의 인권정책을 비판하여 비자가 거절당한 교수, 공자학당Confucius Institute을 열고 활동을 감시한 대학,[30] 상황이 악화되는 것을 원치 않아 청소부가 되어 조용히 지내던 사업가들에 의해 재조명되었다.

9. 중국은 우리의 이익*bottom line*을 위해 필요하다

이 주장은 거의 도시의 전설처럼 미국 사업과 중국 사이의 모든 상호작용, 그 결과가 어떻든, 불평등한 경쟁 분야와 국가 안보에 미치는 부정적 영향을 정당화하기 위해 사용되었기 때문이다. 이 주장은 미국 사업이 값싼 생산과 연구 재능을 위해 중국이 필요하다는 것인데, 이는 전형적인 자기충족예언의 고전적인 사례이다. 그리고 나서 만약 우리가 몇 가지 사소한 문제점에서 양보하거나 더 많은 기술을 이전한다면, 중국이 국제사업의 관행을 확실히 동의할 것이라고 착각한다. 그런 일은 절대 생기지 않으며, 우리는 이러한 타협이 중국의 이익만을 증가시킨다는 것을 결코 알지 못할 것이다.

---

30 The censorship is now inserted up front in the contract that establishes the institute.

새로운 관계를 향하여

우리는 독자들, 특히 우리가 설명한 기술이전 관행과 관련된 사람들에게 다음과 같은 과제를 제공한다:

우리는 미국인 사업자들이 다음 분기를 넘어서 생각해보고, 왜 미래 경쟁자들을 훈련시키는지 스스로 질문해보라는 질문을 던진다. 왜냐하면 중국과 협력 프로그램을 시작하고 핵심기술이 이전될 때, 이것이 정확하게 바로 당신이 하고 있는 일이기 때문이다.

우리는 독자들이 국방, 정보, 법률 집행, 상업, 국토안보 등 분야의 동료들에게 전통적으로 광범위하고 만연해 있는 위협에 대해 정의된 스파이활동 이상의 것을 생각해보기를 요청한다. 세상은 예전처럼 명확하지 않다. 생각해보아라.

큰 그림에 주목한 과학자와 교육자들에게, 많은 나라들이 국제 사회에 대한 당신의 높은 견해를 공유하지 않고, 희망적이지 않은 정치는 성공적인 국가들의 행동을 지속적으로 지배할 것이라는 것을 감사해한다.[31]

마지막으로, 우리는 중국과 해외에 있는 중국인들에게 우리와 세계 다른 나라의 이익에 더 나은 도움이 될 수 있는 보다 교양 있는 태도를 취하기를 호소한다. 너희는 많은 진보를 이루었고 세계의 존경도 얻었다. 이제 마지막 이행이 필요하다.

---

31 We note with wry amusement the prominent place in Chinese bookstore these dats of the early Republican-era Machiavellian classic *Hou Hei Xue*(后黑学후흑학, 李宗吾[리종우] 선생의 저서, 원문에는 后黑学로 표기되었지만 厚黑学가 맞는 표기로 생각된다. 중국어 발음이 똑같아서 오타난 것 같다. 옮긴이. lit. "the science of thick [skin] and block [heart]" by Li Zongwu). A few decades ago it was available only on the back shelves of certain bookstores.

부록 1

중국 산업스파이 사례들[1]

• 방사선경화 항공우주기술Radiation-hardened aerospace technology을 중국으로 — 2011년 9월 30일 "Harry Zan"으로도 알려진 피고 홍 웨이 셴Hong Wei Xian과 "Lea Li"로도 알려진 피고 리 리Li Li는 인공위성 시스템에 사용되며, 방산물자로 분류되는 방사선경화 마이크로칩을 중국으로 수출하고자 공모하여 무기수출통제법 위반으로 버지니아 동부법원에서 징역 2년형을 선고받았다. 2011년 6월 1일 두 피고인은 모두 자신의 혐의를 인정하였다. 피고인들은 2010년 9월 1일 미국 임시체포영장에 따라 헝가리 당국에 의해 부다페스트에서 체포되었다. 헝가리에서 미국으로 인도된 후, 2011년 4월 4일 피고들은 버지니아 동부지역 연방법원에서 처음으로 모습을 드러냈다. 법원서류에 따르면, Zan과 Li는 중국에서 Beijing Starcreates Space Science와 Technology Development Company Limited라는 회사를 운영하였다. 전하는 바에 따르면, 이 회사는 미사일

1 이 사례 요약들은 미국연방수사국에 의해 제공되었다. 다음을 참조하라. www.justice.gov/nsd/docs/summary-eaca.pdf.

시스템과 발사체의 생산과 설계에 관여하는 중국 정부의 통제를 받는 기관인 중국우주과학기술공사中国航天科技集团公司에 기술을 파는 사업을 하였다. 법원서류에 따르면, 2009년 4월부터 2010년 9월 1일까지 피고인들은 수천 개의 피롬Programmable Read-Only Microchips, PROMs을 구입하여 수출하려는 목적으로 버지니아의 한 회사와 접촉하였다. 결국 피고인들은 버지니아의 회사로부터 40개의 피롬PROMs을 구입하려는 시도를 하였으며, 함정수사관들에게 피롬이 중국우주과학기술공사中国航天科技集团公司를 위한 것임이 나타났다. 이 조사는 이민세관단속국ICE과 국방부범죄조사국DCIS에 의해 이루어졌다.

- **방사선경화 방위항공우주기술**Radiation-hardened defense and aerospace technology**을 중국으로** — 2011년 3월 24일 워싱턴 우딘빌의 거주자 리안 양Lian Yang은 방사선경화 군용항공우주기술을 중국에 판매하려고 시도함으로써 무기수출통제법 위반에 대해 유죄를 시인하였다. 무기수출통제법을 위반한 혐의로 고발한 워싱턴 서부법원 형사고소장에 따라 양Yang은 2010년 12월 3일에 체포되었다. 고소장에 따르면, 양Yang은 인공위성에 사용되고 미국 군수품목록에서 방산물자로 분류되는 300개의 프로그래밍이 가능한 방사선경화 반도체장치를 구입하여, 미국에서 중국으로 수출하려고 시도하였다. 고소장은 양Yang이 미국에서 표면적으로 부품을 구입할 셸컴퍼니shell company, 물리적인 실체 없이 서류상으로만 존재하는 기업, 옮긴이 설립을 꾀하여, 부품이 중국으로 운송된다는 사실을 감추려 했다는 혐의를 받았다. 주장하는 바에 따르면, 양Yang은 가짜 구입 주문서를 만들 것을 계획하여 수출이 제한된 품목이 아닌 합법적으로 수출될 수 있는 품목을 구입한다는 것을 보여주려 하였다. 양Yang과 공모자는 5개 장치의 샘플에 대한 일부 보상으로 함정수사관들에게 6만 달러를 송금하였다. 공모의 일

부로서, 양[Yang]은 남아있는 300개 장치의 구입 및 전달을 위해 총 62만 달러를 비용으로 함정수사관들과 거래 일정에 대해 협상하였다고 한다. 이 조사는 미국 연방수사국[FBI], 이민세관단속국[ICE], 관세국경보호국[CBP]에 의해 실시되었다.

- 군사기술자료를 중국으로 — 2011년 3월 8일 일리노이 디어필드의 시싱 리우[Sixing Liu, 영어이름 Steve Liu]는 국방에 관련된 기술자료를 허가 없이 수출을 시도한 혐의로 뉴저지 법원에서 발부한 형사고소장에 의해 시카고에서 체포되었다. 전기공학 박사 학위를 소지한 중국인 Liu는 2009년 3월부터 2010년 11월까지 L-3 커뮤니케이션스[L-3 Communications] 뉴저지 지부인 Space & Navigation의 선임 기술자로 근무하였다. 그는 정밀항법장치와 미국 국방부의 기타 혁신요소에 종사하는 팀의 일원이었다. Liu는 회사의 컴퓨터를 지급받은 적이 없거나 회사의 뉴저지 시설 밖에서 회사의 업무 자료를 보유하는 것이 금지되어 있었다. 2010년 11월 그는 중국으로 여행을 떠났다. 그달 말 미국으로 돌아왔을 때 관세국경보호국[CBP] 검사관은 중국 정부의 후원을 받는 기술 협의회에서 발표하는 Liu의 사진뿐만 아니라, L-3 커뮤니케이션스 프로젝트와 관련된 수백 개의 문서를 담은 컴퓨터를 Liu가 소지하고 있는 것을 발견하였다. 그의 컴퓨터에 있던 대부분의 문서들은 회사의 민감한 특허 정보와 수출통제를 받는 기술자료를 포함한 것으로 나타났다. 국무부는 Liu의 컴퓨터에 있는 정보가 미국 군수품목록의 방산물자와 관련된 수출통제를 받는 기술자료임을 확인하였다. 이 조사는 미국 연방수사국[FBI]과 이민세관단속국[ICE]에 의해 실시되었다.

- 다우[Dow]의 영업비밀을 중국으로 — 2011년 2월 7일 루이지애나

중부법원 연방 배심원단은 전 연구원 Chyu Liou David W. Liou에게 다우 케미컬 컴퍼니Dow Chemical Company로부터 영업비밀을 훔쳐 중국 회사들에게 판매한 것에 대해 유죄판결을 내렸다. 법정에서 제시된 증거에 의하면, Liou는 대학원 과정을 위해 중국에서 미국으로 왔다. 그는 1965년부터 다우에서 일하였으며, 1992년에 은퇴하였다. 다우는 탄성체고분자elastomeric polymer와 염화폴리에틸렌chlorinated polyethylene, CPE 생산에 있어서 선두적인 기업이다. 다우의 Tyrin CPE는 자동차 호스, 공업용 호스, 전기 케이블 자켓, 비닐 사이딩 등과 같은 다양한 용도로 세계적으로 활용된다. Liou는 다우에 고용되었을 때, Tyrin CPE를 포함한 탄성중합체의 개발과 제조의 다양한 측면에 대해 연구하는 연구원으로 근무하였다. 재판에서 제시된 증거에 따르면, Liou는 염화폴리에틸렌 공정설계 패키지를 개발하고 중국의 회사들에게 판매하기 위해 영업비밀을 유용流用하려는 목적으로, Tyrin CPE 생산에 관한 일을 하였던 루이지애나 플라커민 및 독일 슈타데에 위치한 다우Dow 부속시설의 적어도 4명의 전현직 직원들과 함께 공모하였다. Liou는 훔친 정보를 팔기 위해 중국 전역을 돌아다녔으며, 염화폴리에틸렌에 관련된 자료와 정보를 넘겨준 대가로 다우의 전현직 근무자들에게 보상을 지불하였다. 한 예로, Liou는 당시 플라커민 시설에서 근무하던 직원이 다우의 공정설명서와 또 다른 염화폴리에틸렌 관련 정보를 제공하도록 현금 5만 달러 뇌물을 주었다. 이 조사는 미국 연방수사국FBI에 의해 실시되었다.

• **스텔스 미사일Stealth missile 배기관 설계도와 군사기술자료를 중국으로** — 2011년 1월 24일 하와이 지역 연방법원판사는 돈 세탁, 허위 소득신고서 작성, 기타 위법행위뿐만 아니라 기밀국방정보를 중국에 전달하고 불법적으로 군사기술자료를 수출한 것으로 마우이에 거주하는

66살의 노시르 고와디아Noshir Gowadia에게 32년형을 선고하였다. 2010년 8월 9일 하와이 법원의 연방 배심원단은 6일간의 심의와 40일간의 재판을 하고 난 뒤 고와디아가 14개의 위법을 저지른 것을 확인하였다. 또한 배심원단은 고와디아에게 미국의 B2 스텔스 폭격기에 대항하는 적외선 미사일의 감지망에 대한 기밀정보를 권한이 없는 사람들에게 불법적으로 3차례 넘겨준 혐의에 대해 유죄판결을 내렸다. 또한 고와디아는 B2 폭격기에 대한 기밀정보를 불법적으로 수출한 혐의, 미국의 국가안보에 관련된 정보를 자신의 집에 소지한 혐의, 돈 세탁, 2001년과 2002년에 허위 소득신고서를 작성한 혐의에 대해 유죄판결을 받았다. 그는 1968년부터 1986년까지 노스럽 그러먼Northrop Grumman Corporation에서 기술자로 근무하면서 B2 폭격기의 고유한 추진 시스템과 저노출 능력의 발전에 기여하였다. 고와디아는 기밀정보를 취급할 수 있는 허가가 만료되는 1997년까지 미국정부와의 계약자로서 기밀사항에 대한 업무를 지속하였다. 재판에서 제시된 증거에 의하면, 2003년 7월부터 2005년 6월까지 고와디아는 6번 중국을 방문하여 스텔스용 배기노즐을 개발함으로써 중국의 순항미사일 시스템을 지원할 목적으로 기술에 대한 설계, 시험 지원, 시험 데이터 분석의 형태로 중국에게 방위서비스를 제공하였으며, 중국 정부로부터 적어도 11만 달러를 받았다. 배심원단은 2건의 특정한 기밀정보 전달에 대해 고와디아에게 유죄판결을 하였다. 하나는 중국 순항미사일 프로젝트의 배기노즐과 재설계된 노즐의 효율성에 대한 평가에 대한 파워포인트 프레젠테이션이었으며, 또 하나는 그가 수정한 배기노즐이 탑재된 중국 순항미사일에 대한 신호 예측과 미국 공대공 미사일에 관련한 예측을 제공하는 컴퓨터 파일이었다. 또한 검찰은 명목상 아이들을 돕기 위한 단체라고 알려져 있지만, 사실 그가 외국으로부터 받는 수입을 위장하기 위한 단체인 리히텐슈타인 자선단체를 포함한, 고와디아가 통제하는 3개의 외국기관을 이용했다는 증거를 제시하였다. 이 사건은 미국 연방수사국FBI, 미공군특수수사대US Air Force Office of Special Investigations, 국세청IRS, 관세국경보호국CBP, 이민세관단속국ICE이 수사하였다.

• 군용레이더와 전자전에 사용되는 전자장치를 중국으로 — 2011년 1월 27일 위펑 웨이Yufeng Wei는 매사추세츠 법원에서 36개월형을 선고받았으며, 2011년 1월 26일 그녀의 공동피고인 전 조우 위Zhen Zhou Wu는 97개월 형을 선고받았다. 그들의 회사 Chitron Electronics, Inc.에는 벌금 1,550만 달러가 부과되었다. 웨이Wei, 위Wu, Chitron Electronics, Inc.는 2010년 5월 17일 재판에서 군용위상배열레이더, 전자전, 미사일 시스템에 사용되는 군용전자부품과 첨단 전자장치를 10년 이상의 기간 동안 중국에 불법적으로 수출하는 것을 공모한 것에 대해 유죄판결을 받았다. 수출된 장비를 받은 조직들 중에는 중국의 몇몇 군사기관들이 있었다. 또한 웨이Wei와 위Wu는 미국 정부에 허위 선적서류를 제출한 혐의에 대해서도 유죄판결을 받았다. 재판에서 제시된 증거에 따르면, 피고인들은 홍콩을 통해 중국으로 군용전자부품을 수출하였다. 수출된 전자장치는 주로 군용위상배열레이더, 전자전, 군용유도체계, 군용위성통신에 이용되는 것이었다. 또한 피고인들은 미국 상무부의 통제를 받는 전자전, 군용레이더, 위성통신시스템 등에 군사적으로 활용될 수 있는 전자부품을 불법적으로 중국에 수출하였다. 위Wu는 중국 선전시에 본사를 두고 매사추세츠 월섬에 미국 사무소를 둔 Chitron을 설립·감독하였다. 피고 웨이Wei가 미국 사무소의 관리자를 맡았다. 위Wu와 Chitron은 전자장치를 미국으로부터 중국의 군수공장과 군사연구시설에 판매하였다. 여기에는 중국군을 위해 전자장치를 조달, 개발, 제조할 책임을 맡는 중국전자과기집단공사中国电子科技集团公司, China Electronics Technology Group Corporation의 수

많은 부속연구소가 포함된다. 2002년 이후 위[Wu]는 중국의 군사기관들을 Chitron의 주요고객이라 언급하였으며, Chitron의 선전 사무소에 중국의 군사적 고객들과 협력할 기술자를 고용하였다. 2007년까지 Chitron 판매의 25%는 중국 군사기관들에 의한 것이었다. 미국의 전자장치를 중국군과 다른 최종사용자들에게 전달하는 매개체였던 위[Wu]의 중국회사인 Shenzen Chitron Electronics Company Limited 역시 기소되었다. 2011년 2월 9일 Chitron-Shenzhen은 재판 출석을 거부한 대가로 벌금 190만 달러가 부과되었다. "에릭 리[Eric Lee]"라고 알려진 공동피고 보 리[Bo Li]는 선적서류에 허위진술을 작성한 것을 이미 시인한 상태였다. 이 수사는 산업보안국[BIS], 이민세관단속국[ICE], 연방수사국[FBI], 국방부범죄조사국[DCIS]에 의해 실시되었다.

• 제한된 전자장치를 중국으로 — "David Zhang"으로도 알려진 York Yuan Chang과 아내 Leping Huang은 제한된 전자기술을 허가 없이 중국으로 수출하려 공모한 것과 허위진술을 한 것에 대한 캘리포니아 중부법원의 고발로 2010년 10월 11일에 체포되었다. 2010년 10월 9일 형사고소장에 따르면, 피고들은 중국으로 기술을 수출하는 것에 관여하는 캘리포니아의 기업 GTSI[General Technology Systems Integration Inc.]의 경영주들이다. GTSI는 두 종류의 고성능 아날로그-디지털 변환기[analog-to-digital converters, ADCs] 개발을 위한 기술을 설계하고 중국으로 이전하기 위해 중국에 위치한 중국전자과기집단공사[中国电子科技集团公司]의 24번째 연구기관과 계약을 맺었다. 피고인들은 기술을 설계하고 중국 내 개인들을 교육하는 2명의 기술자를 고용하였다. 2009년 두 번에 걸쳐 관세국경보호국[CBP] 조사관들은 2명의 기술자가 미국으로 돌아오는 것을 막았으며, GTSI와 중국이 연루된 불법적인 기술이전을 나타내는 컴퓨터 파일과 문서를 찾아내었다.

고소장에 따르면, Chang과 Huang은 당국이 기술자들과 접촉한 뒤 프로젝트를 은폐하려 하였다. 피고인들이 중국으로 수출하려고 시도하였던 아날로그-디지털 변환기[ADCs]는 국가안보와 테러방지를 이유로 수출 통제를 받는다. 이 수사는 미국 연방수사국[FBI], 산업보안국[BIS], 이민세관단속국[ICE], 국세청[IRS], 국방부 범죄조사국[DCIS]에 의해 실시되었다.

• **민감한 군용암호화기술을 중국으로** — 2010년 9월 13일 중국 마카오 거주자 Chi Tong Kuok은 미국 군대와 정부의 암호화통신에 사용되는 민감한 방위기술을 획득하고 마카오와 홍콩에 불법적인 수출을 한 혐의로 캘리포니아 남부법원에서 96개월 형을 선고받았다. Kuok은 방산물자를 허가 없이 수출하고 상품을 밀수한 혐의, 방산물자를 허가 없이 수출하려 시도한 혐의, 돈 세탁 등에 대해 2010년 5월 11일 재판에서 유죄판결을 받았다. Kuok은 통제된 미국 기술을 얻고자 함정수사를 하던 연방수사관과 만나기 위해 파리에서 조지아 애틀랜타에 도착하여 파나마로 가는 비행기를 갈아타려 했던 2009년 6월 17일에 체포되었다. Kuok은 미국과 북대서양조약기구[NATO] 군대에서 사용되는 다양한 암호화 장비, 통신장비, GPS장비를 얻고자 하였다. 예를 들어, Kuok은 PRC-148 무전기와 KG-175 Taclane Encryptor를 획득하기 위해 함정수사관과 협상하였다. PRC-148은 원래 미국특수작전사령부[US Special Operations Command]를 위해 고안된 다대역 무전기이다. KG-175 Taclane Encryptor는 미군이 IP통신을 암호화하는 데 사용하기 위해 미국 국가안보국[NSA]과의 계약하에 제너럴 다이내믹스[General Dynamics, 잠수함과 전투 시스템 등을 주력으로 생산하는 미국의 방산업체, 옮긴이]에 의해 개발되었다. 이 수사는 이민세관단속국[ICE]과 국방부 범죄조사국[DCIS]에 의해 실시되었다.

• 훔친 미군 야간투시경과 광학기기를 중국과 잉글랜드로 — 2010년 9월 9일 캘리포니아 남부법원의 대배심은 훔친 정부 자산과 상품을 주에서 다른 주로 수송하고 방산물자를 허가 없이 수출한 필립 앤드로 재미슨[Phillip Andro Jamison]에 대한 기소장을 반려하였다. 캘리포니아 코로나도의 해군상륙전기지[Naval Amphibious Base]에 배치된 미해군의 고용인 재미슨[Jamison]은 2008년 10월과 2009년 9월 사이 미해군으로부터 280개 이상의 품목을 훔쳤으며, 그 후 훔친 품목을 인터넷경매 및 인터넷쇼핑 사이트인 이베이[eBay]를 통해 고객들에게 판매하였다. 뿐만 아니라 기소장에는 재미슨이 먼저 국무부로부터 필수 수출허가를 받지 않고 전투용 야시장비와 소총용 조준경, 레이저 조준 장치를 홍콩과 잉글랜드로 수출하였다는 혐의를 제기하였다. 이 수사는 이민세관단속국[ICE]과 미해군범죄수사대[NCIS]에 의해 실시되었다.

• 다우[Dow]의 영업비밀을 중국으로 — 2010년 8월 31일 인디애나 남부법원에서 Kexue Huang은 주 간, 국가 간 훔친 자산을 수송한 것뿐만 아니라 외국의 정부 및 정부대행기관들의 이익을 위해 경제적 스파이 행위를 한 것으로 기소되었다. Huang은 2010년 7월 13일 매사추세츠에서 체포되었다. 기소장은 미국에서 영구적으로 합법적인 거주를 할 수 있는 중국 시민인 Huang이 Dow AgroSciences LLC의 연구원으로 근무하면서 영업비밀과 자산을 유용[流用]하여 중국으로 수송했다는 혐의를 제기한다. Huang은 다우[Dow]에서 근무하는 동안 영업비밀을 더욱 발전시키기 위해 중국 내의 대학 연구자들을 지휘하였다. 또한 전하는 바에 따르면, 그는 훔친 영업비밀을 개발하는 데 사용되는 보조금을 신청하여 수령하였다. 이 수사는 미국 연방수사국[FBI]에 의해 실시되었다.

• 열화상카메라를 중국으로 — 2010년 5월 14일 MBA^(Multimillion Business Associate Corporation)의 공동 소유주이자 최고운영관리자^(chief operation manager)인 Sam Ching Sheng Lee는 국가안보 통제대상인 열화상카메라를 불법적으로 중국에 수출함으로써 국제긴급경제권한법^(International Emergency Economic Powers Act, IEEPA)을 위반한 자신의 협의에 대해 캘리포니아 중부법원에서 유죄를 시인하였다. 같은 날 그의 조카인 Charles Yu Hsu Lee는 같은 활동을 위한 중죄 은닉에 대해 유죄를 시인하였다. 국제긴급경제권한법^(IEEPA)을 위반하고 국가안보 통제대상인 품목을 허가 없이 수출하고자 공모한 협의로 이들을 고발하는 2008년 12월 16일 기소장에 따라 이 2명은 2008년 12월 30일 캘리포니아 아시엔다하이츠에서 체포되었다. 기소장에 따르면, 아시엔다하이츠에 위치한 수출입회사인 MBA로 사업을 하던 피고인들은 중국에 있는 사람들이 수출통제 대상인 열화상카메라를 불법적으로 입수할 수 있도록 도왔다고 한다. 2002년 4월과 2007년 7월 사이 피고인들은 수출법을 우회하여 총 10개의 열화상카메라를 중국으로 수출하였다. 엄격한 수출규제에 대한 조언을 들은 받은 Charles Yu Hsu Lee는 카메라의 목적지가 중국이라는 사실을 숨긴 채 미국의 공급자로부터 한 개당 약 9,500달러의 금액으로 카메라를 구입하였다고 한다. 그 후 그의 삼촌 Sam Ching Sheng Lee는 물품을 받아 제대로 된 허가를 받지 않은 채 자신의 회사를 통해 물품을 배에 선적하여 상하이로 운송할 준비를 하였다. 물품 수령자 중 한 사람은 적외선 기술 개발에 종사하는 상하이의 한 회사의 직원이라고 한다. 열화상카메라는 군사적 · 민간적으로 매우 다양하게 활용될 수 있기 때문에 국가안보와 지역안정을 이유로, 중국으로의 수출에 있어서 미국 상무부의 통제를 받는다. 이 수사는 캘리포니아 중부법원의 Eagle Task Force에 의해 실시되었다.

• 군사비행시뮬레이션기술을 해외로 — 2010년 3월 25일 매사추세츠 연방법원에서 Hok Shek Chan, Wong Fook Loy, Ngo Tek Chai는 필수적인 허가를 받지 않고 불법적으로 군수품을 수출하려고 공모·시도한 혐의로 기소되었다. 2008년 10월 기소장에 따르면, 홍콩의 시민인 Chan은 2명의 말레이시아 시민 Wong Fook Loy와 Ngo Tek Chai, 그 외의 사람들과 함께 C-130 군용비행시뮬레이터에 사용되는 10 지표자동제어 회전속도계[indicator servo tachometer]를 국부무로부터 허가를 받지 않은 채 미국으로부터 외부로 수출하기 위해 공모하였다. Chan은 보스턴에서 기소에 응하도록 홍콩으로부터 인도되었다. 이 수사는 이민세관단속국[ICE], 산업보안국[BIS], 국방부 범죄조사국[DCIS]에 의해 실시되었다.

• 중국을 위한 우주왕복선 및 로켓의 기밀에 대한 경제적 스파이행위/절도 — 2010년 2월 11일 로크웰과 보잉의 전 기술자 동판 "그렉" 청[Dongfan "Greg" Chung]은 2009년 7월 16일 캘리포니아 중부법원에서의 유죄선고에 따라 188개월의 구금과 출옥 후 3년의 보호관찰을 선고받았다. 청[Chung]은 경제적 스파이행위를 한 혐의와 중국을 위해 불법 스파이 역할을 한 혐의에 대해 유죄판결을 받았다. 중국을 위해 그는 우주왕복선 프로그램과 델타 IV 로켓에 관련된 정보를 포함하여 제한된 기술과 보잉의 영업비밀을 훔쳤다. 판결에 따르면, 청[Chung]은 30년이 넘는 기간 동안 중국의 불법 스파이로 활동하였으며, 중국 정부를 지원하기 위해 보잉으로부터 항공우주 및 군사 관련 영업비밀을 훔치는 임무의 일부로서 보잉의 영업비밀을 담고 있는 30만 쪽 이상의 문서들을 집에 숨겨두었다. 청[Chung]은 보잉의 영업비밀을 우편, 해상화물운송, 샌프란시스코의 중국영사관, 중국인 스파이 마이다즈를 통해 중국으로 보냈다. 몇 차례에 걸쳐 청[Chung]은 나중에 중국 관료들에게 제공할 자세한 브리핑을 준비하기

위해 보잉으로부터 유용流用한 영업비밀을 사용하였다. 청Chung은 8차례 경제적 스파이행위를 한 혐의, 1차례 경제적 스파이행위를 음모한 혐의, 1차례 미등록 외국 대리인으로 활동한 혐의, 1차례의 사법 방해, 3차례 미국 연방수사국FBI에게 허위 진술을 한 혐의로 기소된 후 2008년 2월 11일 남부 캘리포니아에서 체포되었다. 이 수사는 미국 연방수사국FBI, 항공우주국NASA에 의해 실시되었다.

• 로켓과 우주선에 활용될 수 있는 탄소섬유물질을 중국으로 — 2009년 10월 8일 미네소타 법원에서 세 명의 인물이 고강성 탄소섬유물질을 중국공간기술연구원中国空间技术研究院에 불법 수출하여 형을 선고받았다. Jian Wei Ding은 46개월형을 선고받았다. Kok Tong Lim이 범죄협조에 대해 딱 1년이 넘는 구금을 선고받았던 것에 반해, Ping Cheng은 범죄협조에 대해 1년의 보호관찰을 선고받았다. 2009년 3월 20일 Ding은 수출통제규정을 위반한 1차례의 혐의에 대해 유죄를 시인하였다. Cheng은 2009년 2월 13일에, Lim은 3월 9일에 유죄를 인정하였다. 2008년 10월 28일 위 세 명은 항공기, 로켓, 우주선, 우라늄 농축 과정에 응용될 수 있는 통제를 받는 탄소섬유물질을 불법적으로 중국에 수출하려고 공모한 혐의로 기소되었다. 탄소섬유물질의 몇몇 목적지는 중국을 위해 우주선 시스템을 개발하는 연구기관들을 감독하는 중국공간기술연구원이었다. 국가보안과 핵무기 확산 방지, 테러 방지를 이유로 미국 정부는 이러한 탄소섬유물질을 수출할 때 반드시 허가받을 것을 요구한다. Jian Wei Ding은 싱가포르 시민이었으며, Jowa Globaltech Pte Ltd, FirmSpace Pte Ltd, Far Eastron Co. Pte Ltd.를 포함한 싱가포르의 다양한 수출입회사를 운영하였거나 연계되어 있다. Kok Tong Lim도 싱가포르 시민이었으며, 한때 FirmSpace, Pte Ltd. 소속이었다. Ping Cheng은 뉴욕 시민이

며, Prime Technology Corporation의 유일한 주주였다. 이 수사는 이민세관단속국[ICE]과 산업보안국[BIS]에 의해 실시되었다.

• 군사적으로 활용될 수 있는 제한된 집적회로를 중국으로 — 2009년 8월 3일 Dimigit Science & Technology Co. Ltd라고 불리는 베이징에 기반을 둔 군사계약회사[military contracting company]의 직원이자, 캘리포니아 아시엔다하이츠의 위장회사인 Cheerway, Inc.의 부사장인 William Chai-Wai Tsu는 캘리포니아 중부법원에서 40개월 형을 선고받았다. 법원서류에 따르면, Tsu는 10개월에 걸쳐 군용레이더시스템에 활용될 수 있는 제한이 걸려있는 400개 이상의 집적회로를 불법적으로 중국에 수출하였다. 이러한 이중용도 품목은 국가보안을 이유로 수출에 있어서 제한된다. Tsu는 미국 회사들에게 집적회로를 외국에 수출하지 않을 것이라 거짓말을 한 뒤, 미국의 배급업체들로부터 많은 품목을 구입하였다. 법원서류에 따르면, 그는 제한된 미국의 기술을 몇몇의 중국 고객들에게 공급하였는데, 여기에는 "항공우주 대장정로켓 기술회사[Aerospace Long March Rocket Technology Company]"라는 이름으로도 알려져 있으며 중국우주과학기술공사[中国航天科技集团公司]에 소속된 "704 연구기관"이 포함된다. Tsu를 고용하였던 중국 회사 Dimigit는 홍보책자에서 회사의 임무가 "중국 군수산업의 재활성화 차원에서, 중국에게 안전하고 믿을 수 있는 선진화된 전자적 · 기술적 지원을 제공하는 것"이라고 자랑한다. 2009년 2월 6일 캘리포니아 중부법원에서 Tsu는 국제긴급경제권한법[IEEPA]을 위반한 혐의로 기소되었다. 이후 2009년 3월 13일 2건의 연방 기소에 대해 유죄를 시인하였다. 이 사례는 산업보안국[BIS], 이민세관단속국[ICE], 연방수사국[FBI], 관세국경보호국[CBP], 국무부 외교경호처[Diplomatic Security Service, DSS], 교통보안청[Transportation Security Administration]을 포함한 캘리포니아 중부법원 EAGLE

Task Force가 조사한 결과이다.

• (수출) 제한된 열화상기술을 중국으로 — 2009년 7월 27일 캘리포니아 중부법원에서 베이징 거주자 Zhi Yong Guo는 60개월 형, 또 다른 베이징 거주자 Tah Wei Chao는 20개월 형을 선고받았다. 이 2명은 열화상카메라를 구입하여 필요한 수출허가를 받지 않은 채 중국에 불법적으로 수출하고자 한 혐의로 기소되었다. 2008년 7월 17일 Guo와 Chao는 연방법 위반 혐의로 기소되었다. 2008년 7월 Chao는 3차례 연방법 위반에 대해 유죄를 인정하였다. 일주일 동안의 재판 후 2009년 2월 23일 Guo는 2차례 연방법 위반에 대해 유죄판결을 받았다. 이 사례는 2008년 4월 중국으로 운송될 수하물에 숨겨진 10개의 열화상카메라와 관련된 것이었다. 열화상카메라는 민간적·군사적으로 다양하게 활용될 수 있기에, 중국으로 수출은 국가안보와 지역안정을 이유로 미국 상무부의 통제를 받는다. 2008년 3월 Chao는 플리어 시스템즈(FLIR systems, Inc., 열화상카메라를 전문으로 하는 세계적인 기업, 옮긴이)로부터 10개의 열화상카메라를 53,000달러에 주문하였다. 플리어 시스템즈 직원들은 Chao에게 허가 없이 카메라를 수출할 수 없다고 반복적으로 경고하였다. 2008년 4월 로스앤젤레스 국제공항에서 당국이 가방 속에 숨겨진 10개 열화상카메라를 발견한 뒤 Chao와 Guo는 체포되었다. Chao는 연방당국에 의해 빼앗긴 10개 카메라뿐만 아니라, 2007년 10월 Guo의 요청에 따라 3개 카메라를 중국으로 운송하였음을 시인하였다. 재판에서 제시된 증거는 베이징의 한 기술개발회사의 전무이사이자 기술자인 Guo가 자신의 고객인 중국특수경찰(Chinese Special Police)과 특수무장경찰(Special Armed Police)을 위한 카메라를 획득하도록 Chao에게 지시하였음을 보여준다. 이 사례는 산업보안국(BIS), 이민세관단속국(ICE), 연방수사국(FBI), 관세국경보호국(CBP), 국무부 외교경호처(DSS), 교통

보안청[TSA]을 포함한 캘리포니아 중부법원 EAGLE Task Force가 조사한 결과이다.

• 무인항공기에 대한 군사기술자료를 중국으로 — 2009년 7월 1일 테네시 동부법원에서 존 리스 로스 박사[Dr. John Reece Roth]는 미 공군과의 계약에 관련된 민감한 군사기술자료를 불법적으로 수출한 것으로 48개월 형과 출소 후 2년의 보호관찰, 1,700달러의 추징금을 선고받았다. 테네시대학의 전 명예교수인 로스는 15차례 무기수출통제법 위반, 1차례의 공모, 인터넷뱅킹을 이용한 한 차례의 금융사기로 2008년 9월 2일 유죄로 판결되었다. 로스는 무기 또는 감시체제로서 가동되는 "드론" 혹은 무인항공기[UAVs]의 날개에 사용하기 위해 고안된 플라스마 기술에 관한 군사기술자료를 불법적으로 수출하였다. 미 공군 연구 계약과 관련된 기술자료도 역시 불법적으로 수출되었는데, 로스[Roth]는 중국과 이란에게 넘겼다. 게다가 로스[Roth]는 통제가 걸린 군사자료를 포함한 다양한 문서를 직접 소지한 채 중국으로 여행을 갔으며, 통제가 걸린 또 다른 군사자료들을 E-mail을 통해 중국으로 보냈다. 2008년 8월 20일 테네시에 은밀하게 세워진, 플라스마 기술 관련 회사인 AGT[Atmospheric Glow Technologies, Inc] 또한 무기수출통제법을 위반하고 무인항공기에 관한 미국 군사자료를 중국 시민에게 불법적으로 수출하였음을 인정하였다. AGT는 2010년 2월 12일 4천 달러의 추징금과 2만5천 달러의 벌금을 선고받았다. 로스[Roth]와 AGT가 최초로 고발당한 날짜는 2008년 5월 20일이다. 이와 연관된 사례로, 이전에 AGT에서 근무하였던 물리학자 대니얼 맥스 셔먼[Daniel Max Sherman]은 이 수사와 관련하여 무기수출통제법 위반 공모에 대한 고발에 대해 2008년 4월 15일 유죄를 인정하였다. 수사에 협조 후 2009년 8월 10일 셔먼[Sherman]은 14개월 형을 선고받았다. 이 수사는 미국 연방수사국[FBI],

이민세관단속국[ICE], 미공군특수수사대[US Air Force Office of Special Investigations], 국방부 범죄조사국[DCIS], 산업보안국[BIS]에 의해 실시되었다.

• 군용 야간투시기술을 중국으로 — 2009년 2월 24일 중국 난징의 Bing Xu는 군용야간투시기술을 중국에 불법적으로 수출을 시도한 것을 시인한 후, 2009년 7월 1일 뉴저지 법원에서 22개월 형과 출소 후 2년의 보호관찰을 선고받았다. 중국 난징에 위치한 회사 Everbright Science and Technology, Ltd의 관리자인 Xu는 수출을 위해서 국무부의 허가를 필요로 하는 특정한 야간투시기술을 미국 회사로부터 구입하기 위해 회사 내 다른 직원들과 공모한 것을 시인하였다. Xu는 처음에는 회사 내 공모자들이 야간투시장비의 수출 허가를 얻으려고 하였다. 국무부로부터 허가를 거절당하자 Xu와 공모자들은 야간투시광학장비를 불법적으로 수출하기로 동의하였다. 형사고소장에 따라 Xu는 2007년 10월 체포되어 구치되었다. 그의 중국 고용자가 야간투시장치 구입의 대가로 14,080달러를 스파이들에게 송금하고 하루 뒤인 2007년 10월 26일에 Xu는 중국에서 뉴욕으로 왔다. 이 수사는 이민세관단속국[ICE], 국방부 범죄조사국[DCIS]에 의해 실시되었다.

• 증폭기와 미사일 표적획득 기술을 중국으로 — 2009년 5월 14일 플로리다 포트 세인트 루시[Port St. Lucie]에 위치한 전자부품 생산 회사 AlphaTronX의 소유주이자 회장인 조셉 피켓[Joseph Piquet]은 플로리다 남부법원에서 60개월 형과 출소 후 2년의 보호관찰을 선고받았다. 2009년 3월 5일 그는 노스럽 그러먼[Northrop Grumman Corporation]으로부터 군용전자부품을 구입하여, 무기수출통제법과 국제긴급경제권한법[IEEPA] 하에 먼저 취득해야 하는 필수 수출허가를 받지 않은 채 홍콩과 중국으로 구입한 전자

부품을 운송하려는 계획으로부터 발생한 7차례의 혐의에 대해 유죄판결을 받았다. 전자부품들 중에는 상업 및 군사적으로도 사용 가능한 저소음 증폭기뿐만 아니라 조기경보레이더와 미사일 표적획득시스템에 미군이 사용하기 위해 고안된 고성능 증폭기가 포함되어 있었다. 피켓[Piquet]은 톰슨 탬[Thompson Tam]과 Ontime Electronics Technology Limited뿐만 아니라 자신의 회사인 AlphaTronX와 함께 2008년 6월 5일 처음으로 기소되었다. 탬[Tam]은 중국에 있는 전자장치회사인 Ontime Electronics의 책임자이다. 2009년 3월 2일 법원은 AlphaTronX에 대한 기소를 기각하였다. 이 수사는 산업보안국[BIS]과 이민세관단속국[ICE]에 의해 실시되었다.

• 영업비밀을 중국으로 — 취업비자를 받아 미국에서 거주하는 중국인 Yan Zhu는 일하던 회사로부터 해고된 뒤 회사의 소프트웨어를 훔쳐서 수정 버전을 중국 정부에 팔려고 한 계획과 관련하여 영업비밀 절도, 음모, 인터넷 금융사기, 공정서비스 사기에 관한 절도 등의 혐의로 2009년 4월 10일 뉴저지에서 체포되었다. 2006년 5월부터 2008년 7월까지 Zhu는 선임 환경기술자로서 근무하였다. Zhu는 공기 배출, 주변 수질, 지하수 수질을 관리할 수 있게 해주는 중국 시장을 겨냥한 특허 소프트웨어 프로그램을 개발하는 종합 다중매체 환경정보관리포털에서 근무하였다. 이 수사는 미국 연방수사국[FBI]에 의해 실시되었다.

• 제한된 기술을 중국으로 — Fu-Tian Lu는 제한된 마이크로파 증폭기술을 중국에 불법적으로 수출하려고 계획한 혐의와 연방수사관에게 거짓말을 한 혐의로 캘리포니아 북부법원의 2009년 4월 1일의 기소장에 따라 2009년 4월 7일 샌프란시스코에서 체포되었다. 기소장에 따르면, Lu와 자신이 세운 캘리포니아 쿠퍼티노의 Fushine Technology, Inc.와

중국 기반의 Everjet Science and Technology Corporation 2개 회사는 국가안보상의 이유로 제한이 걸린 민감한 마이크로파 증폭 기술을 미국 상무부로부터 우선적으로 허가를 받지 않고 중국으로 수출할 것을 계획하였다. 2010년 2월 17일 Fu-Tian Lu, Fushine Technology, Inc., Everjet Science and Technology Corporation을 수출규제 위반, 허위 진술을 공모한 것으로 고발하는 대체기소superseding indictment, 새로운 증거나 새로운 혐의가 발견되었을 때 이전의 기소를 대체하여 다시 제기되는 기소, 옮긴이가 반려되었다. 이 수사는 상무부 산업보안국BIS, 연방수사국FBI, 이민세관단속국ICE, 관세국경보호국CBP에 의해 실시되었다.

• 로켓/우주발사 기술자료를 중국으로 — 2009년 4월 7일 미국 시민으로 귀화한 중국인이자 물리학 박사인 Quansheng Shu는 우주발사 기술자료와 국방서비스를 불법적으로 중국에 수출하고 중국 정부 관료들에게 뇌물을 제공한 것에 대해 51개월 형을 선고받았다. 2008년 11월 17일 버지니아 동부법원에서 Shu는 3가지 범죄에 대한 기소에 대해 유죄를 시인하였다. 그는 2008년 9월 24일에 체포되었다. Shu는 버지니아 뉴포트뉴스에 위치하고 중국 베이징에 사무소를 둔 첨단기업 AMAC International의 회장이자 서기관, 회계 담당자였다. Shu는 중국 하이난성 남부의 섬에 위치한 고중량기기 발사 시설에서 사용될 우주발사체를 위한 극저온 연료시스템 설계와 발전에 대한 지원을 중국에게 제공하였다. 하이난의 시설은 유인우주비행과 미래의 달 탐사 임무에 대한 지원을 제공할 예정일 뿐만 아니라 우주 정거장과 인공위성을 공전궤도에 쏘아 올릴 수 있도록 고안된 발사체를 수용할 예정이다. 또한 Shu는 Standard 100 M3 액체수소Liquid Hydrogen, LH 2 탱크의 설계와 제조에 관한 기술자료를 중국에 불법적으로 수출하였다. 게다가 Shu는 중국 관료들과 101 연

구소[101 Institute]에게 자신이 대표인 프랑스의 회사에 수소액화기 프로젝트를 배정하도록 설득하기 위해 약 189,300달러의 뇌물을 제공하였다. 2007년 1월 4백만 달러의 수소액화기 프로젝트가 Shu가 대표하는 프랑스 회사로 배정되었다. 이 수사는 미국 연방수사국[FBI], 이민세관단속국[ICE], 산업보안국[BIS], 국방부범죄조사국[DCIS]에 의해 실시되었다.

• **초소형 무인항공기 부품을 중국으로** — 2009년 3월 12일 컬럼비아 법원의 연방대배심은 초소형 무인항공기 자동조종장치를 중국의 한 회사에 불법적으로 수출한 혐의로 Yaming Nina Qi Hanson과 월터리드육군의료센터[Walter Reed Army Medical Center]에서 일하는 남편 해롤드 드위트 핸슨[Harold Dewitt Hanson], 메릴랜드의 회사 Arc International, LLC를 기소하였다. 무인항공기 부품을 중국으로 수출하는 것은 국가안보상의 이유로 제한된다. 법원서류에 따르면, 2007년부터 핸슨[Hanson] 부부는 중국의 Xi'an Xiangyu Aviation Technical Group에 재수출할 목적으로 캐나다의 제조사로부터 자동조종장치를 획득하려는 시도를 시작하였다. Qi Hanson은 처음에는 자동조종장치를 중국에 있는 모형항공기 민간동호회에서 사용할 것이라고 하였다. 캐나다 제조사의 직원들이 무인항공기에 쓰기 위해 고안된 자동조종장치를 동호회에서 사용한다는 것에 의문을 품자, Hanson은 뇌우와 토네이도의 형성과 북극의 빙하가 녹는 속도를 기록하는 미국 항공기에 쓰일 것이라고 주장을 바꿨다. Qi Hanson은 제조사를 속여 9만 달러에 달하는 20개의 자동조종장치를 구매한 후 2008년 8월 7일경 미국에서 상하이행 비행기에 탑승하여 중국의 Xi'an Xiangyu Aviation Technical Group에 물품을 직접 건네주었다. 결국 핸슨[Hanson] 부부는 2009년 11월 13일 허위 진술에 대해 유죄를 시인하였다. 2010년 2월 3일 해롤드 드위트 핸슨[Harold Dewitt Hanson]이 24개월 형을 선고

받았고, 아내 Yaming Nina Qi Hanson은 실형을 선고받았다. 이 수사는 산업보안국[BIS]과 연방수사국[FBI]에 의해 실시되었다.

• 제한된 전자부품을 중국으로 — Michael Ming Zhang과 Policarpo Coronado Gamboa는 제한된 미국 전자부품을 중국에 불법적으로 수출하고, 위조된 전자부품을 중국으로부터 미국으로 들여온 것과 관련된 개별적인 계획에 대해 캘리포니아 중부법원의 기소장에 따라 2009년 1월 20일에 체포되었다. Zhang은 캘리포니아 랜초쿠카몽가에 위치한 회사인 J.J. Electronis의 회장이며, Gamboa는 캘리포니아 풋힐랜치에 위치한 회사 Sereton Technology, Inc.를 소유·운영하였다. 전하는 바에 따르면, Zhang은 미군의 전투용 탱크에 사용되는 이중용도 전자품목을 중국으로 수출하였으며, 중국의 위조상표가 달린 약 4,300개의 시스코[Cisco] 전자부품을 수입하여 미국에서 판매하였다고 한다. Gamboa는 중국의 위조상표가 달린 소니 전자부품을 미국에 배급하기 위해 수입할 것을 Zhang과 공모한 것으로 고발당했다. 2009년 7월 9일 Gamboa는 1건의 기소에 대해 유죄를 시인하였으며, 이후 5년의 보호관찰을 선고받았고 소니에게 13,600달러의 배상금을 지불하도록 선고받았다. 2009년 7월 6일 Zhang은 자신의 혐의에 대해 유죄를 시인하였다. 이 수사는 캘리포니아 중부법원 EAGLE Task Force와의 협조 하에 연방수사국[FBI], 산업보안국[BIS], 국방부 범죄조사국[DCIS], 이민세관단속국[ICE], 우편물검사국[US Postal Inspection Service], OCSD[Orange Country Sheriff's Department]에 의해 실시되었다.

• 영업비밀을 중국으로 — 2008년 12월 9일 일리노이 법원에서 Hanjuan Jin은 미국연방법전[United States Code] 제18장 1831조를 위반한 3차례의 경제적 스파이행위를 추가한 대체기소로 고발되었다. 1832조에서

영업비밀을 훔친 것으로 Jin을 고발하는 2008년 4월 1일의 기소장에 위협의가 추가되었다. Jin은 1998년 모토로라Motorola에 입사한 직원이다. 모토로라에서 퇴사한 지 하루 뒤인 2007년 2월 28일 Jin은 1,000개가 넘는 모토로라의 문서들을 출력하거나 저장장치에 담은 채 오헤어 공항O'Hare Airport에 들렀다. 모토로라의 컴퓨터 기록을 검토한 결과, Jin은 늦은 밤 많은 분량의 문서에 접근한 것으로 확인되었다. 그녀가 공항에 들렀을 때 중국으로 가는 편도표를 구입하였다. 1831조를 위반한 혐의는 그녀가 모토로라로부터 훔친 영업비밀로 중국군에게 이익을 안겨줄 의도였다는 증거에 기인한 것이다. Jin이 훔친 특허자료는 모토로라가 수억 달러를 들여 연구하고 개발한 것이다. 이 수사는 관세국경보호국CBP의 도움을 받아 연방수사국FBI에 의해 실시되었다.

• 훔친 영업비밀을 중국 시민들에게 — Fei Ye와 Ming Zhong은 2006년 12월 14일 2개의 실리콘밸리 기술회사로부터 훔친 영업비밀을 소유한 것에 대한 경제적 스파이 행위에 대해 유죄를 시인하고 난 뒤, 2008년 11월 21일 캘리포니아 북부법원에서 일부 공모에 근거하여 각각 1년 형을 선고받았다. Ye와 Zhong은 자신들의 회사가 훔친 칩을 팔아서 번 모든 수익에 대한 할당량을 중국의 기관들에게 제공하려고 했었음을 인정하였다. 이 사례는 경제 스파이에 대한 미국 내 최초의 유죄판결이었며, 2002년 12월 4일 처음 기소되었다. 이 수사는 이민세관단속국ICE, 연방수사국FBI, 관세국경보호국CBP에 의해 실시되었다.

• 군용가속도계를 중국으로 — 2008년 9월 26일 Qing Li는 군용가속도계를 미국에서 중국으로 밀수하려고 계획한 것에 대해 12개월 및 1일 형, 3년의 보호관찰, 7,500달러의 벌금을 캘리포니아 남부법원에서 선

고받았다. 2008년 7월 9일 Li는 미국연방법전 제18장 554조를 위반한 것에 대해 유죄를 시인하였다. 그녀는 2007년 10월 18일 위법행위로 기소되었다. 법원서류에 따르면, Li는 30개나 되는 Endevco 7270A-200K 가속도계를 발견·입수할 것을 중국의 개인과 공모하였으며, 그녀의 공모자가 중국 내 "특별한" 과학기구라고 일컬은 조직을 위한 것이었다. 가속도계는 화학적 폭발 및 핵의 관성력 측정, 스마트 폭탄과 미사일 개발에 군사적으로 활용될 수 있다. 이 수사는 이민세관단속국[ICE], 국방부범죄조사국[DCIS]에 의해 실시되었다.

• 군용항공기부품을 중국과 이란으로 — 말레이시아 시민권자이고 거주자인 데스먼드 디네시 프랭크[Desmond Dinesh Frank]는 2008년 5월 16일 군용물품을 중국과 이란에 불법적으로 수출하려는 계획과 관련한 몇몇의 중죄에 대해 매사추세츠 법원에서 유죄를 시인한 후, 2008년 8월 28일 23개월 형을 선고받았다. 2007년 11월 15일에 반려된 6건의 혐의에 대한 기소장은 말레이시아에 위치한 Asian Sky Support, Sdn., Bhd.의 운영자인 프랭크를, 이란으로 물품을 불법적으로 수출하려고 계획하고 C-130 군용 항공기 훈련 장비를 중국에 불법적으로 수출하려고 계획한 것, 방산물자를 불법적으로 수출한 것, 밀수, 2차례의 돈세탁으로 고발하였다. 2007년 10월 8일 하와이에서 프랭크[Frank]는 이민세관단속국[ICE] 수사관에 의해 체포되었다. 프랭크[Frank]는 재무부로부터 필수적인 허가를 받지 않은 채 상품, 기술, 서비스를 불법적으로 이란에 수출·재추술할 것을 다른 이들과 공모하였다. 또한 그는 C-130 군용 비행시뮬레이터에 사용되는 군사훈련용 부품인 10 방향표시계, 회전속도계를 국무부로부터 필수적인 허가를 받지 않은 채 미국에서 말레이시아로, 궁극적으로는 홍콩과 중국으로 불법적인 수출을 할 것을 다른 이들과 공모하였다. 이 수

사는 이민세관단속국ICE, 산업보안국BIS, 국방부 범죄조사국DCIS에 의해 실시되었다.

• 미군의 소스코드와 영업비밀을 중국으로 — 2008년 6월 18일 Xiaodong Sheldon Meng은 경제적 스파이행위와 무기수출통제법 위반으로 캘리포니아 북부법원에서 24개월 형과 3년의 보호관찰, 1만 달러의 벌금을 선고받았다. Meng은 베이징에 위치한 중국해군연구소China's Navy Research Center에게 이익을 줄 목적으로 군사훈련 및 기타 목적을 위한 시뮬레이션에 사용되는 영업비밀을 유용함으로써 경제스파이법을 위반한 것에 대해 2007년 8월 유죄를 시인하였다. 또한 그는 전투기 조종사 육성 프로그램과 관련된 군용 소스코드를 불법적으로 수출하여 무기수출통제법을 위반한 혐의도 인정하였다. Meng은 군용 소스코드를 수출하여 무기수출통제법에 따라 유죄판결을 받은 미국 내 최초의 피고인이자, 경제스파이법으로 형을 선고받은 최초의 피고인이었다. Meng은 2006년 12월 13일의 대체기소로 고발되었다. 이 수사는 미국연방수사국FBI과 이민세관단속국ICE에 의해 실시되었다.

• 미국 해군함 관련 자료를 중국으로 — 2008년 3월 24일 미해군 도급업체의 전 기술자였던 마이다즈Chi Mak는 미해군의 군함기술을 획득하고, 이 자료를 중국에 불법적으로 수출하기 위한 계획을 지휘한 것으로 24년을 넘어서는 293개월 형을 캘리포니아 중부법원에서 선고받았다. 2007년 5월의 재판에서 마이다즈는 공모, 2차례의 수출통제법 위반 시도, 중국 정부의 등록되지 않은 대리인으로 활동한 것, 허위 진술에 대해 유죄판결을 받았다. 조사에서 마이다즈는 중국 내 공모자로부터 핵 잠수함 및 기타 정보에 관련된 미해군의 연구를 요청하는 목록을 받은 것으

로 밝혀졌다. 그는 미해군의 현재와 미래의 군함기술에 대한 기술자료를 수집하였으며, 이 자료를 중국에 불법적으로 수출하려 공모하였다. 그의 가족을 포함한 4명의 공모자들 또한 이 사건과 관련하여 유죄를 시인하였다. 마이다즈의 남동생 마이다홍은 2007년 6월 4일 감형 거래에서 방산물자를 수출하고자 계획한 1차례의 협의를 시인하여 2008년 4월 21일 10년 형을 선고받았다. 2008년 10월 2일 마이다즈의 부인 Rebecca Chiu는 3년 형을 선고받았다. 또한 2008년 10월 1일 Fuk Heung Li는 3년의 보호관찰을 선고받았으며, 2007년 9월 24일 Yui Mak은 11개월 형을 선고받았다. 이 수사는 미국연방수사국[FBI], 미해군범죄수사대[NCIS], 이민세관단속국[ICE]에 의해 실시되었다.

- 군용증폭기를 중국으로 — 2007년 12월 19일 Ding Zhengxing, Su Yang, Peter Zhu는 군사적인 목적으로 통제되는 증폭기를 구입하여 불법적으로 중국에 수출하려 계획한 혐의와 관련한 무기수출통제법 위반으로 텍사스 서부법원에서 기소되었다. 이 증폭기는 디지털 무전기와 무선 지역네트워크에 이용된다. Ding과 Yang은 증폭기를 획득하기 위해 사이판으로 여행을 떠난 뒤 2008년 1월에 체포되었다. 중국에 위치한 Shanghai Meuro Electronics Company Ltd의 Peter Zhu는 아직 잡히지 않았다. 2009년 7월 1일 Ding은 46개월 형을 선고받았다. 그는 2008년 10월 17일 두 번째 대체기소에 대해 유죄를 시인하였다. 이 수사는 이민세관단속국[ICE]에 의해 실시되었다.

- 군용 야간투시기술을 중국으로 — 2007년 12월 3일 Philip Cheng은 연방법과 규정을 위반하고 야간투시 카메라와 이에 수반되는 기술을 중국으로 불법적으로 수출하는 것을 중개하여 캘리포니아 북부

법원에서 2년 형과 5만 달러의 벌금을 선고받았다. Cheng은 "야간투시" 기술을 활용한 장치인 팬더Panther 시리즈의 적외선 카메라의 불법적인 수출을 중개한 혐의에 대해 2006년 10월 31일 유죄를 시인하였다. 그는 2004년 6월 3일에 기소되었다. 이 장치에 사용되는 기술은 국가안보상의 이유로 국무부의 통제를 받는다. 이 수사는 이민세관단속국ICE, 연방수사국FBI, 상무부, 국세청IRS에 의해 공동으로 실시되었다[Night Vision Technology Corp.는 새너제이에 기반을 둔 회사로 외국, 특히 타이완의 구매자들에게 적외선 기술과 기타 첨단기술 장비를 조달한다. 캐나다와 캘리포니아에서 위성통신회사 Loral Space & Communications Ltd.의 전기기술자로 일하여 폭넓은 경험을 가진 타이완계 캐나다인 임원인 62세의 Martin Shih가 Night Vision Technology Corp.의 책임자이다. Martin Shih의 타이완계 미국인 컨설턴트 Philip Cheng 또한 기소되었다].

• 제한된 기술을 중국으로 — 2007년 8월 1일 Excellence Engineering Electronics, Inc.의 회장인 Fung Yang은 제한된 마이크로파 집적회로를 상무부로부터 필수적인 허가를 받지 않은 채 중국에 불법적으로 수출한 혐의에 대해 캘리포니아 북부법원에서 유죄를 시인하였다. Yang은 2007년 7월 31일의 고발장에 따라 고소되었다. 이 수사는 산업보안국BIS과 연방수사국FBI에 의해 실시되었다.

부록 2
중국 사이버 위협으로부터 보호

받아들이기 힘들겠지만, 첨단기술 기업들과 다른 전략기업들은 "***위태로워졌다는 것을 아는 기업과 아직 모르는 기업***" 둘 중 하나의 유형에 속한다.[1] 하지만, 피해와 위험을 감소하는 데 한 푼이라도 비용을 쓰기 전에 기업의 최일선부터 최고위층까지 모든 직원들의 마음가짐에 있어서 핵심적인 3가지의 변화를 만들어내야 한다. 먼저 사이버 보안상에 문제가 있다는 것을 인정해야 한다. 부인한다고 해서 진실이 바뀌는 것은 아니다. 두 번째 중대한 변화는 철학적인 것이다. 기업들은 사이버 주변만 방어해도 여전히 효과가 있을 것이라는 기이한 생각을 버려야 한다. 현대의 사이버 위협 환경에서는 더욱 높은 벽을 세우고, 더욱 깊은 해자를 파고, 더욱 넓은 지뢰밭을 배치하는 것이 완전히 불가능하다. 침입자를 쫓아내어 줄 장비[방화벽] 혹은 소프트웨어[안티바이러스]라는 "마법의 총알"은 존재하지 않는다. 대신, 기업들은 네트워크뿐만 아니라, 취약한 하드웨어 및 소프트웨어에 지능형지속공격[APT]이 영구적으로 존재할 것이라는

---

1 Dmitri Alperovitch, Revealed: Operation Shady RAT, McAfee, August 2011.

것을 받아들여야 한다. 기업들은 주변 방어라는 마음가짐을, 지능형지속공격APT에도 불구한 운용 유지와 위험 완화에 초점을 맞춘 "적극적인 방어" 혹은 "심층 방어"의 전략으로 대체해야 한다. 세 번째 중요한 변화는 재정적인 것이다. 위의 논지는 사이버 위협에 대한 위험 완화가 저렴하지 않을 것이라는 것을 명확히 보여준다.

그러나 기업들이 따라야 하는 구체적인 "최고의 운영방식"은 무엇일까? 종합적으로 기업은 인적보안, 네트워크보안, 데이터보안이라는 개략적인 3가지 범주를 결합한 다층적인 접근법을 채택해야 한다.[2] 고가의 기술적 조치들을 잠재적으로 우회하거나 약화시킬 수 있는 내부자의 능력을 고려해보면, 내부자들은 기업 보안에 가장 심각한 위협을 초래할 수 있기에, 인적보안이 가장 중요하다.

인적보안 정책은 다음을 포함해야 한다

- 모든 직원을 대상으로 의무적인 내부자 보안 교육
- 신원조사를 포함한 인적 보안 및 평가
- 직원 및 사업 파트너와의 기밀유지 협약
- 로그인 "스플래시 페이지splash pages, 홈페이지가 표시되기 전에 내용이나 제목을 소개하는 페이지, 옮긴이"와 직원들이 회사 기기 및 장비 사용을 감시한다는 것에 동의한다는 것을 서술하는 서명된 직원 동의서
- 업무 시간 동안 소셜 네트워킹Social networking 사용에 관한 규칙과 소셜

---

2 이러한 제안된 정책들 중 몇몇은 아래의 글에 포함된 훌륭한 목록에서 가져온 것이다. Office of the National Counterintelligence Executive, *Foreign Spies Stealing US Economic Secrets in Cyberspace: Report to Congress on Foreign Economic Collection and Industrial Espionage, 2009–2011*, October 2011. www.dni.gov/reports/20111103_report_fecie.pdf에서 볼 수 있다.

네트워킹 데이터가 기업 네트워크 개선에 사용되는 것을 방지하기 위한 지침을 포함한 소셜 네트워킹 정책들

- 키 입력, 채팅/인스턴트 메시지, 이메일, 검색 기록, 애플리케이션 사용을 포착하는 클라이언트 장치 감시 소프트웨어
- 여행 목적을 위한 "깨끗한" 전화기와 기기의 제공을 포함한, 기업 장비의 수송을 위한 외국여행 지침
- 이동식 매체와 휴대용 데이터 저장매체의 금지와 검사
- 잠금장치와 생체정보 인식방식을 포함한 네트워크 인프라에 대한 물리적 보안
- 네트워크 분리, 관리 및 보안 관리 역할
- 직원 퇴근/퇴직 절차

네트워크보안 정책은 다음을 포함해야 한다

- 스팸, 바이러스, 스푸핑, 피싱, 스파이웨어 공격으로부터 이메일 서버를 보호하는 스팸 및 바이러스 방화벽
- 진보된 침입탐지/보호 시스템
- 침투 후 네트워크를 완전히 복구하기 위한 온사이트 및 오프사이트 네트워크 기록보관
- 생체정보 인식방식, 개인식별번호, 패스워드의 조합 등과 같은 서버와 클라이언트를 위한 다자요소 인증
- 한 프로그램으로는 모든 컴퓨터 파괴 소프트웨어의 신호를 잡아내는 데에 실패할 수 있으므로, 여러 안티바이러스 프로그램이 필요함
- 모든 네트워크 활동을 기록하는 실시간 검사 · 감시 기기 혹은 도구
- 제3자에 의한 정기적인 침투 테스트

- 백업 절차에 대한 정기적인 테스트
- 다른 구역특히 본사 시스템과 외국 지부 사이에서 공유하는 서버에 대한 접근을 제한하는 기업 내의 서로 다른 도메인 사이의 구획화
- 침입에 대한 분석을 위한 네트워크 포렌식 소프트웨어
- 위험신호와 적대적인 활동을 포착하기 위한 허니넷
- 애플리케이션 베이스라인 및 패칭의 관리를 허락하는 씬 클라이언트 시스템과 애플리케이션 베이스라인에 추가된 샌드박싱
- 추가적인 보안층을 갖춘 회사에서 지급한 휴대폰
- 데이터와 시스템을 복구하기 위한 운영계획의 지속성

데이터보안 정책은 다음을 포함해야 한다

- 서버상의 데이터를 위한 보호를 제공하는 네트워크 전체에 걸친 강력하고 공식적인 키 암호화, 클라이언트 기기를 위한 디스크 전체 암호화, 보안 이메일
- 기업 특허 정보의 분류와 메타태깅을 위한 문서관리 소프트웨어
- 영업비밀 및 지적재산 서버에 대한 구획화된 접근

이러한 조치들에도 불구하고 적들이 계속해서 침입할 가능성이 크지만, 중국과 같은 진보된 사이버 스파이행위에 대처하기 위한 가장 확고한 위험 완화전략이다.

참고문헌

PRC official documents

1956-1967 年科学技术发展远景规划 (*Long−term Plan for the Development of Science and Technology, 1956−1967*). PRC State Science and Technology Commission, December 1956.

1978-1985 年全国科学技术发展规划 (*Regulations on National Science and Technology Development, 1978−1985*). PRC State Science and Technology Commission, 1977.

2006-2010 中长期科技发展规划 (*Medium− and Long−term Plan for S&T Development, 2006−2020*). PRC Ministry of Science and Technology, February 2006.

2006 年国家高新区发展态势 (*Developmental Status of National New and High−tech Zones for 2006*). PRC Ministry of Science and Technology, June 2007.

北京市鼓励留学人员来京创业工作的若干规定 (*Certain Regulations by Beijing Municipality to Encourage Overseas Scholars to Come to Beijing, Found Businesses and Work*). Beijing Department of Personnel, 2000.

关于"十五"期间大力推进科技企业孵化器建设的意见 (*Opinions on Con−struction of Incubators for Technological Enterprises During the Tenth Five Year Plan*). PRC Ministry of Science and Technology, July 2001.

关于鼓励技术引进和创新,促进转变外贸增长方式的若干意见 (*Various Opinions on Encouraging the Introduction of Technology and Innovation, and Promoting Changes in the Foreign Trade Growth Mode*). PRC Ministry of Science and Technology, July 2006.

关于国家高新技术产业开发区管理体制改革与创新的若干意见 (*Various Opinions on the Reform and Innovation of the Administration System of the National New and High Technology Development Zones*). PRC Ministry of Science and Technology, March 2002.

关于国家高新技术产业开发区十年发展情况的报告 (*Report on the Status of Ten Years of Development of National New and High Technology Development Zones*). PRC Ministry of Science and Technology, March 2002.

关于回国(来华)定居工作专家有关政策 (*Policies Relating to Experts Returning (or Coming) to China to Reside Permanently and Work*). PRC Ministry of Personnel, 2005.

关于加速国家高新技术产业开发区发展的若干意见 (*Various Opinions on Speeding up the Development of National New and High Technology Development Zones*). PRC Ministry of Science and Technology, August 1999.

关于建立海外高层次留学人才回国工作绿色通道的意见 (*Opinions on Building a Green Channel for the Return to China of High-level Overseas-educated Talent Abroad*). PRC Ministry of Personnel, 2007.

关于进一步加强引进海外优秀留学人才工作的意见 (*Opinions on Further Strengthening Our Work to Bring in Outstanding Overseas-educated Talent Abroad*). PRC Ministry of Personnel, 2007.

关于进一步支持国家高新技术产业开发区发展的决定 (*Decision on Further Supporting the National New and High Technology Development Zones*). PRC Ministry of Science and Technology, January 2002.

关于调整和加强全国科技情报系统文献工作的意见 (*Opinions on Restructuring and Strengthening National S&T Information System Document Work*). PRC State Science and Technology Commission, January 1989.

关于印发国家高新技术产业化及其环境建设（火炬）十一五发展纲要和国家高新技术产业开发区十一五发展规划纲要的通知 (*Notice on Promulgating the Eleventh Five-year Development Program for National New and High Technology Commercialization and Its Infrastructure (Torch) and the

Eleventh Five-year Developmental Planning Program for National New and High Technology Development Zones). PRC Ministry of Science and Technology, April 2007.

关于印发留学人员回国工作"十一五"规划的通知 (*Notice on Printing and Promulgating the Eleventh 5-Year Plan Regulations on Working for the Return of OCS*). PRC Ministry of Personnel, 2006.

关于在留学人才引进工作中界定海外高层次留学人才的指导意见 (*Guiding Opinions for Defining High-level Talent in Our Work to Bring in Overseas-educated Talent*). PRC Ministry of Personnel, 2005.

关于组织开展国家留学人员创业园示范建设试点工作的通知 (*Notice on Trial Work to Organize and Develop the Model Construction of National OCS Pioneering Parks*). PRC Ministry of Science and Technology et al., June 2000.

国防科学技术情报工作条例 (*Regulations on National Defense Science and Technology Information Work*). PRC State Council, July 1984.

国家高新技术产业开发区"十五"和2010年发展规划纲要 (*National New and High Technology Development Zones Tenth Five-year and 2010 Developmental Planning Program*). PRC Ministry of Science and Technology, September 2001.

国家高新技术产业开发区高新技术企业认定条件和办法 (*Conditions and Measures for the Designation of High and New Technology Enterprises in National High Technology and New Technology Industry Development Zones*). PRC State Science and Technology Commission, March 1991.

国家科学技术情报发展政策 (*National Science and Technology Information Development Policy*). PRC State Science and Technology Commission, January 1992.

国家自主创新产品认定管理办法 - 实行 (*Implementation Plan for the National Indigenous Innovation Products Accreditation Program*). PRC Ministry of Science and Technology et al., November 2009.

教育部关于进一步加强引进海外优秀留学人才工作的若干意见 (*Ministry of*

Education Views on Further Strengthening the Introduction of Talented Overseas Scholars). PRC Ministry of Education, March 2007.

"九五"期间人事系统留学人员工作规划 (*Plan for Working with Overseas Scholars in the Personnel System during the Ninth Five-year Plan*). PRC Ministry of Personnel, 1996.

科技企业孵化器(高新技术创业服务中心)认定和管理办法 (*Means for Accrediting and Managing S&T Commercial Incubators (Innovation Service Centers for New and High Technology)*). PRC Ministry of Science and Technology, December 2006.

人事部, 教育部, 科技部, 公安部, 财政部关于引发"关于鼓励海外留学人员以多种形式为国服务"的若干意见 (*Ministry of Personnel, Ministry of Education, Ministry of Science and Technology, Ministry of Public Security, and Ministry of Finance Notice Regarding "Several Suggestions Concerning Encouraging Personnel Studying Overseas to Serve the Country in a Variety of Ways"*). PRC Ministry of Personnel et al., May 2001.

中共中央, 国务院关于加强技术创新, 发展高科技, 实现产业化的决定 (*Decision of the Chinese Communist Party Central Committee and the State Council on Strengthening Technical Innovation, Developing High Technology and Realizing Industrialization*). CCP Central Committee and PRC State Council, August 1999.

Reports and secondary sources

"Advance Questions for Lieutenant General Keith Alexander USA, Nominee for Commander, United States Cyber Command," published by Senate Armed Services Committee, April 2010.

Alperovitch, Dmitri. *Revealed: Operation Shady RAT*, McAfee, August 2011.

Archibugi, Daniele and Jonathan Michie. "The globalization of technology: a new taxonomy," *Cambridge Journal of Economics* 19, no. 1 (1995): 121-140.

Auerswald, Philip E. and Lewis Branscomb. "Research and Innovation in a Networked World," *Technology in Society* 30 (2008): 339-347.

Bao, Sheng (宝胜), "论经济全球化背景下企业间的策略性技术联盟" ("On strategic technical alliances by corporations against the background of economic globalization"), 科研管理 (*Science Research Management*), 2002.9.

Bartlett, Christopher A. and Sumantra Ghoshal. *Managing Across Borders: The Transnational Solution*, 2nd edn, Boston, MA: Harvard Business School Press, 1998.

Baum, Richard, editor. *China's Four Modernizations: The New Technological Revolution*, Boulder, CO: Westview Press, 1980.

Behrman, Jack N. and William A. Fischer. "Overseas R&D activities of transnational companies," *The International Executive* 22, no. 3 (Fall 1980): 15-17.

Bieler, Stacy. *Patriots or Traitors? A History of American–Educated Chinese Students*, Armonk, NY: M.E. Sharpe, 2004.

Boston Consulting Group (BCG) and Knowledge at Wharton (KW). *China and the New Rules for Global Business*. Report, *Strategy*, May 26, 2004.

Cai, Meide (蔡美德), Du Haidong (杜海东) and Hu Guosheng (胡国胜). "反求工程原理在高职课程体系创新中的应用" ("Using the principle of reverse engineering for innovation in high-level knowledge processes and systems"), 科技管理研究(*Science and Technology Management Research*), 2005.7.

Cao, Cong, Richard Suttmeier, and Denis Fred Simon. "China's 15-Year Science and Technology Plan," *Physics Today* 59, no. 12 (December 2006): 38-43.

Cartwright, James E. Testimony in Hearing. *China's Military Modernization and Its Impact on the United States and the Asia–Pacific*. US-China Economic and Security Review Commission, 110th Congress, 1st Session, March 29-30, 2007.

Casson, Mark C. "Modelling the Multinational Enterprise: A Research Agenda," *Millennium–Journal of International Studies* 20, no. 2 (1991): pp. 271-285.

Centre for Counterintelligence and Security Studies. *Intelligence Threat*

Handbook, 2004.

Chang, Iris. *Thread of the Silkworm*, New York: Basic Books, 1995.

Chase, Michael and James Mulvenon. "The Decommercialization of China's Ministry of State Security," *International Journal of Intelligence and Counterintelligence* 15, no. 4 (November 2002): 481-495.

Chen Jiugeng. "Actual Strength of S&T Information Service System in China," *China Information Review*, no. 10 (2006): 17-22.

Chen, Zeqian (陈则谦) and Bai Xianyang (白献阳). 我国科技信息事业发展的轨迹 ("The Locus of Development for China's S&T Information Enterprise"), *Xiandai Qingbao*(现代情报) (December 2007).

Chiao, Joan Y. and Katherine D. Blizinsky. "Culture-gene coevolution of individualism-collectivism and the serotonin transporter gene (5-HTTLPR)," *Proceedings of the Royal Society B: Biological Sciences* 277, no. 1681 (2010): 529-537.

Chu, T.K. "150 years of Chinese Students in America," *Harvard China Review* (Spring 2004): 7-6.

Cooper, Simon. "How China Steals US Military Secrets," *Popular Mechanics*, www.popular-mechanics.com/technology/military/news/3319656, July 10, 2009.

Department of Commerce. "Deemed Export Controls May Not Stop the Transfer of Sensitive Technology to Foreign Nationals in the US," Office of Inspector General Report, No. IPE-16176, March 2004.

Department of Defense. Office of the Secretary of Defense. *Annual Report to Congress: Military and Security Developments Involving the People's Republic of China 2011*.

Department of State. *2010 Human Rights Report*, Country Reports on Human Rights Practices, April 8, 2011.

"Doctorate Recipients from US Universities: Summary Report 2007-08," Washington, DC: National Science Foundation, NSF 10-309, December 2009.

Dunbar, Kevin. "How Scientists Really Reason: Scientific Reasoning in Real-World Laboratories," in *The Nature of Insight*, ed. Robert J. Sternberg and Janet Davidson. Cambridge, MA: MIT Press, 1995.

Eftimiades, Nicholas. *Chinese Intelligence Operations*, Annapolis, MD: Naval Institute Press, 1994.

Endo, Homare. 中国がシリコンバレーとつながるとき (*When China Links Up with Silicon Valley*), Tokyo: Nikkei BP, 2001.

Fairbank, John King. *The United States and China*, 4th edn, Cambridge, MA: Harvard University Press, 1983.

Findlay, C. Scott and Charles J. Lumsden. "The Creative Mind: Toward an Evolutionary Theory of Discovery and Innovation," *Journal of Social and Biological Structures* 11, no. 1 (January 1998): 3-55.

Florida, Richard. "The globalization of R&D: Results of a survey of foreign-affiliated R&D laboratories in the USA," *Research Policy* 26 (1997): 85-103.

Gassmann, Oliver and Max von Zedtwitz. "Organization of industrial R&D on a global scale," *R&D Management* 28, no. 3 (1998): 147-161.

Gassman, Oliver and Zheng Han. "Motivations and Barriers of Foreign R&D Activities in China," *R&D Management* 34, no. 4 (September 2004): 423-437.

General Accounting Office. "Export Controls: Agencies Should Assess Vulnerabilities and Improve Guidance for Protecting Export-Controlled Information at Universities," GAO - 07-70, December 2006.

General Accounting Office. "Homeland Security: Performance of Information System to Monitor Foreign Students and Exchange Visitors Has Improved, but Issues Remain," GAO - 04-69, June 2004.

Gilboy, George J. "The Myth Behind China's Miracle," *Foreign Affairs* 83, no. 4 (July/August 2004): 33-48.

Gilley, Bruce. "China's Spy Guide: A Chinese Espionage Manual Details the Means by Which Beijing Gathers Technology and Weapons Secrets from the United States," *Far Eastern Economic Review* (December 23, 1999): 14.

Grow, Brian, Keith Epstein and Chi-Chu Tschang. "The New E-spionage Threat," *Business Week* (April 21, 2008): 32-41.

Guan, Jialin (关家麟) and Zhang Chao (张超). 国科技信息事业发展的回顾与展望 ("Review and Outlook for Scientific and Technological Information Undertaking of China"), *Qingbao Kexue* (情报科学) 25, no. 1 (January 2007).

Haas, Richard. "The Age of Nonpolarity," *Foreign Affairs* 87, no. 3 (May-June 2008): 44-56.

Hakanson, Lars and Robert Nobel. "Determinants of foreign R&D in Swedish multinationals," *Research Policy* 22, nos 5-6 (November 1993): 397-411.

Hannas, William C. *The Writing on the Wall: How Asian Orthography Curbs Creativity*, Philadelphia: University of Pennsylvania Press, 2003.

Harris, Shane. "China's Cyber Militia," *National Journal* (31 May 2008).

He, Chongling. 清华大学九十年 (*Qinghua University Ninety Years*), Beijing: Tsinghua University Press, 2001.

He, Defang. "As for Indigenous Innovation, Information Should Go Ahead of Rest," *China Information Review*, no. 10 (2006): 12-13.

Hennessey, Beth A. and Teresa M. Amabile. "The conditions of creativity," in *The Nature of Creativity*, ed. Robert J. Sternberg, New York: Cambridge University Press, 1988: 11-38.

Huang, Can, Celeste Amorim Varum, Mark Spinoglio, Borges Gouvela, and Augsto Medina. "Organisation, Programme, and Structure: An Analysis of the Chinese Innovation Policy Framework," *R&D Management* 34, no. 4 (September 2004): 367-387.

Huo, Zhongwen (霍忠文) and Wang Zongxiao (王宗孝). 国防科技情报源及获取技术 (*Sources and Methods of Obtaining National Defense Science and Technology Intelligence*), Beijing: Kexue Jishu Wenxuan Publishing Company, 1991.

Information Warfare Monitor. *Tracking GhostNet: Investigating a Cyber Espionage Network*, Toronto: SecDev and Citizen Lab, March 29, 2009.

Information Warfare Monitor and Shadowserver. *Shadows in the Cloud: Investigating Cyber Espionage 2.0*, Toronto: SecDec and Citizen Lab, April 6, 2010.

"International S&T cooperation and the sharing of intellectual property." *Keji Ribao*, May 13, 1996.

Jackson, James K. "The Committee on Foreign Investment in the United States," CRS Report RL33388, Congressional Research Service, Washington, DC, July 29, 2010.

Jin, Jianmin. "Foreign Companies Accelerating R&D Activity in China," Fujitsu Research Institute, May 13, 2010, http://jp.fujitsu.com/group/fri/en/column/message/2010/2010-05-13.html.

Johnson, Jean M. and Mark C. Rogers. "International Mobility of Scientists and Engineers to the United States . Brain Drain or Brain Circulation?," *National Science Foundation Issue Brief*, November 10, 1998 (revised).

Keizer, Gregg. "Chinese Hackers Called Sloppy but Persistent," *Computerworld* (February 12, 2011).

Kingstone, Brett. *The Real War Against America*, Specialty Publishing/Max King, LLC, 2005.

Krekel, Bryan. *Capability of the People's Republic of China to Conduct Cyber Warfare and Computer Network Exploitation*, US-China Economic and Security Review Commission (October 9, 2009).

Kuang, Ping and Ian Marshall. "Internationalisation of Chinese Higher Education: Application of Knowledge Management to Analysis of Tsinghua University," *Journal of Knowledge Management Practice* 11, no. 1 (2010).

LaFargue, Thomas E. *China's First Hundred: Education Mission Students in the United States, 1872−1881*, Pullman, WA: Washington State University Press, 1987.

Lampton, David M. *A Relationship Restored: Trends in US.China Educational Exchanges, 1978−1984*, Washington, DC: National Academies Press, 1986.

Lee, Wen Ho, with Helen Zia. *My Country Versus Me: The First−Hand Account by the Los Alamos Scientist Who Was Falsely Accused of Being a Spy*, New York: Hyperion, 2001.

Leung, Edwin Pak-Wah. "China's Decision to Send Students West: The Making of a 'Revolutionary' Policy," *Asian Profile* 16 (1988): 391-400.

Lewis, John and Litai Xue. *China Builds the Bomb*, Palo Alto, CA: Stanford University Press, 1991.

Lian, Yanhua (连燕华). "科学研究全球化发展评价" ("An Assessment of the Growth of Scientific Research Globalization"), 科研管理 (*Science Research Management*), July 2000: 1-14.

Liansheng, Meng and Yan Quan Liu. "The present and future of China's National Science and Technology Library: A new paradigm of sci-tech information resource sharing," *New Library World* 106, nos 7/8 (2005): 343-351.

Lieberthal, Kenneth. "China's Governing System and its Impact on Environmental Policy Implementation," *Wilson Center China Environment Series* 1, 1997.

Lieberthal, Kenneth. *Governing China: From Revolution to Reform*, 2nd edn, New York: W.W. Norton, 2003.

Liu, Xielin and Nannan Lundin. "The National Innovation System of China in Transition: From Plan-Based to Market-Driven System," in *The New Asian Innovation Dynamics*, ed. Govindan Parayil and Anthony P. D'Costa, New York: Palgrave Macmillan, 2009.

Liu, Yun (刘云) and Shen Lin (沈林). "海外人才资源开发利用的现状及发展对策" ("The Current Situation and Countermoves on Development and Utilization of Overseas Chinese Experts' Intellectual Resources"), 科研管理 (*Science Research Management*) vol. 22.4 (July 2001): 115-125.

Logan, Robert K. *The Alphabet Effect*, New York: Morrow, 1986.

Lundin, Nannan and Sylvia Schwaag Serger. "Globalization of R&D and China: Empirical Observations and Policy Implications," IFN Working Paper, No. 710, Stockholm: Research Institute of Industrial Economics, 2007.

McAfee Foundstone Professional Services and McAfee Labs. *Global Energy Cyberattacks: Night Dragon*, February 10, 2011.

McGregor, James. "China's Drive for 'Indigenous Innovation': A Web of Industrial Policies," Washington, DC: US Chamber of Commerce (July 2010).

McMurtie, Beth. "No Welcome Mat for the Chinese? US Visas Seem Harder to Get," *Chronicle of Higher Education* 46, no. 5 (September 24, 1999): 59-61.

Mahhuhani, Kishore. "The Case against the West," *Foreign Affairs* 87, no. 3 (May-June 2008): 111-124.

Mao Zedong. "On the People's Democratic Dictatorship," 30 June 1949, *Mao Zedong Xuanji* (Selected Works of Mao Zedong), Beijing: The People's Press, 1965.

Mattis, Peter. "Beyond Spy vs. Spy: The Analytic Challenge of Understanding Chinese Intelligence Services," *Studies in Intelligence* 56, no. 3 (September 2012).

Mattis, Peter. "Chinese Intelligence Operations Revisited: Toward a New Baseline," MA Thesis, Georgetown University, 2011.

Medcof, J.W. "A Taxonomy of Internationally Dispersed Technology Units and Its Application to Management Issues," *R&D Management* 27, no. 4 (1997): 301-318.

Meng, Xin and R.G. Gregory. "The Impact of Interrupted Education on Subsequent Educational Attainment: A Cost of the Chinese Cultural Revolution," *Economic Development and Cultural Change* 50, no. 4 (July 2002): 935-959.

Moore, Paul. "Chinese Culture and the Practice of 'Actuarial' Intelligence," in *A Law Enforcement Sourcebook of Asian Crime and Cultures: Tactics and Mindsets*, ed. Douglas D. Daye, Boca Raton, FL: CRC Press, 1997: 377-382.

Mulvenon, James. *Chinese Military Commerce and US National Security*, Santa Monica, CA: RAND, 1997, MR-907.0-CAPP.

Mulvenon, James. *Soldiers of Fortune: The Rise and Fall of the Chinese*

Military–Business Complex, 1978–98, Armonk, NY: M.E. Sharpe, 2001.

Mulvenon, James. Testimony before the Select Committee on US National Security and Military/Commercial Concerns with the People's Republic of China, October 18, 1998.

Murray, Charles. *Human Accomplishment: The Pursuit of Excellence in the Arts and Sciences, 800 B.C. to 1950*, New York: Harper, 2003.

Nagaraja, Shishir and Ross Anderson. "The Snooping Dragon: Social-Malware Surveillance of the Tibetan Movement," University of Cambridge Computer Laboratory Technical Report 746, UCAM-CL-TR-746, March 2009.

Nakamura, Hajime. *Ways of Thinking of Eastern Peoples: India, China, Tibet, Japan*, Honolulu: University of Hawaii Press, 1964.

Narula, Rajneesh and Antonello Zanfei. "Globalization of Innovation: The Role of Multinational Enterprises," in *The Oxford Handbook of Innovation*, ed. Jan Fagerberg, David C. Mowery, and Richard R. Nelson, New York: Oxford University Press, 2005: 18.

National Bureau of Statistics. *China Statistical Yearbook 2002*, Beijing: China Statistics Press, 2002.

National Center for Education Statistics. US Department of Education. "Degrees Earned by Foreign Graduate Students: Fields of Study and Plans After Graduation," November 1997.

National Science Foundation, Division of Science Resource Studies. *Statistical Profiles of Foreign Doctoral Recipients in Science and Engineering: Plans to Stay in the United States*, November 1998, NSF 99-304.

Needham, Joseph. *Science and Civilisation in China: History of Scientific Thought*, New York: Cambridge University Press, 1956.

Needham, Joseph. *The Grand Titration: Science and Society in East and West*, London: George Allen & Unwin, 1969.

Nisbett, Richard E. *The Geography of Thought: How Asians and Westerners Think Differently . . . and Why*, New York: The Free Press, 2003.

Nisbett, Richard E., Kaiping Peng, Incheol Choi, and Ara Norenzayan. "Culture and Systems of Thought: Holistic Versus Analytic Cognition," *Psychological Review* 108, no. 2 (April 2001): 291-310.

Nobel, Robert and Julian Birkinshaw. "Patterns of control and communication in international research and development units," *Strategic Management Journal* 19, no. 5 (1998): 479-498.

North, David S. "Some Thoughts on Nonimmigrant Student and Worker Programs," in *Temporary Migrants in the United States*, ed. B. Lindsay Lowell, US Commission on Immigration Reform, 1996.

Office of the National Counterintelligence Executive. *Foreign Spies Stealing US Economic Secrets in Cyberspace: Report to Congress on Foreign Economic Collection and Industrial Espionage, 2009−2011*, October 2011.

Organisation for Economic Co-operation and Development. *Frascati Manual 2002*, OECD Publishing, 2002.

Orleans, Leo A., ed. *Science in Contemporary China*, Palo Alto, CA: Stanford University Press, 1980.

Osnos, Evan. "Green Giant: Beijing's Crash Program for Clean Energy," *The New Yorker*, December 21, 2009.

Pearce, Robert. "Decentralised R&D and strategic competitiveness: globalized approaches to generation and use of technology in multinational entreprises," *Research Policy* 28, nos 2-3 (March 1999): 157-178.

Pearce, Robert. "The Internationalisation of Research and Development by Multinational Enterprises and the Transfer Sciences," *Empirica* 21, no. 3 (1994): 297-311.

Peng, Can (彭灿). "基于国际战略联盟的模仿创新" ("Imitative innovation based on international strategic alliances"), 科研管理 (*Science Research Management*), 2005.2: 23-27.

Peng, Yixin (彭宜新), Wu Xinwen (吴新文) and Zou Shangang (邹珊刚). "国际技术保护主义与我国高技术产业发展" ("International technology protectionism and the development of China's high-tech industry"), 科技进步与对策 (*Science and Technology Progress and Policy*), 2001.8: 59.

Pillsbury, Michael. "China's Progress in Technological Competitiveness: The Need for a New Assessment," Report prepared for the US-China Economic and Security Review Commission, April 21, 2005.

Qian, Ning (钱宁). 留学美国 (*Studying in America*), Nanjing: Jiangsu Wenyi Chubanshe, 1996.

Qian, Wen-yuan. *The Great Inertia: Scientific Stagnation in Traditional China*, London: Croom Helm, 1985.

Quan, Xiaohong. "MNCs Rush to Set Up R&D Labs in China: What is the Nature?," National University of Singapore East Asia Institute, EAI Background Brief, no. 332 (2007).

Quan, Xiaohong. "MNC R&D Labs in China," Stanford Projects on Regions of Innovation and Entrepreneurship, Presentation, November 29, 2005.

Quan, Xiaohong. *Multinational Research and Development Labs in China: Local and Global Innovation*, unpublished Ph.D. Dissertation, University of California, Berkeley, 2005.

Reddy, Prasada. *Globalization of Corporate R&D: Implications for Innovation in Host Countries*, New York: Routledge, 2000.

Report of the Select Committee on US National Security and Military/Commercial Concerns with the People's Republic Of China. Volume 1, Washington, DC: Government Printing Office, 1999.

"Report to Congress on Chinese Espionage Activities against the United States by the Director of Central Intelligence and the Director of the Federal Bureau of Investigation," December 12, 1999.

Ridley, Charles P. *China's Scientific Policies: Implications for International Cooperation*, Washington, DC: American Enterprise Institute, 1976.

Saxenian, AnnaLee. *Local and Global Networks of Immigrant Professionals in Silicon Valley*, San Francisco: Public Policy Institute of California, April 2002.

Serger, Sylvia Schwaag. "Research and Innovation as a Forward-Looking Policy Response to the Crisis? The Case of Asia," Presentation, June 26, 2009.

Serger, Sylvia Schwaag and Eric Widman. *Competition from China: Opportunities and Challenges for Sweden*, Stockholm: Swedish Institute for Growth Policy Studies, 2005.

Simonton, Dean Keith. "Creativity, leadership, and chance," in *The Nature of Creativity*, ed. Robert J. Sternberg, New York: Cambridge University Press, 1988: 386-428.

Sivin, Nathan. "Science in China's Past," in *Science in Contemporary China*, ed. Leo A. Orleans, Palo Alto, CA: Stanford University Press, 1980.

Spence, Jonathan D. *The Search for Modern China*, New York: Norton, 1999.

Stober, Dan and Ian Hoffman. *A Convenient Spy: Wen Ho Lee and the Politics of Nuclear Espionage*, New York: Simon & Schuster, 2002.

Sun, Lijun (孙理军) and Huang Huaye (黄花叶). "美日技术转移实践及其对我国技术转移中心的启示" ("US and Japanese Technology Transfer Practices and What We Can Learn for Our Country's Technology Transfer Centers"), 科技管理研究 (*Keji Guanli Yanjiu*), 2003.1: 70-72.

Sun, Yifei and Ke Wen. "Country Relational Distance, Organizational Power, and R&D Managers: Understanding Environmental Challenges for Foreign R&D in China," in *Global R&D in China*, ed. Yifei Sun, Maximilian von Zedtwitz, and Denis Fred Simon, London: Routledge, 2009.

Suttmeier, Richard P. "New Directions in Chinese Science and Technology," in *China Briefing*, ed. John Major, Boulder, CO: Westview Press, 1986: 91-102.

Suttmeier, Richard P. *Research and Revolution: Science Policy and Societal Change in China*, Lanham, MD: Lexington Books, 1974.

Thornburgh, Nathan. "The Invasion of the Chinese Cyberspies (and the Man Who Tried to Stop Them," *Time* (August 29, 2005).

Thorpe, Evan. "Bringing R&D to China," *The China Business Review* 35, no. 2 (March/April 2008): 18-20.

Trulock, Notra. *Code Name Kindred Spirit: Inside the Chinese Nuclear Espionage Scandal*, San Francisco: Encounter Books, 2003.

US-China Economic and Security Review Commission. *2009 Report to Congress*, November 2009.

von Zedtwitz, Maximilian. "Managing Foreign R&D Labs in China," *R&D Management* 34, no. 4 (2004): 439-452.

von Zedtwitz, Maximilian. "Managing Foreign R&D in China: Some Lessons," Presentation at the "Asian Rise in ICT R&D Conference," Brussels, February 17, 2011.

Walfish, Daniel. "Chinese Applicants to US Universities Often Resort to Shortcuts or Dishonesty," *The Chronicle of Higher Education*, January 5, 2001.

Walsh, Kathleen. "China R&D: A High-Tech Field of Dreams," in *Global R&D in China*, ed. Yifei Sun, Max von Zedtwitz, and Denis Simon, London: Routledge, 2009.

Wang, Huiyao, David Zweig, and Xiaohua Lin. "Returnee Entrepreneurs: impact on China's globalization process," *Journal of Contemporary China* 20, no. 40 (May 2011): 413-431.

Wang, Jianhua. "On the Relation between Japan and Modernization of Military Education in Late Qing Dynasty," China National Knowledge Infrastructure: SUN: AFSX.0.2004-05-009.

Wang, Xiaochu. "Retrospect of Revelation of the 110-year History of Chinese Returned Students in Japan," China National Knowledge Infrastructure: SUN: XZSB.0.2006-04-000.

Wei, Yu (韦钰). 出国留学工作二十年: 纪念邓小平同志关于扩大派遣留学人员讲话二十周年 ("20 Years of Study Abroad Work: Commemorating the 20th Anniversary of Comrade Deng Xiaoping's Speech on the Expansion of Sending Personnel to Study Abroad"), *China Education Daily*, June 23, 1998: 3.

Wise, David. *Tiger Trap: America's Secret Spy War with China*, Boston, MA: Houghton Mifflin Harcourt, 2011.

Wong, Bernard P. *The Chinese in Silicon Valley: Globalization, Social Networks, and Ethnic Identity*, Lanham, MD: Rowman and Littlefield, 2005.

Xia, Chengyu (夏承禹). "科技情报部门领导在新形势下的角色" ("A New Role for Leaders of S&T Information Departments under the New Circumstances"), 科技进步与对策 (*Science and Technology Progress and Policy*), 2001.1: 104-105.

Xin, Hao and Dennis Normile. "Gunning for the Ivy League," *Science* 319, no. 5860, January 11, 2008.

Yang Dongming and Ji Changhe. "Talking About the Students Studying in Japan and China's Modernization," China National Knowledge Infrastructure: ISSN:1006-1975.0.2005-01-016.

Yao, Linqing, "The Chinese overseas students: An overview of the flows change," Australian Population Society Biennial Conference, September 2004, www.apa.org.au/upload/2004-6C_Yao.pdf.

Zakaria, Fareed. *The Post-American World*, New York: W.W. Norton, 2008.

Zander, Ivo. "How do you mean 'global'? An empirical investigation of innovation networks in the multinational corporation," *Research Policy* 28, nos 2-3 (March 1999): 195-213.

Zeng, Zhaozhi (曾昭智), Niu Zhengming (牛争鸣), and Zhang Lin (张林). "利用专利文献促进科技创新" ("Using patent resources to promote scientific and technological innovation"), 技术与创新管理 (*Technology and Innovation Management*), 2004.6: 46-48.

Zhang, Wenxian, Huiyao Wang, and Ilan Alon, eds. *Entrepreneurial and Business Elites of China: The Chinese Returnees Who Have Shaped Modern China*, Bingley, UK: Emerald Group Publishing, 2011.

Zhang, Ying (张莹) and Chen Guohong (陈国宏). "跨国公司在中国的技术转移问题及对策分析" ("Analysis of the problem of technology transfer of multinational corporations in China and measures for dealing with it"), 科技进步与对策 (*Science and Technology Progress and Policy*), 2001. 3: 134.

Zhou, Wei (周伟). "我国企业对外直接投资战略分析" ("Analysis of China's strategy for corporate foreign direct investment"), 科技进步与对策 (*Science and Technology Progressand Policy*), 2004. 11: 56.

Zhou, Zhu (周竺) and Huang Ruihua (黄瑞华). "知识产权保护的全球化, 中国面临的挑战及对策" ("The globalization of IPR protection: challenges facing China and their countermeasures"), 科技管理研究 (*Science and Technology Management Research*), 2004. 3: 67.

Zweig, David, Chung Siu Fung, and Donglin Han. "Redefining the Brain Drain: China's 'Diaspora Option'," *Science, Technology & Society* 13, no. 1 (2008): 1-33.

Zweig, David and Chen Changgui. *China's Brain Drain to the United States: Views of Overseas Chinese Students and Scholars in the 1990s*, Berkeley: University of California, 1995.

중국 산업스파이: 기술 획득과 국방 현대화

초판발행 2019년 5월 20일

지은이 William C. Hannas, James Mulvenon and Anna B. Puglisi
옮긴이 송봉규
펴낸이 안종만 · 안상준

편 집 마찬옥
기획/마케팅 김한유
표지디자인 박현정
제 작 우인도 · 고철민

펴낸곳 (주) 박영사
서울특별시 종로구 새문안로3길 36, 1601
등록 1959. 3. 11. 제300-1959-1호(倫)
전 화 02)733-6771
f a x 02)736-4818
e-mail pys@pybook.co.kr
homepage www.pybook.co.kr
ISBN 979-11-303-0776-3 93320

정 가 22,000원